法律硕士精品系列教材

行政法与行政诉讼法学

XINGZHENGFA YU XINGZHENG SUSONG FAXUE

主　编　喻少如
副主编　马立群　张向东
撰稿人（以撰写章节先后为序）
喻少如　黄卫东　王　志　陆伟明　熊樟林
汝思思　邓稀文　张运昊　杨彬权　尹　磊
张向东　郭海蓝　马立群　岳　丽　唐向东
邓刚宏　徐庭祥　孙　兵　杨添翼

中国人民大学出版社
·北京·

主编简介

喻少如，湖北孝感人，法学博士，西南政法大学行政法学院（纪检监察学院）副院长、教授、博士生导师、博士后合作导师，重庆市地方立法研究协同创新中心副主任，教育部哲学社会科学研究重大课题攻关项目“全面依法治国视域下司法行政职能定位及作用发挥问题研究”（20JZD021）首席专家，入选2021年重庆英才·创新领军人才（教育领域）。兼任中国法学会行政法学研究会理事，中国法学会立法学研究会理事，重庆市法学会理事，重庆市人民政府行政复议委员会特邀委员，重庆市人民检察院第一届民事行政检察专家委员会委员。东南大学教育立法研究基地、武汉大学行政检察研究中心、华南师范大学文化产业法制研究中心等兼职研究员。主要从事行政法与行政诉讼法、司法行政、纪检监察等领域的研究。出版《行政给付制度研究》《公民文化权的宪法保护研究——以国家义务为视角》《纪检监察学原论》等10部学术著作，在CSSCI等期刊上发表学术论文70多篇，主持国家社会科学基金、教育部人文社会科学研究规划基金等各类项目20多项。获得原国务院法制办公室优秀论文奖，西南政法大学“西政好老师”、“柯泰”教书育人奖等荣誉。

总 序

2022年10月16日，习近平总书记在中国共产党第二十次全国代表大会上的报告中强调："深化教育领域综合改革，加强教材建设和管理"。同时，党的二十大报告第七部分"坚持全面依法治国，推进法治中国建设"专门部署法治建设，要求发挥法治固根本、稳预期、利长远的保障作用，在法治轨道上全面建设社会主义现代化国家。习近平总书记指出，全面推进依法治国，建设一支德才兼备的高素质法治队伍至关重要。① 高校是法治人才培养的第一阵地，高校法学教育在法治人才培养中发挥着基础性、先导性作用。

在法治轨道上全面建设社会主义现代化国家，迫切需要法律硕士专业学位研究生教育开辟一条加快培养高层次应用型法治人才的新渠道。法律硕士是具有特定法律职业背景的专业性学位，在培养目标上强调实务特点，主要培养立法、司法、行政执法和法律服务以及各行业领域德才兼备的高层次的复合型（专门型）、应用型法治人才。根据新时代法治人才培养的要求"立德树人、德法兼修、明法笃行"，要将法律硕士培养成具有坚定政治立场和崇高法律职业道德的法治人才，培养成具有宽基础、复合型、跨学科知识结构的法治人才，培养成能够综合运用法律、经济、管理、科技、外语、计算机以及其他方面专业知识独立从事法律实务和管理工作的法治人才。

近年来，各高校、科研院所及法律实务部门在应用型高级法律实务人才培养方面不断探索。西南政法大学作为新中国最早建立的高等政法学府，是国家首批卓越法律人才教育培养基地。自1979年开展研究生教育以来，西南政法大学坚持科学的研究生教育质量观，把研究生教育作为提升学校品牌的重要支点，坚定不移地推进改革，凝心聚力，攻坚克难，不断增强研究生教育的竞争力、吸引力和培养能力，以实施科教兴国战略和满足经济发展对高层次、高素质、创新型人才的需求为出发点，努力发展研究生教育。2010年，西南政法大学被确定为教育部法律专业学位研究生教育综合改革试点高校；2013年，西南政法大学被评为全国法律硕士优秀培养院校。西南政法大学紧紧围绕党中央的要求和国家经济、社会发展的需要，明确目标和功能定位，充分发挥培养复合型、实践型法律人才的作用，以培养德才兼备、

① 中共中央文献研究室．十八大以来重要文献选编：中．北京：中央文献出版社，2016：190.

系统掌握法学理论知识、具备实践能力、具有社会主义法治理念、能够独立从事法律实务或理论研究工作的高层次专门人才为目标，不断进行探索和创新：

——实施责任教授制度，创新课程管理模式。针对法律硕士专业必修课程实施责任教授制度，实行团队教学。课程所属学科确定一名课程责任教授，由其负责组建教学团队、主持课程建设的各项工作，包括课程规划、教学内容安排、课程进度控制、教学方法使用、考核评价方式等。课程责任教授制度的确立，改变了任课教师单打独斗的授课局面，形成了课程教学合力。

——推进课程教学改革，创新课程教学方法。自 2013 年大力推进研究生课程教学改革以来，制定并实施了《西南政法大学研究生课程教学改革办法（试点）》，推行基于问题、基于项目、基于案例的教学方法和学习方法，探索建立以学生为主体、以培养学生创新能力为主要特征的研究型教学方式，促进课程教学与科研训练、实习实践相结合。已立项建设 4 批次共 37 门改革课程，培育重庆市优质研究生课程 12 门。

——强化教学案例建设，注重实践能力培养。重视案例编写，积极开展案例教学，已组织编写校级法律硕士教学案例 21 个，其中 4 个教学案例入选首批全国法律硕士教学案例库，为首批入库案例最多的院校。在积极开展案例库建设的同时，大力推进案例教学，在法律硕士专业课程教学过程中，引用案例进行讲解的教学内容占比达到 30%以上。

——开设实践训练课程，强化职业能力培养。为适应职业型与复合型的人才培养定位，法律硕士人才培养要把理论知识与开展实务能力加以复合，要开展更加注重实务与应用的实践性教学。学校专门开设了法律实践训练课程，占法律硕士课程的四分之一，任课教师大都为校外行业专家，由此大大提升了学生的法律逻辑分析能力与知识运用能力。

法律硕士的招生院校及招生规模不断扩大，对专业法律人才的培养提出了新的挑战，对法律硕士教学规范化也提出了比较高的要求。党的二十大报告指出："深化教育领域综合改革，加强教材建设和管理，完善学校管理和教育评价体系，健全学校家庭社会育人机制。"这说明深化教育领域综合改革，扎实推进法律硕士教育、加强相关教材建设非常关键。在 2012 年前后，西南政法大学与中国人民大学出版社共同推出针对法律硕士的"应用型高级法律人才系列教材"，该套教材内容设计贴近教学需要，编写质量优良，打下了较好的教材基础。为遵循法律硕士的教学特点和更加贴近司法实务的教学要求，西南政法大学根据全国专业学位研究生教育指导委员会《专业学位研究生核心课程指南（试行）》，更新编写了这套"法律硕士精品系列教材"。该系列教材体系的构建主要有几点考虑：

第一，提升教材的普适性，按照全国专业学位研究生教育指导委员会《专业学位研究生核心课程指南（试行）》的目录搭建对应的系统性教材。

第二，立足教材的应用性，结合实务训练课程需要编写案例丰富、实践性强、以案说法的实务性教材。

第三，侧重特色交叉教材，以满足学校新兴学科发展需要和法律硕士教育特色发展为目标，编写特色教材。

本套教材得以面世，首先要感谢校内外多位主编、编委和作者的精诚合作和辛勤笔耕；还要感谢中国人民大学出版社的大力支持，感谢郭虹社长对教材编写和出版的精心策划与宝贵建议。西南政法大学副校长唐力教授及校党委常委、研究生院院长李燕教授在教材设计和编写方面做了大量的开创性工作；还有很多工作人员在教材编写和出版过程中默默付出辛劳，我代表编委会对他们一并表示诚挚的敬意和谢忱。

付子堂

2022 年 10 月 29 日于西南政法大学

序　言

本书为研究生教材，主要供法律硕士专业学位研究生学习行政法与行政诉讼法课程之用。

一部好教材，无论是对于研究生教育教学质量的提升，还是对于我国行政法治人才的培养，均具有重要意义。全面推进依法治国需要培养大批“德法兼修”的高素质法治人才。在新形势下，如何搞好“课程思政”建设，成为一项紧迫的任务。不仅如此，在人工智能和数字时代，如何充分利用海量案例和现代信息技术手段，深化教育教学改革创新，大力提高教学质效，以适应全面依法治国新时代对研究生人才培养的新要求，也成为不容回避的重大课题。在此背景下，西南政法大学行政法教学团队以及其他高校的学友同人，立足于法律硕士教学和人才培养之需要，积极探索研究生教学改革，共同编写了本教材。

本书力求在以下几方面有所创新：

其一，注重“课程思政”建设。本书在编写中坚持以习近平新时代中国特色社会主义思想为根本遵循，在具体内容写作上注重把中国行政法的规范释义、原理研究与法治政府实践结合起来，通过对基本原理、法律规范和典型案例的阐释，推动习近平法治思想“进教材、进课堂、进头脑”。

其二，注重编排体例创新。本书各章依次按照基础知识、重点难点、案例分析以及知识拓展四节内容编排，各节环环相扣、循序渐进。“案例分析”精选经典案例，详述法官释法，并增加类案练习。“知识拓展”列举参考文献、硕士毕业论文选题。通过它们，让提示与发问贯穿全书，引导读者保持“学思结合”的状态，以使启发式教学的特色融入教材之中。

其三，注重教学内容更新。教材是教科书，不是材料汇编，也不是研究型著作。所以，本书在详尽地梳理典型文献的基础上，力求紧跟学科发展前沿和法治建设趋势，介绍学科热点，尽力为读者呈现出相对完整的学术发展脉络，以达到博观而约取的效果。通过阐释典型案例，一方面打破教学之间“你讲我听”的模式，增强教学的可接受性；另一方面大大缩短行政法与实际生活的距离，体现“从生活中学习行政法，从行政法中感受生活”的案例式教学宗旨。

本书的编写大纲由喻少如教授、马立群教授、张向东副教授共同草拟，经全体编写成员讨论后确定。全书共计十八章，各章节名称及分工如下：第一章，行政法的基本范畴与基本方法（喻少如、黄卫东）；第二章，行政法基本原则（王志）；第三章，行政主体的一般原理（陆伟明）；第四章，行政行为的一般原理（熊樟林）；第五章，行政立法和其他规范性文件（汝思思）；第六章，行政许可（邓稀文）；第七章，行政处罚（张运昊）；第八章，行政强制（杨彬权）；第九章，行政协议（尹磊）；第十章，行政程序及其法典化（张向东）；第十一章，行政复议制度的改革与发展（郭海蓝）；第十二章，行政诉讼的功能与基本原则（马立群）；第十三章，行政诉讼受案范围和管辖（岳丽）；第十四章，行政诉讼当事人（唐向东）；第十五章，行政诉讼审理程序（邓刚宏）；第十六章，行政诉讼证据及举证责任分配（徐庭祥）；第十七章，行政诉讼的法律适用与裁判（孙兵）；第十八章，行政赔偿与行政补偿制度（杨添翼）。初稿完成后，由主编、副主编交叉审稿，最后由主编定稿。

在本书汇总统稿过程中，范宏英、赵书林、孙婷、钱晨明、王艺融等研究生同学做了大量的校对工作。西南政法大学校长付子堂教授、副校长唐力教授、研究生院院长李燕教授，中国人民大学出版社的诸位编辑老师对本书的出版给予了大力支持，在此一并表示诚挚的谢意！

虽然本书在体例和内容上力求创新，但囿于能力，书中难免存在疏漏及不当之处，敬请各位专家同人和广大读者批评指正。

喻少如

2022年10月22日于西政

本书引用的法律、行政法规、司法解释全称和简称表

全　　称	简　　称
《中华人民共和国宪法》(2018)	《宪法》
《中华人民共和国立法法》(2023)	《立法法》
《中华人民共和国行政处罚法》(2021)	《行政处罚法》
《中华人民共和国行政诉讼法》(2017)	《行政诉讼法》
《中华人民共和国行政强制法》(2011)	《行政强制法》
《中华人民共和国行政复议法》(2023)	《行政复议法》
《中华人民共和国行政许可法》(2019)	《行政许可法》
《中华人民共和国国家赔偿法》(2012)	《国家赔偿法》
《中华人民共和国国务院组织法》(1982)	《国务院组织法》
《中华人民共和国地方各级人民代表大会和地方各级人民政府组织法》(2022)	《地方组织法》
《中华人民共和国村民委员会组织法》(2018)	《村民委员会组织法》
《中华人民共和国人民警察法》(2012)	《人民警察法》
《中华人民共和国治安管理处罚法》(2012)	《治安管理处罚法》
《中华人民共和国集会游行示威法》(2009)	《集会游行示威法》
《中华人民共和国突发事件应对法》(2007)	《突发事件应对法》
《中华人民共和国道路交通安全法》(2021)	《道路交通安全法》
《中华人民共和国税收征收管理法》(2015)	《税收征收管理法》
《中华人民共和国土地管理法》(2019)	《土地管理法》
《中华人民共和国城乡规划法》(2019)	《城乡规划法》
《中华人民共和国农村土地承包法》(2018)	《农村土地承包法》
《中华人民共和国教育法》(2021)	《教育法》
《中华人民共和国学位条例》(2004)	《学位条例》
《中华人民共和国药品管理法》(2019)	《药品管理法》
《中华人民共和国传染病防治法》(2013)	《传染病防治法》
《中华人民共和国海关法》(2021)	《海关法》
《中华人民共和国行政复议法实施条例》(2007)	《行政复议法实施条例》
《中华人民共和国税收征收管理法实施细则》(2016)	《税收征收管理法实施细则》

续表

全　称	简　称
《中华人民共和国商标法》(2019)	《商标法》
《中华人民共和国体育法》(2022)	《体育法》
《中华人民共和国农业法》(2012)	《农业法》
《中华人民共和国公路管理条例》(2008)	《公路管理条例》
《中华人民共和国土地管理法实施条例》(2021)	《土地管理法实施条例》
《中华人民共和国道路运输条例》(2023)	《道路运输条例》
《中华人民共和国政府信息公开条例》(2019)	《政府信息公开条例》
《中华人民共和国海关行政处罚实施条例》(2022)	《海关行政处罚实施条例》
《中华人民共和国城市房地产管理法》(2019)	《城市房地产管理法》
《中华人民共和国民法典》(2020)	《民法典》
《中华人民共和国民事诉讼法》(2021)	《民事诉讼法》
《中华人民共和国食品安全法》(2021)	《食品安全法》
《中华人民共和国建筑法》(2019)	《建筑法》
《中华人民共和国消防法》(2021)	《消防法》
《中华人民共和国禁毒法》(2007)	《禁毒法》
《中华人民共和国反洗钱法》(2006)	《反洗钱法》
《中华人民共和国证券法》(2019)	《证券法》
《中华人民共和国邮政法》(2015)	《邮政法》
《中华人民共和国兵役法》(2021)	《兵役法》
《最高人民法院关于适用〈中华人民共和国行政诉讼法〉的解释》(2018)	《行政诉讼法司法解释》(2018)
《最高人民法院关于适用〈中华人民共和国行政诉讼法〉若干问题的解释》(2015)	《行政诉讼法若干问题解释》(2015)
《最高人民法院关于执行〈中华人民共和国行政诉讼法〉若干问题的解释》(2000)	《执行行政诉讼法若干问题解释》(2000)
《最高人民法院关于审理行政协议案件若干问题的规定》(2019)	《行政协议司法解释》(2019)
《最高人民法院关于审理行政赔偿案件若干问题的规定》(2022)	《行政赔偿司法解释》(2022)
《最高人民法院关于行政诉讼证据若干问题的规定》(2002)	《行政诉讼证据规定》(2002)
《最高人民法院关于适用〈中华人民共和国民事诉讼法〉的解释》(2022)	《民事诉讼法司法解释》(2022)

续表

全　　称	简　　称
《最高人民法院关于审理国际贸易行政案件若干问题的规定》(2002)	《国际贸易行政案件司法解释》(2002)
《最高人民法院关于海事法院受理案件范围的规定》(2016)	《海事法院受理案件范围司法解释》(2016)
《最高人民法院、最高人民检察院关于检察公益诉讼案件适用法律若干问题的解释》(2020)	《检察公益诉讼案件司法解释》(2020)
《最高人民法院关于审理国家赔偿案件确定精神损害赔偿责任适用法律若干问题的解释》(2021)	《精神损害赔偿解释》(2021)

目　录

第一章　行政法的基本范畴与基本方法

行政法是解决人民与政府之间法律关系的部门法。行政法学是否完善，行政法原则能否落实，往往是衡量一个国家或地区法治水平的重要指标。本专题主要聚焦于行政法的基本含义、理论基础、法律渊源和解释适用等基本范畴与基本方法，旨在回答以下一系列追问：行政法是什么？为什么需要行政法？我们需要什么样的行政法？在哪里寻找行政法？怎样适用行政法？

基础知识

一、行政法的基本含义

界定“行政法”的概念是行政法学研究的逻辑起点，但坦率地说，这一工作并非易事。依语义观之，行政法即关于行政的法。是故，对行政法含义的理解需要建立在对“行政”一词内涵与外延的解读之上。“行政”一词在英文中表述为“administration”，含有管理、经营、支配、实施、施行等意蕴[①]。广义上的“行政”一词所涵盖的范围十分宽泛，大体可以分为私行政和公行政两种类型。私行政一般是指社会组织对其内部事务的组织和管理。公行政亦称公共行政，这种行政类型是行政法意义上的“行政”范畴。行政法学所探讨的行政是公共行政，对此学界早已达成共识。但随之而来的问题便是：何谓“公共行政”？对此，主要存在国家意志执行说、排除说、国家事务管理说、公共利益分配说等观点。其一，国家意志执行说认为，政治是国家意志的表达，而行政则是国家意志的执行，两者构成一个国家两种最基本的功能[②]。其二，排除说，也称为除外说、蒸馏说，该学说认为行政是指除立法、司法以外的一类国家职能[③]。其三，国家事务管理说认为，行政就是管理，国家行政就是对国家事务的管理[④]。该观点一方面揭示出行政是一种管理活动，另一方面将这种管理

---

① 霍恩比. 牛津高阶英汉双解词典：第4版［M］. 李北达，译. 北京：商务印书馆，1997：18.

② 古德诺. 政治与行政［M］. 王元，杨百朋，译. 北京：华夏出版社，1987：12-13.

③ 张载宇. 行政法要论［M］. 6版. 台北：汉林出版社，1977：3.

④ 马克思，恩格斯. 马克思恩格斯全集：第1卷［M］. 北京：人民出版社，1956.

活动同其他管理活动区分开来，表明它是“国家”的组织活动。其四，公共利益分配说认为，行政是一种对公共利益的集合、维护和分配活动[①]。综上，正是基于对“行政”的不同理解，学者秉持各异的行政法理念，因而对“行政法”这一基础概念的理解也存在诸多观点，尚未达成普遍共识。

苏联学者侧重强调行政法在规范政府管理方面的作用，认为行政法就是国家管理法[②]。英美法系国家的学者侧重从行政法的控权角度出发定义行政法的概念，认为行政法是关于控制政府权力的法[③]，是管理政府行政活动的法[④]。大陆法系国家的学者则侧重从行政法对行政关系的调整的视角出发界定行政法的概念，认为“行政法是指以特有的方式调整行政——行政行为、行政程序和行政组织的（成文或者不成文）法律规范的总称，是行政所特有的法”[⑤]。还有学者认为，行政法是有关行政的特别法[⑥]，并非泛指一切关于行政的法，而是仅指关于行政的公法[⑦]，是形式意义上的行政所固有的法[⑧]。

据考证，汉语“行政法”一词最早出现于1899年梁启超编译的《各国宪法异同论》一文中，其后广泛用于译著、著作、论文、大学讲义、法令汇编及文官招录考试科目之中[⑨]。晚清状元夏同龢留学日本期间编辑的《行政法》一书中对行政法的定义为：行政法者，定行政机关之国权，对于臣民宜如何行使[⑩]。钟赓言认为：“行政法者，规律国家行政权之组织及其作用之法则也。”[⑪] 此外，白鹏飞、赵琛、朱章宝、林纪东等中国近代行政法学的拓荒者们[⑫]对行政法基础理论的研究也为后世研究提供了智慧积累。当代学者基于不同视角，对行政法的界定有所差异。从调整对象维度出发，学者们或认为行政法是调整行政关系和基于行政关系而产生的监督行政的关系的法律规范体系[⑬]，或认为行政法是调整行政活动的国内公法[⑭]；从内容维度审视，学者们或认为行政法是规定公共行政管理活动、调整行政关系的法律规范（包括规则和原则）的总称[⑮]，或认为行政法是特别适用于公行政的各种成文及不成

---

① 叶必丰. 行政法学［M］. 修订版. 武汉：武汉大学出版社，2003：1.

② 马诺辛，等. 苏维埃行政法［M］. 黄道秀，译. 北京：群众出版社，1983：24.

③ 韦德. 行政法［M］. 徐炳，等译. 北京：中国大百科全书出版社，1997：5.

④ 施瓦茨. 行政法［M］. 徐炳，译. 北京：群众出版社，1986：3.

⑤ 毛雷尔. 行政法总论［M］. 高家伟，译. 北京：法律出版社，2000：33.

⑥ 江利红. 行政法学［M］. 北京：中国政法大学出版社，2014：14.

⑦ 杨建顺. 日本行政法的概念、对象和范围［J］. 外国法译评，1998（3）：67-76.

⑧ 市桥克哉，榊原秀训，本多泷夫，等. 日本现行行政法［M］. 田林，钱蓓蓓，李龙贤，译. 北京：法律出版社，2017：13.

⑨ 孙兵. 汉语“行政法”语词的由来及其语义之演变［J］. 现代法学，2010（1）：186-193.

⑩ 魏琼，张杰. 夏同龢：中国近代行政法学的拓荒者［J］. 贵州大学学报（社会科学版），2016（1）：137-142.

⑪ 钟赓言. 钟赓言行政法讲义［M］. 北京：法律出版社，2015：38.

⑫ 陈新民. 公法学札记［M］. 增订新版. 北京：法律出版社，2010：209-219.

⑬ 罗豪才. 现代行政法的平衡理论［M］. 北京：北京大学出版社，1997：10.

⑭ 王名扬. 王名扬全集：法国行政法［M］. 北京：北京大学出版社，2016：10.

⑮ 周佑勇. 行政法原论［M］. 3版. 北京：北京大学出版社，2018：3.

文法律规定之总称[①]；从权力运行维度出发，学者们认为行政法是关于行政权力的组织分工和行使、运作，以及对行政权力监督并进行行政救济（或补救）的法律规范的总称[②]。

综上，行政法的概念是不断发展变化的，对行政法概念的理解不宜也不能只停留在静态层面。行政法的概念也是多维度的，从不同维度观察，对行政法可以做出不同的理解。法律既是社会关系的调整器，也源于社会的发展和变革。因此，当代中国行政法学不能仅仅关注行政法律规范本身，而是需要运用多元视角、动态观点深入反思行政法律规范背后的社会背景及其时间性、地域性和价值流变。

二、行政法的理论基础

行政法的理论基础是指能够深刻揭示行政法赖以存在的客观基础，并用以解释各种行政法现象，指导行政法学研究和行政法治实践的最基本的理论[③]。我国行政法学经过三十多年的发展，关于理论基础的研究形成了管理论、控权论、平衡论、公共利益本位论、控权-服务论、综合论等诸多观点。

（一）管理论

管理论流行于苏联、东欧各国。自中华人民共和国成立到改革开放之前这一时间段内，管理论占据绝对主流。该学说的基本观点是“行政法作为一种概念和范畴就是管理法，更确切一点说，就是国家管理法”[④]。其一，从目的维度看，其认为行政法的主要目的在于保障国家和社会的公共利益，“行政主体所为之行政行为，不论以公法或私法方式为之，必须以达成公共利益为目的”[⑤]。而为了公共利益的实现，有必要对国民进行管理，即行政法的本质就是管理。其二，从调整对象维度看，其认为行政法旨在调整国家行政机关在行政管理活动过程中所发生的各种社会关系[⑥]。其三，从内容维度看，其认为行政法既然是规定行政管理活动的法，那么行政管理的内容就决定了行政法的内容，通常认为行政法的内容主要包括行政组织法、行政行为法以及行政监督法三大部分[⑦]。其四，从功能维度出发，其认为行政法的原则就是国家管理的原则，行政权就是行政机关适用法律规范对行政事务进行管理的权力，行政行为就是国家的行政管理活动[⑧]。

---

① 陈敏. 行政法总论［M］. 台北：德伸文化事业股份有限公司，2011：29.
② 王连昌. 行政法学［M］. 北京：中国政法大学出版社，1999：1.
③ 周佑勇. 中国行政法学学术体系的构造［J］. 中国社会科学，2022（5）：108－109.
④ 马诺辛，等. 苏维埃行政法［M］. 黄道秀，译. 北京：群众出版社，1983：24.
⑤ 城仲模. 行政法之一般原则：一［M］. 台北：三民书局，1997：362.
⑥ 张尚鷟. 行政法教程［M］. 北京：中央广播电视大学出版社，1988：3.
⑦ 应松年，朱维究. 行政法与行政诉讼法教程［M］. 北京：中国政法大学出版社，1989：14.
⑧ 叶必丰. 行政法学［M］. 武汉：武汉大学出版社，1996：46.

(二) 控权论

控权论的基本主张是：行政法的出发点应当是控制政府滥用权力，防止政府借由保护公共利益的幌子侵犯公民、法人或其他组织的合法权益和自由。控权论的观点主要源自英美法学界，具有特定的社会背景。英国资产阶级革命以资产阶级和封建贵族的相互妥协而告终，国王仍旧享有一定意义上的“行政权力”，为防止封建专制复辟，必须对国王的行政权力进行限制。于是，行政法作为控权工具登上历史舞台①。英国学者威廉·韦德认为行政法是“关于控制政府权力的法”②。美国学者伯纳德·施瓦茨也认为行政法“就是管理政府行政活动的部门法”③。而对于“如何实现控权”这一核心问题，一般认为主要存在两种手段，即司法审查手段和行政程序手段④。总体而言，控权论视野下，行政法由三部分内容构成：一是关于行政机关权力的法律，包括法律可以赋予行政机关何种权力才不会侵犯公民合法权益、行政机关行使权力的限度为何、法律采取哪些方式将行政机关的权力限制在一定范围内等；二是关于行使行政权要件的法律，包括行政行为有效的法定要件为何等；三是关于针对不法行政行为进行救济的法律，即针对滥用行政权、侵犯公民合法权益的情形，可通过司法审查等制度予以补救⑤。随着控权论的发展和传播，其在我国行政法的理论基础阵营中也逐渐占据一席之地，我国学者认为行政法是对行政活动进行规范、对行政权力进行控制的法⑥，行政法的核心不在于保障行政权，而在于监督行政权是否依法行使⑦。据此，控权论者特别强调严格依法行政的原则，无法律则无行政，政府要在法律规定的范围内行事，不能有自由斟酌、自由选择的余地⑧。另外，该理论的基点是：法律是人民意志的代表，只有依法行政才能使行政行为获得合法性与正当性。这也就是所谓的“传送带模式”，意即通过对法律的执行将具有更高权威性和合法性的立法机关的行为传送到行政机关，在本质上是对合法性的传送。在严格的控权论者看来，行政机关的自由裁量权就是脱离了法律的规定，所以他们主张要严格控制行政机关的自由裁量权，最大可能地排除自由裁量权⑨。控权论的观点为限制公权力、保护私权利提供了重要的理论支撑，但由于控权论强调严格地依法行政和控制自由裁量权，对行政机关及时维护公共利益、提高行政效率等职能的履行产生了一定冲击。

---

① 周佑勇. 行政法原论 [M]. 3 版. 北京：北京大学出版社，2018：81.

② 韦德. 行政法 [M]. 徐炳，等译. 北京：中国大百科全书出版社，1997：5.

③ 施瓦茨. 行政法 [M]. 徐炳，译. 北京：群众出版社，1986：1.

④ 杨临宏. 行政法：原理与制度 [M]. 昆明：云南大学出版社，2010：81.

⑤ 叶必丰. 行政法学 [M]. 武汉：武汉大学出版社，1996：47.

⑥ 张尚鷟. 走出低谷的中国行政法学 [M]. 北京：中国政法大学出版社，1991：695.

⑦ 王连昌. 行政法学 [M]. 北京：中国政法大学出版社，1997：13.

⑧ 姜明安. 行政法与行政诉讼法 [M]. 7 版. 北京：北京大学出版社，2019：69-71.

⑨ 沈岿. 平衡论：一种行政法认知模式 [M]. 北京：北京大学出版社，1999：68-76.

(三) 平衡论

平衡论认为管理论过分强调行政特权与行政效率，忽视了公民权利的救济和保护，而控权论又片面突出对行政权力的控制和对公民个人利益的保护，二者都不符合现代社会的发展需求。基于对管理论和控权论的反思和融通，以罗豪才教授为代表的中国行政法学者提出平衡论，其最基本的观点就是，现代行政法既不是管理法，也不是控权法，而是保证行政权与公民权处于平衡状态的平衡法①，即行政权既要受到控制，又要受到保障；公民权既要受到保护，又要受到约束。行政权与公民权之间也应相互制约、相互平衡。该理论认为，行政法从古至今历经了管理法、控权法以及平衡法三个阶段。具体而言，古代行政法将行政机关放置于相对人之上，忽视了对相对人权益的保护，本质上是“管理法”。到近代后，行政法开始关注对公民个人权益的保障，对国家公权力进行限制，总体上是一种以牺牲行政效率为代价的“控权法”。而现代行政法的本质应当是平衡法，体现了行政机关与相对一方的权利义务从不平衡到平衡的过程②。平衡论者认为，该理论的重要意义在于：其一，准确把握立法、执法、司法三个法制环节各自的重心和平衡以及各法制环节之间的制约和平衡，可保证行政法制健康、协调地发展，摆脱行政机关与公民一方权利义务配置不平衡的法制状况；其二，可建立适应社会主义市场经济体制要求的新型“政府-企业”互动模式，推动市场经济发育和成长；其三，可真正实行民主价值和效率价值有机统一的政治制度和行政体制；其四，可全面、准确地认识现代行政法的本质和作用，从而重构既符合世界行政法发展方向又具有民族特色的较成熟完善的行政法学体系③。平衡论主张综合运用行政法的各种手段，即在必要的场合运用命令、强制手段，同时在大多数场合尽量避免采用行政命令、行政制裁、行政强制手段，淡化权力色彩。罗豪才教授从平衡论中延伸出来“软法”概念④，在他看来，行政法可以像民法一样有温情的一面，即便淡化权力色彩，同样也可以达到行政目的。传统行政法是一种“命令-服从”模式，但行政权的强制性并不总是万能的，行政机关也并不总是需要借助强制手段来实现行政目的，这也就为行政指导、行政合同等较为柔和的行政管理方式的出现与发展提供了理论基础⑤。

(四) 公共利益本位论

在管理论、控权论以及平衡论的基础上，以叶必丰教授为代表的学者提出了公共利益本位论。叶必丰教授认为，管理论虽然一度界定了行政法的外延，但是该理

---

①② 罗豪才，袁曙宏，李文栋. 现代行政法的理论基础：论行政机关与相对一方的权利义务平衡 [J]. 中国法学，1993 (1)：52-59.

③ 罗豪才，沈岿. 平衡论：对现代行政法的一种本质思考：再谈现代行政法的理论基础 [J]. 中外法学，1996 (4)：1-7.

④ 罗豪才，宋功德. 认真对待软法：公域软法的一般理论及其中国实践 [J]. 中国法学，2006 (2)：3-24.

⑤ 罗豪才. 现代行政法的平衡理论 [M]. 北京：北京大学出版社，1997：21-22.

论从公共权力说到公务说，再到新公共权力说等的发展，本身就表明该理论并非一个科学的标准；控权论所界定的行政法的外延未能将原本应当包含在行政法当中的法律规范涵盖其中；平衡论则无法准确界定行政法的外延①。基于对前述理论的批判与反思，公共利益本位论从利益关系分析的角度出发，认为法的基础是利益关系，行政法的基础是一定层次的公共利益与个人利益之间的关系，行政法的理论基础是公共利益本位论②。该理论认为，法决定于利益关系，权利来源于法，是实现利益的手段；公共利益和个人利益是一组对立统一的矛盾，而公共利益是该矛盾的主要方面，决定着该矛盾的性质、内容和发展方向，行政法所体现和调整的正是以公共利益为本位的利益关系③。个人利益应服从公共利益，“个人本位论”或“个人利益中心论”是错误的④。但是公共利益本位论并不漠视个人利益，由于公共利益是个人利益的集合，因此行政法追求的目标是公共利益与个人利益的和谐一致。只有当个人利益与公共利益相冲突时，才要求个人利益服从公共利益⑤。

（五）控权-服务论

进入21世纪以来，随着我国市场经济的发展，政府职能转变、政府机构改革等一系列实践动态对行政法学理论体系产生了冲击，这也促使学界开始重新思考我国行政法的理论基础。在此背景下，王学辉教授提出了控权-服务论观点，认为：控权论和服务论相结合比较适合我国行政法学科的发展特点。研究行政法学必须考虑公益和私益，避免将行政法学的研究放在公民与政府对立的层面上⑥。此种理论认为行政法是调整围绕行政活动而形成的各种社会关系、控制行政权、确认和保障公民合法权益的各种法律规范的总称⑦，即认为行政法是控权法和服务法，是控制行政权的法，是服务于社会、服务于人民的法。控权-服务论认为，“控权”和“服务”是行政法的两个支撑点，两者是一种互动的关系，控权是基础，服务是目的。“控权论”要求政府的行政行为必须在法律设定的范围内，任何行政行为的实施都必须有法律依据，任何行政行为都必须在法律的范围内，超越职权的行政行为是违法的行政行为。“服务论”要求政府不应仅仅以管理者的身份自居，更应当以服务者的身份去为人民提供各种服务⑧。以控权-服务论导控行政权，为行政权的正当性确立了政府有界、服务为魂、政府有责、过程可控四大正当性标准，从而推进行政权从强制到权威的转变，证成行政权的正当性⑨。

---

① 叶必丰. 行政法学［M］. 武汉：武汉大学出版社，1996：52.

② 同①53－66.

③ 叶必丰. 公共利益本位论与行政诉讼［J］. 中央政法管理干部学院学报，1995（6）：17－18.

④ 叶必丰. 论公共利益与个人利益的辩证关系［J］. 上海社会科学院学术季刊，1997（1）：116－122.

⑤ 叶必丰. 行政法的理论基础问题［J］. 法学评论，1997（5）：20－24.

⑥ 王学辉. 市场经济条件下行政法学的新视野［J］. 现代法学，2000（6）：111－114.

⑦⑧ 王学辉. 对行政法学基础理论的思考［J］. 西南政法大学学报，2002（3）：27－32.

⑨ 邓蔚. 行政权的正当性证成：控权-服务论理论合理性［J］. 行政法学研究，2008（1）：17－23.

（六）综合论

随着对行政法理论基础的研究的深度与广度不断拓展，以周佑勇教授为代表的行政法学者提出了统一论的观点，也称综合论。该观点认为，不能以任何单一、绝对的“学说”解释行政法，行政法的基础、目标、功能、宗旨等分别需要相应层面的理论加以解释，这样才能建构起一套完整的行政法理学体系。综合论主张以公共利益本位论为取向，同时对平衡论、控权论、服务论等学说中的合理因素加以吸收。该观点实际上是对公共利益本位论的进一步发展与丰富。具体而言：其一，将“平衡”视作行政法目标层面的理论概括。综合论认同行政法的目标就是平衡，即促使行政主体与相对人的权利义务处于平衡状态，实现公共利益与个人利益的和谐一致。行政法所追求的价值目标永远是不断地促使公共利益与个人利益趋于和谐一致，实现两者的平衡。其二，将“保权”与“控权”视作行政法功能层面的理论概括。综合论认为，保权论与控权论在具体认识行政法的功能时分别包含着“保权”与“控权”的思想和观念，因而可定位为行政法的一种功能论，即“保权”与“控权”可视为行政法功能层面的理论概括。但是，保权论与控权论在认识行政法功能时又分别走向了两个极端，而且没有揭示作为功能的“保权”与“控权”同行政法的目标及行政法的基础之间的关系，因而仅有部分真理性。所以，它们只能结合起来，共同作为行政法功能层面的理论概括。其三，将“服务”与“合作”视作行政法宗旨层面的理论概括。公共利益与个人利益之间的关系发生于行政权力的运行过程中，具体又是通过行政主体与行政相对人之间的交互行为最终形成的。也就是说，利益关系具体呈现的是一种行为关系。有什么样的利益关系，就有什么样的行为关系。利益关系的冲突性反映在行为关系上，必然是一种“命令与服从”的斗争或对抗关系。利益关系的一致性具体反映在行为关系上，则是一种“服务与合作”的互相信任关系。既然现代行政法的目标是实现公共利益与个人利益关系的一致性，那么行政主体与行政相对人之间的行为关系应当是一种“服务与合作”的互相信任关系。也就是说，在行为关系上，行政主体选择的应当是一种服务行为，而非绝对的命令或强制；行政相对人选择的行为应当是配合与参与，而不是纯粹的服从或屈从①。这种理论体现的是一种多元共治的“治理”理念，即强调主体的多元性与合作性，以及治理方式的服务性。

（七）对行政法理论基础的简短评析

由上可见，我国对行政法理论基础的研究已经形成了极为丰厚的成果，除前面提及的观点之外，还有为人民服务论②、公共权力论③、服务论④、控权-平衡论⑤、

① 周佑勇．行政法原论［M］．3版．北京：北京大学出版社，2018：95-96．

② 应松年，朱维究，方彦．行政法学理论基础问题初探［J］．中国政法大学学报，1983（4）：79-84．

③ 武步云．行政法的理论基础：公共权力论［J］．法律科学（西北政法学院学报），1994（3）：15-20．

④ 陈泉生．论现代行政法学的理论基础［J］．法制与社会发展，1995（5）：12-20．

⑤ 郭润生，马晓敏．再论控权-平衡［J］．山西大学学报（哲学社会科学版），2001（1）：16-21；郭润生，宋功德．控权-平衡论：兼论现代行政法历史使命［J］．中国法学，1997（6）：48-56；杨忠文，刘春萍．控权·平衡：论行政法的本质［J］．求是学刊，1997（2）：55-58．

职责本位论[①]、协调论[②]、授权论[③]等诸多观点。尽管以上诸说还存在进一步讨论的空间，但其产生的影响是巨大的，“在争辩的过程中，‘平衡’‘保权’‘控权’‘服务与合作’等成为行政法学理论体系的关键词，引导和推动了行政法学理论体系研究走向多元化”[④]。事实上，前述观点均具有一定合理性，立足不同视角，站在不同的时空维度下，对行政法理论基础的认知极有可能会产生一定差异。从这个意义上来讲，我们认同并提倡一种行政法理论发展的多视角主义，任何一个理论作为一个视角，都可能构成解决某一具体问题的理论工具，但不可能成为行政法上所有问题的理论基础。我们可以对行政法理论基础进行多视角重述，这种重述并非确定某个最优理论，其目的在于提供一种开放性的分析框架[⑤]。随着时代的发展、社会的变化，传统行政法理论面临合法性解释无力、合法化能力不足等困境，规范主义的拓展与功能主义的创新等新理论层出不穷，如何在依法行政这个“最大公约数”下重述我国行政法理论基础，依然是一项具有挑战性的时代课题。

三、行政法的法律渊源

(一) 成文法渊源

成文法渊源主要是通过制定法的形式表现出来的成文法律规范，包括宪法、法律、法规、规章以及国际条约、成文的法律解释等。我国行政法的成文法渊源如表 1-1 所示。

表 1-1　我国行政法的成文法渊源

	内　涵	示　例
宪法	宪法中有关国家行政机关及其职权、宪法原则、国家目标和基本任务等的条款均是行政法的渊源	我国《宪法》第 86 条规定了国务院的组成人员，并规定了国务院实行总理负责制，各部、各委员会实行部长、主任负责制
法律	法律作为行政法的渊源，大体存在两种情形：一种情形是一部法律中包含的所有法律规范都是行政法律规范；另一种情形是一部法律中既包含行政法律规范，也包含其他部门法律规范	《行政许可法》、《行政处罚法》，以及《中华人民共和国公司法》中规定的公司注册登记等行政法律规范
行政法规	国务院制定的行政法规涉及行政管理的各个领域，数量较多	《地名管理条例》《保安服务管理条例》《机关事务管理条例》《女职工劳动保护特别规定》等

① 文正邦. 职责本位论初探：行政法理论基础试析 [J]. 法商研究（中南政法学院学报），2001 (3)：32-38.

② 刘小艳. 现代行政法的理论基础：公共利益与个体利益协调论 [J]. 行政法学研究，2004 (4)：30-36.

③ 谭宗泽，杨靖文. 面向行政的行政法及其展开 [J]. 南京社会科学，2017 (1)：110-117.

④ 周佑勇. 中国行政法学学术体系的构造 [J]. 中国社会科学，2022 (5)：109.

⑤ 徐晨. 行政法学的研究方法 [M]. 武汉：武汉大学出版社，2012：146-161.

续表

	内 涵	示 例
地方性法规	省、自治区、直辖市的人民代表大会及其常委会根据本行政区域的具体情况和实际需要，在不同宪法、法律和行政法规相抵触的前提下有权制定地方性法规。地方性法规仅在本行政区域的全部范围或部分区域有效。设区的市的人民代表大会及其常委会根据本市的具体情况和实际需要，在不同宪法、法律、行政法规和本省（自治区）的地方性法规相抵触的前提下，可以对城乡建设和管理、环境保护、历史文化保护等方面的事项制定地方性法规。法律对设区的市制定地方性法规的事项另有规定的，从其规定	省级地方性法规如《山东省行政执法监督条例》等，设区的市地方性法规如《广州市依法行政条例》等，经济特区法规如《深圳经济特区智能网联汽车管理条例》等
自治条例和单行条例	自治条例和单行条例是民族自治地方的人民代表大会，依照当地民族的政治、经济、文化等特点制定的调整本民族自治地方事务的规范性法律文件	《凉山彝族自治州自治条例》《昌吉回族自治州城乡网格化管理服务条例》《果洛藏族自治州社会治安综合治理条例》等
行政规章	在我国，行政规章分为部门规章和地方政府规章两种	《邮政行政执法监督办法》等部门规章，以及《江西省公共数据管理办法》等地方政府规章
国际条约	国际条约本属国际法范畴，但对缔结或加入条约国家的国家机关、公职人员、社会组织和公民也有法的约束力，在这个意义上，国际条约也是一国的一种法的渊源或法的形式	《关于为防止、调查和惩处违犯海关法罪实行行政互助的国际公约》等
法律解释	在我国，法律解释包括立法解释、司法解释、行政解释等。法律解释的效力等级取决于解释主体的等级地位	《行政诉讼法司法解释》（2018）等

（二）不成文法渊源

我国作为成文法国家，法律规范的突出特征是“国家制定或认可”。诚然，成文法体系具有其自身的独特优势，比如逻辑完备、语言表述较为明确，有利于发挥法律的预测和指导功能，但是成文法不可避免地存在着滞后性以及由语言的模糊性带来的不确定性等缺陷。这种不足为行政惯例、行政判例、法理等不成文法的发展留下了空间。

1. 行政惯例

一般而言，行政惯例是指行政主体在长期处理行政事务的过程中，经过反复适用而形成的为社会成员广泛认可的习惯性做法[①]。就行政惯例的构成要素而言，立足不同视角存在不同观点。一种观点认为，某一做法能够成为行政惯例需要有反复

① 郑雅方. 行政裁量基准研究［M］. 北京：中国政法大学出版社，2013：114.

适用、长期实践以及广泛认可三要素，需要是行政主体基于长期的行政实践和反复适用而形成的惯行做法，且这种惯行做法在民间已一般性地确信为法[①]。另一种观点认为，行政主体无权决定某种做法是否为行政惯例，行政惯例的存在还需要来自法院等国家公权力机关的认可，未经法院确认之前，不能称之为行政惯例[②]。这两种观点争论的焦点在于行政惯例存在与否是否需要经过人民法院确认。本书以为，社会公众确信本身便足以证明行政惯例在内容上的确定性，无须经过法院认定。在实践中，行政惯例的存在形式较为多样，比如行政机关内部的请示、指示、批示、组织人事、工作制度等惯例，以及用来规范外部行政管理的实体内容与程序内容的惯例等[③]。行政惯例可以摆脱司法确认而独立存在，并可以独立对相对人形成支配。实际上，即便未经法院确认程序，行政惯例也通过法理和法律原则的途径一直作用于行政领域。虽然理论和实务界对行政惯例广泛存在的客观事实早已没有争议，但关于其能否作为行政法的渊源却争论已久。在很长一段时间内，行政惯例长期被排斥在我国行政法渊源体系之外，造成这种现象的原因是：一方面，长期以来，囿于成文法的传统，我国行政法学界大多数学者一直不承认包括行政惯例在内的行政习惯法、司法判例、一般原理与法理、学说以及国家政策等诸多不成文法渊源[④]。另一方面，传统的观点将“法的渊源”等同于“有约束力的法律依据”，混淆了其与“法律规范”的区别，从而将行政惯例排除在法的渊源之外[⑤]。判定行政惯例是否为行政法的渊源，需要将相关行政惯例放置于特定的社会关系中予以考量，明确其约束对象。对法官而言，构成裁判依据来源的行政惯例即属于法的渊源。行政惯例作为裁判理由来源时，如果并不要求其一定要成为“有约束力的法律依据”，而只要求其成为“有说服力的论据”即可，则此时的行政惯例也有可能成为一种法的渊源[⑥]。对行政机关而言，对其自身行为产生事实上的约束力的行为规范就可以视作法的渊源。那么，作为行政法渊源的行政惯例是如何呈现出来的呢？主要体现在以下方面：其一，对行政机关产生内部约束力，比如我国长期存在的行政批示制度，在行政机关内部具有较强的规范约束力[⑦]，于行政主体而言，其应当被视作行政法的渊源；其二，对行政执法活动产生约束，比如行政惯例影响到行政主体的行政裁量活动，借助典型案例、成文规则或行政自我拘束原则的适用彰显对行政裁量活动的导引[⑧]；其三，行政惯例在司法审判中作为裁判依据或裁判理由存在，并有可能成为行政法的渊源。需要说明的是，行政惯例具有向成文法渊源单向流动的可能性[⑨]，即一旦

---

① 周佑勇. 论作为行政法之法源的行政惯例 [J]. 政治与法律，2010 (6)：14-20.

② 章剑生. 论“行政惯例”在现代行政法法源中的地位 [J]. 政治与法律，2010 (6)：2-13.

③ 沈亚萍. 行政惯例法源效力的正当性基础 [J]. 社会科学家，2014 (2)：109-113.

④ 肖登辉. 浅议行政惯例 [J]. 学习月刊，2008 (14)：24.

⑤⑥ 同①.

⑦ 王学辉，雷焱. 批示行政：一个行政惯例的存在与检视 [J]. 哈尔滨工业大学学报（社会科学版），2019，21 (5)：15-20.

⑧ 章志远. 行政惯例如何进入行政裁量过程：对“钓鱼执法事件”的追问 [J]. 江苏行政学院学报，2010 (4)：124-130.

⑨ 同②.

行政惯例为立法者认可，被法律明文规定，就演变成成文法渊源。

2. 行政判例

判例通常有两种理解：一是指法院所做出的判决，二是指判例法。在英美等判例法系国家，判例法广泛存在。在大陆法系国家，判例不被视为法律的正式渊源，法官只能严格在法律规范的限制范围内解释和适用法律，而不能制造法律。但这并不意味着大陆法系国家完全否认判例的重要作用。德国行政法上的比例原则、信赖保护原则都是其行政法院在长期的司法实践过程中通过多次的运用而最终形成的。另外，虽然法国是一个典型的成文法国家，但其行政法上的重要原则几乎都是由行政法院的判例产生的，例如行政行为无效的理由、行政赔偿责任的条件、公产制度、行政合同制度、公务员的法律地位等极为重要的法律原则都是由判例产生的①。在我国，不承认判例法，判例不具有法律效力，但经最高人民法院审判委员会审定，登载在《最高人民法院公报》上的案例具有重要的指导作用。我国最高人民法院自1985年起，就逐渐发展出一套典型案例适用指导制度，通过发布《最高人民法院公报》《最高人民法院案例选》及指导性案例等方式指导司法实践，这类行政案例实际上已经产生了先例约束力②。比如，在田某诉北京科技大学案中，法院生效裁判认为：根据我国法律、法规规定，高等学校对受教育者有进行学籍管理、奖励或处分的权力，有代表国家对受教育者颁发学历证书、学位证书的职责。高等学校与受教育者之间属于教育行政管理关系，受教育者对高等学校涉及受教育者基本权利的管理行为不服的，有权提起行政诉讼，高等学校是行政诉讼的适格被告③。通过该案，确立了高校与学生之间行政法律关系的范围以及高校的行政主体法律地位，以判决的方式界定了一种新的行政权领域，以后各级法院在遇到类似的案件时，便不能以不属于行政争议为由拒绝受理。再如，最高人民法院2017年在刘某诉张家港市人民政府行政复议案④中引入保护规范理论，为原告资格的利害关系判断标准提供了新思路，对指导司法审判实践发挥了明显作用（见表1-2）⑤。

表1-2　“保护规范理论”在我国司法实践中的援引情况举例

案件名称	案号	法院援引说理情况
北京市东城区人民政府与北京联立房地产开发有限责任公司其他复议纠纷申请再审案	（2019）最高法行申293号	法院援引（2017）最高法行申169号案件中最高法对“利害关系”认定的论述作为论证理由，认定联立公司与涉案办学许可具有“利害关系”

① 章志远. 略论行政法的不成文渊源［J］. 河南司法警官职业学院学报，2007（1）：63-66.

② 胡建淼. 行政法学概要［M］. 杭州：浙江工商大学出版社，2012：26.

③ 田某诉北京科技大学拒绝颁发毕业证、学位证案，最高人民法院指导案例38号（2014年）。

④ 最高人民法院行政裁定书，（2017）最高法行申169号。

⑤ 截至2022年9月9日，笔者在北大法宝以“全文：（2017）最高法行申169号”进行检索，共获得76篇司法案例。经过梳理，有部分法院直接引用（2017）最高法行申169号案例对“利害关系”认定的阐述作为所受理案件的裁判说理。

续表

案件名称	案号	法院援引说理情况
李某诉南昌市青山湖区旧城改造办公室农房征收行政协议案	（2018）赣 71 行终 472 号	法院援引（2017）最高法行申 169 号案件中最高法对“利害关系”认定的论述作为论证理由，论述本案中李某是否与被诉协议具有“利害关系”
张某诉晋江市自然资源局不履行强制执行法定职责案	（2020）闽 0504 行初 117 号	法院援引（2017）最高法行申 169 号案件对“利害关系”的认定理论，认定张某与晋江市自然资源局是否申请强制执行涉案《行政处罚决定书》以及申请后是否及时强制执行没有公法上的“利害关系”

3. 法理

法理是指在综合各种法律现象的基础上，由学者所抽象并为社会所认同的有关法律基础、法律根据、法律判准、法律渊源的基础性、普遍性原理①。法理作为法的渊源可追溯至《瑞士民法典》，该法典第 1 条明确规定：凡依本法文字或释义有相应规定的任何法律问题，一律适用本法。无法从本法得出相应规定时，法官应依据习惯法裁判；如无习惯法时，依据自已如作为立法者应提出的规则裁判。在前款的情况下，法官应参酌公认的学理和实务惯例②。在我国的台湾地区，也在其“民法典”第 1 条中明确规定：民事，法律所未规定者，依习惯；无习惯者，依法理③。足见，法理作为法的渊源在一些国家和地区早已为成文法所明确。行政法法理作为行政法的渊源主要体现为权威的法学著作以及学说确立的行政法基本原则、原理。在一些国家或地区，这些原则、原理经法院适用之后，通常直接转化成判例规范，或者如前文所述，制定成文法加以固定，这些经由判例法确认或者成文法规定的法理就成为法律的渊源。在西方国家，权威的法学理论是重要的法律渊源，权威行政法学家的著作以及学说确立的行政法原则、原理等都有可能成为法源，例如经常被用在法院的司法审查实践中的自然公正原则、合理原则等均源于法学理论，并通过学说予以确定。在我国，在人民法院对行政行为进行司法审查的过程中，也有从法理和惯例中引申出行政法原则的实例④。比如，前文所述的田某诉北京科技大学案中，法院便引入了正当程序原则开展裁判说理。法院认为，退学处理决定涉及原告的受教育权利，为充分保障当事人权益，从正当程序原则出发，被告应将此决定向当事人送达、宣布，允许当事人提出申辩意见；而被告既未依此原则处理，也未实际给原告办理注销学籍、迁移户籍、档案等手续，被告所作退学处理决定违法⑤。

---

① 胡玉鸿. 法理即法律原理之解说［J］. 中国法学，2020（2）：5－29.

② 李敏.《瑞士民法典》“著名的”第一条：基于法思想、方法论和司法实务的研究［J］. 比较法研究，2015（4）：24－37.

③ 雷磊. 法的渊源：一种新的分类法及其在中国语境中的运用［J］. 河北法学，2021，39（11）：2－27.

④ 周佑勇. 行政法原论［M］. 3 版. 北京：北京大学出版社，2018：12.

⑤ 田某诉北京科技大学拒绝颁发毕业证、学位证案，最高人民法院指导案例 38 号（2014 年）。

四、行政法的解释适用

行政法释义学，也可称为行政法教义学，它是法释义学在行政法领域的应用，是对现行的行政法规范进行概念性、系统性的考察和说明，旨在形成自洽融合的体系，用来指导立法、执法和司法实践的一门学问①。在我国，相对于民法释义学、刑法释义学而言，行政法释义学的研究还处于相对薄弱的状态。不过胡建淼、章剑生、周佑勇、李洪雷、王旭、高秦伟等学者对行政法释义学进行过有力的探讨，取得了丰硕的成果②。行政法释义学不仅在追求个案的妥当性解决、确保案件处理之间的协同性以及发挥规范对社会的引导作用等方面具有重要的功能，还可以“通过发现规范漏洞、规范矛盾或规范不正义等问题，促进立法走向良善”③。因此，在中国行政法释义学需要进一步丰富和发展的当下，学习和研究行政法的解释与适用有其必要性。

（一）行政法规范的解释适用模式

行政法规范在规范语句上是由大量的法律条文构成的，但法律条文不同于法律规范。一个完整的法律条文从结构上可分为“构成要件”和“法律效果”，前者是一定的法律效果发生的前提条件，后者则是指关于具体规范效力发生的规定。在行政法上，对于赋予权限、能力、资格或者权利，或者设定义务的条文，行政机关可依据它启动行政权，行政相对人凭借它可以提出某项请求，这些法条就是完全性法条。更多的时候，法条自身并不能成为法律效果发生的依据，而是必须结合其他的相关法条才能发挥规范功能。这些不完全性法条大多包括说明性法条、限制性法条、指引性法条和法律拟制性法条④。

因为行政活动是执行性活动，规范的制定与方案的拟订是行政活动的一环⑤，所以，行政法规范的解释适用又可分为条件式法规范的解释适用和目的纲领式法规范的解释适用。其中，前者往往适用于执行性行政领域，而后者主要适用于规划（计划）性行政领域。相对于条件式法规范的解释适用，目的纲领式法规范的解释适

---

① 许德风．论法教义学与价值判断：以民法方法为重点［J］．中外法学，2008（2）：167；白斌．论法教义学：源流、特征及其功能［J］．环球法律评论，2010（3）：8；陈兴良．刑法教义学方法论［J］．法学研究，2005（2）：40；张翔．形式法治与法教义学［J］．法学研究，2012（6）：8．

② 胡建淼．论作为行政执行罚的“加处罚款”：基于《中华人民共和国行政强制法》［J］．行政法学研究，2016（1）：65－83；章剑生．行政罚款适用规则的体系性解释：基于《行政处罚法》第29条展开的分析［J］．政法论坛，2022（4）：18－28；周佑勇．司法审查中的滥用职权标准：以最高人民法院公报案例为观察对象［J］．法学研究，2020（1）：52－66；李洪雷．行政法的适用与解释初论［J］．法律方法与法律思维，2012（1）：3－26；王旭．论权衡方法在行政法适用中的展开［J］．行政法学研究，2010（2）：96－102；高秦伟．论其他形式的行政法规范解释［J］．当代法学，2008（5）：61－66．

③ 姜涛．法教义学的基本功能：从刑法学视域的思考［J］．法学家，2020（2）：3．

④ 拉伦茨．法学方法论［M］．陈爱娥，译．北京：商务印书馆，2003：138－143．

⑤ 陈爱娥．行政法的方法：传统行政法释义学的续造［M］//姜明安．行政法论丛：第17卷．北京：法律出版社，2015：2．

用不仅要受制于法定构成要件与法律效果，而且经常要把行为目的和手段的权衡作为行政决定的前提条件。

行政法的适用主体包括行政机关和法院，行政机关是第一次适用，而法院作为行政审判机关是第二次适用，其目的在于审查行政机关对行政法的适用是否合法，与行政机关第一次适用过程可能有所不同。行政机关在适用行政法规范时，要确切寻找并建构出个案中应适用的法规范，必须解决法条竞合等问题，各种行政法法律渊源、不同法源的位阶关系往往是行政法教科书不可或缺的内容。

行政法规范的适用，形式上类似于逻辑的三段论，一个完全性法条（若M则T）构成大前提，某具体案件事实（Sachverhalt＝S）被视为一个事例，将其归属于法条构成要件之下的过程（S＝M，此一过程往往被称为涵摄）则构成小前提，对此案件事实赋予该法律规范所规定的法律效果（S＝T），则为其结论。但实际的行政法规范适用过程，并非如形式上的这般泾渭分明。法律的解释与生活事实的定性，二者之间存在密切的互动关系。法律的解释是在法条文字各种可能的含义中探求适合于具体生活事实的含义，法条的选择以及必要的具体化同样必须考量具体生活事实，法律适用者的目光，要在规范的构成要件与生活事实之间不断地“往返流转”，“法律的解释与事实的定性，二者间相互关照校正，构成一种‘理解的循环结构’”①。

（二）行政法的不确定法律概念

一般而言，法律（概念）必须经由解释，方能适用，而法律概念有不确定与确定之分。在行政法中，不确定法律概念是指在法律条文中，常使用一些概念不具体、不明确的用语，法律适用者可以斟酌实际情况来决定或阐释其内容②。如公共利益、重大利益、不利影响、严重危害、就近入学等，常常存在于行政法律规范结构之中。在行政法规范适用的逻辑三段论中，“决定适用某一法规范时，再就该规范条文所规定之构成要件事实概念，加以解释、判断与确定，此即涉及行政解释及行政判断之问题”③。例如，在田某诉北京科技大学案中，一个争议的焦点就是：原告将写有公式的纸条带至考场的行为究竟属于考试“作弊”还是仅属于违反“考场纪律”？考试“作弊”的概念如何界定？

由于不确定法律概念的存在，行政执法和行政诉讼面临概念和事实双重的不确定性，因而解释与适用不确定法律概念就成为行政执法和行政诉讼的重点与难点之所在。依申请行政行为中的事实认定，是通过不确定法律概念来预断未发生的事实。依职权行政行为中的事实认定，是通过不确定法律概念来复原已发生具体后果的事实④。对不确定法律概念的解释方法有很多，我国台湾地区学者杨仁寿认为广义的法律解释包括由狭义的法律解释、价值补充以及漏洞补充三大类构成的解释方法体系⑤。

---

① 李洪雷. 行政法释义学：行政法学理的更新［M］. 北京：中国人民大学出版社，2014：119.

② 陈新民. 中国行政法学原理［M］. 北京：中国政法大学出版社，2002：147.

③ 李惠宗. 行政法要义［M］. 台北：五南图书出版有限公司，1989：174－175.

④ 于立深. 行政事实认定中不确定法律概念的解释［J］. 法制与社会发展，2016（6）：86.

⑤ 杨仁寿. 法学方法论［M］. 北京：中国政法大学出版社，1999：128－131.

在具体适用法律过程中，除了立法者本身对不确定法律概念进行解释、例示列举之外[①]，行政解释、技术标准和裁量准则往往都是行政法上事实认定的主要方式。

行政机关在不确定法律概念具体化过程中，往往会结合行政惯例、公共政策、社会效果等因素对不确定法律概念进行法律解释、价值补充或漏洞补充。例如，《国家统一法律职业资格考试实施办法》（司法部令第 140 号，2018 年 4 月 28 日公布）第 18 条规定，"参加国家统一法律职业资格考试成绩合格，且不具有本办法第十条第一款规定情形的人员"，可以按照规定程序申请法律职业资格。根据"惯例"，律师资格考试（司法考试、国家统一法律职业资格考试）"合格"的分数线往往由司法部商最高人民法院、最高人民检察院等部门最终确定，法院在司法审查中，对何谓"考试成绩合格"这个不确定法律概念，必须尊重行政机关在"合格"一词具体化问题上的"判断余地"[②]。在我国司法实践中，虽然没有明确提出德国法上的"判断余地"的概念，但在某些事项上法院基本上不予审查，与德国的"判断余地"理论有异曲同工之处。在何某诉华中科技大学履行法定职责纠纷案（指导案例 39 号）中，华中科技大学将通过全国大学英语四级考试作为获得学士学位的条件，亦即只有通过者才能达到《学位条例》第四条的"成绩优良"标准。对此，法院进行了合法性审查，并给出了尊重大学判断的理由："各高等院校根据自身的教学水平和实际情况在法定的基本原则范围内确定各自学士学位授予的学术标准，是学术自治原则在高等院校办学过程中的具体体现，……对学士学位授予的司法审查不能干涉和影响高等院校的学术自治原则。学位授予类行政诉讼案件司法审查的深度和广度应当以合法性审查为基本原则。"[③]

（三）行政裁量

行政执法和行政诉讼中，常常会遇到与民法学不同的问题情境："就应予适用的法规范而言，行政法领域里有诸多不同的'立法者'存在，因此有诸多不同的（适用于行政内部或外部，适用于中央或地方层级的）法源；在解释适用法规范的阶段，基于立法者对行政、司法的权限安排，必须面对行政裁量、判断余地有无的问题。"[④] 何谓行政裁量？根据我国台湾地区学者翁岳生教授的考证，行政裁量（administrative discretion）这一概念是由 19 世纪德国学者 F. F. Mayer 所创立的，他在其 1862 年出版的《行政法之原则》一书中最早表述了行政裁量学说，也最早将行政

---

① 如《土地管理法》第 45 条对集体土地征收中"为了公共利益的需要"的法定列举例示。

② 关于"判断余地"，参见：毛雷尔. 行政法学总论 [M]. 高家伟，译. 北京：法律出版社，2000：124-147；平特纳. 德国普通行政法 [M]. 朱林，译. 北京：中国政法大学出版社，1999：56-57；翁岳生. 论"不确定法律概念"与行政裁量之关系 [M] //翁岳生. 行政法与现代法治国家. 台北：祥新印刷有限公司，1989：69-75；王天华. 行政法上的不确定法律概念 [J]. 中国法学，2016 (3)：67-87；尹建国. 不确定法律概念具体化的模式构建：从"唯一正确答案"标准到"商谈理性"诠释模式 [J]. 法学评论，2010 (5)：60-69.

③ 《最高人民法院公报》2012 年第 2 期。

④ 陈爱娥. 行政法的方法：传统行政法释义学的续造 [M] //姜明安. 行政法论丛：第 17 卷. 北京：法律出版社，2015：20.

裁量分为纯行政裁量与法律适用裁量。我国较早的行政裁量的定义出现在1983年王珉灿主编的《行政法概要》中，其对行政自由裁量表述为："凡法律没有详细规定，行政机关在处理具体事件时，可以依照自己的判断采取适当方法的，是自由裁量的行政措施。"[①] 今天来看，该定义还存在一些模糊之处。行政裁量并不是"自由"的裁量，而是法律授权范围内的行为，它的存在是社会分工的产物。所谓自由裁量并不是有权就任性的"恣意"。现在，在理论和实务上越来越多的人认识到，遵从公共利益，既是行使行政权的义务，也构成行政裁量的内在性质，即使是行政裁量也不存在完全独立于法律之外的自由，"无论有无法律明文规定，行政机关都有义务依据法的宗旨和目的行使其裁量权"[②]。从行政自由裁量权到行政裁量权这一表述上的变化，体现了中国本土对裁量这一行政法核心问题的观念的变迁。

在大陆法系传统的行政裁量学说中，一直存在关于行政裁量和不确定法律概念二者关系问题的讨论，学说上有质的差别说、量的差别说和无差别说。差别说认为，虽然行政裁量和不确定法律概念都赋予行政机关判断选择的余地，但它们之间存在较大的差异。质的差别说认为，不确定法律概念与行政裁量的差异是本质上的不同。前者是"解释"与"适用"的问题，是客观的认识行为，不需要与所决定的内容相联系；后者是"决定"与"选择"的问题，是主观的意志行为。相应地，法院对不确定法律概念适用全面审查的标准；而对于裁量行为，法院一般只审查其合法性，即适用有限审查的标准[③]。量的差别说则认为二者都属于立法机关对行政机关适用法律的授权，其权力的行使都要受到法律的拘束与司法审查的制约，只是强度不同，这是一种量上的差异，而非质上的差异。

在我国，行政机关和人民法院通常认为行政裁量是法律、法规赋予行政机关在行政管理中依据立法目的和公正合理的原则自行判断行为的条件、自行选择行为的方式和自由地作出行政决定的权力，允许执法者在具体的法律适用过程中，对诸如"情节严重"等概念的事实认定进行衡量选择。这实际上并未严格要求区分"要件裁量"和"效果裁量"。从2004年起，国务院推动了行政裁量基准制度的建设，这是一种植根于中国本土实践、具有强大生命力的实践创新。2022年，根据党中央、国务院部署要求，国务院办公厅印发了《关于进一步规范行政裁量权基准制定和管理工作的意见》(国办发〔2022〕27号)，这是第一部从国家层面统一规范行政裁量权基准制定的纲领性文件，标志着我国行政裁量权基准的法治化建设进入了一个新的发展阶段。

"行政裁量权基准"(简称行政裁量基准)一词实际上可以在"标准""规则"两个意义上使用。一层含义是指行政机关在具体的个案裁量中所设定的作为其依据或理由的判断选择标准。比如，法律规定行政机关对某种违法行为可以处以500～2 000元

---

① 王珉灿. 行政法概要［M］. 北京：法律出版社，1983：113.

② 田村悦一. 自由裁量及其界限［M］. 李哲范，译. 北京：中国政法大学出版社，2016：40.

③ 翁岳生. 论"不确定法律概念"与行政裁量之关系［M］//翁岳生. 行政法与现代法治国家. 台北：祥新印刷有限公司，1989：69－75；周佑勇. 行政裁量治理研究：一种功能主义的立场［M］. 北京：法律出版社，2008：14－15；王贵松. 行政裁量的构造与审查［M］. 北京：中国人民大学出版社，2016：55－70.

的罚款，那么在个案裁量中究竟是处以500元、1 500元还是2 000元，可以由行政机关判断选择，但得有个标准，这个标准构成了裁量正当行使的理由。它一般应由立法者通过详细的规则事先予以规定，在立法者没有提供这种判断的标准或提供的判断标准不完备时，就需要行政机关在行使裁量权的过程中加以设定和补充。另一层含义是指以规范性文件的形式所设定的用以确定抽象的个案裁量所普遍适用的规则，其中，对法律要件的基准化，往往被称为“情节细化”；对法律效果的基准化，往往被称为“效果格化”，绝大多数行政处罚裁量基准文本呈现出来的是一种“事实-效果”的完整结构①。《行政处罚法》第34条规定：“行政机关可以依法制定行政处罚裁量基准，规范行使行政处罚裁量权。行政处罚裁量基准应当向社会公布。”由此看来，第二层含义的行政裁量基准，已获得了法律的授权。在性质上，有学者认为裁量基准属于行政机关加强自我约束的内部行政规则，属于一种规范化的经验法则②。在行政自制的视角下，裁量基准在性质上应当被看作一种行政自制规范。它对裁量权正当行使的自我控制功能，主要通过情节的细化和效果的格化技术，来达到对裁量权的限定、建构和制约。总之，在行政执法和司法实践中，借助于行政机关、相对人和法院的交涉与互动，“建成一种‘原则-规则-基准’互为补充、相互配合的完整的行政裁量情节适用规范体系，是极为可能和极具现实效用的”③。

重点难点

一、“新行政法”的发展

自20世纪90年代开始，姜明安教授就开始关注域外行政法的发展进程，并将“新行政法”这一术语引入了国内法学界研究视野④。“新行政法”是相较于传统行政法而言的一个表述，昭示了行政法的动态发展特征。“新行政法”源于传统行政法，但又不同于传统行政法，是内容和形式都在传统行政法基础上发生了重大变革和演进的现代行政法。“新行政法”的“新”体现为其调整范围的新、调整方式和手段的新以及法源形式的新。“新行政法”的形成和发展源于市场化、信息化、全球化等世界潮流的推动，我国改革开放导致的经济、政治体制和法制模式的重大变革，宪制、人权、法治理念在整个国民意识中的生长和逐步普及，以及我国公法学者与法律实务界的合作与互动⑤。进入21世纪，我国行政法学界围绕“新行政法”展开了一定研究。一方面，21世纪初期，国内学者对域外国家新行政法的发展动态做了译介⑥，为国内行

① 熊樟林. 裁量基准的概念限缩与扩容［J］. 东南大学学报（哲学社会科学版），2019（3）：74-85.

② 沈岿. 行政自我规制与行政法治：一个初步考察［J］. 行政法学研究，2011（3）：12-17.

③ 周佑勇. 行政裁量治理研究：一种功能主义的立场［M］. 北京：法律出版社，2008：115.

④ 姜明安. 澳大利亚“新行政法”的产生及其主要内容［J］. 中外法学，1995（2）：66-70.

⑤ 姜明安. 全球化时代的“新行政法”［J］. 法学杂志，2009，30（10）：8-11.

⑥ 阿曼，刘铁. 全球化、民主与新行政法［J］. 北大法律评论，2004（1）：207-229；弗里曼，晏坤. 私人团体、公共职能与新行政法［J］. 北大法律评论，2003（1）：516-550.

政法学的研究拓展了视野、提供了新思路；另一方面，根植于中国本土实际，有学者开始关注国内新行政法的发展样态，并产生了较为丰富的理论成果。国内学者普遍认为，随着世界经济全球化的演进和我国社会转型的深度展开，传统行政法从内容到形式，都在发生着深刻的变化[①]。从已有研究来看，目前中国行政法学界对行政法发展趋势或“新行政法”的讨论，大体可以分为两个方向：一个方向是从经济社会背景的变迁出发，探讨中国行政法制度建设的方向[②]；另一个方向是从学科体系、研究旨趣、议题设定、研究方法等方面[③]讨论行政法学研究的变革问题。

二、中国行政法的法典化

关于何谓“法典”，有三种理解：一是部门法或领域法意义上的法典，如民法典、行政法典、教育法典等；二是法律体系意义上的法典，如古代西方的《汉谟拉比法典》《十二铜表法》，我国历史上体现“诸法合体”的《唐律》《大明会典》《大清会典》等法典亦属此类；三是以“法典”为名的法律法规汇编，如《美国法典》。虽然存在三种不同意义上的法典形式，但主流的观点仅指某一法律部门的法典，它既排除了作为整体法律体系的法典，也排除了汇编式法典。因而，有关法典化的诸多思考就往往限于“部门法法典化”，学者们也很自然地站在各自部门法的立场上讨论法典化问题[④]。需要注意的是，“法典”与“法典化”是不同的概念，通常而言，“法典”可能是“法典化”所呈现出来的一个结果，“法典化”是一个动态的过程，二者不能等同观之。近年来，行政法法典化问题一直是学界关注的重点话题，加之《民法典》的颁布施行，更加激发了行政法学界着手推动我国行政法法典化的热情。依行政法法典化的域外发展经验来看，早期的行政法典以行政程序法典为主，但当前的行政法典形式日趋多元化。由于法典中包含了较多的实体性规则，部分国家已不再坚持采用行政程序法的立法名称和形式，荷兰 1994 年《行政法通则》、蒙古国 2015 年《一般行政法》、法国 2015 年《公众与行政机关关系法典》和韩国 2021 年《行政基本法》即是其中代表。同时，域外行政法典多是对一般行政法律规范进行体系性整合，较少涵括部门行政法内容[⑤]。域外行政法典的编纂为我国行政法法典化提供了重要的经验与借鉴。

学界普遍认为，我国有必要进行行政法法典化，但就如何制定行政法典还存在争议，主要存在如下两种基本立场：观点一认为，推进行政法法典化，制定相应的行政法规范，不仅是必要的，而且是迫切需要的，也是可行的[⑥]，但行政法不能也

---

① 姜明安．把握社会转型趋势 加强对“新行政法”的研究［J］．行政法论丛，2008（1）：6－13.

② 邹焕聪．社会合作规制与新行政法的建构：从疫情群防群控切入［J］．政治与法律，2022（3）：2－14；于安．我国 PPP 的法治走向与新行政法［J］．中国法律评论，2018（4）：174－179；蒋勇．从合规性到正当性：我国警察法治体系的重塑：基于“新行政法”理论的展开［J］．中南大学学报（社会科学版），2017，23（2）：85－93.

③ 沈岿．监控者与管理者可否合一：行政法学体系转型的基础问题［J］．中国法学，2016（1）：105－125.

④ 高仰光．法典化的历史叙事［J］．中国法学，2021（5）：67－85.

⑤ 高秦伟．中国行政法法典化的体系性与民主性取向［J］．北方法学，2022，16（5）：5－19.

⑥ 杨建顺．行政法典化的容许性：基于行政法学体系的视角［J］．当代法学，2022，36（3）：52－66.

不宜制定统一、完整的行政法典，这是由行政法自身的规律性以及人们认识的局限性所决定的，同时也是由世界各国的历史经验所证明的，行政法领域不编撰行政法典才是遵循了行政法本身规律①。该立场主张，行政法法典化的前提和基础是坚持“限缩法典说”，即摒弃那种将各行政法领域的法规范皆囊括其中来构建所谓统一行政法典的主张和做法。须警惕“立法时机成熟论”的负面影响，尊重行政和行政法的自身规律，聚力于行政作用法、行政程序法和行政组织法等领域某个或者某类行政法规范的整备、统合与协调②。相较于观点一而言，观点二的主张是当前学界的主流。该观点认为，经过改革开放 40 多年来的积累，我国行政法法典化的政治基础、立法基础、学理基础都已具备，域外行政法法典化的经验、我国《民法典》的编纂也提供了有益借鉴，行政法法典化不仅是必要的，而且是可行的③。在关于行政法法典化达成普遍共识的同时，学界对如何制定我国的行政法典却存在不同观点。虽然理论界众说纷纭，但总体而言，编纂体系化的行政基本法典、编纂行政法总则、制定行政程序法典三种基本构思占据主流。其一，制定基本行政法典观认为，行政法典定位于行政基本法，在体例结构上要融贯实体规范与程序规范，要兼顾传统行政法治规则与未来行政发展态势，充分彰显新时代行政法典的科学理性设计④，对一般行政法规则进行体系性整合，并在这一定位下妥善处理行政基本法典与单行法、部门行政法的关系⑤。其二，制定行政法总则的观点认为，通则性是行政法典编纂体例之典范，采取通则性的基本法典模式，能够为行政法的发展提供稳定的结构体系和开放的框架秩序⑥，应当用提取公因式的方法，将行政法律体系中具有普遍性和引领性的规范提取出来，作出统一规定⑦。其三，制定行政程序法典的观点认为，我国行政法的法典化，宜采取程序主义进路⑧，我国行政法法典不应仿效《民法典》的模式和体例，也不要试图构建整全性的、实体法意义上的行政法典。就行政程序法典编纂所包含的内容而言，有学者认为应覆盖所有行政部门和所有行政领域，即凡属于行政行为程序性质的共性规范，均应纳入编纂的范围；但与调整行政主体外部行政行为程序无直接关系的行政组织法规范、公务员法规范、监察法规范和行政诉讼法规范等不宜纳入⑨。

三、民法作为行政法的渊源

大陆法系的公私法划分源于古罗马时期。最早提出公私法划分的是古罗马法学

---

① 杨建顺. 为什么行政法不能有统一的法典?［N］. 检察日报，2020－06－03（7）.

② 杨建顺. 行政法典化的容许性：基于行政法学体系的视角［J］. 当代法学，2022，36（3）：52－66.

③ 马怀德. 中国行政法典的时代需求与制度供给［J］. 中外法学，2022，34（4）：845－864.

④ 王敬波. 行政基本法典的中国道路［J］. 当代法学，2022，36（4）：19－28.

⑤ 同③.

⑥ 周佑勇. 中国行政基本法典的精神气质［J］. 政法论坛，2022，40（3）：61－77.

⑦ 应松年. 关于行政法总则的期望与构想［J］. 行政法学研究，2021（1）：3－12.

⑧ 王万华. 我国行政法法典编纂的程序主义进路选择［J］. 中国法学，2021（4）：103－122.

⑨ 姜明安. 关于编纂我国行政程序法典的构想［J］. 广东社会科学，2021（4）：220－232，256.

家乌尔比安，他认为公法是关于罗马国家的规定，私法是关于个人利益的规定①。公私法的二元划分并不意味着二者之间截然分离，实际上现代社会中公法与私法呈现出不断融合的趋势，2021年1月1日起施行的《民法典》便是鲜明的例证。《民法典》的颁行不仅标志着民法典时代的到来，也为我国的行政法治发展带来了新的契机，直接为行政机关新设了职权行使的依据、划定了职权行使的边界，为人民法院行政审判活动提供了新的准据，从而拓展了依法行政之法的属性②。行政法作为公法的一支，依理应当以具有公法性质的法律为主，而不涉及私法领域的法律。但是，以公法为中心构筑的行政法体系并非完美无缺，这就为适用民法等私法规范提供了可行空间。比如，我国《行政诉讼法》第101条明确规定：人民法院审理行政案件，关于期间、送达、财产保全、开庭审理、调解、中止诉讼、终结诉讼、简易程序、执行等，以及人民检察院对行政案件受理、审理、裁判、执行的监督，本法没有规定的，适用《民事诉讼法》(2017) 的相关规定。另外，有关行政合同或行政协议的生效、撤销等问题，现有行政法律规范中缺乏明文规定，此种情况下，就有必要征引民法相关规定予以解决。可以说，现代社会的发展早已打破了德国行政法学者奥托·迈耶的公私法之间不能类推适用的观点。奥托·迈耶认为，“不应以类推方式援引民事法律规定来改善和补充行政法。法律类推只是在解释法律本意时才可适用，而民事法规的本意与公法关系之间并无相似性”③。事实上，在我国行政法的发展早期，民法能否作为行政法的渊源便受到了理论界的关注与探讨，这些研究在一定程度上加快了民法发展为行政法渊源的进程。例如，21世纪初期，诸多学者对我国自1986年制定《民法通则》时便确立的民事领域的诚实信用原则可否作为行政法的基本原则展开讨论④。时至今日，诚实信用原则作为我国行政法的一项基本原则在理论与实务界已基本达成共识，这正是公私法不断交融、民法作为行政法渊源的重要体现。

案例分析

一、案例导入

贝某诉海宁市公安局交通警察大队道路交通管理行政处罚案⑤

2015年1月31日，贝某驾驶案涉车辆沿海宁市西山路行驶，遇行人正在通过人行横道，未停车让行。海宁市公安局交通警察大队（简称海宁交警大队）执法交

① 陈弘毅. 法治、启蒙与现代法的精神 [M]. 北京：中国政法大学出版社，2013：103.

② 章志远. 行政法治视野中的民法典 [J]. 行政法学研究，2021 (1)：42-52.

③ 迈耶. 德国行政法 [M]. 刘飞，译. 北京：商务印书馆，2002：122.

④ 闫尔宝. 行政法诚实信用原则研究 [M]. 北京：人民出版社，2008：23-278；刘丹. 论行政法上的诚实信用原则 [J]. 中国法学，2004 (1)：34-41；刘颖. 论行政法中的诚实信用原则 [J]. 中共中央党校学报，2003 (2)：94-99.

⑤ 贝某诉海宁市公安局交通警察大队道路交通管理行政处罚案，最高人民法院指导案例90号 (2017年)。

警当场将案涉车辆截停，核实了贝某的驾驶员身份，适用简易程序向贝某口头告知了违法行为的基本事实、拟作出的行政处罚、依据及其享有的权利等，并在听取贝某的陈述和申辩后，当场制作并送达了《公安交通管理简易程序处罚决定书》，给予贝某罚款100元，记3分。贝某不服，于2015年2月13日向海宁市人民政府申请行政复议。同年3月27日，海宁市人民政府作出《行政复议决定书》，维持了海宁交警大队作出的处罚决定。贝某收到《行政复议决定书》后于2015年4月14日起诉至海宁市人民法院。浙江省海宁市人民法院于2015年6月11日作出（2015）嘉海行初字第6号行政判决，驳回贝某的诉讼请求。贝某不服，提起上诉。浙江省嘉兴市中级人民法院于2015年9月10日作出（2015）浙嘉行终字第52号行政判决，驳回上诉，维持原判。

二、法官释法

本案的争议焦点之一是原告是否应当停车让行。对此，原告认为，如果行人已经停下来主动让机动车先行，机动车也可以先行通过，不能机械地将法律条文理解为只要人行横道上有人，机动车就必须停下来让行人先行。被告认为，原告驾车沿海宁市西山路行经邮电新村时遇行人正由南向北通过人行横道，未停车让行事实清楚。一审法院认为：在《道路交通安全法》（2011）第47条第1款规定中，应当即必须。当行人以通过为目的行走在人行横道上时就应当认定为正在通过；即使中途有停顿，也应当认定为正在通过[①]。

二审法院认为：首先，人行横道是行车道上专供行人横过的通道，是法律为行人横过道路时设置的保护线，在没有设置红绿灯的道路路口，行人有从人行横道上优先通过的权利。机动车作为一种快速交通运输工具，在道路上行驶具有高度的危险性，与行人相比处于强势地位，因此必须对机动车在道路上行驶时给予一定的权利限制，以保护行人。其次，认定行人是否“正在通过人行横道”应当以特定时间段内行人一系列连续行为为标准，而不能以某个时间点行人的某个特定动作为标准，特别是在该特定动作不是行人在自由状态下自由地做出，而是由于外部的强力原因迫使其不得不做出的情况下。案发时，行人以较快的步频走上人行横道线，并以较快的速度接近案发路口的中央位置，当看到贝某驾驶案涉车辆朝自己行走的方向驶来，行人放慢了脚步，以确认案涉车辆是否停下来，但并没有停止脚步，当看到案涉车辆没有明显减速且没有停下来的趋势时，才为了自身安全不得不停下脚步。如果此时案涉车辆有明显减速并停止行驶，则行人肯定会连续不停止地通过路口。可见，在案发时间段内行人的一系列连续行为充分说明行人“正在通过人行横道”。最后，机动车和行人穿过没有设置红绿灯的道路路口属于一个互动的过程，任何一方都无法事先准确判断对方是否会停止让行，因此处于强势地位的机动车在行经人行横道遇行人通过时应当主动停车让行，而不应利用自己的强势地位迫使行人停步让行，除非行人明确示意机动车先通过，这既是法律的明确规定，也是保障作为弱势

---

① 贝某诉海宁市公安局交通警察大队道路交通管理行政处罚行政纠纷案，浙江省海宁市人民法院（2015）嘉海行初字第6号行政判决书。

一方的行人安全通过马路、减少交通事故、保障生命安全的现代文明社会的内在要求[①]。

本案为全国首例“斑马线之罚”案，后被最高人民法院确定为第 17 批指导性案例之一（指导案例 90 号），它详细地阐述了机动车礼让行人的完整内涵与立法原意，具有指导意义。近年来，随着我国机动车数量的迅速增加，因行人通过人行横道与机动车发生的碰撞、冲突等交通事故十分频繁，已成为影响城市道路交通安全的一大隐患。虽然《道路交通安全法》（2011）第 47 条第 1 款规定“机动车行经人行横道时，应当减速行驶；遇行人正在通过人行横道，应当停车让行”，但该法并没有明确各种具体条件下机动车的礼让义务，没有明确机动车礼让行人的各种具体情形。譬如，根据经验法则，行人正行走在人行横道上，无疑应当认定为正在通过。但是，如果行人停在了人行横道上，是否还能够认定为正在通过？又如：该法第 47 条第 2 款“行人横过道路”应当作何种法律解释？从何时、何点开始才构成行人横过道路？这就需要法律适用者运用法律方法来对不确定法律概念予以解释，对法律漏洞进行填补，甚至开展创设性的法律续造。

在本案中，法规范构成要件有三：（1）行人，（2）正在通过，（3）人行横道。其法律效果就是应当停车让行。通过梳理本案一、二审裁判要旨可以发现，一审法院没有指出“礼让行人”规范仅适用于没有信号灯控制的人行横道上的路权冲突，而二审法院则明确指出“礼让行人”规范仅适用于“没有设置红绿灯的道路路口”的路权冲突。根据反对解释，这是否意味着在有信号灯控制的人行横道上，机动车就不需要礼让行人？答案显然是否定的。当机动车行经过人行横道时，无论该人行横道是否有信号灯控制，都需要礼让行人。“道路交通安全法”这一法律名称昭示我们，“人身安全”高于“通行效率”，本案裁判进一步明确在通行安全与通行效率相冲突的情形下礼让行人是文明交通安全的基本要求。在“保护人身安全”这一总目的之下，《道路交通安全法》（2011）第 47 条将人行横道前机动车礼让行人的前提设计为行人“正在通过人行横道”。而“正在通过（人行横道）”这一概念具有不确定性，如斑马线上的“停顿”能否理解为“正在通过人行横道”，仅从文义解释的角度很难得到正确答案。在本案中一、二审法院明显运用了目的解释和体系解释来对“正在通过人行横道”这一概念进行解释。一审判决认定行人通过人行横道时，“即使中途有停顿，也应当认定为正在通过”，具有明显的事实判断倾向，较难以理服人。二审裁判以“连续行为”作为法理支撑，将行人在人行横道上的停留视为“正在通过人行横道”，具体到本案来说，“以通行为目的的斑马线上的‘停顿’就是‘正在通过斑马线’或者‘正在通过人行横道’，尤其在这种‘停顿’是通过人行横道必要步骤的前提下”[②]。最高人民法院并没有直接否定本案一、二审裁判的法律解

---

① 贝某与海宁市公安局交通警察大队道路交通管理行政处罚行政纠纷上诉案，浙江省嘉兴市中级人民法院（2015）浙嘉行终字第 52 号行政判决书。

② 柳砚涛，原浩洋. 过程性行为理论在行政审判中的应用：对全国首例“斑马线罚款案”的法理反思[J]. 北京行政学院学报，2017（1）：86.

释内容与理由，但它通过裁判要点在“正在通过人行横道”中的“通过”一词之后并列添加了“停留”，并明确“机动车在行经人行横道遇行人正在通行或者停留时应当主动停车让行，除非行人明确示意机动车先通过”，在《道路交通安全法》(2011)第47条第1款中创设了“停留—表示”的法规范结构，填补了该法规范的漏洞①。也就是说，立法者在制定该法时仅用了“正在通过”，未将处于静止状态的“停留”纳入法律调整范围，这个时候就出现拉伦茨所言的“法律漏洞”，这个“制定法的‘漏洞’并不是‘没有任何规定’，而是欠缺依制定法的调整计划或其整体脉络应当预期被设定的特定规则”②。

从“行人违章，撞了白撞”的规定③到对“闯黄灯”行为进行行政处罚的规定，到对不履行绝对“礼让行人”义务的行为进行行政处罚的规定④，再到本案成为最高法院指导案例，这一变化轨迹，一方面说明“礼让行人”规范作为现代汽车文明产物，已经逐渐扎根于中国本土；另一方面也启示我们，在全面依法治国的建设征程中，法律的移植有时是不可避免的，但是必须关注法律制度的生长土壤。具体到“礼让行人”规范的实施，不能从一个极端走向另一个极端，“即要么由行人承担所有交通违法损失，要么以非理性的方式规制机动车驾驶人的违章行为，而无视行人与机动车驾驶人，以及机动车驾驶人之间的互动过程”⑤。

三、类案练习

广州德发房产建设有限公司诉广州市地方税务局第一稽查局税务处理决定案⑥

（一）基本案情

2005年1月，广州德发房产建设有限公司（简称德发公司）委托拍卖行将其自有的位于广州市人民中路555号“美国银行中心”的房产拍卖后，按1.382 55亿元的拍卖成交价格，向税务部门缴付了营业税6 912 750元及堤围防护费124 429.5元，并取得了相应的完税凭证。2006年间，广州市地方税务局第一稽查局（简称广州税稽一局）在检查德发公司2004年至2005年地方税费的缴纳情况时，认为德发公司的上述房产拍卖成交单价格2 300元/m²，不及市场价的一半，价格严重偏低，遂于2009年9月，作出穗地税稽一处（2009）第66号税务处理决定，核定德发公司

---

① 章剑生. 法解释抑或法续造：贝某诉海宁市公安局交通警察大队道路交通管理行政处罚案评析［J］. 苏州大学学报（法学版），2022（3）：98.

② 拉伦茨. 法学方法论［M］. 黄家镇，译. 北京：商务印书馆，2020：471.

③ 根据沈阳市政府1999年8月30日发布的《沈阳市行人与机动车道路交通事故处理办法》第8条至第13条规定，在机动车道内有招停出租车、逗留等妨碍机动车通行的行为，与机动车发生交通事故，“机动车方无违章行为的，行人负全部责任”，也即通常所称的“行人违章，撞了白撞”。

④ 《杭州市文明行为促进条例》(2016年3月1日实施，已被修改）第37条。

⑤ 曾凡燕.“礼让行人”规范的实施路径：全国首例“斑马线罚款案”评析［J］. 行政法学研究，2019（3）：76.

⑥ 最高人民法院行政审判十大典型案例（第一批）之二：广州德发房产建设有限公司诉广州市地方税务局第一稽查局税务处理决定案。【法宝引证码】CLI. C. 11621265。

委托拍卖的上述房产的交易价格为 311 678 775 元，并以 311 678 775 元为标准核定应缴纳营业税及堤围防护费，决定追缴德发公司未缴纳的营业税 8 671 188.75 元，加收营业税滞纳金 2 805 129.56 元；决定追缴堤围防护费 156 081.40 元，加收滞纳金堤围防护费 48 619.36 元。德发公司不服该决定，提起行政诉讼。本案一审判决驳回德发公司诉讼请求；二审维持一审判决，驳回德发公司上诉。再审判决撤销一、二审判决，并撤销被诉处理决定中加收营业税滞纳金和堤围防护费滞纳金的部分。

最高人民法院再审认为：(1) 不违反法律原则和精神的行政惯例应当予以尊重。广州税稽一局在查处涉嫌税务违法行为时，依据《税收征收管理法》(2001) 第 35 条规定核定纳税义务人的应纳税额是其职权的内在要求和必要延伸，符合税务稽查的业务特点和执法规律，符合《国家税务总局关于稽查局职责问题的通知》关于税务局和稽查局的职权范围划分的精神，不构成超越职权。(2) 税务机关确定应纳税额时，应当尊重市场行为形成的市场价格；其基于国家税收利益的考虑否定拍卖价格作为计税价格时，行使《税收征收管理法》(2001) 第 35 条第 1 款第 6 项应纳税额核定权时，应当受到严格限制。纳税义务人以拍卖不动产的拍卖价格作为计税依据依法纳税后，在该拍卖行为未被有权机关依法认定为无效或者认定存在违反拍卖法的行为并影响拍卖价格的情况下，税务机关原则上不能根据《税收征收管理法》(2001) 第 35 条第 1 款第 6 项的规定行使应纳税额核定权，但如果拍卖行为中存在影响充分竞价的因素导致拍卖价格过低，如本案中的一人竞拍时，税务机关基于国家税收利益的考虑，有权行使应纳税额核定权。(3) 没有法律、法规和规章的规定，行政机关不得作出影响行政相对人合法权益或者增加行政相对人义务的决定。税务机关根据《税收征收管理法》(2001) 第 35 条第 1 款第 6 项的规定行使应纳税额核定权，应当受到《税收征收管理法》(2001) 第 52 条关于追缴税款和滞纳金的条件和期限的限制；因不能归责于纳税义务人的原因时，新确定的应纳税额，缴纳义务应当自核定之日发生，征收该应纳税额确定之前的税收滞纳金没有法律依据。

(二) 法律问题

1. 行政专业判断与惯例，其概念为何?

2. 该判决将行政专业判断与惯例相同并论，认为都具有拘束力，这种理解是否有误?

3. 行政专业判断与惯例的拘束对象为何?

知识拓展

一、拓展阅读

1. 罗豪才，袁曙宏，李文栋. 现代行政法的理论基础：论行政机关与相对一方的权利义务平衡 [J]. 中国法学，1993 (1).

2. 周佑勇. 行政裁量的治理 [J]. 法学研究，2007 (2).

3. 王天华. 行政法上的不确定法律概念 [J]. 中国法学，2016 (3).

4. 王贵松. 论行政裁量的司法审查强度 [J]. 法商研究，2012 (4).

5. 何海波. 论行政行为“明显不当”[J]. 法学研究，2016 (3).

6. 崔卓兰，蔡立东. 从压制型行政模式到回应型行政模式 [J]. 法学研究，2002 (4).

7. 于立深. 概念法学和政府管制背景下的新行政法 [J]. 法学家，2009 (3).

8. 李洪雷. 中国行政法（学）的发展趋势：兼评“新行政法”的兴起 [J]. 行政法学研究，2014 (1).

二、毕业论文选题指导

1. 行政惯例在司法实践中的适用与反思
2. 论党内法规可否作为行政法的渊源
3. 我国行政法法典化的路径选择与体系构建
4. 论行政机关对行政法漏洞的填补
5. 非处罚类行政裁量基准研究
6. 民法规范在行政法中的适用

第二章　行政法基本原则

行政法基本原则被认为是“贯穿于整个行政法规范和行政法制度始终的基础性原理，承载着行政法的根本价值、理念和精神，是行政法学理论体系的核心内容”[①]。本章想要解决的问题是：这种基础性原理应该包含哪些核心内容？发挥什么现实作用？为此，本章回溯我国行政法基本原则的起源沿革和发展定型，重构其体系内容，凸显其司法适用。

基础知识

一、体系内容的重构——起源沿革

（一）起源

我国行政法基本原则的提出可追溯至新中国第一本行政法统编教材，即王珉灿主编的《行政法概要》。由于时代的客观限制，当时的行政法基本原则被表述为“我国国家行政管理的指导思想和基本原则”[②]，当时的行政法基本原则与“指导思想”（政治原则、宪法原则）熔为一炉，与“行政管理”混为一谈。其中唯一类似的“依法办事”子原则尚无规范内容，适用对象较为笼统（既要求“各级国家行政机关和管理国家事务的部门”，又针对“全国各族人民”），但作为奠基之作，毕竟“提供了还处于‘摸索阶段’的行政法学理论体系的简单轮廓”[③]。

最早正式提出“行政法基本原则”的可属应松年、朱维究编著的《行政法学总论》。此书“初稿还曾在行政法师资进修班上作为讲义印发，对以后行政法教学产生

---

① 周佑勇. 中国行政法学学术体系的构造［J］. 中国社会科学，2022（5）：103.

② 共七项：在党的统一领导下实行党政分工和党企分工；广泛吸收人民群众参加国家行政管理；贯彻民主集中制；实行精简的原则；坚持各民族一律平等；按照客观规律办事，实行有效的行政管理；维护社会主义法制的统一和尊严，坚持依法办事。参见：王珉灿. 行政法概要［M］. 北京：法律出版社，1983：43-60.

③ 何海波，晏翀，严驰恒. 法治的脚步声：中国行政法大事记：1978—2014［M］. 北京：中国政法大学出版社，2015：25-27.

了较大的影响”[①]。据应松年回忆：“在这个培训班上，我把《行政法（学）总论》用讲义的形式一章一章地印出来，发给大家。虽然有统编教材，但是我觉得统编教材不好用。那时，我自己的一套学术思想已经基本形成，可以说有了自己的特点。讲课的内容跟《行政法概要》相比，已经不大一样了。”[②] 这“不大一样”之一就是首次提炼出“行政法基本原则”（贯彻党的方针、政策原则，社会主义民主原则，社会主义法制原则）[③] 范畴，一直沿用至今。

（二）典范

我国行政法基本原则的体系内容基本确定于新中国第二本行政法统编教材，即罗豪才主编的《行政法学》。此书“确立的行政法学的范畴、体系、基本概念和原则，对此后的行政法学产生了巨大影响”[④]。

首先，从含义上明确了行政法基本原则的标准，突出了贯穿始终（行政组织、行政行为、监督行政行为）、区分界限（与政治原则和行政管理原则相区别）、凸显关系（行政法律关系和监督行政法律关系）的学科自觉[⑤]。

其次，从功能上明确了行政法基本原则的作用，突出了指导立法（立改废释）、帮助实施、弥补漏洞（没有具体条文下可直接适用）的规范自觉。

再次，从体系上明确了行政法基本原则的框架，突出了“行政法治原则”统领下“合法/合理”逻辑建构的严密体系——行政合法性原则（一般）、行政合理性原则（特殊）、行政应急性原则（例外）[⑥]。

最后，从内容上明确了行政法基本原则的选取，突出了广泛借鉴与立足我国相结合的实际导向，如：合法性原则中借鉴了起源于英美法的“自然公正”“正当法律程序”；将合理性原则前瞻地分解为目的不适当、考虑不相关、内容不合理的逻辑结构，“共同形成对行政裁量的实质控制网络”；修订版增补的应急性原则突出了紧急权力行使条件[⑦]。“自此，我国行政法著作几乎都采用此说。”[⑧] 可见其在行政法基本原则上的典范意义。

---

① 何海波，晏翀，严驰恒. 法治的脚步声：中国行政法大事记：1978—2014［M］. 北京：中国政法大学出版社，2015：43.

② 应松年. 与法同行［M］. 北京：中国政法大学出版社，2015：66.

③ 应松年，朱维究. 行政法学总论［M］. 北京：工人出版社，1985：112-114. 其中“社会主义法制原则”表现在两个方面：“一是在行政管理的一切主要方面，都应该有章可循，有法可依，使行政管理走上健全的制度化、法律化的道路。二是凡是已经有法律、法规规定的行政管理，都必须严格依法办事，对一切违反行政管理法规的行为，依法给以制裁或处分。”

④ 同①76. 该书被日本学者上杉信敬译为《中国行政法概论》（日本近代文艺社 1995 年）。

⑤ 罗豪才满怀激情地写道：“我们不能仅仅停留在‘依法办事’这样口号式的层次上，我们应当给‘依法办事’注入深刻、具体的法律内容。”（罗豪才. 行政法学［M］. 修订本. 北京：中国政法大学出版社，1999：55）

⑥ 罗豪才. 行政法学［M］. 修订本. 北京：中国政法大学出版社，1999：52-60. “行政应急性原则”为 1996 年修订本增补。

⑦ 罗豪才. 行政法学［M］. 修订本. 北京：中国政法大学出版社，1999：57-59.

⑧ 周佑勇. 行政法原论［M］. 3 版. 北京：北京大学出版社，2018：52.

(三) 变革

典范风行，百家争鸣，继承发展者有之，质疑批评者亦不少[①]。这集中体现在姜明安主编的《行政法与行政诉讼法》的版本演进中。此书已更新到第七版，销量与影响颇大，“书中很多观点已经成为通说”[②]。该书第一版（1999 年）仍倾向于逻辑体系改良，在合法/合理逻辑框架下，将行政法基本原则体系进一步改良为行政法治原则、行政公正原则、行政公开原则、行政效率原则[③]。但随着 21 世纪前后域外行政法治理念及其相关原则的大量舶来、使用频多，引发出这一逻辑体系无法容纳更多具体原则的迫切问题。

由此，该书进入新世纪以后不断修订，很快放弃了完全严密的逻辑建构，而改采实体/程序分类列举的松散体系——实体性基本原则（依法行政、尊重和保障人权、越权无效、信赖保护、比例原则）与程序性基本原则（正当法律程序、行政公开、行政公正、行政公平）[④]。这一转变凸显了程序原则的独立价值，试图容纳更多的实体性基本原则，但也面临各原则间逻辑不清、层次不一、内容重合的问题，如尊重和保障人权恐怕更应纳入宪法而不是行政法基本原则。

学术悄然变革的同时，恰是 21 世纪以来我国经济社会与民主法治的加速发展转型期，尤其是全面推进依法行政、建设法治政府，行政法基本原则问题的探讨跨入实务与理论同向发展的快车道，从早期主要的学理研究探讨，转向党和政府实践驱动下的主导推动。

这一变革的标志文本是国务院印发的《全面推进依法行政实施纲要》（国发〔2004〕10 号），其中确立了广义依法行政的六项“基本要求”：合法行政，合理行政，程序正当，高效便民，诚实守信，权责统一。这一框架内容既吸取了合法/合理的逻辑建构，又包容了实体/程序的分类列举，还增加了法律/行政的多重维度，无疑更加立足实际、海纳百川。

这一权威整合，成为行政法基本原则研究的新界碑。从这以后，无论是《国家统一法律职业资格考试辅导用书》[⑤] 还是“马工程”教材，都基本沿袭并微调了上述六项基本要求的内容体系，展现了一种权威性和定型化[⑥]。

---

① 相关质疑与批评的简述，参见：周佑勇. 行政法原论［M］. 3 版. 北京：北京大学出版社，2018：52－53.

② 何海波，晏翀，严驰恒. 法治的脚步声：中国行政法大事记：1978—2014［M］. 北京：中国政法大学出版社，2015：163.

③ 这一逻辑体系早在 1990 年已见雏形——法治原则（依法行政、以法管理、权责统一），制约原则（立法监督、司法监督、监察监督），公正原则，效率原则（程序时限、组织精干、提高效益），参见：姜明安. 行政法与行政诉讼法［M］. 7 版. 北京：北京大学出版社，2019：67－84.

④ 姜明安. 行政法与行政诉讼法［M］. 7 版. 北京：北京大学出版社，2019：67－84.

⑤ 马怀德. 行政法与行政诉讼法［M］. 北京：法律出版社，2022：8－9. 可谓较早采取“实务体系框架＋共识原则排列”方式的代表，如比例原则归入合理行政，保护公民信赖利益原则归入诚实守信原则，程序正当包括行政公开、公众参与和回避原则。

⑥ 应松年. 行政法与行政诉讼法学［M］. 3 版. 北京：中国政法大学出版社，2017：39－50. 在上书的基础上，基本原则章作出更符合学术理解的微调，如将合法行政限定为狭义的依法行政，将权责统一替换为监督与救济原则。

但继承改进旧观点的同时往往会引发新问题：基本要求是否都是基本原则？如行政效能与法治存在张力，应不应该成为行政法基本原则？[①] 行政问责究竟是制度还是原则？行政应急作为例外，能不能纳入常态性质的基本原则？难怪有学者指出：关于行政法的基本原则，观点之多，分歧之大，且持续时间之长，成为中国行政法学研究的一道风景线[②]。最近，基于行政法典或行政法总则的讨论，更加深了对行政法基本原则体系内容安定性的强烈需求[③]。

二、体系内容的重构——发展定型

（一）学术界：在体系与适用之间

从严密的合法/合理逻辑建构，到松散的实体/程序分类列举，再到兼顾的法律/行政多重融合，学者们的研究重点从静态体系结构研究转向动态功能研究，这其中的第一个代表是周佑勇的《行政法基本原则研究》（2005 年初版），他援用法的形式正义、实质正义和程序正义这一逻辑结构，把行政法基本原则整合为行政法定-行政均衡-行政正当的三层次体系，将适用性强的大陆法系与英美法系诸原则编织其中，树立了具有体系自觉品质的行政法基本原则逻辑建构范式。

第二个是何海波的《实质法治：寻求行政判决的合法性》（2009 年初版），他穿透基本原则的表象，向着形式/实质法治关怀深入。其中，形式法治包括有法可依、职权法定，有法必依、唯法是从，违法必究、依法解决[④]：（1）行政权力来自法律（法律保留、法律优先），（2）行政行为服从法律（主体合格、具有职权、证据充足、程序合法），（3）行政争议依法解决[⑤]。他敏锐发现行政法一般原则是超越形式法治、证明实质法治的重要不成文法源论据，因此他通过界定行政法基本原则主要是行政执法（具体行政行为）中的原则（破除“贯穿”标准，排除法律保留、法律优先作为一般原则），从而将适用情形过于模糊、仅仅宣示行政目标等不具有规范意义的术语排除出一般原则体系，由此按照实体合理-程序合理-非常态合理的逻辑，梳理出实质法治下的行政法一般原则体系，梳理出可以作为不成文法并具有司法适用价值的基本原则逻辑体系。

第三个是杨登峰的《行政法基本原则及其适用研究》（2022 年版），他巧妙选取了六项基本要求中四个“为大家所公认的”基本原则[⑥]，针对的是行政执法和行政司法实践中的适用问题。他放弃了逻辑建构的思路，而是另辟蹊径，根据执法和司

---

① 范柏乃，林哲杨. 政府治理的“法治—效能”张力及其化解［J］. 中国社会科学，2022（2）：162－164.

② 田思源. 行政法与行政诉讼法学［M］. 北京：清华大学出版社，2011：27－28.

③ 马怀德. 行政基本法典模式、内容与框架［J］. 政法论坛，2022（3）：54. 其认为基本原则包括依法行政、权利保障、比例原则、正当程序、高效便民、诚信原则等，参见：周佑勇. 行政法总则中基本原则体系的立法构建［J］. 行政法学研究，2021（1）：13－16. 其认为体系内容定型有助于“立法上的整合统领、执法上的行为准则和司法上的可适用性功能，是‘行政法总则’不可或缺的灵魂条款”。

④ 何海波. 实质法治：寻求行政判决的合法性［M］. 2 版. 北京：法律出版社，2020：24－32.

⑤ 应松年. 行政法与行政诉讼法［M］. 3 版. 北京：中国政法大学出版社，2017：39－50.

⑥ 杨登峰. 行政法基本原则及其适用研究［M］. 北京：北京大学出版社，2022：序言 9.

法实践中的问题着重探讨具体基本原则的适用，从而将逻辑建构为主转化为具体适用为大，将面向理论和立法的视角转向实务和司法的视角。

对比可知，三者逻辑或列举虽有不同，但体系上已然接近、内容上大同小异，这表明我国行政法基本原则接近定型时分，共识可望达成，只是小异处尤可探讨（如表2-1所示）。

表2-1 三书具体内容对照

	周佑勇书	何海波书	杨登峰书
内容	1. 行政法定原则（职权法定原则、法律优先原则、法律保留原则） 2. 行政均衡原则（平等对待原则、行政比例原则、信赖保护原则） 3. 行政正当原则（避免偏私原则、公平听证原则、行政公开原则）[a]	1. 形式法治（职权法定、唯法是从、依法解决） 2. 实质法治： （1）诚意原则 （2）比例原则 （3）平等原则 （4）正当程序原则 （5）信赖保护原则 （6）应急性原则[b]	1. 行政法定原则（行为法定原则、程序法定原则、机构法定原则） 2. 法律优先原则 3. 比例原则 4. 正当程序原则 5. 诚实信用原则[c]

a 周佑勇. 行政法基本原则研究［M］. 2版. 北京：法律出版社，2019：135-241.

b 何海波. 实质法治：寻求行政判决的合法性［M］. 2版. 北京：法律出版社，2020：204. 其中（1）（2）（3）属于实体合理，（4）属于程序合理，（5）（6）属于非常态合理。

c 杨登峰. 行政法基本原则及其适用研究［M］. 北京：北京大学出版社，2022：2-10.

（二）实务界：从纲要上升为立法

党的十八大以来，推进依法行政、建设法治政府取得历史性成就。在习近平法治思想的光辉指引下，坚持依法治国、依法执政、依法行政共同推进，法治国家、法治政府、法治社会一体建设。在全面依法治国的系统工程中，法治政府建设成为重点任务和主体工程，力争率先突破，特别注意推进严格规范公正文明执法，提高司法公信力。

第一个表现为从依法行政基本要求到法治政府建设实施。2015年，《法治政府建设实施纲要（2015—2020年）》提出到2020年基本建成职能科学、权责法定、执法严明、公开公正、廉洁高效、守法诚信的法治政府。2021年，《法治政府建设实施纲要（2021—2025年）》提出到2025年，政府行为全面纳入法治轨道，全面建设职能科学、权责法定、执法严明、公开公正、智能高效、廉洁诚信、人民满意的法治政府。可以说，这两个法治政府五年纲要，是2004年《全面推进依法行政实施纲要》和2008年《国务院关于加强市县政府依法行政的决定》的飞跃升级版。值得指出的是，2022年的五年纲要，新加入了智能和人民满意元素，扩展了法治政府的基本要求。

第二个表现是从基本要求上升为立法上的原则规定。2022年修正的《地方组织法》第62条将“坚持依法行政，建设职能科学、权责法定、执法严明、公开公正、智能高效、廉洁诚信、人民满意的法治政府”上升为法定条款，对于整合定型我国行政法基本原则提供了迄今为止最权威的法律依据。

三、本章重构

我国行政法基本原则可以依据《地方组织法》第62条展开体系重构，再比照实务界（特别是司法实务）和学术界的代表性共识观点作出内容锚定。

——职能科学很大程度上是对行政组织法提出的要求，在组织法中有系统规范制度；

——权责法定就是行政（职权）法定原则，并吸收权责一致要求①；

——执法严明是指行政行为的严肃明智；

——公开公正既包含了实体意义上的公开公正，也包括了程序意义上的公开公正，二者整合，可以对应于行政（实体）合理原则与行政（程序）正当原则；

——智能高效可以分解为法治政府建设科技保障体系和行政效能②；

——廉洁诚信可以分解为廉洁政府与诚信政府，前者主要由《监察法》管辖，后者在《地方组织法》第65条中明示为“诚信原则”，可确立为行政（政务）诚信原则；

——人民满意应对应为从行政相对人视角上完善相对人权利保障、福利保障的系列制度。

因此，本章的行政法基本原则重构标准是：基本原则而不是基本制度（排除职能科学、公开、智能、人民满意），法律基本原则而不是行政基本原则（排除行政效能），行政法律基本原则而不是监察法律基本原则（排除廉洁）。对照表2-1，另有平等原则主要是宪法基本原则，是否纳入行政法基本原则存疑；应急性原则属于非常态下的一种基本制度（载于《突发事件应对法》等突发事件应对制度体系），是基本原则的例外和补充，不应纳入基本原则序列③。因此，本章基本确立起我国行政法基本原则的四层体系（如图2-1所示）：

---

① 本章认为，行政责任或权责统一不应纳入行政法基本原则。

② 沈岿. 论行政法上的效能原则［J］. 清华法学，2019（4）：5-25. 他承认，20世纪80年代末的行政法学主流学说，在行政法学脱离行政学的独立意识、行政诉讼法制定和实施的需要以及大陆法系行政法学法官适法导向方法论的影响之下，摈弃了行政效能原则作为行政法基本原则的主张。他也承认，行政效能原则不能突破依法行政原则、不能拒斥正当程序原则，这恰好证明了行政效能原则在法治领域也不能违反更上位的基本原则，且效能原则仍应主要是行政的基本原则，当前仍应作出区分，因此该原则不列入行政法基本原则体系为宜。参见《地方组织法》第63条。

③ 彭錞. 再论行政应急性原则：内涵、证立与展开［J］. 中国法学，2021（6）：61-79. 他认为，为应对紧急事件，仍须尽量持守法治价值，避免无限授权。笔者认为，这里的“法治价值”其实就是行政法治，即我们所讲的行政法基本原则，也就是说，应急性原则仍然要服从更上位的行政法基本原则，因此从逻辑上理解，不宜纳入基本原则范畴。“无论在何种紧急状态下，行政机关都应当尊重人格尊严、遵循比例原则等法治的基本要求”，也就是说，应急性原则始终在合法行政与合理行政之下一位阶。参见：何海波. 行政诉讼法［M］. 3版. 北京：法律出版社，2022：79. 具体个案中行政法治与行政应急之间关系的有趣讨论，参见：王学辉. 大理“口罩事件”折射出的依法行政问题［EB/OL］.（2020-09-10）［2022-04-07］. https://mp.weixin.qq.com/s/3Xg8KSMvC3pwTPul7H-p2Q. 关于行政法治与应急政治之间的张力，参见：林鸿潮. 重大突发事件应对中的政治动员与法治［J］. 清华法学，2022（2）：156-172.

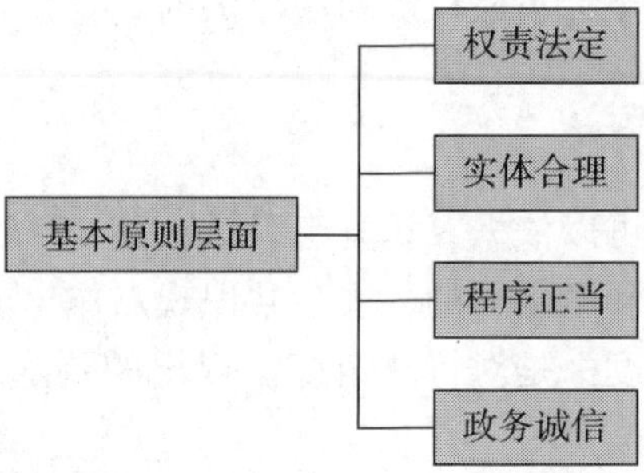

图 2-1　我国行政法基本原则的四层体系

体系初定，“是什么”的问题基本解决，“有什么用”的问题迎刃而解：一是在立法上为未来行政法总则乃至行政法典制定提供原则条款支撑①；二是为司法适用提供确定的不成文法源及其教义解释；三是在学理上摧陷廓清、条分缕析，激发更多理性思考、理论探索和实践运用。这几个“用”中，最重要的无疑是司法适用。因此，拟以司法适用频率为可能的基本原则术语进行一一搜索、数据验证：以“中国裁判文书网”为依托，搜索以下各原则在各级法院的行政案件裁判文书中的出现量，排列对比、一目了然。截至 2022 年 9 月 1 日，搜索结果如表 2-2 所示：

表 2-2　司法适用频率搜索测试清单及其结果　　单位：件

职权法定原则 2252（合法性原则 1492、依法行政原则 1148、行政法定原则 22、越权无效原则 19），法律保留原则 81，法律优先原则 79，法律优位原则 0——授权合法层面，主要是职权法定原则。

比例原则 3864（合理性原则 2314），平等原则 2293[a]（行政公平原则 98、平等对待原则 45、平等保护原则 25、行政公正原则 11、行政平等原则 1），禁止不当联结原则 3——实体合理层面，主要是比例原则。

正当程序原则 4505（程序正当原则 3918、公开原则 1301、听证原则 394、公众参与原则 346、回避原则 172、正当法律程序原则 104、自然公正原则 11、避免偏私原则 2、说明理由原则 0）——程序正当层面，就是正当程序原则。

信赖利益保护原则 2252（诚实信用原则 13 382、诚信原则 3292、信赖保护原则 2038、公序良俗原则 1132、诚实守信原则 568[b]、禁止反言原则 182、合法预期原则 1）——政务诚信层面，主要是信赖利益保护原则。

行政效率原则 833（行政高效原则 45、行政效能原则 30）——印证不宜纳入。

（行政）应急性原则 12（应急原则 4、行政应急原则 0）——印证不宜纳入。

行政责任原则 6（问责原则 1）——印证不宜纳入。

a　平等原则本是宪法原则，在其他法律领域适用比较广泛，这个数据不可能都存在于行政法案件中，且平等原则很大程度上可以被正当程序原则中的避免偏私原则所吸收。2022 年最新通过的《关于进一步规范行政裁量权基准制定和管理工作的意见》，针对行政执法该严不严、该宽不宽、畸轻畸重、类案不同罚等有违平等原则的情况作了进一步的细节制度安排。基于上述原因，平等原则可以不再纳入行政法基本原则体系。

b　诚实信用等原则，也存在使用比较泛化的问题，可以肯定其中大量案件是民商事案件，因此对于这一数量应辩证科学看待，仅作参考；而信赖利益保护原则基本都适用于行政法案件。故本章选取行政法基本原则的标准还可以补充两点：注重行政法特有的基本原则，注重司法适用的高频率。

① 姜明安. 行政法基本原则法定化研究 [J]. 湖湘法学评论，2021 (1)：52-55.

本章至此，已兼顾合法/合理逻辑、实体/程序分类、形式/实质法治、法律/特质属性以及立法/司法/理论效用，对我国行政法基本原则的体系内容进行重构（如表 2-3 所示）。

表 2-3　行政法基本原则体系内容重构

<table>
<tr><th>行政法基本原则</th><th>逻辑范畴</th><th>适用步骤</th><th>重构</th></tr>
<tr><td rowspan="6">行政法治
（对应法治政府建设“依法行政”中的法治部分）</td><td rowspan="2">形式法治之基本要求</td><td rowspan="2">Step I
授权法定</td><td>1. 职权法定原则（有无授权）</td></tr>
<tr><td>补充：法律优先（授权层级）＋法律保留（禁止授权）</td></tr>
<tr><td rowspan="4">实质法治之一般原则</td><td>Step II
实体合理</td><td>2. 比例原则（手段目的）</td></tr>
<tr><td>Step III
程序正当</td><td>3. 正当程序原则（过程方式）</td></tr>
<tr><td rowspan="2">Step IV
政务诚信</td><td>4. 信赖利益保护原则（制度环境）</td></tr>
<tr><td>补充：公心诚意（施政品质）、诚实信用（私法准用）</td></tr>
</table>

重点难点

一、职权法定原则的适用

行政法基本原则以合法（legality）层面为第一要务，坚持法定职责必须为、法无授权不可为，这基本可对应奥托·迈耶“法治三要件”中的“法律优先及法律保留”[①]。但我国行政法治的逻辑起点和首要问题应是：行政权从哪里来？凭什么行使行政权？因此，职权法定原则才是基本原则的开篇之作。

（一）基石：职权法定原则

职权法定，是指行政机关依法履行经济、社会和文化事务管理职权，要由法律、法规赋予其相应的执法手段。职权法定与权责统一一体两面，行政机关违法或者不当行使职权，应当依法承担法律责任，实现权力和责任的统一，因此也可以称为权责法定原则。职权法定原则是执法有保障、有权必有责、用权受监督、违法受追究、侵权须赔偿的第一道关卡。

——职权法定之“法”包不包括宪法、国际条约（协定）和“三定方案”？何海波认为不包括，因为此三者都不能作为行政机关干涉私人活动的直接依据；

——职权法定包不包括传统行政权力，如行政协议中行政机关的单方变更、解除协议等行政优益权？行政优益权是传统行政管理之必需，但也应具备或完善依据，

① 迈耶. 德国行政法 [M]. 刘飞，译. 北京：商务印书馆，2013：68-69. 另有一要件，参见：王贵松. 论法律的法规创造力 [J]. 中国法学，2017 (1)：109.

行政机关执法拿不出具体依据，应视同没有依据，即便具有行政优益权也不等于拥有违反职权法定原则的特权；

——职权法定包不包括行政应急情况下实施的“越权”？目前从《传染病防治法》到《突发事件应对法》逐渐完善细密，行政应急法律制度体系完善健全，基本可以保证非常态下行政权实施的有法可依，因此即便处于应急状况，原则上也不应溢出职权法定原则，否则会出现种种假应急之名、行恣意之权的背离法治的乱象①。

职权法定原则在一般适用结构上，可参考笏石李金兴不锈钢剪折板店诉莆田市秀屿生态环境局行政处罚案，首先必须有法明确授予的行政职权，必须在法规定的职权范围内活动。非经法授权，行政机关不得作出行政管理行为；超出法授权范围，行政机关不享有对有关事务的管理权，否则都属于行政违法②。

职权法定原则的适用范围颇广，也颇含糊（因为组织法或授权法规定多较笼统），现实中一般针对履行法定职责之诉，内容多集中于管辖权法定，应注意职权来源之法应尽可能具体直接。在宋某诉长治县政府不履行法定职责案中，长治县政府虽有《地方组织法》（2015）规定的职权，但此类职权是赋予包括所属职能部门在内的整个政府体系的，主要通过所属工作部门和下级政府予以实现。作为地方一级政府，并不能代替其所属工作部门对该部门职权范围内事项直接作出行政决定或命令。宋某的具体诉求是认为其祖坟被挖，要求长治县政府履行保护人身权、财产权的法定职责。对此法院释明，即如果属于征地纠纷，应当由国土行政部门负责处理；如果属于治安案件或刑事案件，应当由公安机关管辖；如果属于民事侵权，则应当通过自行协商或者提起民事诉讼予以解决。但这些职权都不是长治县政府应当具体、直接行使的职权③。

对职权法定原则的适用还聚焦于被告是否适格的问题。在梁某等诉沈阳市沈河区政府强拆违法并赔偿案中，根据 2014 年修订的《土地管理法实施条例》第 35 条，在临时使用的土地上修建永久性建筑物、构筑物的，由县级以上人民政府土地行政主管部门责令限期拆除；逾期不拆除的，由作出处罚决定的机关依法申请人民法院强制执行。沈河区政府作为县级以上政府，在集体土地上依据《城乡规划法》实施强制拆除行为，适用法律错误，不具职权依据④。对比另一案——张某诉吉林磐石市征收办履行给付征地补偿款职责案，根据 2004 年修正的《土地管理法》第 46 条第 1 款、2014 年修订的《土地管理法实施条例》第 25 条第 1 款及《国土资源部关于进一步做好征地管理工作的通知》（2010，已失效）第 12 条等，被征收集体土地的征地及征地补偿安置主体为市、县政府。且无论是集体土地征收，还是国有土地

---

① 何海波. 行政诉讼法［M］. 3 版. 北京：法律出版社，2022：78，288. 职权法定原则还衍生出权责清单制度，这也正是权责清单细化职权的难点所在（反观市场准入负面清单相对较易，因为反面排除易、正面列举难），且权责清单本身并不属于法，这给具体适用也带来难题。未来可以考虑把权责清单作为完善后的相关组织法的附件，上升其法律地位，以便真正落地实现职权法定原则。

② 福建省莆田市中级人民法院行政判决书，（2020）闽 03 行终 112 号。

③ 最高人民法院行政裁定书，（2018）最高法行申 4077 号。

④ 最高人民法院行政裁定书，（2019）最高法行申 8534 号。

上房屋征收，征收管理部门仅具有签订行政协议的法定职权。张某的诉讼请求是要求磐石市征收办立即给付其占地补偿款，而磐石市征收办明显不具有给付土地补偿款的职权①。

职权法定原则可派生出“越权无效”②。在俞某诉南通市海门区包场镇政府责令限期拆除案中，法院对越权无效进行了较详细的法律解释③，但越权并不总是无效，更多的法律后果是撤销。在梁某诉徐州市云龙区民政局离婚登记行政确认案中，法院认为行政越权不仅可能超越管辖权，还可能超越法定权力范围或权力限度。也就是说，职权法定原则可以通过行政越权无效（含撤销）的具体法律规范，与超越职权的合法性审查标准一体适用。

（二）补充：法律优先与法律保留

在我国语境下，法律优先和法律保留是对职权法定原则的补充。法律优先，是指行政机关实施行政管理，应当依照法律、法规、规章的规定进行。一切行政活动不得违反现行法，法只能经法定程序变更、废止，行政机关不得以改革创新、提升行政效能等为借口，突破法律、法规、规章范围。

实务中，不少具体行政行为是依据下位法作出的，并未援引和适用上位法。于是法律优先的适用重点是，判断下位法是否符合上位法。经判断下位法与上位法相抵触的，应当依据上位法认定被诉具体行政行为的不法性④。在鄂某诉青岛市公安交警支队不履行法定职责案⑤中，从法律优先推导出行政机关有义务积极执行和实施现行有效法律规定的行政义务，行政机关不积极履行法定作为义务，将构成违法。

法律保留，是指有些事项只能由全国人大及其常委会以法律来规定，其他机关、其他形式的立法文件无权创设。最著名的立法例为《立法法》第 12 条确定犯罪和刑罚、对公民政治权利的剥夺和限制人身自由的强制措施和处罚、司法制度等事项为绝对保留，第 11 条其余项为相对保留。《行政处罚法》第 10 条规定了限制人身自由的行政处罚的法律保留。《行政强制法》第 10 条明确了行政强制措施的法律保留，第 29 条第 1 款是冻结存款、汇款的法律保留。法律保留意味着，没有法律、法规、规章的规定，行政机关不得作出影响公民、法人和其他组织合法权益或者增加公民、法人和其他组织义务的决定。

实务中，需注意法律保留在干涉行政与给付行政领域的不同适用密度。在吉姆西公司诉财政部处理决定案中，仅有侵益性行政行为需要同时具有组织法依据和行为法依据，而授益性行政行为则只要求有组织法依据，并不一定要求有行为法依据。

---

① 吉林省高级人民法院行政裁定书，（2019）吉行再 2 号。

② 越权无效作为英国行政法的核心原则，参见：韦德. 行政法：第 10 版［M］. 骆梅英，苏苗罕，周华兰，等译. 北京：中国人民大学出版社，2018：25－29.

③ 江苏省南通市中级人民法院行政判决书，（2021）苏 06 行终 263 号。

④ 审判实践中，下位法不符合上位法的若干常见情形，以及法律、行政法规或者地方性法规修改后而其实施性规定未被明文废止的法律适用情形，参见最高人民法院印发的《关于审理行政案件适用法律规范问题的座谈会纪要》（法〔2004〕第 96 号）。

⑤ 山东省高级人民法院行政判决书，（2020）鲁行再 30 号。

新能源汽车补贴行为属于行政允诺，系授益性行政行为，应当遵循法律优先，但在法律保留方面却不必具有行为法依据，否则就会因为法律滞后而使行政行为丧失应有的灵活性和应急性[①]。

在涉及先行改革的特别领域，个别法院甚至主张略去合法性审查而采取合理性审查。在卜某诉郑州市金水区政府、丰庆路街道办事处确认行政协议无效案中，法院认为：城中村改造是介于集体土地征收和国有土地上房屋征收的行政行为，更多侧重于事实行为和政策性文件的支持，实质上是在法律规定不完善情况下对城市建成区范围内集体土地进行改造、建设的一种探索和改革行为，这种行为在总体上有利于原住居民的财产增长，有利于推进城市建设。因此对于此类行为的审查，往往缺乏法律法规依据，更多的是合理性审查，而不是合法性审查，只要其不违反法律法规的禁止性规定，不侵犯公民的重要财产权，就可以不受法律优先及法律保留的限制[②]。但应注意，这种合理性审查得以开展的前提仍是“不违反法律法规的禁止性规定，不侵犯公民的重要财产权”，授权法定原则的底线仍然不可突破，授权法定原则仍是基本原则适用序列之第一。

二、比例原则的适用

接下来进入权力行使的最重要部分，首先是普遍关心的合理（rationality）层面，要求行政机关实施行政管理，应当遵循实体上的公平、公正，不能超越一般人对合理的认知底线，保证最起码的公平正义。上文已述，平等原则（平等对待行政管理相对人，不偏私、不歧视）不宜纳入[③]。因此，实体合理层面主要适用比例原则这一“行政法中之帝王条款”[④]，更有学者指出合理原则应该统一为比例原则[⑤]。

比例原则一般要求行使裁量权应当符合法律目的，排除不相关因素的干扰；所采取的措施和手段应当必要、适当；行政机关实施行政管理可以采用多种方式实现行政目的的，应当避免采用损害当事人权益的方式。对比此原则原产地德国现今通说[⑥]，应注意不要遗漏狭义比例（均衡）原则。

在很多司法管辖区，第 1 步被视为门槛调查，不是比例原则的一部分，根据我国实务情况，一开始进行合理性审查就针对主观性很强的行政机关的目的是否正当，操作困难，且实效不强（行政机关一般都能提出一定的目的正当辩解）。因此第 2～4 步的三阶模式更为普遍、更可操作，特别是第 4 步狭义比例原则，更强调权衡和

---

① 北京市第一中级人民法院行政判决书，(2016) 京 01 行初 1321 号。

② 河南省高级人民法院行政判决书，(2019) 豫行终 1104 号。

③ 这里可以再补充一条理由：近些年来，我国发生了多起涉及公共政策中平等原则的诉讼，例如蒋某诉中国人民银行成都分行“身高歧视案”、张某等诉教育部高考录取分数线案、张某诉芜湖市人事局“乙肝歧视案”，法院都没有受理这些案件，或者仅仅以技术理由作出判决，可以说否定了平等原则在行政法上的绝大多数适用效力。

④ 陈新民. 中国行政法学原理 [M]. 北京：中国政法大学出版社，2002：45.

⑤ 杨登峰. 从合理原则走向统一的比例原则 [J]. 中国法学，2016 (3)：88-105.

⑥ 默勒斯. 法学方法论 [M]. 杜志浩，译. 4 版. 北京：北京大学出版社，2022：552-553.

量化，可以发展出更有技术性的成本收益分析（如图 2－2 所示）[①]。

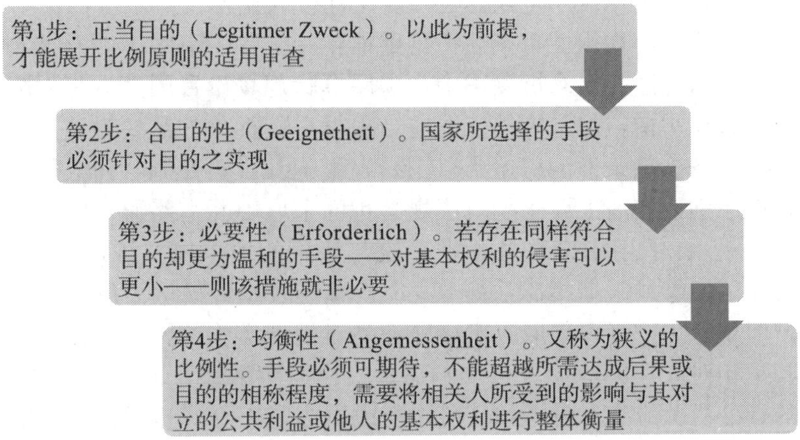

图 2－2　比例原则的一般适用步骤

尽管比例原则很少以严格精准的三阶或四阶适用，但如今备受青睐[②]。最著名的是哈尔滨市规划局诉汇丰实业发展公司行政处罚纠纷案和陈某诉庄河市公安局行政赔偿纠纷案。前案系法院首次适用比例原则的精神，责令汇丰实业发展公司采取相应改正措施，既要保证行政管理目标的实现，又要兼顾保护相对人的权益，应以达到行政执法目的和目标为限，尽可能使相对人的权益遭受最小的侵害[③]。后案经过法院权衡，与相对人的生命相比，破损汽车车门或者汽车致他人利益损害明显较小，警方在紧急情况下作出强行打开车门抢救的决定，具有充分合理性[④]。

比例原则已成为辐射最广、活力最强、知名度最高的基本原则之一。在艾传承公司诉成都市温江区市监局行政处罚案[⑤]中，法院明确将 2017 年修正的《行政处罚法》第 4 条第 2 款“过罚相当”解释为比例原则的依据。在刘某诉昆明市西山区政府收回国有土地使用权案[⑥]中，法院适用比例原则对公共利益这一最典型的不确定法律概念予以界定，通过对可能减损的私人利益与可能增长的公共利益加以权衡，要求最大限度避免因小失大，同时对减损的私人利益给予必要的公平、合理的补偿或赔偿。在郭某诉诸暨市国土资源局土地行政处罚案[⑦]中，法院甚至把比例原则适用到羁束行政行为中，认为在涉及农村村民宅基地原拆原建时，虽未经审批，但其

---

① 代表成果参见郑雅方的《行政法成本收益分析原则研究》（法律出版社 2022 年版）。

② 王静. 比例原则在中国行政判决中的适用 [J]. 交大法学，2017（4）：22－33. 代表性成果参见蒋红珍的《论比例原则：政府规制工具选择的司法评价》（法律出版社 2010 年版）和刘权的《比例原则》（清华大学出版社 2022 年版）。

③ 最高人民法院行政判决书，（1999）行终字第 20 号。

④ 陈某诉庄河市公安局行政赔偿纠纷案，《最高人民法院公报》2003 年第 3 期。

⑤ 四川省成都市中级人民法院行政判决书，（2020）川 01 行终 217 号。

⑥ 最高人民法院行政裁定书，（2017）最高法行申 8518 号。

⑦ 浙江省绍兴市中级人民法院行政判决书，（2008）绍中行终字第 37 号。

违法行为的事实、性质、情节以及社会危害程度相比于其他未经审批非法占地行为更轻微。应注意，从适用顺序上还是建议合法性审查在先。

实务中，必要性和均衡性审查往往是重难点。在马某等26人诉徐州市鼓楼区住建局设置围挡行为违法并要求拆除案中，房屋拆除现场设置围挡本是保障施工安全和保护环境的必要举措，但是围挡范围应当根据房屋拆除的需要设置，不得擅自扩大，否则将不具备拆除条件的房屋予以围挡，影响其合法使用，构成行政裁量权滥用，违反比例原则，实质上属于行政法规禁止的采取中断道路通行的非法方式逼迫被征收人搬迁①。在适用中应充分考虑手段与后果的关系以及该后果背后的法益，在刘某诉海淀区城管局限期拆除决定案②中，海淀区城管局认为虽然被诉限拆决定符合规定，但规定中“尚可采取改正措施消除对规划实施的影响”仍有进一步解释空间，尤其是相对人在原房屋严重影响居住安全与生活质量而进行翻建的情况下，违法建筑的查处机关应当充分考虑其所作行政行为是否会对违法建筑人的居住安全与正常生活产生过度侵害，即应在充分平衡规划秩序利益与安居利益的前提下，采取适当处理。在李某、张某诉吉林省政府行政复议案③中，法院甚至直接援引陆某案等诉权滥用的裁判，将比例原则拓展适用到行使诉权问题，要求原告起诉目的适当、手段适当、起诉有必要、诉讼手段在个人利益与公共利益之间都能相对均衡。

值得注意的是，比例原则的适用往往与法院对行政执法者的情势判断有关，涉及司法权对行政权的审查边界和力度的把握。在常某、刘某、常某诉临沂市公安局交通警察支队平邑大队道路交通管理行政纠纷案中，公安部关于“除机动车驾驶人驾车逃跑后可能对公共安全和他人生命安全有严重威胁以外，交通警察不得驾驶机动车追缉”的执法规范体现了比例原则的要求。本案出现突然驾驶机动车逃跑的情况，驾驶人是否涉嫌酒驾等违法甚至犯罪问题，放任逃逸是否可能对公共安全和他人生命安全有严重威胁，驱车跟随是否能查明真相、惩罚违法，追缉是否会避免潜在威胁、造成更大危害等种种问题。面对多数可能选择之处置，交警需作出的情势判断往往具有突发性和紧迫性。从事后来看，这种判断有时或许欠妥，但法律不能强人所难，不能以事后审慎的综合分析苛责交警事中作出的即时判断完全适当。法院认为，如果对情势判断等处置措施动辄得咎，那么潜在违法行为人面临惩罚时会“望风而逃”，更多交警面临选择时会“按兵不动”，从可能的乱作为转变到必然的不作为，这显然背离了道路交通安全管理的制度初衷和立法宗旨。因此，除滥用职权、明显不当外，法院对交警作出的情势判断应予尊让④，不宜机械适用比例原则。

三、正当程序原则的适用

接下来是与实体合理相比容易被忽视的程序正当（propriety）。如果说正当程序

---

① 江苏省高级人民法院行政判决书，（2017）苏行终637号。

② 北京市第一中级人民法院行政判决书，（2018）京01行终367号。

③ 吉林省长春市中级人民法院行政判决书，（2020）吉01行初51号。

④ 山东省临沂市中级人民法院行政判决书，（2019）鲁13行终535号。

原则在二十多年前是“晨光初现”[①]，那么发展到今天已经“日正当中”。正当程序，一般指行政机关实施行政管理，除涉及国家秘密和依法受到保护的商业秘密、个人隐私的外，应当公开，注意听取公民、法人和其他组织的意见；要严格遵循法定程序，依法保障行政管理相对人、利害关系人的知情权、参与权和救济权；行政机关工作人员履行职责，与行政管理相对人存在利害关系时，应当回避[②]。上文已述，公开不应纳入正当程序原则，因为随着《政府信息公开条例》等政务公开法律制度日趋成熟健全，正当程序原则作为独到的不成文法源，应避免与具体法律制度相重复，这也是区分法定程序与正当程序、程序制度与程序原则的必要所在。平等原则在很大程度上也可以被正当程序原则中的避免偏私精神所吸收，使其可操作化、可过程化。

值得称道的是，正当程序原则的司法适用在诸多基本原则中最为能动、最放光彩[③]。首先搅动这池春水、激活这项原则的是指导案例 38 号田某诉北京科技大学案，法院在这个行政法里程碑案例中，一笔带过但毫不含糊地确立了被告应将行政决定向当事人送达、宣布，允许当事人提出申辩意见的正当程序原则。在随后的刘某诉北京大学拒绝颁发学位证案中，刘某正是看到田某案（《最高人民法院公报》1999 年第 4 期刊载）后，才鼓足勇气向海淀区法院提起诉讼。他没想到此案一石激起千层浪，引发了法院能否依据正当程序原则（而不是法律条文）裁判的激烈争辩。在张某诉徐州市人民政府房屋登记行政复议决定案[④]中，虽然《行政复议法》（1999）没有明确规定行政复议机关必须通知第三人参加复议，但法院直接根据正当程序原则，认为行政机关在可能作出对他人不利的行政决定时，应当专门听取利害关系人的意见，否则构成严重违反法定程序，这一次法院破天荒地直接将“正当程序原则”写入判决书[⑤]。这一个个里程碑式案例构成了正当程序原则不同于其他基本原则的独特亮丽风景线。

近来的典型案例当属于某诉北京大学撤销博士学位决定案，法院阐述了正当程序原则的要义在于：作出任何使他人遭受不利影响的行使权力的决定前，应当听取当事人的意见。正当程序原则保障的是相对人的程序参与权，通过相对人的陈述与申辩，使行政机关能够更加全面把握案件事实、准确适用法律，防止偏听偏信，确保程序与结果的公正。而相对人只有在充分了解案件事实、法律规定以及可能面临的不利后果之情形下，才能够有针对性地进行陈述与申辩，发表有价值的意见，从而保证其真正地参与执法程序，而不是流于形式[⑥]。

---

① 何海波. 实质法治：寻求行政判决的合法性［M］. 2 版. 北京：法律出版社，2020：93.

② 有学者从算法正当程序的建构中归纳出正当程序的四个法治价值——中立性、公开性、论证性、公正性，参见：雷刚，喻少如. 算法正当程序：算法决策程序对正当程序的冲击与回应［J］. 电子政务，2021（12）：17-32.

③ 周佑勇. 司法判决对正当程序原则的发展［J］. 中国法学，2019（3）：26-45. 表 2-2 数据也可佐证。

④ 张某诉徐州市人民政府房屋登记行政复议决定案，《最高人民法院公报》2005 年第 3 期。

⑤ 同①104-116.

⑥ 北京市第一中级人民法院行政判决书，（2017）京 01 行终 277 号。

当前的新趋势是把说明理由也纳入正当程序原则。随着我国依法行政水平不断提升，司法审查能动性也水涨船高，对基本原则的审查要件也随之提出更高要求。在福建伟杰公司诉保监会撤销行政许可案中，法院指出正当程序原则的要义之一在于，行政机关作出任何对行政相对人或利害关系人不利的行政行为，都必须说明理由并听取行政相对人或利害关系人的意见[①]。因此，说明理由在司法实务中既可以作为依附于告知中的重要内容，也可以独立发挥作用；再结合其他如非法定时限等程序要求，可将正当程序原则整合（如图 2－3 所示）。

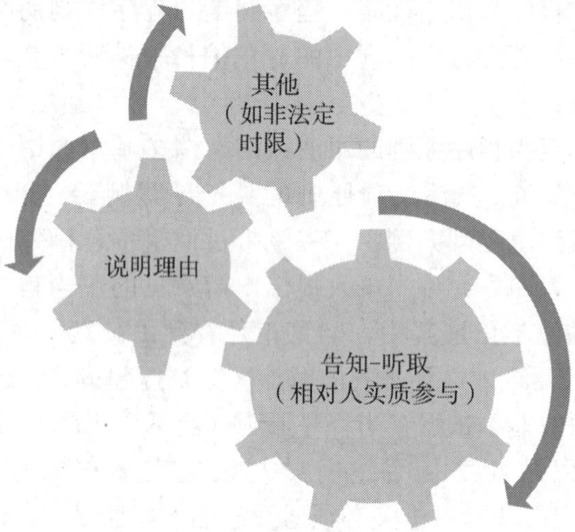

图 2－3　正当程序原则的适用结构

（一）核心：告知-听取

正当程序原则的适用前提一般是行政机关对相对人的行为是具有侵害性质的不利决定，此判断一般不难，只是要注意审查不利影响的范围，以便确定正当程序适用的合理对象，特别是第三人程序参与权的保护。在何某诉雷州市政府行政复议纠纷案中，第三人周某的权利因《撤销房屋所有权申请书》启动相应行政程序有受不利影响的可能，故其对相关行政决定和复议决定的作出享有知情和参与的权利。雷州市房管局在作出行政决定的过程中，未将周某列为当事人，未通知周某参与，作出决定后亦未送达给周某，属于程序违法[②]。

告知什么？目前案例中，法院阐述最系统的是亿泰公司诉国家税务总局宁波市税务局第三稽查局、国家税务总局宁波市税务局税务行政处理及行政复议案，法院的依据是《浙江省行政程序办法》第 52 条第 1 款“行政机关作出对当事人不利的行政执法决定前，应当书面告知当事人拟作出行政执法决定的事实、理由、依据和决

① 北京市第一中级人民法院行政判决书，（2018）京 01 行初 1165 号。

② 最高人民法院行政裁定书，（2015）行监字第 103 号。

定内容，以及其享有的陈述权、申辩权”[①]。这里明确了告知的书面形式以及告知的内容包括事实、理由、依据和决定，即说明理由包含在书面告知中。

听取什么？应听取相对人、利害关系人的陈述、申辩。上文已述，听取不等于、不局限于听证。在谭某诉衡阳市政府、湖南省政府等批准注销国土使用证及行政复议决定案中，衡阳市国土局在已经向谭某送达听证通知书、决定举行听证会的情况下，未实际进行听证即将谭某所持国有土地使用证公告废止，程序失当[②]。因此，听取的重心是判断相对人是否实质有效地参与了行政过程。在安宁庄超市诉海淀区市监局行政处罚案中，受到行政决定影响的人能够充分而有效地参与行政决定的制作过程，从而对决定的结果发挥积极的作用，故行政机关在行政执法中应遵循正当程序原则。调查程序的参与并不意味着生产商据此取得与行政处罚相对人同等的程序性权利[③]。

（二）说明理由

说明理由除了包含在书面告知中以外，还可以广泛运用于行政程序各个阶段，情况比较复杂。在中石化盐城公司诉射阳县国土局撤销行政许可案中，没有设定行政机关撤销行政许可所要遵循的具体程序性义务，并不意味着其就可以不要程序，程序合法的底线在于正当程序原则。法院认为，行政机关作出影响当事人权益的行政行为时，应当履行事先告知、说明根据和理由、听取相对人的陈述和申辩、事后为相对人提供相应的救济途径等正当法律程序[④]。这个说明理由连带了依据，更加科学，且在告知之后履行。

只有依据良好的说明理由，才能判断行政裁量中行政机关对各因素的取舍考虑。在饭垄堆公司诉国土资源部等国土资源行政复议决定再审案[⑤]中，法院明确了行政复议决定和复议卷宗也应当依法说明理由，只有借助书面决定和卷宗记载的说明理由，法院才能知晓决定考虑了哪些相关因素以及是否考虑了不相关因素，才能有效审查和评价决定的合法性。不说明裁量过程和没有充分说明理由的决定，既不能说服行政相对人，也难以有效控制行政裁量权，还会给嗣后司法审查带来障碍。这是说明理由具有独立程序价值的重要体现。

说明理由有可能在决定作出前，也有可能在作出决定后，在王某诉天津市滨海新区人民政府信息公开案中，王某质疑区政府交替使用“不属于本机关公开”和“政府信息不存在”这两个答复理由。法院注意到区政府确实表现出不审慎以及对《政府信息公开条例》（2007）条文理解不深入，进而导致说明理由不准确或随意等情况。固然，说明理由既是行政机关应当遵循的法定义务，同时也是法律赋予行政相对人的程序权利，应当得到尊重。但在政府信息公开诉讼中，行政机关在保持与

---

① 浙江省高级人民法院行政判决书，（2020）浙行再6号。

② 最高人民法院行政判决书，（2018）最高法行再97号。

③ 北京市高级人民法院行政裁定书，（2019）京行申1194号。

④ 中石化盐城公司诉射阳县国土局撤销行政许可案，《最高人民法院公报》2021年第11期。

⑤ 最高人民法院行政判决书，（2018）最高法行再6号。

基本事实同一性的范围之内追加和变更理由一般可以允许。以本案为例，行政机关在信息公开答复中称不公开是因为“不属于本行政机关公开”，这一理由并没有涉及政府信息是否存在的问题，当其在诉讼中将理由替换为“政府信息不存在”，而实际情况确实不存在时，就具备与基本事实的同一性。从实际效果来讲，如果法院判决行政机关重新作出答复，也仍然无法改变政府信息不存在的客观事实，程序的纠正并不能有助于再审申请人获得政府信息的愿望实现①。

再看熊某诉宜昌市伍家岗区政府不履行政府信息公开法定职责案，如果伍家岗区政府能对这一审查过程予以告知，更符合说明理由的要求。但法院认为，行政程序中的说明理由瑕疵并非不能治愈，如果行政机关在嗣后的行政程序中，或者在行政诉讼过程中对说明理由进行了弥补，达到了令行政相对人知悉的效果，此时若仅以说明理由瑕疵为由撤销行政行为并责令重作，没有实际价值②。

（三）其他

任何人不得做自己的法官往往可以推导出回避原则，但回避在《公务员回避规定》等中已有具体明确的制度规定，如今作为程序制度应不纳入正当程序原则。时限（也叫期限）一方面体现了行政效能，另一方面从法律适用实际来看，除了法定时限以外，非法定时限倒可以归入正当程序原则中。在指导案例 88 号张某、陶某等诉四川省简阳市人民政府侵犯客运人力三轮车经营权案中，简阳市政府实施人力客运三轮车经营权许可，目的在于规范人力客运三轮车经营秩序。人力客运三轮车是涉及公共利益的公共资源配置方式，设定一定的期限是必要的。客观上，四川省交通厅制定的《四川省小型车辆客运管理规定》也明确了许可期限。简阳市政府没有告知许可期限，存在程序上的瑕疵，但申请人仅以此认为行政许可没有期限限制，最高人民法院不予支持。行政许可行为没有告知许可期限，违反了正当程序原则，是一般的共识和观念③。

正当程序原则是程序底线，有时适用比较复杂，必须结合实体问题予以权衡，充分考虑党和国家相关政策背景，把握好适用限度，兼顾好公私各方面的权益。在东风砖厂诉永兴县政府行政强制及行政赔偿案中，取缔不符合国家产业政策的黏土砖企业，应当依法开展并注重砖厂权利人的权益保护。虽然现行立法未对不符合国家产业政策的黏土砖企业的关闭退出工作及程序作出具体、明确的规定，但实践中仍应遵守正当程序原则与法治秩序的基本要求。东风砖厂主张永兴县政府在整个关闭取缔程序中未履行催告、公告、充分听取其陈述和申辩等法定程序，径行关闭，造成其财产损失。但东风砖厂因政策原因关闭，是多环节的综合过程，涉及不同主体不同行为，历经不同程序不同阶段，不同于通常意义的生效行政许可的撤回，而是永兴县政府贯彻落实产业结构调整、满足社会公共利益的现实需要。因此，不应

---

① 最高人民法院行政裁定书，（2016）最高法行申 1842 号。

② 最高人民法院行政裁定书，（2017）最高法行申 9280 号。

③ 梁凤云，石磊.《张道文、陶仁等诉四川省简阳市人民政府侵犯客运人力三轮车经营权案》的理解与参照：行政许可应当遵循正当程序告知行政许可期限［J］. 人民司法，2021（17）：45-46.

以个别程序瑕疵作为认定整个关闭退出行为违法的依据，应当对整个关闭行为的合法性予以肯定[①]。

四、信赖利益保护原则的适用

行政法基本原则中，授权合法是基石，实体合理是重点，程序正当是关键，政务诚信（integrity）正在崛起。行政法上的诚信原则，是指行政机关公布的信息应当全面、准确、真实。非因法定事由并经法定程序，行政机关不得撤销、变更已经生效的行政决定；因国家利益、公共利益或者其他法定事由需要撤回或者变更行政决定的，应当依照法定权限和程序进行，并对行政管理相对人因此而受到的财产损失依法予以补偿。

当前，随着诚信政府屡见于领导讲话、政府纲要，甚至被写入《地方组织法》，学理上大有以诚信原则覆盖信赖利益保护原则（简称信赖保护原则）之势[②]。但即便如此，若整合行政法的诚信原则，其适用顺序如图 2－4 所示，主干仍是信赖保护原则，因为司法适用最为密集。其他如目的正当等主观要素以及私法原则准用聊可补缺[③]，然适用于个案、建构为规范者尚微。本章重构行政法基本原则之体系内容，落脚点还是侧重于司法适用，相较立法条文之宏观大节纲目，究是司法适用对个体之细密深微更为重要。

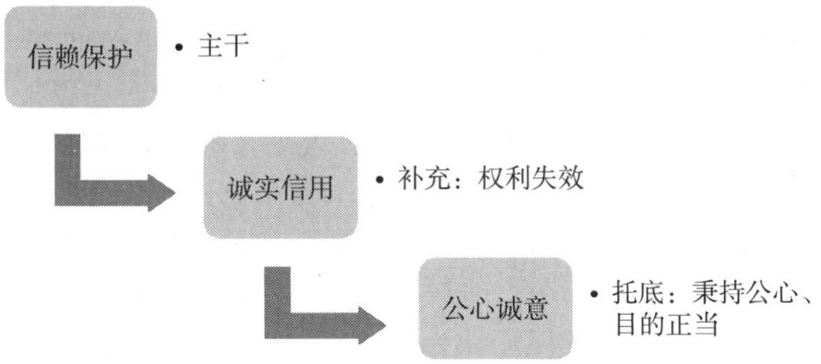

图 2－4　行政法上诚信原则的适用顺序

（一）适用关键

信赖保护原则通常是为了维护法律安定，保证社会的可预期法治秩序。最著名的立法例在《行政许可法》第 8 条，其中两款规定了存续保护和财产保护两种方式。

① 最高人民法院行政裁定书，（2020）最高法行申 7018 号。

② 余凌云. 诚信政府理论的本土化构建：诚实信用、信赖保护与合法预期的引入和发展［J］. 清华法学，2022（4）：125－147.

③ 《民法典》第 7 条规定，民事主体从事民事活动，应当遵循诚信原则，秉持诚实，恪守承诺。诚信原则本系现代民法的最高指导原则、帝王条款，要求权利人应顾及他人利益，以正直的方式行使权利。由于此原则含义开放，难以概括构成要件，故民法学说判例多以类型化方式界定其适用场合，如补充契约的履行方式、限制权利行使的准则、调整既定法律关系、接引宪法基本权的间接第三方效力。参见：朱庆育. 民法总论［M］. 2 版. 北京：北京大学出版社，2016：524.

关于信赖保护的适用要义，在宣城曼图林业有限公司诉宣城市宣州区政府林业行政登记案[①]中，法院概括为四点：一是行政行为一经作出，即具有确定力和公定力；二是非因行政相对人过错造成行政行为错误，不得撤销或者改变原行政行为；三是因客观情势发生重大变更，为了国家及公共利益需要方可撤销、改变已作出的行政行为；四是因上述第三种情形或因行政机关自身过错撤销、改变原行政行为导致行政相对人的损失，要予以合理补偿或依法赔偿。

实务中，关键要把握信赖基础（具体或抽象行政行为）是否明确、信赖事实（相对人因信赖行政机关而作出特定行为）是否发生以及信赖利益是否具有保护价值（必须属于正当信赖），其中信赖基础明确是前提。在陈某诉烟台市莱山区政府等行政赔偿案[②]中，法院指出信赖利益是指私人因信赖行政主体的授益行为、承诺或规则而产生或可产生的利益（类似于英国行政法上的合法预期）[③]。案涉建筑物系陈某租赁的村集体土地建设，其自始并未办理建设用地、规划等审批手续，其关于项目建设符合土地利用总体规划且已获莱山区民政局批准的主张，均系相关职能部门针对村养老院筹办项目所作，并非针对案涉建筑物建设。因此不存在明确的信赖基础，不能适用信赖保护原则。信赖基础是否真实，往往要从各种证据中寻找蛛丝马迹，予以综合判断[④]。

信赖事实往往决定了保护价值，二者往往需要一体考量。在王某诉平谷区夏各庄镇政府强制拆除行为案[⑤]中，法院直接参考最高法院兴旺达农牧场、顺达生猪合作社诉柯城区政府行政复议案的裁判意旨[⑥]，认定王某对部分涉案建筑及利用其进行养殖的合法性产生了合理信赖，该信赖利益应受法律保护。在曾某诉长沙市岳麓区交通运输局行政处罚案[⑦]中，根据《长沙市私人小客车合乘管理规定》第 11 条规定，合乘平台在本市开展合乘信息服务的，应向市道路运输管理机构备案，并将服务平台数据库接入市道路运输管理机构监管平台，按要求实时、完整地提供合乘数据。可见滴滴平台提供的合乘数据受到政府部门监管，车主按平台发布的信息（包括行程、收费）实施载客行为是基于认为平台该行为是受政府监管的行为，无须车主质疑和查证，曾某对平台发布的信息不予质疑正是因为对政府监管行为的信赖，其基于对政府行为的信赖而按照平台提供的信息从事的搭乘行为应受到法律保护。

在信赖事实中，信赖利益认定又是难点，有时需要通过多种证据互相印证，并予以符合常识的推定。在代某诉商丘市睢阳区政府不履行征收补偿法定职责案[⑧]中，

---

① 安徽省高级人民法院行政判决书，(2015) 皖行终字第 00070 号。

② 山东省高级人民法院赔偿判决书，(2021) 鲁行赔终 37 号。

③ 余凌云. 行政法讲义 [M]. 3 版. 北京：清华大学出版社，2019：96 - 97.

④ 田思源. 行政法与行政诉讼法学 [M]. 北京：清华大学出版社，2011：31 - 33.

⑤ 北京市高级人民法院行政裁定书，(2020) 京行申 41 号。

⑥ 最高人民法院行政裁定书，(2019) 最高法行申 4750 号。这个判例对关于养殖场是否属于违法建筑的认定，不仅看养殖户是否办理了建设养殖场的相关用地手续，也看政府行为是否让养殖户对建设养殖场、发展养殖业产生了一定信赖，明确将信赖保护纳入合理性审查体系。

⑦ 湖南省高级人民法院行政裁定书，(2020) 湘行再 8 号。

⑧ 最高人民法院行政裁定书，(2020) 最高法行申 8593 号。

在案涉房屋拆除前，睢阳区政府还组织人员对代某的房屋结构、面积等进行了确认，一审法院在审理期间向当时负责征迁工作的工作人员进行调查核实，了解到案涉房屋原为招商引资项目，后因征收被拆除，案涉房屋信息采集表载明的情况真实。据此，虽然代某的房屋没有相关产权手续，但其对于该房屋仍具有一定信赖利益。代某自行将其房屋拆除是为配合睢阳区政府实施汉梁文化公园二期项目建设，不能因拆除行为发生在征收决定作出前而否定二者之间的关系。在李某诉顺义区南彩镇政府行政赔偿案①中，多年来乡镇政府等政府职能部门并未以涉案建筑物未办理相关审批或备案手续为由，强制相对人停止养殖，表明政府对于相对人在此进行养殖的认可。虽然自 2007 年以后关于规模化养殖的相关政策文件相继出台，但相关政府职能部门并未针对相对人涉案建筑物未补办相应审批或备案手续的行为予以处罚，相对人基于对政府的信赖，在此继续进行养殖、种植并无不当，乡镇政府不能仅以相对人未取得规划许可手续为由，认定涉案建筑物中用于养殖和种植的建筑物为违法建筑。

(二) 保护方式

信赖保护方式的确定往往需要利益衡量，与比例原则相结合适用。在前述饭垄堆案②中，颁发采矿许可证属于典型的许可类授益行政行为，撤销采矿许可必须考虑被许可人的信赖利益保护，衡量撤销许可对国家、他人和权利人造成的利益损失大小问题。确需撤销的，应当坚持比例原则，衡量全部撤销与部分撤销的关系问题。

在启智公司诉北京市市监局特种设备监管行政处理案③中，如果发现行政许可存在颁发错误时，应适用有错必纠还是信赖保护原则？法院认为，有错必纠主要适用于课以义务的违法行政行为，对于行政许可这种授益行政行为而言，信赖保护原则在一定程度上应优于有错必纠，尤其在被许可人不具有可归责性的情况下，行政机关应首先立足于被许可人的权益，除非不撤销违法行政许可行为将会给国家、社会公共利益造成重大损失。行政机关在行使行政许可撤销权时，应考虑行政许可行为违法的原因，被许可人是否具有主观过错的准确认定对于裁量行政许可应否撤销、相应的法律适用以及一旦撤销应采取的处理手段均有着非常重要的意义。

对于涉及不能存续、只能撤销原行政行为的案件，要注意兼顾正当程序原则。在覃某夫妇诉乐业县政府撤销土地批准行政处理行为案中，对历史遗留问题的处理，行政机关应当本着实事求是、尊重历史、符合现实的原则，本着保持谦抑、格外谨慎、有利于当事人的态度，依法作出客观、公正处理，切忌出尔反尔。撤销已经生效的行政决定，必须遵循正当程序原则，听取利害关系人的陈述、申辩意见，查明案件事实，依法作出撤销决定④。

关于信赖利益的财产保护，实务中日趋精细化认定。在东方驿站公司诉海南东

① 北京市第三中级人民法院行政判决书，(2021) 京 03 行赔终 74 号。
② 最高人民法院行政判决书，(2018) 最高法行再 6 号。
③ 北京市朝阳区人民法院行政判决书，(2018) 京 0105 行初 722 号。
④ 最高人民法院行政判决书，(2018) 最高法行再 201 号。

方市原国土局土地行政处罚案[①]中，法院细化东方驿站公司因信赖而被处罚所遭受的损失，明确信赖利益应当根据政府过错等因素确定政府应承担的适当比例，应对东方驿站公司在某时间点之前的合理实际投入给予适当补偿，东方驿站公司也可另行申请东方市政府进行补偿。在濮阳市木林置业公司诉濮阳市政府不履行行政允诺案[②]中，木林置业公司基于对政府的信赖而承建涉案项目，其目的就在于获得预期的履行利益，木林置业公司因行政允诺被变更而产生的损失，就是一栋商品楼的合理利润。因此，其得到的补偿应不低于政府最初向其承诺的利益。否则，政府承诺的事项将无法达成，其实质效果是变相减少了政府的违约成本。

行政协议作为适用本原则的高发领域，兼具行政性与合同性。对于其效力的审查，必然涉及依法行政（合法性）原则与保护相对人信赖保护原则之间的冲突与利益衡量，在游某诉莆田市秀屿区政府未按约定履行行政协议案[③]中，在行政协议存在重大明显违法，违反法律法规的强制性规定，损害国家利益、公共利益时，应当确认行政协议无效，无须适用信赖保护原则。

招商引资中的行政允诺作为另一高发领域，往往成为法官将信赖保护拓展为行政法的诚信原则的主阵地。在镶黄旗德天御公司等诉内蒙古镶黄旗政府等不履行行政允诺案[④]中，法院指出行政允诺应为可以允诺的事项，其是否能够实现，取决于是否符合相关法律法规规定。如相对人认为行政机关的相关行为使其产生信赖利益并由此造成损失，可依法通过其他途径解决。

（三）其他

当前，信赖保护原则的适用正在膨胀外溢，特别是借鉴诚实信用原则中的权利失效原则，即权利长期不使用者，虽尚未届满消灭失效期间或除斥期间，亦不得再行使，这可视为信赖保护的反向推导。在海口农村商业银行诉海口市政府无偿收回国有用地使用权案[⑤]中，若土地使用权人怠于履行开发建设职责导致建设用地闲置的，县级以上政府及其国土资源主管部门可依法启动闲置土地查处程序，对土地使用权人的闲置违法行为予以行政处罚，但是在启动查处程序前，土地使用权人仍可依法向地方政府及其职能部门报规报建，办理建设工程规划许可证、施工许可证等行政许可，并依法动工开发建设，主动作为以消除或减轻闲置违法行为的危害后果，从而从轻或减轻行政处罚。但仅有报规报建行为不能产生信赖利益，也不能阻却闲置土地的查处。

另外，还应吸纳目的正当等要素，进而可以涵盖行政机关履行职权时的整个主观状态的判定，从而使整合后的诚信原则可以容纳更多规范内容、覆盖更大规制范围。大道之行、天下为公，立党为公、执政为民，宪法也规定了行政机关作为公共

① 最高人民法院行政裁定书，（2019）最高法行申 9071 号。

② 河南省高级人民法院行政判决书，（2018）豫行终 3876 号。

③ 最高人民法院行政裁定书，（2019）最高法行申 2322 号。

④ 最高人民法院行政裁定书，（2020）最高法行申 8721 号。

⑤ 最高人民法院行政裁定书，（2020）最高法行申 8165 号。

利益保护者、公权力行使者的法律地位，这就要求行政机关及其工作人员必须秉持公心诚意去行政[①]。行政机关工作人员实施行政行为的主观动机不易考察、难以分辨，但如有足够证据表明其明显违背授权目的、用心不良，仍然可以公心诚意作为行政法制度规范的有益补充，也是行政法基本原则的最后托底，保证行政行为不变质、不变色、不变味。

回首来时路，从早期的益民公司诉河南省周口市政府等行政行为违法案[②]，法院对信赖利益的分析还只能隐藏在合法性审查的大口袋里谨慎使用，到信赖保护原则日益深入人心后，在崔某诉徐州市丰县政府行政允诺案[③]中，法院径直提出诚实信用原则是行政允诺各方当事人应当共同遵守的基本行为准则，并以这个更广泛原则概念控制行政主体不能滥用优益权，我们看到了一幅行政法基本原则卷轴舒展涵容、行政法律制度环境不断优化的生动画面。

案例分析

一、案例导入

郴州饭垄堆矿业有限公司与中华人民共和国国土资源部等国土资源行政复议决定再审案[④]

2006年1月，湖南省国土厅向郴州市兴光矿业有限公司颁发《采矿许可证》，矿山名称为“郴州市兴光矿业有限公司红旗岭矿”，有效期限至2010年1月。2009年，矿山与中信集团合作，成立中信兴光公司作为经营主体，并于2010年办理转让和变更（延续）登记手续，采矿权人变更为中信兴光公司。后经延续，该采矿证的有效期延至2012年10月7日。2006年3月，湖南省郴州市国土局向“苏仙区饭垄堆北段有色金属矿”颁发2006年《采矿许可证》，有效期限至2011年3月。2011年该证到期后，由湖南省国土厅办理采矿权延续登记手续，同时由于原矿山企业不具备法人资格，重新登记成立的饭垄堆公司作为新的采矿权人，并办理了变更登记手续。经延续和变更登记，该采矿许可证的有效期限至2014年9月1日（简称2011年《采矿许可证》）。

据地质资料核实，许可中信兴光公司开采的红旗岭矿与许可饭垄堆公司开采的饭垄堆矿存在矿区垂直投影重叠。为解决重叠问题，2011年5月，饭垄堆公司与中信兴光公司签订采矿承诺书。最终因在采矿许可证有效期内无法解决重叠问题，中信兴光公司于2012年11月向国土资源部提出行政复议申请，请求撤销湖南省国土厅（授权郴州市国土局）于2006年向饭垄堆公司颁发、于2011年又延续的2011年

---

① “公心诚意”借鉴自何海波教授，参见：何海波. 实质法治：寻求行政判决的合法性［M］. 2版. 北京：法律出版社，2020：206-207.

② 最高人民法院行政判决书，（2004）行终字第6号。

③ 江苏省高级人民法院行政判决书，（2016）苏行终字第90号。

④ 最高人民法院行政判决书，（2018）最高法行再6号。

《采矿许可证》的具体行政行为。2014 年 7 月，国土资源部撤销湖南省国土厅向饭垄堆公司颁发的 2011 年《采矿许可证》。饭垄堆公司不服，提起行政诉讼。本案在审理、裁判过程中，集中体现了行政法基本原则对司法适用的指导意义，具体表现为：行政许可的处理应坚持信赖保护与比例原则结合适用，行政机关作出行政决定时负有说明理由义务。

二、法官释法

（一）“行政行为的违法性继承”问题

前一行政行为违法后，是否影响其后续行政行为效力？此称为“行政行为的违法性继承”问题。司法实务中，该问题时常出现，但多数法院或回避或以其他方式解决。在饭垄堆案中，最高法院纠正了此前法院对“行政行为的违法性继承”问题认识的偏差并提出了违法性继承的判断标准。本案中，“行政行为的违法性继承”问题主要指 2006 年行政许可行为违法是否必然影响 2011 年行政许可行为合法性的问题。根据最高法院的裁判意旨，在涉及“行政行为的违法性继承”问题上，不能认为只要此前行政行为存在违法性问题，就必然要对后续行政行为的合法性作出否定性评价；只有在此前行政行为存在重大明显违法或者存在显而易见的违法且无法补正的情况下，才可能直接影响到后续行政行为的合法性。具体到行政许可领域，行政系统作出首次许可、许可延续以及撤销许可时，裁量幅度应当有所不同。首次许可时，许可机关可以依法裁量不予许可；但是否延续许可的裁量和判断，则应受首次许可的约束，兼顾信赖利益保护问题。行政复议机关、人民法院对延续许可合法性进行审查时，则既要考虑首次许可的适法性，也要考虑维持许可是否必然损害公共利益，以及是否有必要的措施防范可能的不利影响并保障被许可人的信赖利益等问题。易言之，在审查许可延续行为的合法性时，只有首次许可存在重大明显违法或者存在显而易见的违法且无法补正的情形，复议机关才可以撤销延续许可。本案中，2006 年许可行为存在的越权情形，已经得到 2011 年许可行为的治愈，湖南省郴州市国土局越权颁证的后果已经消除，并不构成违法性继承问题。

（二）行政许可的处理应坚持信赖保护与比例原则结合适用

前述第一点已经指明，首次许可存在合法性问题并不必然导致行政机关撤销延续许可，撤销许可必须考虑被许可人的信赖利益保护。实务中，关键要把握信赖基础（具体或抽象行政行为）是否明确、信赖事实（相对人因信赖行政机关而作出特定行为）是否发生以及信赖利益是否具有保护价值（必须属于正当信赖），不符合上述条件，就属于信赖不值得保护的情形。对于值得保护的信赖，其保护方式又可进一步分为存续保护和财产保护，采取何种方式往往需要利益衡量，应与比例原则相结合适用。衡量撤销许可对国家、他人和权利人造成的利益损失大小问题；确需撤销的，应当坚持比例原则，衡量全部撤销与部分撤销的关系问题。在本案中，许可中信兴光公司开采的红旗岭矿与许可饭垄堆公司开采的饭垄堆矿存在矿区垂直投影重叠，构成了部分采矿权重叠，而能否仅凭部分重叠即撤销饭垄堆公司已经依法取得的采矿许可，则应全面、客观、历史地看待。

首先，采矿权重叠问题因历史原因形成，中信兴光公司与饭垄堆公司双方并无过错。其次，在现行法律、法规并未禁止设立垂直投影重叠的采矿权的情形下，不能仅因重叠即撤销后成立的采矿权许可。最后，重叠采矿许可证的处理与撤销应坚持信赖保护与比例原则结合适用。实践中，解决重叠有多种方式，包括将不同采矿权主体推动整合为同一采矿权主体、调整并缩小采矿许可证范围以解决重叠问题，在不同采矿权主体间建立开采协调机制，等等。据此，对因采矿权主体不同一且采矿权重叠之情形，处理方式是多重的且可以综合运用，撤销重叠的采矿权许可仅为其中一种处理方式。行政机关在裁量时，应遵循比例原则，综合考量各种手段，选取对相对人权益影响最小的手段。

本案存在部分重叠事实，被诉复议决定既未认定重叠的比例和计算方法，也未认定现有重叠是否存在影响安全生产等情形，又未征求安全生产等行政主管部门意见或者专业机构鉴定意见，即简单以构成重叠为由作出撤销决定，未能全面认定事实，属于认定事实不清。因此，最高法院撤销国土资源部复议决定，并责令其重新作出复议决定。

（三）行政机关做出行政决定时负有说明理由义务

国务院印发的《全面推进依法行政实施纲要》规定，行政机关行使自由裁量权的，应当在行政决定中说明理由。就本案而言，在对案涉采矿权重叠问题有多种处理方式以及可能存在多种复议结论的情况下，国土资源部选择作出撤销决定，更应充分说明理由。但是，从复议机关所提供的证据与全案卷宗情况来看，被诉复议决定并未体现相应的衡量因素，也未进行充分说理，仅简单以构成重叠为由即作出撤销决定，难以得到人民法院支持。此外，被诉复议决定援引《行政复议法》（2009）第 28 条第 1 款第 3 项作为法律依据时，未明确具体适用该项五种违法情形的具体类型，更未阐明具体理由，给当事人依法维权和人民法院合法性审查造成障碍，构成适用法律不当。

三、类案练习

中国石化销售有限公司江苏盐城石油分公司诉射阳县国土资源局撤销行政许可案①

（一）基本案情

2013 年，原告中国石化销售有限公司江苏盐城石油分公司射阳解放路加油站经有关部门审核同意实施油气回收改造工程，在改造过程中，原告将加油站原罩棚拆除。2013 年 9 月 28 日，原告未经城乡规划主管部门批准，擅自重建罩棚。2014 年 1 月 17 日，射阳住建局对原告作出射建罚字（2013）第 473 号《行政处罚决定书》，认定其重建违反了《城乡规划法》（2015）第 40 条的规定，对其作出限十五日内自行改正，并按工程造价 6%的标准处罚款 8 560 元的行政处罚。2016 年 11 月 12 日，原告向射阳住建局提出书面请示，请求对其罩棚实施改建，并于 2016 年 12 月 29 日提交《射阳县建筑工程规划许可证申请书》。2017 年 6 月 2 日，射阳住建局向原告

---

① 江苏省盐城市中级人民法院行政裁定书，（2018）苏 09 行终 129 号。

发放了射建临证字第0007240号《射阳县城市临时建设许可证》，对罩棚维修改建的规格及范围作了明确规定，原告迅即筹备维修改建。2017年6月9日，射阳住建局对原告作出射住建撤字（2017）第1号《撤销行政许可决定书》，在决定书中，射阳住建局以原告申请加油站罩棚维修改建时隐瞒真实情况为由，根据《行政许可法》（2003）第70条第4项的规定，决定撤销行政许可的同时一并撤销射建临证字第0007240号临时规划许可证，并要求原告交回该证。原告不服，遂向法院提起行政诉讼。2017年8月18日，射阳县根据《中共中央、国务院关于进一步加强城市规划建设管理工作的若干意见》精神，作出射编委（2017）57号关于调整县规划局机构设置的通知，将射阳住建局的规划及规划监管等相关职能整体划转到射阳县国土局。

（二）法律问题

1. 自行纠正行政行为应遵循什么基本原则？

2. 射住建撤字（2017）第1号《撤销行政许可决定书》的行政程序是否合法？

知识拓展

一、拓展阅读

1. 何海波. 实质法治：寻求行政判决的合法性［M］. 2版. 北京：法律出版社，2020.

2. 周佑勇. 行政法基本原则研究［M］. 2版. 北京：法律出版社，2019.

3. 杨登峰. 行政法基本原则及其适用研究［M］. 北京：北京大学出版社，2022.

二、毕业论文选题指导

1. 职权法定原则与依法行政原则的适用关系

2. 比例原则与合理性原则的适用关系

3. 正当程序原则与程序瑕疵、违反法定程序的适用衔接

4. 信赖保护原则与诚信原则之辨析

5. 效能原则应否纳入行政法治之论证

6. 应急原则应否纳入行政法治之论证

第三章　行政主体的一般原理

行政主体是我国行政法学的重要理论概念，2014年《行政诉讼法》修正后，该法第75条规定，“行政行为有实施主体不具有行政主体资格或者没有依据等重大且明显违法情形，原告申请确认行政行为无效的，人民法院判决确认无效”，行政主体自此成为法律概念。针对行政主体的一般原理，本章需掌握以下要点：行政主体的概念、行政主体的分类、行政主体之间的关系、行政职权与行政职责、行政委托、行政赋权。

基础知识

一、行政主体的概念

一般认为，行政主体是指具有行政权力，依法能以自己的名义行使行政权力，并且能够独立承担行政法律责任的组织。行政主体由“权力”“名义”“责任”三大要素构成。此外，学理上对行政主体的界定还存在其他不同的观点。一种观点认为，只需要具有行政权力即可成为行政主体；另一种观点认为，只要具有行政权力，能以自己的名义行使行政权力即可成为行政主体，行政法律责任的承担主体是国家，并不是行政主体，因此行政法律责任不应当是行政主体的构成要素。这些观点有一定的合理性，但目前尚未被理论界普遍接受。

首先，行政主体应当具有行政权力。如果某个组织只具有民事权利而不具有行政权力，它就不能成为行政主体。例如，物业管理公司对居民小区事务的管理，在法律性质上属于民事权利，因此物业管理公司不是行政主体。需要指出的是，行政权力既包括强制性的权力也包括非强制性的权力。相对于传统的行政管理手段，现代行政管理手段的权力性、强制性色彩减弱了，呈现出行政管理和行政法制的民主化发展趋势①。

其次，行政主体应当能以自己的名义行使行政权力。所谓“能以自己的名义”，

① 张春莉．西方国家行政主体与行政相对人关系的演进及其定位［J］．政治与法律，2010（12）：129．

是指能以自己的名义对外行文，能以自己的名义作出处理决定，并能以自己的名义参加诉讼活动[①]。行政主体的行政权力必须具有合法性依据，据此可以以自己的名义行使该行政权力。如果某个组织通过不合法的方式取得行政权力，就不能获得行政主体资格，自然也不能以自己的名义行使行政权力。例如，乡镇政府将城市管理权通过行政协议的方式委托给某市政公司行使，该市政公司取得的城市管理权不符合法律规定，因此其不具有行政主体资格。

最后，行政主体必须能够独立承担行政法律责任。这主要指一旦行政主体行使行政权力引发行政复议、行政诉讼，在法律上它可以作为复议被申请人、行政诉讼被告，并且在行政行为被认定违法时可以以自己的名义承担行政赔偿或行政补偿责任。哪个时期行政责任制度发达了，责任体系完备了，归责原则严格了，责任形式全面了，那么这一时期的行政法就会获得极大的发展[②]。

二、行政主体的分类

根据我国法律规范的相关规定，行政主体一般被区分为职权性行政主体与授权性行政主体。这种分类以行政权力的来源为出发点，是目前学理上最基本的分类方式[③]。

（一）职权性行政主体

职权性行政主体是指根据宪法和相关组织法的规定，在依法成立时就具有行政职权的行政组织。职权性行政主体包括中央行政机关和地方行政机关。《宪法》第85条规定，中华人民共和国国务院，即中央人民政府，是最高国家权力机关的执行机关，是最高国家行政机关。中央行政机关包括国务院、国务院各部委、国务院直属机构、国务院部委管理的国家局。《宪法》第105条第1款规定："地方各级人民政府是地方各级国家权力机关的执行机关，是地方各级国家行政机关。"地方行政机关，包括地方各级人民政府、县级以上地方各级人民政府的职能部门、地方人民政府的派出机关。根据《地方组织法》第85条的规定，派出机关包括行政公署、区公所、街道办事处。

（二）授权性行政主体

授权性行政主体是指根据法律、法规、规章的授权，可以以自己的名义行使相应行政职权并承担法律责任的组织。授权性行政主体本身不具有行政主体资格，而是在行使法律、法规和规章授予的行政职权时获得行政主体资格。根据我国相关的法律规定，能够被授予行政职权的组织包括以下几类：

---

① 罗豪才，湛中乐．行政法学［M］．4版．北京：北京大学出版社，2016：48.

② 皮纯协，王丛虎．行政主体的行政法律责任的演进［J］．行政法学研究，2000（2）：9.

③ 王敬波．面向整体政府的改革与行政主体理论的重塑［J］．中国社会科学，2020（7）：103－122，206－207.

（1）行政机构。行政机构是行政机关设置的具体负责和办理各项行政事务的内部机构、派出机构和临时机构，如专利复审委员会、派出所、临时设立的救灾指挥部等。

（2）公用企业。基于法律、法规和规章的授权，有些公用企业和行政性专业公司等也可以成为授权性行政主体。如我国的邮电、铁路、自来水、金融、国家电网等企业和公司。

（3）事业单位。从事教育、科技、文化、卫生等活动的事业单位，经法律、法规和规章授权，在授权范围内具有行政主体资格。

（4）社会团体。社会团体是依据《社会团体登记管理条例》设立的非营利性社会组织。部分社会团体经法律、法规和规章授权，在授权范围内具有行政主体资格。如中国消费者协会、中华全国律师协会等。

（5）其他组织。基层群众性自治组织，如居民委员会和村民委员会等经法律、法规和规章授权，也可行使一定的行政职权，从而在授权范围内获得行政主体资格。

三、行政主体之间的关系

不同的行政主体在依法行使行政权力、履行行政职责、实施行政活动的过程中会形成某种特定的法律关系。通常情况下行政主体之间的关系有纵向与横向之分。

纵向关系是行政主体之间基于行政隶属关系而形成的，主要分为领导关系和指导关系两种情形。领导关系是指行政主体之间存在命令与服从关系，一方有权作出决定、命令，另一方有义务服从和执行该决定、命令。典型的情况如政府与其所属行政部门之间的关系，政府可以向其所属行政部门下达决定、命令，行政部门应当服从和执行政府的决定、命令。需特别指出的是，存在领导关系的行政主体之间并不总维持命令与服从的关系，有时作为上级的行政主体也可以实施非强制性的指导行为。指导关系是指行政主体之间存在业务上的指导与被指导关系。一般认为，我国上下级行政部门之间的关系多数属于指导关系，上级行政部门可以在业务上对下级行政部门进行指导。

横向关系是指相互没有行政隶属关系的行政主体之间的关系。如县公安局与县教育局之间，甲县政府与乙县政府之间，相互不存在行政隶属关系，任何一方无权向对方发出决定、命令，也无权进行业务指导。但是按照法律、法规的规定或者上级行政机关的要求，这些行政主体之间可以相互协助，从而形成协助关系。例如《上海市行政协助管理办法（试行）》（2017）第 2 条规定：本办法所称行政协助，是指行政机关和法律、法规授权的具有管理公共事务职能的组织，以及行政机关依法委托的组织，因履行职责和行使权力需要，向无隶属关系的行政机关提出协助请求，被请求机关依法行使职权，提供相关协助的行为。

四、行政职权与行政职责

行政主体依法具有行政职权、履行行政职责，有权力也有职责对社会事务实施管理与服务。行政职权与行政职责具有两位一体的特征，行使行政职权意味着履行行政职责，履行行政职责意味着行使行政职权。如行政主管部门依法行使处罚违法行为人的职权，从另一个层面意味着行政主管部门依法履行处罚违法行为人的职责。实践中，行政主体行使行政职权产生行政行为，行政主体拒绝履行法定职责也是行政行为①。

行政主体在行使行政职权的过程中依法享有行政优益权，行政优益权包括行政优先权和行政受益权。所谓行政优先权，是指法律、法规规定的行政主体在行使行政职权时享有的优先条件。一般认为行政优先权包括了先行处置权、获得社会协助权和推定有效权。先行处置权是指当发生紧急情况时，行政主体依法可以不受行政程序的限制先行处置，事后再补办相关手续。获得社会协助权，是指行政主体在行使行政职权的过程中，有权要求其他机关、组织和个人予以协助。此时其他机关、组织和个人在法律上具有提供协助的义务，拒不履行协助义务的，须承担相应的法律或纪律责任。推定有效权，是指行政主体作出的行政行为在法律上被假定为具有法律效力，未经行政复议、行政诉讼或者其他法定程序，任何主体不得随意否定其法律效力。

行政受益权，是指行政主体在行使行政职权时，依法享有的各种物质优益条件，如行政经费、交通工具等。国家为了确保行政主体有效行使行政职权、提高行政效率、维护社会秩序、促进社会经济文化发展，依法为行政主体提供相应的物质条件。

五、行政委托

所谓行政委托，是指行政机关依法将行政权力委托给其他组织行使。此处行政机关应当作广义理解，即不仅包括行政机关，也包括法律、法规、规章授权的组织。理论上，法律、法规、规章授权的组织在特定条件下也可以将行政权力委托给其他机关或组织行使。受委托行使行政权力的其他组织，既包括行政机关也包括行政机构、社会组织、基层群众自治组织，甚至是经济组织。受委托组织行使行政权力产生的法律责任，由委托机关承担，因此它不具有行政主体资格。

此外，我国实践中行政机关之间的委托包括事务委托和职权委托。行政机关间的事务委托与民事代理相同，以委托行政机关的名义实施行政行为并承享法律效果，司法上认为不需要特别法的依据。职权委托系行政职权从一行政机关转移到另一行政机关，并由承继职权的行政机关以自己的名义实施行政行为、承享法律效果。基于职权法定原则，行政机关间的职权委托必须有特别法的依据②。

六、行政赋权

行政赋权是近年来在行政法理论和实践中产生的新概念。所谓行政赋权，是指

① 关保英. 行政主体拒绝履行法定职责研究 [J]. 江淮论坛，2020 (5)：122.

② 叶必丰. 行政机关间的事务委托和职权委托 [J]. 中国法学，2022 (3)：40.

省、自治区、直辖市人民政府依法决定，将县级行政部门的行政职权赋予乡镇人民政府或街道办事处，后者以自己的名义行使该行政职权，并独立承担行政法律责任。行政赋权源自 2019 年 1 月中共中央办公厅、国务院办公厅印发的《关于推进基层整合审批服务执法力量的实施意见》，其提出："按照依法下放、宜放则放原则，将点多面广、基层管理迫切需要且能有效承接的审批服务执法等权限赋予乡镇和街道，由省级政府统一制定赋权清单，依法明确乡镇和街道执法主体地位。"《行政处罚法》第 24 条第 1 款明确规定："省、自治区、直辖市根据当地实际情况，可以决定将基层管理迫切需要的县级人民政府部门的行政处罚权交由能够有效承接的乡镇人民政府、街道办事处行使，并定期组织评估。决定应当公布。"行政赋权是新事物，在实践中仍有诸多问题需要进一步深入研究。

重点难点

一、行政主体资格与行政诉讼被告的关系

通说认为，行政主体概念及其相关理论的产生是为了解决行政诉讼被告资格的问题。人们要判断某一组织能否成为行政诉讼的被告，首先须确定该组织是否具有行政主体资格，凡不具有行政主体资格的组织，就不能成为行政诉讼的被告[①]。

在我国，只有行政主体才能成为行政诉讼被告，不具有行政主体资格的组织不能成为行政诉讼被告。但需指出的是，并非具有行政主体资格就可以成为行政诉讼被告，能否成为行政诉讼被告还需要满足被告适格的条件。具体而言，需要判断行政主体是否实施了被诉行政行为或者存在不作为，被诉行政行为与原告的权利侵害之间是否具有因果关系等。例如按照《行政处罚法》第 24 条第 1 款规定，乡镇人民政府和街道办事处承接县级人民政府部门的行政处罚权后，因行使行政处罚权引发行政诉讼的，乡镇人民政府和街道办事处是被告。乡镇人民政府和街道办事处原本就具有行政主体资格，但是，在行政处罚案件中其之所以能够成为适格被告，并不是由于其本身是行政主体，而是基于《行政处罚法》第 24 条第 1 款的规定，实施了行政处罚行为或者不履行行政处罚职责。

二、法律、法规、规章授权的内涵

什么是法律、法规、规章授权，多年来在理论上缺乏深入研究，实践中也存在争议。实践中有观点认为，授权必须在法律、法规、规章中明确具体规定授予的特定权力，笼统规定行政职责不是授权。对此我们认为，法律、法规、规章的授权可以分为概括授权与具体授权。

所谓概括授权，就是法律、法规、规章将某一领域或行业的行政权力概括性授

---

① 石佑启. 论公共行政之发展与行政主体多元化［J］. 法学评论，2003（4）：60.

予某一组织的活动。例如《教育法》第 29 条第 1 款第 1 项规定，学校及其他教育机构按照章程自主管理；又如《村民委员会组织法》第 2 条第 2 款规定，村民委员会办理本村的公共事务和公益事业，调解民间纠纷，协助维护社会治安，向人民政府反映村民的意见、要求和提出建议。根据上述规定，学校及其他教育机构获得行政主体资格，可以对本校或本机构的各种事务行使行政管理权；村民委员会也获得行政主体资格，可以对本村的公共事务行使行政管理权。在邓某诉某村民委员会因建房申请的行政确认一案中，法院经审理认为：村民委员会虽然不是行政机关，但地方性法规授权其在农村村民住宅用地审批过程中履行行政管理职能。根据司法解释，本案中村民委员会可以成为行政诉讼的被告[①]。当然，获得法律、法规、规章的授权不表示其行使行政管理权的行为都可以被提起行政诉讼，是否可诉还取决于被诉行为是否属于《行政诉讼法》规定的受案范围。

所谓具体授权，就是法律、法规、规章将具体的某一种或某几种行政权力授予某一组织的活动。例如根据《商标法》第 44 条第 2 款规定："商标局做出宣告注册商标无效的决定，应当书面通知当事人。当事人对商标局的决定不服的，可以自收到通知之日起十五日内向商标评审委员会申请复审。商标评审委员会应当自收到申请之日起九个月内做出决定，并书面通知当事人。有特殊情况需要延长的，经国务院工商行政管理部门批准，可以延长三个月。当事人对商标评审委员会的决定不服的，可以自收到通知之日起三十日内向人民法院起诉。"又如国务院《税收征收管理法实施细则》第 9 条第 1 款规定，《税收征收管理法》第 14 条所称按照国务院规定设立的并向社会公告的税务机构，是指省以下税务局的稽查局。稽查局专司偷税、逃避追缴欠税、骗税、抗税案件的查处。经过上述法律、法规的授权，商标评审委员会和税务稽查局作为行政机构，获得行政主体资格，法律、法规对其授权也非常明确具体，即对商标局做出宣告注册商标无效的决定进行认定和查处偷税、逃避追缴欠税、骗税、抗税案件。

三、行政委托的依据

委托原本是民法上的概念，民法允许平等主体之间相互委托办理一定的私人事务。按照职权法定的原则，行政机关应当依法行使行政职权，履行行政职责，不应随意将自己管理的社会事务委托给其他组织。我国宪法和行政组织法中没有对行政委托作出相关规定。行政委托的概念源自行政实务。实务中一些行政机关将自己职责内的事务委托给其他组织管理，从而在理论上形成了行政委托的概念，用以解释委托机关与受委托组织之间的关系。然而，此种用民法理论解释行政法实务的做法在合法性与合理性上值得商榷。从域外法的经验来看，一般不存在行政委托的概念，行政机关之间也不存在这种事实上的民事法律关系。域外法一般用行政协助的概念解释行政机关委托其他组织管理社会事务的做法，认为基于行政一体化的原则，当行政机关不能单独有效管理社会事务时，有权请求其他行政机关进行协助，即所谓

---

① 湖南省宁乡市人民法院行政判决书，（2019）湘 0124 行初 57 号。

的行政协助。从法律、法规、规章的规定来看，我国存在大量行政协助的制度规定。如《体育法》第 4 条第 2 款规定："县级以上地方人民政府体育行政部门主管本行政区域内的体育工作。县级以上地方人民政府其他有关部门在各自的职责范围内管理相关体育工作。"又如《地名管理条例》第 7 条第 3 款规定："县级以上地方人民政府地名行政主管部门负责本行政区域的地名管理工作。县级以上地方人民政府其他有关部门按照本级人民政府规定的职责分工，负责本行政区域的相关地名管理工作。"

此外，有必要严格控制行政委托，以防止行政机关随意实施行政委托而怠于履行法定职责。目前《行政处罚法》第 20 条、《行政许可法》第 24 条对行政委托作了较为严格的限定，即必须依照法律、法规、规章的规定。我们认为，行政委托尽管不涉及行政职权和行政职责的变动，但仍可能对公民合法权益产生威胁。是故，以法律、法规、规章作为依据尚显宽泛松懈。未来应当由宪法和行政组织法对行政委托的条件作出规定，明确行政委托的依据，从而为行政实务提供相对统一的适用标准。

四、行政主体理论的形成与发展

行政主体是行政权力的享有者和行使者，行政权力的行使对于维护社会秩序稳定、推动社会经济文化发展具有重要的作用和影响。为了使行政权力的行使能够适应社会经济文化发展的需要，新中国成立以来，尤其是改革开放以来，我国进行了多次行政机构改革，并形成了独具特色的行政主体理论与制度。具体而言包括以下几点：通过中外结合形成行政主体理论、通过行政主体资格规范行政权力行使、通过机构改革不断提升行政效能。

(一) 行政主体理论的形成背景

未经甄别地将他国的理论和制度强行施加到本国实践中，是一种主观主义的外部反思，而不是辩证法的态度[①]。行政主体是仅存于德法等大陆法传统国家的一个学术概念，在普通法国家没有类似的概念[②]。我国行政主体的概念源于大陆法系国家，在行政法学初创阶段，我国借鉴了大陆法系国家行政法上的这一重要概念。我国在引进行政主体概念的同时，并没有照搬它们的行政主体理论，而是根据我国的社会主义制度进行了重构。这种重构主要体现为以行政权力配置的科学性确定行政主体的数量和种类，而不是以权力分立为目标确定行政主体。

大陆法系国家的行政主体理论，建立在权力分立、相互制衡的政治制度基础上，是为了进一步落实权力分立、相互制衡的政治制度。它们按照 17—18 世纪经典政治哲学家的思想，将国家权力划分为立法权、行政权和司法权三种形式后，为了承受行政权力，这些国家设置了专门的行政机关。在行政机关获得行政权力以后，根据

① 鲁谷辰. 理想中的行政主体理论及其困境 [J]. 学术界，2020 (10)：115.

② 余凌云. 行政主体理论之变革 [J]. 法学杂志，2010 (8)：15.

分权理论又在行政机关内部进行了更为细致的分权。中央行政机关和地方行政机关之间划分了不同的行政权力范围，国家行政机关和社会组织在行政权力方面又进行了权力范围的划分，从而形成了中央政府、地方政府、公务法人、同业工会等不同的行政主体。如前所述，行政主体间表现出多元关系。其中，横向的行政主体之间不存在领导与被领导或者命令与服从的关系，因而一个行政主体不得干涉另一个行政主体管理的社会事务，一个行政主体也没有义务管理属于另一个行政主体管理的社会事务。

我国是中国共产党领导的社会主义国家，不存在权力分立、相互制衡的政治制度，我国行政主体理论与制度的建立，是为了全面贯彻落实党的决策部署，细化社会主义制度，有效监督行政主体及其工作人员依法行政，充分发挥行政权力维护社会秩序、推动社会经济文化发展的积极作用。《宪法》第1条明确确认："中国共产党领导是中国特色社会主义最本质的特征。"这一规定既阐明了党的领导地位，又宣示了党的领导权力。在党的领导下，各级各类国家机关各司其职，国家的行政权力主要配置给行政机关，与此同时，部分行政权力通过法律、法规、规章授权给其他机构和组织。这种行政权力的配置方式，使得我国行政主体的确定与西方大陆法系国家存在重大差别。我国更加注重权力配置的合理性，根据哪些行政权力适合哪些行政机关行使的原则，赋予特定的行政机关特定的行政权力，从而使这些行政机关获得行政主体资格。当有些行政权力与特定专业事务或社会事务存在紧密联系时，就将行政权力授予特定的机构或组织，使其获得行政主体资格。

（二）行政主体理论建构的目标

有学者认为：行政主体的行政权力可以分为管理权和制裁权。所谓管理权，是指行政主体在调整行政关系时设定相应的权利和义务，并进而分配给行政相对人的权力行使方式。所谓制裁权，是指行政主体通过国家强制力对违法的行政相对人进行打击和惩戒的权力①。如何有效监督行政权力的行使，充分发挥其维护社会秩序、促进社会经济文化发展的积极作用，防止其违法行使损害公共利益和公民、法人或者其他组织的合法权益，是党和国家高度关注的问题。党的十八届四中全会通过的《中共中央关于全面推进依法治国若干重大问题的决定》指出："各级政府必须坚持在党的领导下、在法治轨道上开展工作，创新执法体制，完善执法程序，推进综合执法，严格执法责任，建立权责统一、权威高效的依法行政体制，加快建设职能科学、权责法定、执法严明、公开公正、廉洁高效、守法诚信的法治政府。"习近平总书记明确提出："要用法治给行政权力定规矩、划界限"。

我国行政主体理论与制度自始至终与上述要求相一致。赋予具有对外行政管理职能的行政机关和法律、法规授权的组织行政主体资格，不仅使其获得了相应的行政权力，也明确了只有具备行政主体资格的主体才能以自己的名义行使行政权力。有行政主体资格的主体及其工作人员违法行使行政权力，应当承担相应的法律和纪

---

① 关保英. 行政主体法外设定行政权力研究［J］. 当代法学，2016（6）：26.

律责任。由此，通过创立行政主体理论与制度，党和国家关于监督和规范行政权力行使的要求得到全面贯彻落实，行政权力在较大程度上受到控制与规范。

（三）行政主体理论的发展

随着社会经济文化不断发展，行政主体的形式、种类以及所享有的行政职权、履行的行政职责也应当与时俱进，只有这样才能更好地管理社会事务，为公民、法人或者其他组织提供良好的公共服务。为此，多年来党和国家不断推进行政机构改革，从而也推动了我国行政主体理论与制度的发展。行政主体理论与机构改革在哲学维度上是理论与实践的关系。机构改革的目的是切实转变政府职能，保障人民权利。在政府转变职能的过程中，行政机关和其他社会组织是机构改革方案的推动者和执行者，即行政主体理论贯穿于机构改革的具体社会实践中，对机构改革的推进和深化具有理论指导意义[①]。2018 年 2 月召开的党的十九届三中全会通过了《中共中央关于深化党和国家机构改革的决定》和《深化党和国家机构改革方案》，首次同步推进党的机构改革与行政机构改革。本次机构改革以提升行政效能为目标，在对现行行政主体进行更合理的职能配置的同时，推动形成了党政融合型行政主体，也进一步推动了我国行政主体理论与制度的发展。

首先，根据新时代社会管理与服务的需要，上述改革政策对现有的行政主体及其职能进行了更为科学合理的配置。如将国土资源部的职责、国家发展和改革委员会的组织编制主体功能区规划职责、住房和城乡建设部的城乡规划管理职责等整合，组建了自然资源部；将环境保护部的职责、国家发展和改革委员会的应对气候变化和减排职责、国土资源部的监督防止地下水污染职责等整合，组建了生态环境部。通过上述改革措施，行政主体可以更好实施社会管理，进一步提高行政效能。

其次，打破传统行政主体理论的束缚，将一些党的职能部门与行政部门相互融合，形成了党政融合型行政主体。如“将国家新闻出版广电总局的新闻出版管理职责划入中央宣传部。中央宣传部对外加挂国家新闻出版署（国家版权局）牌子”，“将国家新闻出版广电总局的电影管理职责划入中央宣传部。中央宣传部对外加挂国家电影局牌子”，“将国家宗教事务局并入中央统战部。中央统战部对外保留国家宗教事务局牌子”。通过上述改革，传统行政主体理论得以革新，行政主体制度进一步完善，从近年来的实际情况看，行政主体的行政管理效能得到显著提高。

最后，需特别指出，一直以来我国常采用“三定规定”对国务院部门和地方县级以上人民政府行政部门的机构设置、人员编制、职权职责等问题作出规定。“三定规定”在法律上属于行政规范性文件，但事实上扮演了部门组织法的替代角色[②]。由于我国政府部门的改革比较频繁，难以将“三定规定”制定成具有相对稳定性的部门组织法，所以“三定规定”是我国行政组织法上的特殊现象。总体来看，我国行政组织法的改进比较缓慢，内涵相当狭窄，仅包括主体地位资格、职责、职权等，

---

① 熊文钊．论机构改革与行政主体理论创新［J］．行政法学研究，2021（2）：17．

② 李志武．国务院部门“三定”规定性质探究［J］．湖南行政学院学报，2021（2）：69．

行政主体的内部结构、行政机关之间的关系、行政主体之间的权限分配等内容均被排除在外①，对于这些问题未来还需要进一步发展完善。

案例分析

一、案例导入

邢某诉昌邑市饮马镇人民政府行政强制拆除行为违法案②

原告邢某涉案厂房的一部分在济青高铁建设红线范围之内，2018 年 6 月 27 日遭到拆除。经原告报警，昌邑市公安局调查认定，系某某村民委员会按照被告昌邑市饮马镇政府要求拆除违章建筑的安排部署，雇用赵某某对原告厂房内违章建筑进行拆除。因被告昌邑市饮马镇政府否认系其实施，原告提起行政诉讼告被告强拆行为违法。昌邑市人民法院一审认为，原告的起诉不符合起诉条件，裁定驳回起诉。潍坊市中级人民法院二审裁定撤销原审裁定，指令继续审理。昌邑市人民法院经审理，依照《行政诉讼法》第 74 条第 2 款第 1 项之规定，判决确认被告强制拆除原告房屋的行为违法。被告不服一审判决提起上诉，潍坊市中级人民法院经审理，依照《行政诉讼法》第 89 条第 1 款第 1 项之规定，判决驳回上诉，维持原判，同时要求被告按照法律规定，采取相应补救措施。

本案中有争议的问题以及虽然不是争议问题，但是在确认事实和适用法律时必然涉及的问题，与行政主体理论存在紧密关联。

第一，对于其他行政机关的行政行为，公安机关是否具有管辖权？邢某厂房的一部分被人强制拆除，其怀疑是镇政府所为，但没有证据进行证明，此时原告是否可以报警，要求公安机关调查收集证据证明实施强制行为的主体？作为公安机关，对于可能涉及其他行政机关管辖的强制拆除的案件，在法律上自己是否有责任接受报案并进行调查处理？

第二，饮马镇政府依法是否具有强制拆除厂房的权力？饮马镇政府是行政机关，但是并不是所有的行政机关都有权实施房屋强制拆除。饮马镇政府是否有权认定争议厂房是否属于违法建筑，是否有权对涉案房屋进行强制拆除？

第三，饮马镇政府要求村委会强制拆除争议厂房的行为是什么性质？饮马镇政府是行政机关，村委会是基层群众自治组织，不具有上下级隶属关系，强制拆除厂房的行为在法律上属于行政强制执行行为。那么饮马镇政府依据什么要求村委会拆除争议厂房？强制拆除厂房的行为在法律上是否可以交由其他组织实施？

第四，赵某某拆除厂房的行为导致的法律责任应当由谁承担？公安机关的调查

---

① 谭宗泽，张民军. 中国行政主体理论的重构：行政体制与 WTO 规制的双重视角 [J]. 南京社会科学，2007 (3)：101.

② 潍坊市中级人民法院发布 2019 年度全市法院行政审判十大典型案例之八：邢某诉昌邑市饮马镇人民政府行政强制拆除行为违法案——对征收背景下村委会实施的强制拆除行为，行政主体应当承担法律责任。【法宝引证码】CLI. C. 102017114。

证明，实际强制拆除争议厂房的主体是赵某某。赵某某拆除争议厂房是因为村委会的雇佣行为，村委会雇用赵某某强制拆除厂房的原因是饮马镇政府的要求。如果最终确定强制拆除厂房的行为违法，其法律后果究竟由谁承担?

第五，一审法院一开始为什么认为原告的起诉不符合起诉条件？一审法院在第一次诉讼中，认为原告的起诉不符合起诉条件。《行政诉讼法》第 49 条规定的起诉条件是："（一）原告是符合本法第二十五条规定的公民、法人或者其他组织；（二）有明确的被告；（三）有具体的诉讼请求和事实根据；（四）属于人民法院受案范围和受诉人民法院管辖。"究竟是什么原因导致一审法院一开始认为原告的起诉不符合条件。

第六，二审法院能否直接判决饮马镇政府承担赔偿责任。一审和二审法院最终确定饮马镇政府应当对涉案厂房的拆除承担法律责任，但是并没有直接判决其承担行政赔偿责任，而是进行了调解，在调解不能达成协议的情况下，二审法院并没有判决赔偿，而是要求被告按照法律规定，采取相应补救措施。那么二审法院此时究竟能否直接判决赔偿，被告采取的补救措施应当是什么。

二、法官释法

昌邑市人民法院经审理认为：被告饮马镇政府主张拆迁行为是村委会的行为，否认直接实施，不应当承担法律责任，但昌邑市公安局已通过调查认定村委会是按照被告安排部署而实施拆除的，相关证据能够证明原告涉案厂房因济青高铁项目建设需要拆除、被告被确定承担拆迁任务、村委会据被告部署安排而具体实施的事实。因村委会不具有实施强制拆除的法定职权，被告亦未提供证据证实系在其不知情的情况下由村委会违法强拆，应推定强制拆除系被告委托实施。依照《行政诉讼法》第 74 条第 2 款第 1 项之规定，判决确认被告强制拆除原告房屋的行为违法。

潍坊市中级人民法院二审认为：实质性解决行政争议是《行政诉讼法》的立法宗旨之一，在本案审理过程中，两级法院数次协调双方，尝试化解赔偿问题，但因被告不够积极主动而未成功。遂依照《行政诉讼法》第 89 条第 1 款第 1 项之规定，判决驳回上诉，维持原判，同时要求被告按照法律规定，采取相应补救措施。

从两级法院的认定和判决结果来看，对于本案涉及的争议问题，我们可以作出如下理解和解释：

第一，公安机关对于本案有调查处理的职权与职责。当自己的合法权益受到他人侵害，并且该侵害行为可能影响公共利益或公共秩序，公民、法人或者其他组织可以通过向相关行政主管部门投诉、举报等方式进行救济。如果是纯粹的平等主体之间的民事侵权，不影响公共利益或者公共秩序，公民、法人或者其他组织可以通过民事诉讼的途径救济自己的合法权益。如《民法典》第 1200 条规定："限制民事行为能力人在学校或者其他教育机构学习、生活期间受到人身损害，学校或者其他教育机构未尽到教育、管理职责的，应当承担侵权责任。"小学生在学校学习期间，由于学校未尽到管理职责，导致其摔伤，应当由学校承担民事赔偿法律责任，如果双方就是否赔偿、如何赔偿发生争议，应当通过民事诉讼的途径解决，公安机关、教育行政部门等不予干预。但如果某种侵权行为既损害公民、法人或者其他组织的合法权益，同时又损害公共利益或公共秩序，公民、法人或者其他组织既可以选择通过民事诉讼的途径救济自己的合法权益，也可以选择向行政主管部门投诉、举报等方式进行救济。如《民法典》第1254条规定："禁止从建筑物中抛掷物品。从建筑物中抛掷物品或者从建筑物上坠落的物品造成他人损害的，由侵权人依法承担侵权责任；经调查难以确定具体侵权人的，除能够证明自己不是侵权人的外，由可能加害的建筑物使用人给予补偿。可能加害的建筑物使用人补偿后，有权向侵权人追偿。""发生本条第一款规定的情形的，公安等机关应当依法及时调查，查清责任人。"从建筑物中抛掷物品或者从建筑物上坠落物品，不仅可能损害公民、法人或者其他组织的人身权、财产权等合法权益，也可能损害治安管理秩序，产生违反《治安管理处罚法》的违法行为。此时，不论侵权行为人是行政主体还是行政相对人，受害人都可以通过向有监督管理权的行政主体部门投诉、举报以救济自己的合法权益，而行政主体部门在法律上也有调查处理的职权与职责，其调查获得的证据，还可以成为受害人主张民事或行政赔偿的证据。

第二，饮马镇政府没有强制拆除该争议厂房的权力。从法院的判决来看，争议厂房从来没有被认定为违法建筑，只是因为厂房的一部分在济青高铁建设红线范围之内需要拆除，被告饮马镇政府被上级确定承担拆迁任务。可见上级行政机关并没有将争议厂房认定为违法建筑，对该厂房的处置方式是拆迁补偿而不是强制拆除。因此，总体来看，饮马镇政府没有强制拆除该争议厂房的权力。

首先，对于合法建筑的处置，在法律上应当是拆迁补偿而不是强制拆除。合法建筑的强制拆除只有在行政机关与被征收人无法就征收补偿达成一致，行政机关依法作出征收补偿决定后，被征收人仍然拒绝的情况下才可以实施。但是从本案的证据材料来看，并没有证据证明双方没有达成征收补偿协议，行政机关也没有作出征收补偿决定。另外，即便是被征收人拒不接受征收补偿决定，有权实施强制拆除行为的也不是乡镇人民政府，而是县级以上人民政府。《土地管理法实施条例》(2014)第25条第1款规定："征收土地方案经依法批准后，由被征收土地所在地的市、县人民政府组织实施，并将批准征地机关、批准文号、征收土地的用途、范围、面积以及征地补偿标准、农业人员安置办法和办理征地补偿的期限等，在被征收土地所在地的乡（镇）、村予以公告。"

其次，只有乡村的违法建筑，乡镇政府才有强制拆除的权力。《城乡规划法》第65条规定："在乡、村庄规划区内未依法取得乡村建设规划许可证或者未按照乡村建设规划许可证的规定进行建设的，由乡、镇人民政府责令停止建设、限期改正；逾期不改正的，可以拆除。"这或许是本案中被告始终坚持主张争议厂房属于违法建筑的原因，只有认定为违法建筑，该镇政府才有权实施强制拆除。但是认定争议厂房属于违法建筑需要经过法定的程序，并不是由行政机关及其工作人员随意决定的。从本案的证据材料来看，行政机关显然在对待涉及行政相对人重大权利时过于随意，缺乏依法行政的意识。

第三，法院认定村委会是根据饮马镇政府的部署安排，找人强制拆除本案争议房屋的。据此，从法律上看，饮马镇政府与村委会之间形成了行政委托法律关系。首先，饮马镇政府与村委会之间不存在行政命令关系。尽管在实践中，镇政府的工作人员事实上可能采取行政命令的方式，要求村委会作出某种行为，村委会的工作人员碍于镇政府在观念上是其上级机关，往往会接受镇政府的命令与要求，但是，镇政府与村委会之间并不是上下级隶属关系，而是行政指导关系。《村民委员会组织法》第5条规定："乡、民族乡、镇的人民政府对村民委员会的工作给予指导、支持和帮助，但是不得干预依法属于村民自治范围内的事项。村民委员会协助乡、民族乡、镇的人民政府开展工作。"因此，饮马镇政府与村委会之间有可能成立行政指导关系，但不可能是行政命令关系。其次，饮马镇政府与村委会在本案中的关系属于行政委托法律关系。尽管从法律上看，镇政府与村委会之间在一般情况下形成的是行政指导法律关系，但是村委会也可接受行政机关的委托行使行政权力。由于本案中村委会并不是按照《村民委员会组织法》的规定对争议房屋进行强制拆除，而是按照饮马镇政府的部署安排进行强制拆除的，因此在法律上村委会的这种行为应当认定为受委托组织实施的行政行为。

第四，法院认为，因村委会不具有实施强制拆除的法定职权，被告亦未提供证据证实系在其不知情的情况下由村委会违法强拆，应推定强制拆除系被告委托实施。赵某某受雇于村委会，其强拆厂房的行为产生的法律责任应当由村委会承担。而村委会雇用赵某某对厂房进行强制拆除，是因为饮马镇政府的要求，两者之间形成行政委托法律关系。饮马镇政府无法提供证据证明自己没有要求村委会对厂房进行强制拆除，或者取消了强制拆除厂房的要求，也没有任何证据证明饮马镇政府对村委会强制拆除厂房的行为不知情。因此，按照行政委托的基本要求，作为委托机关的饮马镇政府应当对强制拆除厂房产生的后果承担法律责任。

第五，昌邑市人民法院在第一次一审时认为，原告的起诉不符合起诉条件，裁定驳回起诉。从案情来看，最大的可能性是原告没有证据证明，饮马镇政府要求村委会以厂房是违法建筑为由进行强制拆除，或者一审法院认为厂房是村委会找人强制拆除的，与饮马镇政府没有关系。但是在原告上诉以后，二审法院撤销了一审裁定，认为根据公安机关的调查结果，村委会是接受饮马镇政府的委托实施强制拆除的，该强制行为应当视为饮马镇政府实施的行政行为，原告的起诉符合《行政诉讼法》第49条的规定，因此指令一审法院继续审理。在处理这类案件时，对于法院而言也存在一定的难度。一方面，在法律关系上可能是行政法律关系，也可能是民事法律关系。如果是镇政府或村委会强制拆除厂房，主要应当是行政法律关系；如果是赵某某的个人行为，则可能是民事法律关系。另一方面，被告可能是村委会也可能是镇政府，甚至可能是赵某某。如果强制拆除行为属于镇政府或村委会的职权行为，被告可能是镇政府或村委会，而如果强制拆除行为纯粹是赵某某的个人行为，则被告应当是赵某某。由此，正确处理这类案件需要法院厘清法律主体之间的关系，合理确定强制拆除行为的性质。

第六，在第二次二审过程中，法院确认了一审判决的正确性，即被告应当是饮马镇政府，并且该强制拆除行为违法，但是二审法院并没有直接判决被告承担赔偿责任，而是进行了耐心的调解。但由于被告饮马镇政府缺乏诚意，不积极接受法院的调解，司法调解没有获得成功，法院只能依法判决驳回被告的上诉，并责令其采取补救措施。

《行政诉讼法》第 76 条规定："人民法院判决确认违法或者无效的，可以同时判决责令被告采取补救措施；给原告造成损失的，依法判决被告承担赔偿责任。"从法律规定来看，如果原告在行政诉讼中同时提出行政赔偿请求的，人民法院应当依法判决被告承担赔偿责任。换言之，如果本案原告在一审中同时提出了行政赔偿请求，二审法院可以在作出驳回被告上诉的时候，就赔偿问题同时作出判决。但是如果原告在一审中没有提出行政赔偿请求，则二审法院不能主动作出行政赔偿的判决，只能责令被告采取补救措施，或者告知原告可以就行政赔偿问题，另行提起行政赔偿诉讼。

三、类案练习

宋某诉石家庄市律师协会、河北省律师协会请求撤销处分决定案①

（一）基本案情

原告宋某为河北某律师事务所律师，因委托人唐某对其进行投诉，被石家庄市律师协会立案调查。被告石家庄市律师协会于 2017 年 8 月 17 日作出石律惩字（2017）第 4 号《处分决定书》，决定给予原告宋某中止会员权利一年的纪律处分，同时责令原告宋某向委托人返还违规收取的律师服务费人民币贰万元整。原告宋某不服，向被告河北省律师协会申请复查，被告河北省律师协会于 2017 年 12 月 27 日作出冀律复字（2017）第 1 号《复查委员会复查决定书》，决定维持石家庄市律师协会石律惩字（2017）第 4 号《处分决定书》对宋某作出的处分决定。宋某不服，向法院提起行政诉讼。

法院经审理认为，被告石家庄市律师协会、被告河北省律师协会对原告宋某作出的处分决定，属于律师协会对其会员的一种内部处理决定，该处理决定系行业内部自治行为，属行业协会对其组成人员的纪律处分，不具有行政法上对外管理的特征，不属于《行政诉讼法》的受案范围。因此，原告宋某的起诉依法应予驳回。依据《行政诉讼法》第 49 条之规定，裁定如下：驳回原告宋某的起诉。

（二）法律问题

1. 本案律师协会是否具有行政主体资格，为什么？
2. 本案律师事务所作出处分决定的行为是不是行使行政职权，为什么？
3. 法院裁判是否正确，为什么？

知识拓展

一、拓展阅读

1. 王敬波. 面向整体政府的改革与行政主体理论的重塑［J］. 中国社会科学，2020（7）.
2. 程琥. 党和国家机构改革与行政诉讼制度创新发展［J］. 法律适用，2020（19）.

---

① 河北省石家庄市中级人民法院行政裁定书，（2019）冀 01 行终 148 号。

3. 曾祥华. 中国行政主体理论再评析 [J]. 甘肃政法学院学报，2019 (1).

4. 王欢. 论党政合署在行政法中的融入 [J]. 吉林大学社会科学学报，2019 (3).

5. 林鸿潮. 党政机构融合与行政法的回应 [J]. 当代法学，2019 (4).

6. 金国坤. 党政机构统筹改革与行政法理论的发展 [J]. 行政法学研究，2018 (5).

7. 秦前红，陈家勋. 党政机构合署合并改革的若干问题研究 [J]. 华东政法大学学报，2018 (4).

8. 张春莉. 西方国家行政主体与行政相对人关系的演进及其定位 [J]. 政治与法律，2010 (12).

9. 薛刚凌. 我国行政主体理论之检讨：兼论全面研究行政组织法的必要性 [J]. 政法论坛，1998 (6).

10. 喻少如，刘文凯. 党政机构合署合设与行政主体理论的发展 [J]. 南京社会科学，2019 (4).

二、毕业论文选题指导

1. 我国行政主体基本内涵的合理界定

2. 受委托组织行使行政权力的法律责任问题

3. 机构改革与行政组织法的完善

第四章　行政行为的一般原理

自德国法学家奥托·迈耶提出新的行政行为概念以来，行政行为理论构建了行政法学的概念体系与逻辑体系。行政行为理论也在行政行为类型化研究等过程中不断深化完善，成为行政法学的经典理论。行政行为的分类是行政行为理论的核心内容。其中，具体行政行为是最普遍的行政行为。具体行政行为构成要件的确定，决定了具体行政行为的成立、复议或诉讼范围的确定以及具体行政行为与其他行为的区分。行政行为的模式化是指在学理上对具有相似特征的行政活动进行类型化、概念化的研究，其关注现实中发生的行政现象而非理论概念，将行政法学研究重心从分类与概念中转移到实际发生的行政行为，建立学理理论与立法、行政、司法之间的联系。

基础知识

一、行政行为概念的提出

行政行为概念最早出现在19世纪的法国行政法学中，但其真正成为行政法学核心概念并支撑起行政法概念体系，则源于概念法学的兴起与奥托·迈耶的再造。概念法学认为法学研究的主旨是通过对实定法进行逻辑分析与处理，用概念形成严密的实定法逻辑体系，并为未来实定法的修改、解释提供理论基础。概念法学取得重大法律成果，建立了精密恰当的法学范畴与严密规范的法学体系[①]。在迈耶提出作为法学范畴的“行政行为”之前，行政行为普遍被认为是管理行为与权力行为的总称，或各行政法分论中的内务行为、外务行为与军事行为的集合[②]。对此，迈耶从行政机关各种活动中提炼出“处理行政事务”的共同要素，再从“处理行政事务”中抽象出“主权者的权力作用、强制性、单方性”等要素[③]。根据迈耶的界定，行

① 何勤华. 西方法学史［M］. 北京：中国政法大学出版社，1996：252.

② 叶必丰. 行政行为原理［M］. 北京：商务印书馆，2019：3.

③ 迈耶. 德国行政法［M］. 刘飞，译. 北京：商务印书馆，2002：98.

政行为是行政机关运用公共权力，适用法律、决定个人权利义务的单方行为。此后，行政行为概念历经数次改良。科尔曼（Kormann）借鉴民法的法律行为和意思表示理论赋予行政行为“国家法律行为”的内涵。弗莱纳（Fleiner）进一步将行政行为的意思表示限定在法效范围之内。耶利内克（Jellinek）在此基础上将行政行为限定为行政机关对特定人的公权力意思表示[①]。行政行为概念提出后，大量的行政工作被逐一归类。其产生的影响在于：第一，公权力受到规范限制。在行政行为类型化之后，公权力作出单方决定受到依据、内容、形式与程序等约束，公权力侵犯私权利的行为明显减少。第二，确定行政诉讼范围。行政行为的概念对应行政机关执行法律的行为，具体行政行为逐渐成为界定行政诉讼受案范围的标准。第三，构成行政法教义的基础。概念是构筑科学思想大厦的工具[②]，概念法学下的行政行为提供了行政法分析的概念工具，构建了行政法的分析逻辑。

自迈耶提出新的行政行为概念以来，行政行为理论构建了行政法学的概念体系与逻辑体系。得益于行政权力的有效规范、司法裁判获得清晰规范指引，行政行为理论自身也在不断变化。概念化的行政行为理论建立了讨论研究的基本范畴，社会法学理论则开辟了实质法治的视角。利益法学理论提供了利益衡量的分析工具，实证法学则建立了行政行为理论与外部知识的连接。行政行为理论不断深化完善，成为行政法学的经典理论，是研究者绕不开的分析工具。但是，行政行为理论也并非万能。第一，行政行为仍只是大陆法系的理论概念，并非通用的行政法分析范式。与建立抽象概念不同，英国行政法通过细致的议会立法、严格的权力授予与完备的救济系统建立对行政机关作出的决定进行实质约束。美国行政法则通过程序规范行政机关行为，由于不存在单独的行政行为法，美国依据《联邦行政程序法》、宪法以及联邦最高法院判例对行政机关的决定进行司法审查[③]。第二，行政行为理论脱离不了概念化的趋势。如同立法行为落后于社会发展，概念的提出是对过去经验的总结，它不是面向未来的。概念体系总是在应对现实不断调试变化之中。行政行为理论自身并不能引领行政法学发展。第三，行政行为理论产生的诸多概念之间叠床架屋，过于复杂的概念体系不适合简化结构与追求效率的行政发展趋势。

二、行政行为的分类

行政行为理论本身在行政行为分类过程中逐步搭建、完善。作为行政行为理论的核心内容，行政行为的分类是有目的的法学认知构建过程。具体而言，行政行为的分类有以下功能：第一，行政行为的创设提出是对日常行政现象与行政行为进行观察、对比、提炼、抽象的阶段性总结。最初行政行为理论的提出即迈耶对行政机关行为之间相同因素的提炼总结，行政行为的分类则继续深化这项工作。按照不同

---

① 翁岳生. 行政法与现代法治国家［M］. 台北：祥新印刷有限公司，1979：3.

② 埃利希. 法社会学原理［M］. 舒国滢，译. 北京：中国大百科全书出版社，2009：28.

③ 西尔登，斯特罗因克. 欧美比较行政法［M］. 伏创宇，刘国乾，李国兴，译. 北京：中国人民大学出版社，2013：368.

标准对行政行为进行分类，形成对行政行为观察的多维视角，揭示了行政行为的不同特征与规律[①]。例如，授益行政行为与负担行政行为的分类，凸显了行政机关与相对人之间的联系；有效行政行为与无效行政行为的分类，体现了行政行为效力的例外；行政作为与行政不作为的分类，揭示了行政权力的消极作用方式等。第二，行政行为的分类有助于认识与构建。语言的功能是使混沌状态清晰化，行政行为的分类将复杂多样的行政现象纳入可以研讨、论证、对比的实在范畴。对行政行为的创设命名是认识的基础，行政行为的分类则是构建理论体系的前提。只有通过分类，才能科学地认识和掌握行政行为的内容和形式、程序和结果、合法与违法、制度与运作，从而使行政行为定型化、模式化。第三，行政行为的分类是行政行为制度构建的前提。行政行为的原理与制度，离不开作为单元的诸种行政行为的支撑。只有先对行政行为进行分类，才能在归纳、对比的基础上建立行政行为制度。

行政行为可分为抽象行政行为与具体行政行为。抽象行政行为与具体行政行为是行政法领域特殊的概念，其他部门法以及宪法没有对抽象行为与具体行为作区分。这种划分最早源于狄骥区分规则行为与条件行为。此后，不仅大陆法系接纳发展这种区分，英美法系也逐渐对制定规则行为与运用规则行为进行区分。抽象行政行为与具体行政行为的界定标准有不同的观点。有观点认为应以行政行为适用对象是否特定为区分标准，抽象行政行为以不特定人或事为对象，具体行政行为以特定人或事为对象。由此，抽象行政行为表现为制定规章与规范性文件的行为，具体行政行为表现为行政处罚、行政许可、行政强制等对具体人或事发生法律效力的行为。根据此观点，二者在适用次数上也有差别，前者可以反复使用，后者则只有一次性效力。抽象行政行为与具体行政行为的区分标准还有适用范围[②]以及法律授权、行为程序与最终结果的不同[③]。实际上，适用对象与适用范围的区分标准相似，二者没有本质区别。而以法律授权、行为程序与最终结果区分，似乎背离抽象/具体行政行为区分的本意。一般而言，抽象行政行为与具体行政行为可依据以下两个标准区分：第一是法律效力标准。凡是行政机关制定具有普遍效力的行为规则即属于抽象行政行为。由此，虽有普遍性但不具备效力的行为不属于抽象行政行为，例如行政指导、行政建议、内部规则不属此列。第二是效力范围标准。美国大法官霍姆斯（Holmes）认为以适用时间为标准，面向未来的属于抽象行政行为，面向过去的属于具体行政行为[④]。大法官伯格（Burger）则认为应以行为对象是否是不特定多数人为判断标准，抽象行政行为对某集体成员普遍适用，而具体行政行为则适用于特定人或情况[⑤]。

以行政行为受行政法规范的拘束程度为标准，可将行政行为分为羁束行政行为与裁量行政行为。羁束行政行为指行政主体严格根据行政法规范行政，不能自主裁量选择行为效果。裁量行政行为是指行政主体处理同一事实要件时，可以根据具体情况选

---

① 叶必丰. 行政行为原理［M］. 北京：商务印书馆，2019：51.

② 胡建淼. 行政法学［M］. 2版. 北京：法律出版社，2003：196.

③ 张树义. 论抽象行政行为与具体行政行为的划分标准［J］. 中国法学，1993（1）：3.

④⑤ 王名扬. 美国行政法［M］. 北京：中国法制出版社，1995：348.

择不同的处理方式。羁束行政行为与裁量行政行为的分类，对于认识与分析行政行为有重要意义。羁束行政行为与裁量行政行为的二分最早始于行政法学上关于羁束与裁量的争论。围绕裁量范围，贝尔纳齐克（Bernatzik）与特茨纳（Tezner）论争并形成了德国法上的要件裁量说与效果裁量说两大理论。1910 年，奥地利学者劳恩在总结羁束与裁量争论的基础上形成了现代裁量论的原型。该论认为羁束与裁量的区别在于，行政机关是否可依据自身对公共利益与立法目的的理解而作出行为。羁束行为不得进行主观上公共利益与目的的判断，因此不可根据判断结果作出行政行为。裁量行为则被允许审慎地进行目的与公共利益考量。立法者授予行政法人有限范围内考量权限，此时，行政与立法者居于同等地位，司法不得审查①。要件裁量，亦称判断裁量，是指对法律规范所规定的要件进行解释以及将行政主体所认定的事实适用于法律规范所规定的要件时的裁量。所谓效果裁量，亦称行为裁量或者选择裁量，是指关于是否作出某种决定，或者在复数的决定中选择哪个决定，以及何时作出决定的裁量②。

以行政行为是否可由行政主体主动实施为标准，可将行政行为分为依职权行政行为与应申请行政行为。依职权行政行为指行政主体根据其职权而无须相对人申请即可实施的行政行为。应申请行政行为指行政主体应当在相对人提出申请后实施而不能主动采取的行政行为。依职权行政行为与应申请行政行为的分类，有利于分析行政行为的实施条件和认定相应的法律责任。对于依职权行政行为，只要达到法定条件便可实施，而不需要相对人的申请。如果行政机关未行使职权所要求的行为，则可能构成不作为。对于应申请行政行为，只有具备相对人的申请这一条件才能实施，否则行政主体不得主动为之。依职权与应申请划分的功能在于：第一，有助于判断行政作为与行政不作为。职权与申请是行政机关作为或不作为的前提条件。第二，司法审查可根据职权行为与申请行为判断行政机关责任。

除了上述行政行为的分类外，还有其他分类：附款行政行为和无附款行政行为、授益行政行为和负担行政行为、要式行政行为和非要式行政行为、作为行政行为（行政作为）和不作为行政行为（行政不作为）、合法行政行为和违法行政行为、独立的行政行为和需补充的行政行为、行政法律行为和行政事实行为、行政行为和准行政行为、内部行政行为和外部行政行为、单方行政行为和双方（多方）行政行为，以及行政立法行为、行政执法行为和行政司法行为等。

三、具体行政行为构成要件

具体行政行为是最普遍的行政行为。具体行政行为构成要件的确定决定了具体行政行为的成立、复议或诉讼范围的确定以及具体行政行为与其他行为的区分。目前，有三要件说、四要件说与五要件说。三要件说主张具备行政权能、行政权运用与法律效果的行为是具体行政行为。行政权能是行政机关具备作出行政行为的权力

---

① 田村悦一. 自由裁量及其界限［M］. 李哲范，译. 北京：中国政法大学出版社，2016：51－67.

② 杨建顺. 行政裁量的运作及其监督［J］. 法学研究，2004（1）：5.

或资格。该论提出者认为主体资格要件存在外延不周、循环论证等问题[①]。行政权能是该说对四要件说的主体资格要件的改良。行政权运用要件要求具体行政行为必须是运用行政权的行为。法律效果要件要求具体行政行为直接产生外部法律效果。如果一个行为没有针对相对人产生、消灭、变更或确认某种权利义务关系，或没有期望获得法律保护，则该行为不是法律行为，自然不构成具体行政行为[②]。

四要件说主张主体要件、权力要件、内容要件与形式要件构成具体行政行为的基础。第一是主体要件。主体是行为的第一要素，行政行为的主体必须是享有行政权能的组织。只有依法具备行政资格的主体才能获得行政权能，因此主体要件又称为资格要件。第二是权力要件。行政行为必须是享有行政权能的组织实际运用行政权力所作的行为，无行政权力的存在和运用就无行政行为。行政行为是行政权力的具体运用方式和方法。这些方法可以概括为各种模式化行政行为，如许可、处罚、强制、征收、奖励等，但是它们是外在形式而不是本质内容，本质是行政权的运作。没有行政权参与的行为如行政私法行为、内部行政行为、刑事侦查行为不属于行政行为。行政权力的运用，既包括行政职权的行使，也包括行政职责的履行；既包括行政权力的积极运用，也包括行政权力的消极放弃即不作为。第三是内容要件。行政行为是一种法律行为，即具有法律效果的行为。所谓法律效果，是指主体旨在设定、变更、消灭或确认某种权利义务关系的内在意思。行政行为作为行政主体的一种意思表示，只有当这种意思表示具备设定、变更或消灭某种权利义务关系的内容时，才具有法律意义。第四是形式要件。法律效果必须表示于外部，才构成一种法律行为。所谓表示行为，是指行为的主体将其旨在产生一定法律效果的内在意思以一定方式表现于外部，并足以为外界所客观理解的行为。行政行为作为一种法律行为，是行政主体的一种意思表示。行政主体只有将自己的意志通过语言、文字或行动及符号（如交通标志）、信号（如交通红绿灯）等行为形式表示出来，并告知行政相对人，其行为才能成为一个行政行为。

五要件说认为行政行为的主要构成要件是具体要件、处理要件、外部要件、程序要件和当局要件。这些构成要件体现了行政行为作为一个独立法律制度的主要条件[③]。具体要件即行政行为对象的必须特定性或具体性。五要件说源于德国，由于德国行政法不区分具体行政行为与抽象行政行为，而是将行政活动划分为法令、自治规章与行政行为，因此必须指明对象，否则不属于行政行为。所谓处理要件即行政行为具有处理的性质，处理是一种有法律约束力的安排。第一，它是当局对特定对象的意思表示。第二，这种意思表示旨在确定某种法律后果，所谓法律后果即法律关系或法律地位的产生、消灭与变更。外部要件即行政行为有对外直接的法律效力。高权要素规定行政行为建立的法律关系具有命令服从的特征，即行政对于公民的优越地位。这种优越地位表现为行政行为的公定力、确定力与执行力。程序要件，

① 叶必丰. 行政行为原理［M］. 北京：商务印书馆，2019：167.

② 毛雷尔. 行政法学总论［M］. 高家伟，译. 北京：法律出版社，2000：183.

③ 于安. 德国法上行政行为的构成［J］. 中国法学，1999（5）：141.

行政行为的成立需要程序上通知当事人，通知不仅仅是行政行为的合法要素，而且是行政行为存在的前提条件①。当局要件指出了行政行为的主体特征，当局即实施公共行政职能的任何一个单位。

具体行政行为的成立要件一般包括：第一，权能要件，行政活动的主体必须具有行政权能，所谓权能就是行政的资格。第二，意思要件，行政行为必须意求发生公法上的效果。第三，高权要件，即行政行为的意思是处于优越地位的意思，与民事行为区分。第四，程序要件，行政行为必须满足一定程序要求，例如公开、通知、听证等。

四、行政行为的模式

行政行为的模式，即行政行为的形态、模型、形式或类型。行政行为的模式化即学理上对具有相似特征的行政活动进行类型化、概念化的研究。较为典型的行政行为模式包括行政处罚、行政许可、行政处分、行政给付、行政奖励、行政强制、行政裁决、行政征收、行政确认等。行政行为模式化的作用是：其一，将行政法学研究重心从分类与概念中转移到实际发生的行政行为。模式化关注现实中发生的行政现象而非理论概念。其二，建立学理理论与立法、行政、司法之间的联系。现实中的行政行为由独立的各式各样的行为构成，行政行为模式化在具体的行为与抽象理论之间建立桥梁，促进科学立法、依法行政与公正司法。其三，为相对人参与行政与提出救济提供认知坐标。行政是专业化、系统化与组织化的行为，行政相对人在参与、请求、救济时面临知识壁垒。行政行为模式化能够简化行政行为，为相对人提供参考依据。其四，行政行为模式化填补了抽象分类与具体行政措施之间的空白，是行政行为的体系化的重要环节。

行政行为模式化从总结提炼行政行为的相似特征开始，经过行为要件的比照确认。例如，责令停产停业、罚款和拘留等具体行政行为，在内容上的共同特征就是剥夺或限制违反行政法规但尚未构成犯罪的相对人的权利或为其设定一定义务，在程序上的共同特征就是调查、听证、决定及执行。同时，这类具体行政行为在上述各方面区别于颁发营业执照、征收税款和发放抚恤金等具体行政行为。在学理上，上述行为都符合以“不利益性”“违法性”为特征的行政处罚概念②。可见，行政行为模式化既包括一般经验总结，也包括理论知识运用，是理论与实证的结合。

重点难点

一、行政行为概念的反思与发展

概念化的行政行为并非万能。第一，行政行为只适用于概括部分行政法律行为，

---

① 于安．德国法上行政行为的构成［J］．中国法学，1999（5）：149．

② 熊樟林．行政处罚的概念构造 新《行政处罚法》第2条解释［J］．中外法学，2021（5）：1286．

有些行政法律行为不宜用行政行为概念解释与重构。例如行政法规与规章的制定、行政合同的订立、行政和解的达成等。上述行为并非“制式”行为，直接套用概念化的行政行为理论不仅无助于理解上述行为，还会增加“无用的概念”。第二，概念化的行政行为重视结果而忽略过程，与行政实际脱节。它止于过程的最后阶段的结果，对之前的协商、参与、讨论、听证等过程缺乏研究①，导致行政行为民主性欠缺。此外，行政行为理论将行政机关内部行为排除在诉讼之外，导致相对人救济不完整。第三，概念化制造了许多复杂名词，增加了行政人员执法成本，影响普通人理解行政法概念。此外，研究者过于关注概念本身而忽视了法的经验与实践属性，容易与生活脱节。例如对行政行为的分类，只需保留具体行政行为与抽象行政行为、羁束行政行为与裁量行政行为、依职权行政行为与应申请行政行为等主要分类即可，过多的分类不具有实践意义与学理意义。

社会法学的兴起为行政行为理论带来新的发展。社会法学认为行政机关与相对人之间是社会连带关系：行政机关为公众提供服务，公众予以配合与合作②。社会法学是实用化的工具，社会法学下的行政行为理论不再关注抽象的权力，而是根据需求是否得到满足判断行政机关的合法性，从需求是否必要、是否公平等方面判断行政诉求的合理性。社会法学为行政行为理论带来以下变化：第一，行政行为的本质属性变化。传统理论认为行政行为是公权力行为，其意思表示是公权意思，行为一经作出即具备公定力，并以国家强制力为后盾。行政行为被认为是主权者命令或议会制定法律的执行行为。狄骥则指出，行政行为的性质不是源于它的起源，而是源于它的目的，行政行为是出于公共目的的个人行为③。因此，行政行为的本质不是权力行为，而是围绕需求展开的服务行为。“由此，国家不是发布命令的抽象主权者，而是由一些人组成机构，这些机构运用公共权力作必要的服务。”④ 第二，行政行为概念的扩容。概念法学的行政行为理论以单方行政行为作为分析模板，行政事实行为、行政合同行为、行政指导行为等与行政行为概念方枘圆凿。社会法学的行政行为理论接纳了上述行为，只要满足公权力服务的要求，就应属于行政行为。原本根据概念化理论不受约束的内部行政行为，也因与行政服务存有实质联系而不能排除在诉讼之外。在行政权日益扩张的背景下，行政行为概念的扩容是必要的。第三，理论分析范式的转变。社会法学以社会连带关系为理论基础，以行政机关——相对人的关系为中心，改变了以行为为中心的研究范式。行政行为并非孤立的，行政行为是行政主体与相对人之间一系列行为的总称。此外，社会法学的行政行为理论采取团体主义视角，权力机关行为的判断标准不再局限于个案正义，而是以公共机关对社会整体的责任为依据。由此，利益法学派、规范秩序法学派、实证法学派等法学理论得以融入行政行为理论，行政行为的研究不再拘泥于个别行为与形式要件，而是融入社会生活实践，以整体为分析视角。第四，社会法学的行政行为理论

① 林明锵. 论型式化行政行为与未型式化行政行为［M］. 台北：月旦出版公司，1993：351.
② 狄骥. 宪法论［M］. 钱克新，译. 北京：商务印书馆，1959：63.
③ 狄骥. 公法的变迁 法律与国家［M］. 郑戈，冷静，译. 沈阳：辽海出版社，1999：122.
④ 同③13.

直接促进了听证等行政程序的发展与完善。此外，社会法学还推动行政法治从形式法治到实质法治的转变[①]。

二、行政法律行为和行政事实行为的区分

行政法律行为是行政主体行使行政权力，产生法律效果的行为。行政事实行为是行政行为不以产生某种特定的法律效果为目的，而影响、改变事实状态的行为。行政机关公开政府信息，依法提供资讯或者情报信息的行为，即属于典型的行政事实行为。行政事实行为一经作出，即表现为一种客观存在。例如房屋的拆除、人身的拘束、信息的公开等。需要注意的是，行政事实行为并非不产生法律效果，而是不直接产生法律效果，或不以产生法律效果为目的。直接产生事实效果是行政事实行为的特征[②]。

学理上认为，行政事实行为与行政处理的关键区别在于缺乏调整性。所谓调整性包含两点：(1) 有法律效力。法律效力与事实上的强制力或暴力不同，法律效力是一种法律上的应然。调整性这种应然本身就可以对当事人的行为产生指引，并不依靠事实上的强制力。(2) 直接产生法律效果，即该行为旨在形成、变更、废除当事人的权利义务或者对存在争议的权利义务状态进行澄清（确认）。这里的权利义务包括实体法与程序法上的权利义务，比如拒绝受理人民的申请或开始行政程序[③]；既包括行政法上的权利义务，也包括私法上的权利义务，比如行政裁决就是行政机关对当事人之间的民事争议进行处理。

三、具体行政行为的错误与瑕疵的区分

具体行政行为的错误、瑕疵与无效经常混淆。一方面，行政行为效力理论尚不完备，行政行为构成尚未确定，不同学说对错误与瑕疵的认定不同。另一方面，与错误、瑕疵对应的更正、补正、无效制度尚未完善。部分司法判决以撤销替代补正、更正，进一步模糊了不完备行政行为的界限。行政行为的错误是行政机关因疏忽大意造成明显的主客观意思表示不一致。所谓意思表示不一致，仅限于行政机关意思真实性，与意思瑕疵或违法无关。例外的是，具体行政行为因存在错误而影响相对人权利的，在错误没有更正前，也可以构成违法[④]。明显错误即以社会一般人的判断为标准。行政行为的错误包括误写、误算、错别字、疏漏、术语误用。错误的行政行为可由行政机关单方面更正。瑕疵是行政行为意思表示理论下的概念，德国的《联邦行政程序法》最早使用瑕疵这一概念。瑕疵与错误是两种类型的不完备，瑕疵行为则分为行政不当或行政违法[⑤]。明显轻微瑕疵是程序与形式上存在瑕疵、未损

---

① 叶必丰. 行政行为原理 [M]. 北京：商务印书馆，2019：3.

② 王锴. 论行政事实行为的界定 [J]. 法学家，2018 (6)：51.

③ 董保城. 行政程序中程序行为法律性质及其效果之探讨 [J]. 政大法律评论，1994 (51)：77.

④ 毛雷尔. 行政法学总论 [M]. 高家伟，译. 北京：法律出版社，2000：231.

⑤ 沃尔夫，巴霍夫，施托贝尔. 行政法：第2卷 [M]. 高家伟，译. 北京：商务印书馆，2002：80.

害当事人实体权益且判决裁定重作行政行为不合理的瑕疵。目前我国案例中存在的明显轻微瑕疵包括要素欠缺或不规范、法条引用不完整、告知送达不规范等[①]。明显轻微瑕疵需要补正。具体行政行为存在重大明显瑕疵，则构成无效，因此重大明显瑕疵又称为无效瑕疵。重大明显瑕疵都属于无效行政行为，但无效行政行为不仅仅包括无效瑕疵。

案例分析

一、案例导入

西安藻露堂药业集团大明宫医药有限公司
与陕西省西安市人民政府等城建行政强制纠纷再审案[②]

藻露堂公司向西安铁路运输中级法院起诉称，其是位于西安市某西北角上马旗寨中药店的所有权人。1997年10月8日，其与大明宫沙发厂签订《合资改建马旗寨中药店房屋合同》，将上述土地原有房屋拆除后原址重建，总建筑面积864平方米，改建后房屋所有权归其享有。2007年，西安市政府作出（2007）44号文件，制定大明宫遗址区保护改造方案。2011年，西安市曲江大明宫遗址区保护改造办公室作出西曲江大明宫保护办发（2011）6号文件，对大明宫遗址范围内的国有土地上房屋实施征收，马旗寨中药店处于被征收范围内。其一直积极配合大明宫拆迁办公室的拆迁工作，但双方未达成拆迁补偿协议。2011年7月26日，西安市政府、曲江新区管委会在未履行任何法定手续、未对其进行任何补偿的情况下，组织多人强行拆迁了其房屋，致使其财产悉数被毁。目前该块土地仍被围挡。西安市政府为大明宫遗址区保护项目国有土地上房屋征收项目的征收人，曲江新区管委会受委托负责实施该项目。故请求确认西安市政府、曲江新区管委会于2011年7月26日实施的强拆行政行为违法。

二、法官释法

西安铁路运输中级法院一审认为，《行政诉讼法》第46条第1款规定：公民、法人或者其他组织直接向人民法院提起诉讼的，应当自知道或者应当知道作出行政行为之日起六个月内提出。法律另有规定的除外。《行政诉讼法司法解释》（2018）第64条第1款规定，行政机关作出行政行为时，未告知公民、法人或者其他组织起诉期限的，起诉期限从公民、法人或者其他组织知道或者应当知道起诉期限之日起计算，但从知道或者应当知道行政行为内容之日起最长不得超过一年。本案中，藻露堂公司所诉房屋拆除行为发生在2011年7月26日，且藻露堂公司在庭审中自述其于拆除行为发生当时即已获悉。藻露堂公司迟至2018年5月21日才向该院提起行政诉讼，已经超过了法律规定的起诉期限，且不存在扣除起诉期限的法定情形。

---

① 叶必丰. 行政行为原理［M］. 北京：商务印书馆，2019：336.

② 最高人民法院行政裁定书，（2020）最高法行再510号。

据此，依照《行政诉讼法司法解释》（2018）第 69 条第 1 款第 2 项之规定，作出（2018）陕 71 行初 360 号行政裁定，驳回藻露堂公司的起诉。

陕西省高级人民法院二审认为，藻露堂公司提起本案的诉讼请求为确认西安市政府、曲江新区管委会于 2011 年 7 月 26 日实施的强拆行政行为违法。二审询问中，藻露堂公司认可其于 2011 年 7 月 26 日已知道房屋被拆除，故起诉期限应从该日起算。根据行政行为发生时适用的《执行行政诉讼法若干问题解释》（2000）第 41 条第 1 款“行政机关作出具体行政行为时，未告知公民、法人或者其他组织诉权或者起诉期限的，起诉期限从公民、法人或者其他组织知道或者应当知道诉权或者起诉期限之日起计算，但从知道或者应当知道具体行政行为内容之日起最长不得超过 2 年”的规定，藻露堂公司于 2011 年 7 月 26 日已知道案涉房屋被拆除的事实，因实施拆除行为的主体作出被诉拆除行为时未告知藻露堂公司诉权和起诉期限，藻露堂公司应当自知道被诉拆除行为 2 年内提起诉讼。藻露堂公司于 2018 年起诉，已超过上述法律规定的起诉期限。藻露堂公司称 2011 年 7 月 26 日案涉房屋被强制拆除后一直处于围挡的状态，因案涉房屋位于征收范围内，属于征收对象，征收机关拆除后采取围挡的方式，不能以此说明拆除行为处于持续的状态，故藻露堂公司认为其起诉未超过法律规定的期限与事实不符，不予采纳。《行政诉讼法》第 46 条第 2 款“因不动产提起诉讼的案件自行政行为作出之日起超过二十年，其他案件自行政行为作出之日起超过五年提起诉讼的，人民法院不予受理”的规定适用于公民、法人或者其他组织不知道行政行为内容的情形。藻露堂公司于 2011 年即已知道被诉行政行为的内容，故其主张本案适用 20 年起诉期限的理由不能成立。据此，依照《行政诉讼法》第 89 条第 1 款第 1 项之规定，作出（2019）陕行终 673 号行政裁定，驳回上诉、维持一审裁定。

最高法院认为，再审申请人藻露堂公司提起本案诉讼，系再审被申请人西安市政府、曲江新区管委会于 2011 年 7 月 26 日强制拆除其位于西安市某西北角的房屋，请求确认再审被申请人实施的强制拆除行为违法。一、二审法院分别适用《行政诉讼法司法解释》（2018）第 64 条第 1 款和《执行行政诉讼法若干问题解释》（2000）第 41 条第 1 款认定再审申请人提出的起诉超过法定起诉期限。在法定期限内提起诉讼系法定起诉条件之一。《行政诉讼法司法解释》（2018）第 69 条第 1 款规定了两类法定起诉条件：第一项即《行政诉讼法》第 49 条规定的积极条件和第 2 项至第 10 项列举的消极情形。从法定起诉条件的内在逻辑关联看，应首先审查起诉是否符合积极条件，其次才得检视是否存在消极情形。《行政诉讼法》第 49 条规定的积极条件和《行政诉讼法司法解释》（2018）第 69 条第 1 款第 2 项至第 10 项列举的消极情形基本上都是围绕行政行为展开的。由于《行政诉讼法》第 49 条第 3 项关于起诉须有事实根据的规定主要是要求存在确切具体的被诉行政行为，故该项起诉条件较为根本，多项其他起诉条件的判断往往需要以该项起诉条件的满足为基础。超过起诉期限系一种消极情形。对于超过法定起诉期限这种情形的处理，《行政诉讼法司法解释》（2018）第 69 条第 1 款第 2 项规定：超过法定起诉期限且无《行政诉讼法》第 48 条规定情形的，已经立案的，应当裁定驳回起诉。对于行政机关在作出行政行为时未告知诉权或起诉期限的情况，《执行行政诉讼法若干问题解释》（2000）第 41 条第 1 款和《行政诉讼法司法解释》（2018）第 64 条第 1 款均规定了最长起诉期限。在具体案件中适用此种最长起诉期限，也离不开《行政诉讼法》第 49 条第 3 项所要求的存在确切具体的被诉行政行为。

就行政机关严格按照法定程序行使权力、履行职责，对公民、法人或其他组织作出的行政行为而言，由于行政机关已履行告知义务，故较易确定行政行为对合法权益的影响、行为主体等行政行为的内容，在最长起诉期限的适用上也少生歧见。但在无行政机关认领公民、法人或其他组织所诉称的强制拆除行为的场合，如何适用最长起诉期限，需结合行政事实行为的构成特点，整体把握《行政诉讼法》第 49 条第 3 项及《执行行政诉讼法若干问题解释》（2000）第 41 条第 1 款或《行政诉讼法司法解释》（2018）第 64 条第 1 款的语句结构为之。再审申请人诉称再审被申请人强制拆除房屋的行为属于行政事实行为。在法律属性上，该种行为系行政机关以影响或改变事实状态为目的而实施。这种对事实状态的影响或改变将作用于公民、法人或其他组织的权利义务，产生特定的法律效果。行政机关作出该种行为无须向公民、法人或其他组织作出设立、变更或终止行政法律关系的意思表示，该种行为亦不具有法律拘束效力。尽管行政事实行为与具有法律拘束效力的行政行为均系行政机关基于行政权能行使权力或履行职责作出，但在行为与法律效果之间的联系上，行政事实行为不如具有法律拘束效力的行政行为那样紧密。对于同样的事实状态的影响或改变，可由人力完成，也可由自然力完成；可由行政机关实施，也可由非行政机关实施；可由甲行政机关作出，也可由乙行政机关作出。在行为主体未告知的场合，单单基于事实状态受到的影响或改变的结果，或许能够推知行为主体，也或许难以推知行为主体。在无行政机关认领公民、法人或其他组织所诉称的强制拆除行为的案件中，主张合法权益受到侵犯的公民、法人或其他组织通常只是知道或应当知道房屋被强制拆除本身，难以知道或应当知道强制拆除行为的实施主体。鉴此，在全面正确审查起诉条件时，应对《行政诉讼法》第 49 条第 3 项关于起诉须有事实根据的规定在适用上作出调整，即若公民、法人或其他组织提交的证据材料能够证明存在被诉的强制拆除行为及所列被告在事实上或法律上具有较大可能作出被诉的强制拆除行为，则应暂且认定符合该项规定。至于被诉的强制拆除行为是否确系行政机关实施及所列被告是否确为行为实施主体，则应当在审理中通过综合审查、追加被告、通知第三人参加、举证责任分配等方式认定或推定。若经审理，认定或推定系非行政机关实施或所列被告非系行为实施主体，则仍应以缺乏事实根据为由裁定驳回起诉。经审理后，不宜未确定行为实施主体便裁定驳回起诉。对于最长起诉期限的适用，基于《执行行政诉讼法若干问题解释》（2000）第 41 条第 1 款句首规定的“行政机关作出具体行政行为时”或《行政诉讼法司法解释》（2018）第 64 条第 1 款句首规定的“行政机关作出行政行为时”，公民、法人或其他组织知道或应当知道被诉的行政事实行为的内容应为知道或应当知道房屋被强制拆除的事实本身与实施强制拆除的行政机关。需注意的是，如何认定“应当知道”，可结合行政机关是否作出相关行政行为、行政机关是否已进行相关沟通协商等情况，运用逻辑推理和生活经验，全面、客观、公正地予以综合分析判断。对于“知道”或“应当知道”的对象，若割裂房屋被强制拆除的事实与实施强制拆除的行政机关之间的紧密关联，仅要求知道或应当知道房屋被强制拆除的事实本身，则房屋被强制拆除的事实将无所附着，形同于行为范畴之外的自然事实或纯粹的人体事实，背离行政事实行为的法律属性，阻碍合法权益被侵犯的公民、法人或其他组织依法理性行使诉权。进而，由于适用最长起诉期限基于被诉行政机关实施了强制拆除行为，故应当在起诉已符合《行政诉讼法》第 49 条第 3 项规定的起诉须有事实根据条件之后才予审查。

具体到本案，从再审申请人、再审被申请人在一、二审诉讼中的诉辩及本院组织的实地查勘情况看，再审申请人诉称的房屋确系被强制拆除。时至本院组织实地查勘之日，被强制拆除的案涉房屋仍处于围挡之中，本案现阶段无证据显示有主体宣称认领强制拆除案涉房屋的行为，亦无证据显示有主体在案涉房屋被强制拆除后主动与再审申请人沟通协商清理、补偿等善后事宜。再审申请人主张案涉房屋系其所有，提交《合资改建马旗寨中药店房屋合同》等为证；主张系由二再审被申请人强制拆除，提交 44 号通知、6 号通知等为证。结合 44 号通知、6 号通知所载内容，再审被申请人具有强制拆除案涉房屋的较大可能性。再审被申请人曲江新区管委会提交了 272 号批复及《拆迁协议》，主张其未实施强制拆除案涉房屋的行为，系由西安市城中村（棚户区）改造办公室确定的西安市未央区先锋村城中村改造项目主体拆除。尽管此主张亦可能成立，但 272 号批复及《拆迁协议》所载内容涉及的是集体土地上的房屋，故难以否定再审申请人的主张。有鉴于此，应暂且认定再审申请人的起诉符合《行政诉讼法》第 49 条第 3 项关于起诉须有事实根据的规定，确有必要开展进一步的审理。在审理中，可依照《行政诉讼法》第 29 条第 1 款“公民、法人或者其他组织同被诉行政行为有利害关系但没有提起诉讼，或者同案件处理结果有利害关系的，可以作为第三人申请参加诉讼，或者由人民法院通知参加诉讼”的规定，通知再审被申请人曲江新区管委会辩称中指向的西安市未央区先锋村城中村改造项目主体及其他相关单位、个人参加诉讼，认定或推定再审申请人所诉称的强制拆除行为是否系行政机关实施及是否由再审被申请人实施。一、二审法院在未予审理确定的情况下，便适用《执行行政诉讼法若干问题解释》（2000）第 41 条第 1 款或《行政诉讼法司法解释》（2018）第 64 条第 1 款，裁定驳回再审申请人的起诉及上诉，均构成法律适用错误，应予纠正。

三、类案练习

张志成与天津市和平区人民政府城乡建设处罚复议纠纷再审案[①]

（一）基本案情

2017 年 6 月 26 日，小白楼街道作出津和平小白楼街行告字（2017）009 号《行政处罚告知书》（简称 009 号《处罚告知书》），以张志成未经有关行政主管部门许

---

① 最高人民法院行政裁定书，（2018）最高法行申 10027 号。

可搭建建筑物为由，责令其自行拆除，逾期不改正，将依法实施行政处罚。张志成对此不服，向和平区政府提出行政复议申请，请求确认009号《处罚告知书》违法，赔偿申请人停产、停业损失。和平区政府以不属于行政复议范围为由，作出和政复驳字（2017）3号《驳回行政复议申请决定书》，驳回申请人的行政复议申请。张志成提起本案诉讼。天津市第一中级人民法院（简称一审法院）认为，张志成提出的复议申请所指向的行为是告知行为，没有设定原告的权利义务，被申请人作出的《驳回行政复议申请决定书》对其合法权益明显不产生实际影响，故裁定驳回张志成的起诉。张志成不服一审裁定，提起上诉。天津市高级人民法院（简称二审法院）以相同理由裁定驳回上诉，维持一审裁定。张志成向本院申请再审称，小白楼街道作出009号《处罚告知书》是具体行政行为，申请人的构筑物被强制拆除，造成停产停业和人身伤害，对申请人的权利义务产生了实际影响，原审认定事实不清，适用法律错误。请求撤销一、二审裁定书。

（二）法律问题

1. 小白楼街道作出009号《处罚告知书》是行政法律行为还是行政事实行为？

2. 小白楼街道作出009号《处罚告知书》是具体行政行为还是抽象行政行为？

3. 小白楼街道作出009号《处罚告知书》是否属于诉讼或复议范围？请说明理由。

知识拓展

一、拓展阅读

1. 周佑勇. 行政法原论［M］. 3版. 北京：北京大学出版社，2018.

2. 周佑勇. 作为过程的行政调查：在一种新研究范式下的考察［J］. 法商研究，2006（1）.

3. 周佑勇. 司法审查中的行政行为“明显不当”标准［J］. 环球法律评论，2021（3）.

4. 成协中. 行政行为概念生成的价值争论与路径选择［J］. 法制与社会发展，2020（1）.

5. 赵宏. 法律关系取代行政行为的可能与困局［J］. 法学家，2015（3）.

6. 刘东亮. 过程性审查：行政行为司法审查方法研究［J］. 中国法学，2018（5）.

7. 梁君瑜. 行政行为瑕疵的补救［J］. 法学，2022（3）.

8. 陈越峰. 中国行政法（释义）学的本土生成：以“行政行为”概念为中心的考察［J］. 清华法学，2015（9）.

9. 李大勇. 行政行为分类的逻辑考量［J］. 法律科学（西北政法大学学报），2013（5）.

二、毕业论文选题指导

1. 内部行政行为的司法审查研究——以会议纪要、批复类行为为对象
2. 无效行政行为的司法审查研究
3. 程序性行政行为的可诉性研究
4. 行政行为违法性继承理论的适用问题研究

第五章　行政立法和其他规范性文件

传统行政理念下，行政机关作为法律的执行者，其作用在于实现立法机关欲达成的目的。随着政府担负生存照护责任理念的形成以及社会事务向更加专业化、精细化方向发展，仅依靠法律很难满足多面向的行政需求。在贯彻依法行政原则的同时，为兼顾立法的及时性、科学性、合理性，立法机关将部分立法权让与行政机关，由行政机关在立法机关的授权下进行立法。行政机关的立法活动，称为行政立法。除此之外，行政机关还发布大量其他规范性文件，用以指导行政实务，这类文件在给予行政活动更明确的指引、保障行政执法的一致性和公平性上发挥重要作用的同时，仍存在法律效力、合法性等问题。

基础知识

一、行政立法的基础概念

（一）行政立法的定义

行政立法，是指享有制定行政法规、规章权力的行政主体依法定职权和法定程序制定规范性文件的活动[①]。根据《宪法》第 89、90 条，《国务院组织法》第 5、10 条，《地方组织法》第 74 条和《立法法》第 72、91、93 条的规定，此处的行政主体是指国务院及其组成部门，省、自治区、直辖市、设区的市、自治州的人民政府；此处的规范性文件是指行政法规、部门规章和地方政府规章。可见，行政立法权由宪法和法律授予，被授权机关应当在宪法和法律的授权范围内进行行政立法活动。

（二）行政立法的特征

传统理念下，行政机关作为立法机关的执行机关，负责执行立法机关的意志，

① 因使用者的标准不同，行政立法的概念有多种定义。详见：应松年. 行政法与行政诉讼法学［M］. 3 版. 北京：中国政法大学出版社，2017：124 - 125.

行政机关无权立法。随着现代行政活动范围日益扩张，仅仅依靠立法机关立法很难及时应对新的情况和问题。由于行政机关具备专业性和迅速应对问题的可能性，立法机关将部分立法权交由行政机关行使的做法日益普遍。但是，若制定规则与执行规则的权限越来越多地集中到一个主体，将形成自己指挥自己的局面，产生权力扩张与滥用的危惧。为防止权力滥用，法律对行政立法主体、权限和程序都作出了严格规定。

首先，立法主体法定。《立法法》规定了行政法规的立法主体是国务院，部门规章的立法主体是国务院各部委，省、自治区、直辖市、设区的市、自治州的人民政府是政府规章的立法主体。

其次，立法权限法定。行政立法主体的立法权限应当在法律授权的范围内行使。法律对行政立法权限的授权方式主要有两种：一种是概括性授权方式，《宪法》第89条、《立法法》第72条规定国务院可以为执行法律的规定，或在自己行政管理职权范围内制定行政法规。另一种是具体授权方式，比如《道路交通安全法》第17条规定，由国务院规定机动车第三者责任强制保险制度。根据该授权，国务院制定了《机动车交通事故责任强制保险条例》。问题在于，在没有具体授权的情况下，行政机关可否根据概括性授权方式进行立法。

行政立法主要是为执行法律、上位法规而作出的执行性立法，没有上位法的规定，不得设定减损公民、法人和其他组织权利或者增加其义务的规范，不得增加本部门的权力或者减少本部门的法定职责。因此，在没有上位法的情况下，执行性立法无从谈起。从《立法法》第91条对规章的规定可见，法律仅对规章授予了执行性立法权限。除了执行性立法，通说认为根据《宪法》第89条、《立法法》第72条，国务院有权依职权制定行政法规。这种授权规定即为概括性授权。因此，在没有具体法律授权规定的情况下，行政机关可以依职权进行立法。

进一步的问题是：依职权立法是否意味着国务院可以在完全没有上位法的情况下直接对职权范围内的事项进行立法？对此，学理上有“依据说”和“职权说”。“依据说”认为，国务院制定行政法规，应当有法律上直接的根据、具体的授权。“职权说”认为，国务院可以在《宪法》第89条第1项规定的职权范围内直接制定行政法规。从行政法规的立法实践来看，某事务领域完全不存在法律规定，国务院依职权立法的情形并不少见。比如《地名管理条例》，我国现行法律中没有对地名管理作出规定，因此无从谈及法律授权或者存在上位法。但是地名管理行政事务当然属于国务院的职权范围，所以可以判定为属于职权立法的行政立法模式。

最后，立法程序法定。《立法法》第73～79条规定了行政法规的立法程序。为规范行政法规制定程序，保证行政法规质量，国务院制定了《行政法规制定程序条例》。《立法法》第94条授权国务院制定部门规章和地方政府规章的制定程序。国务院制定了《规章制定程序条例》，主要程序包括：立项、起草、审查、决定和公布。其中，为弥补行政立法中欠缺的民主机制，上述法规在行政法规、规章的起草和审查阶段，均设置了广泛听取意见的程序。听取意见的对象范围广泛，包括有关机关、组织、专家、人民代表大会代表和社会公众；听取意见的形式多样，可以通过座谈会、论证会、听证会等多种形式进行。此外，通过对行政法规的草案设置公开义务（《立法法》第74条）、将法规规章的送审稿规定为“可以公开”（《行政法规制定程序条例》第20条第2款、《规章制定程序条例》第21条），可以进一步保障对民主意见的吸纳。听取意见以及公开程序是对行政立法过程中所缺乏的民主机制进行有效补充①。

（三）对行政立法的备案审查制度

除了通过法律规范行政立法的范围，我国还建立了备案审查制度从事后保障行政立法的规范性。

1. 备案

规范性文件备案审查，是规范性文件的备案与审查相结合形成的法律制度，是有关国家机关依法将其制定的行政法规、地方性法规、司法解释、规章以及其他规范性文件报送法定机关备案，由接收备案的机关进行登记、存档，依法进行审查并对违宪违法问题予以纠正和处理的法律制度。

根据《立法法》第109条，行政法规报全国人民代表大会常务委员会备案，部门规章和地方政府规章报国务院备案。除此之外，国务院制定了《法规规章备案条例》，全国人大常委会制定了《法规、司法解释备案审查工作办法》，对备案的具体程序作出规定。

2. 审查的启动

备案机关有权对备案法规、规章进行主动审查，也可以通过接收审查申请展开审查工作。《立法法》规定了两种申请形式：一种是由法定国家机关书面提出的“审查要求”，另一种是有关国家机关、社会团体、企业事业组织以及公民书面提出的“审查建议”。两者区别在于：审查要求必然引起审查程序的启动，而审查建议只有在全国人大常委会认为有审查必要时才启动审查程序②。除此以外，《法规、司法解释备案审查工作办法》中还规定了专项审查的方式，即针对特定方面或者特定领域的某一类规范性文件进行的审查。这种审查方式也是主动审查的一种，由有权机关自行发起③。

3. 审查的内容

备案机关有权对备案规范性文件进行合法性审查、合理性审查。合法性审查内

① 相关内容的具体讲解可以参照：马怀德. 行政法前沿问题研究［M］. 北京：中国政法大学出版社，2018：169－172.

② 据统计，仅2021年里，全国人大常委会便收到公民、组织提出的审议建议6 339件，其中属于全国人大常委会审查范围的有5 741件。参照《全国人民代表大会常务委员会法制工作委员会关于2021年备案审查工作情况的报告》（2021年第十三届全国人民代表大会常务委员会第三十二次会议）。

③ 2018年，法制工作委员会开展了对生态环境保护的法规、司法解释等规范性文件的集中清理和专项审查工作，督促地方修改法规814件、废止法规127件；同时推动37件部门规章、456件地方政府规章、2件司法解释以及11 000多件各类规范性文件修改、废止或重新制定。参见：全国人大常委会法制工作委员会法规备案审查室.《法规、司法解释备案审查工作办法》导读［M］. 北京：中国民主法制出版社，2020：62.

容包括：是否超越权限，是否违反上位法规定，地方性法规与部门规章之间或者不同规章之间对同一事项的规定不一致，是否应当改变或撤销，是否违背法定程序。合理性审查内容包括：明显违背社会主义核心价值观和公序良俗；对公民、法人或者其他组织的权利和义务的规定明显不合理，或者为实现立法目的所实施的手段与立法目的明显不匹配；因现实情况发生重大变化而不宜继续施行；变通明显无必要或者不可行，或者不适当地行使制定经济特区法规、自治条例、单行条例的权力等。

二、其他规范性文件的基础概念

（一）其他规范性文件的定义

除了行政立法，行政机关也制定了大量具有普遍约束力的决定、命令等规范性文件①。对于这类文件，《行政处罚法》中明确称其为“其他规范性文件”②。

（二）其他规范性文件的类型

根据其他规范性文件的内容与法律法规的关系，实践中的其他规范性文件主要有三种类型。

其一，创设性文件。创设性文件是指在没有法律法规规定的情况下，行政机关根据执行任务的需要，在职权范围内制定的规范性文件。根据不属于法律规范的其他规范性文件实施，与依法行政原则相矛盾。但是，为应对一些紧急、特殊的情况，采用此种形式有助于促进行政目的的实现。比如在疫情期间，为缓和中小微企业在经济上受到的冲击，《重庆市发展和改革委员会、重庆市财政局、重庆市经济和信息化委员会、重庆市城市管理局关于落实中小微企业、个体工商户水电气费支持政策的通知》（渝发改规范〔2022〕9号）对受疫情影响或生产经营困难的中小微企业和个体工商户，给予2022年5—6月实际发生水费、气费不低于5%的财政补贴。这类暂时性、突发性政策实现，很难要求政府进行专门立法，其存在有一定的现实意义。但是应当注意防范这种形式的滥用导致对公民权利的侵害。

其二，执行性文件。执行性文件是指行政机关为执行法律法规而制定的规则。这类文件通常表现为为执行法律法规规定而制定的实施细则，比如重庆市住房和城乡建设委员会发布的《重庆市建设工程消防设计审查验收工作实施细则（试行）》（渝建发〔2021〕12号）。还有对法律法规中的规定进一步细化，比如重庆市卫生健康委员会发布的《关于调整放射卫生技术服务机构资质管理内容的通知》（渝卫发〔2022〕21号）对相关资质申请的认定审定方式作出具体规定。

---

① 关于其他规范性文件的性质与特征等，可参见：叶必丰，周佑勇．行政规范研究［M］．北京：法律出版社，2002．

② 《行政处罚法》第16条规定：除法律、法规、规章外，其他规范性文件不得设定行政处罚。学理上也有“行政规定”“规范性文件”“行政规范性文件”等其他称谓。行政规定的称谓来自《行政复议法》（1999）第7条所建立的对行政机关制定“规定”的行政审查制度。另外，在原来的行政法学理论中，多用“抽象行政行为”来表达行政机关订立行政规范的行为。

其三，解释性文件。解释性文件是指相关部门为保障法律法规实施的统一性，对规定内容进一步释明的文件。比如国务院办公厅政府信息与政务公开办公室发布的《关于机构改革后政府信息公开申请办理问题的解释》（国办公开办函〔2019〕14号）对行政机关职权划转后的政府信息公开责任划分问题作出进一步的解释。

（三）其他规范性文件的特征

从制定主体来看，根据《宪法》第89条、第90条以及《地方组织法》第73条等的规定，几乎所有的行政机关都有权制定其他行政规范性文件。从效力来看，这些文件是行政机关针对不特定对象发布的能反复适用的规则，具有普遍约束力，对行政机关本身具有确定力，对具体行政行为具有适用力，发布行政规范性文件的行政机关及其下级行政执行机关应当遵循相应文件的规定。根据《行政复议法》第13条，它也是行政复议机关审理复议案件的依据。行政复议机关在审查具体行政行为时，如果发现所依据的相应决定、命令与法律法规规章或较高层次的决定、命令相抵触，可在其职权范围内依法予以撤销或改变，若无权撤销或改变，则提请上级行政机关或其他有权机关依法处理①。从法律属性上来讲，它不属于法律规范，不具备法律效力，不能作为司法裁判的依据，因为这类规范既不是通过民主立法程序也不是通过民主立法程序授权制定的文件。

近年来，其他规范性文件的规范性也开始受到重视。多数国家部委以及地方均以规章形式出台规范性文件管理办法，通过设定公开、征求意见、备案审查、评估等程序，防范规范性文件制度的滥用而损害公民的合法权益②。

重点难点

一、行政立法合法性判断标准及其问题所在

（一）《立法法》上的判断标准

《立法法》第五章确立了上位法优于下位法（第98～100条）、新法优于旧法（第103条）、特别法优于普通法（第103条）的基本判断原则。但是，并不是所有的实际问题都可以直接引用上述规则进行判断。

比如，《立法法》第100条规定了地方性法规和本级、下级地方政府规章之间不一致时的判断方法。但该规定中没有市级地方性法规和省级政府规章之间规定不一

---

① 应松年．行政法与行政诉讼法学［M］．3版．北京：中国政法大学出版社，2017：134－135．

② 国务院亦专门指出规范性文件不得设定下列事项：与法律、行政法规、规章和国务院决定、命令相抵触的事项，行政许可、行政处罚、行政强制以及其他不得由规范性文件设定的事项，减损公民、法人和其他组织合法权益或者增加其义务的事项，超越本级政府、本部门职权范围的事项。参见：国务院法制办公室政府法制研究中心．法治政府新热点：《法治政府建设实施纲要（2015—2020年）》学习问答［M］．北京：人民出版社，2016：65－66．

致时如何处理的情形。在济南豪仕汽车销售服务有限公司诉济南市槐荫区城市管理行政执法局行政处罚案[①]中便涉及该问题。判决指出：设区的市地方性法规与省政府规章之间发生的规范冲突，无法适用《立法法》（2015）规定的法律规范冲突选择规则进行化解，执法机关在作出行政处罚之前应当首先报请有权机关予以裁决，未经此裁决程序而自行选择其一作出行政处罚的，属于法律适用错误，所作出的行政处罚应予撤销。《立法法》（2015）第 72 条第 3 款规定，省、自治区的人民代表大会常务委员会在对报请批准的设区的市的地方性法规进行审查时，发现其同本省、自治区的人民政府的规章相抵触的，应当作出处理决定。据此，该案所涉及问题可以提请省、自治区人民代表大会常委会先行裁定。

（二）《法规、司法解释备案审查工作办法》确立的标准

除上述基本原则外，《法规、司法解释备案审查工作办法》[②] 第 38 条列举了法规违背法律规定的具体情形：（1）违反《立法法》（2015）第 8 条，对只能制定法律的事项作出规定；（2）超越权限，违法设定公民、法人和其他组织的权利与义务，或者违法设定国家机关的权力与责任；（3）违法设定行政许可、行政处罚、行政强制，或者对法律设定的行政许可、行政处罚、行政强制违法作出调整和改变；（4）与法律规定明显不一致，或者与法律的立法目的、原则明显相违背，旨在抵消、改变或者规避法律规定；（5）违反授权决定，超出授权范围；（6）对依法不能变通的事项作出变通，或者变通规定违背法律的基本原则；（7）违背法定程序；（8）其他违背法律规定的情形。对于本条规定，法制工作委员会的导读中明确说明本条是关于合法性审查标准的规定，所谓合法性标准，即要求法规的内容应当不与上位法相抵触。相抵触带有法律上的否定评价意义，表明下位法与上位法的“不一致”已经达到了足以反转、抵消、架空、规避上位法的严重程度[③]。但是，除非是特别直观且明显（比如从法规条文表述的比较中即可判断）的情形，多数情况下，相关法规之间是否构成上述情形，仍然需要经过论证和判断。因此，上述各项应当理解为判断相关法规内容是否抵触的结论，而非判断标准本身。

（三）最高法院确立的标准

最高人民法院于 2004 年发布了《关于审理行政案件适用法律规范问题的座谈会纪要》（法〔2004〕96 号）（简称《最高法座谈会纪要》），对下位法不符合上位法的常见情形作了详细列举：下位法缩小上位法规定的权利主体范围，或者违反上位法立法目的扩大上位法规定的权利主体范围；下位法限制或者剥夺上位法规定的权利，或者违反上位法立法目的扩大上位法规定的权利范围；下位法扩大行政主体或其职权范围；下位法延长上位法规定的履行法定职责期限；下位法以参照、准用等

---

① 山东省济南市中级人民法院行政判决书，（2019）鲁 01 行终 12 号。

② 2019 年 12 月 16 日第十三届全国人大常委会第四十四次委员长会议通过。

③ 全国人大常委会法制工作委员会法规备案审查室.《法规、司法解释备案审查工作办法》导读［M］. 北京：中国民主法制出版社，2020：106－108.

方式扩大或者限缩上位法规定的义务或者义务主体的范围、性质或者条件；下位法增设或者限缩违反上位法规定的适用条件；下位法扩大或者限缩上位法规定的给予行政处罚的行为、种类和幅度的范围；下位法改变上位法已规定的违法行为的性质；下位法超出上位法规定的强制措施的适用范围、种类和方式，以及增设或者限缩其适用条件；法规、规章或者其他规范文件设定不符合行政许可法规定的行政许可，或者增设违反上位法的行政许可条件；其他相抵触的情形。《最高法座谈会纪要》较全面地概括了实践中下位法不符合上位法的诸情形，其中所提出的违反上位法立法目的扩大、缩小权利主体范围、权利范围、职权范围，增设、限缩上位法规定的义务主体范围、义务范围以及适用条件的判断标准具有重要参考意义。但是也存在不少问题，如学者指出的那样："凡是吻合上位法目的进行权利扩大则一定合法吗?"[①]进一步说，首先，由于语言表述而必然存在的解释空间，对于上位法目的的解释自然会影响"违反"或"吻合"的评价；其次，一些场合下，"扩大与缩小"和"具体化"的界限并不分明，是否只要表现为上述情形即判断为抵触还需进一步辨明；最后，是否所有上下位阶法规范之间的关系都应依据此进行判断[②]。因此，可以说《最高法座谈会纪要》指出了下位法不符合上位法的情形和判断要素，但并没有形成行政立法合法性判断标准的体系。

二、行政裁量权基准的效力——以其他规范性文件呈现

（一）行政裁量权基准的概念

法律法规很难事无巨细地规范所有的社会行为。为保障行政行为的手段与法律规制目的相适应，法律法规通常给予行政机关一定的自主裁量空间。同时，为避免行政裁量权滥用，行政机关从多年的执法经验中总结出更为具体的行政裁量权基准，以规范行政裁量权行使。行政裁量权基准不仅存在于法律效果的选择，也存在于法律要件的判断。学理上这样定义行政裁量权基准："行政执法者在行政法律规范没有提供要件-效果规定，或者虽然提供了要件-效果规定但据此不足以获得处理具体行政案件所需之完整的判断标准时，按照立法者意图、在行政法律规范所预定的范围内，以要件-效果规定的形式设定的判断标准。"[③]《国务院办公厅关于进一步规范行政裁量权基准制定和管理工作的意见》（国办发〔2022〕27号）（简称《意见》）中规定了行政裁量权基准的内容，对行政处罚、行政许可、行政征收征用等八种行政活动的裁量权基准分别作出具体规定。其中，"对法规中处罚条件只有原则性规定的，根据违法行为的事实、性质、情节以及社会危害程度细化量化"和"对法规中行政许可的条件、程序以及变更撤销等只有原则性规定的或没有明确规定的进行细

① 陈吉利. 法律抵触判定原理的反思和重构 [J]. 行政法学研究，2014 (3)：62.

② 例如，地方性法规与法律的关系，与法律和行政法规的关系应当是不一样的，后者应当严格依据法律明确、具体的授权进行规定，而前者由于立法程序中民主机制的参与，具备一定自主性和灵活性。就此，两者在与上位法进行抵触问题的判断上，考虑的要素和紧张程度也应当是不同的。

③ 王天华. 裁量标准基本理论问题刍议 [J]. 浙江学刊，2006 (6)：125.

化量化”属于法律要件裁量权基准，对“法规规定的处罚种类、幅度进行细化量化”属于法律效果裁量权基准。

多数情况下，两者很难明确区分，总是同时出现。比如根据《〈中华人民共和国监控化学品管理条例〉实施细则》第 47 条：违反本细则第 6 条第 1 款的规定，未经批准，新建、扩建或者改建用于生产第二类、第三类监控化学品和第四类监控化学品中含磷、硫、氟的特定有机化学品的设施的，由省、自治区、直辖市工业和信息化主管部门责令限期改正，停止施工，拆除相关设施，可以并处一万元以上三万元以下罚款。《河北省工业和信息化厅行政处罚自由裁量权基准》第 6 条设定了更详细的裁量权基准，比如第 6 条第 1 款规定，“未经生产特别许可，新建、扩建或改建用于生产第二类、第三类监控化学品和第四类监控化学品中含磷、硫、氟的特定有机化学品生产设施”的法律要件裁量权基准下，规定“由省级工业和信息化主管部门责令限期改正，停止施工，拆除生产装置并予以告诫，登记违法行为，不予罚款”的法律效果裁量权基准。实践中也并未特意区分两者，这可以从《意见》给出的定义中看出来：行政裁量权基准是行政机关结合本地区本部门行政管理实际，按照裁量涉及的不同事实和情节，对法律、法规、规章中的原则性规定或者具有一定弹性的执法权限、裁量幅度等内容进行细化量化，以特定形式向社会公布并施行的具体执法尺度和标准①。

（二）作为其他规范性文件的行政裁量权基准

实践中，行政裁量权基准的制定形式并不统一，有以法规、规章的形式制定的裁量权基准②，也有以其他规范性文件的形式制定的裁量权基准，且后者居多。以其他规范性文件的形式制定的裁量权基准从形式上来看，文件内容主要是对行政机关各部门法定权限的具体化，指导行政执法活动展开，对行政机关工作开展具有约束力。但是，从其性质来说，它并不属于法律规范，不具备法律效力，而这类文件很多时候又对公民的权利、义务产生直接影响③。根据依法行政原则，影响公民的权利义务的决定应当依法行使。如何看待行政机关依据其他规范性文件作出对公民权益产生影响的决定呢？

---

① 另外，《国家税务总局关于规范税务行政裁量权工作的指导意见》（国税发〔2012〕65 号）中指出：制定裁量基准包括解释法律规范中的不确定法律概念、列举考量因素以及分档、细化量罚幅度等。

② 比如《重庆市规范行政处罚裁量权办法》（重庆市人民政府令第 355 号）第 13～15 条规定了不予行政处罚、从轻或者减轻行政处罚、从重行政处罚的具体情形，《重庆市行政处罚听证程序规定》（重庆市人民政府令第 354 号）第 14 条规定了“较大数额罚款，是指对公民的违法行为处以 5 000 元以上罚款，对法人或者其他组织的违法行为处以 50 000 元以上罚款”，都是以地方政府规章的形式制定的裁量基准。

③ 有学者指出：“在法律的执行层面上，由于现代行政的需要，许多以解释基准、裁量基准等形式出现的“行政规则”作为法律规范与具体行政行为的中介，从要件设定、内容选择和程序适用等方面直接调整着该具体行政行为，并且在事实上成为具体行政行为的直接行为依据。”（朱芒. 论行政规定的性质：从行政规范体系角度的定位［J］. 中国法学，2003（1）：41）这些其他行政规范性文件在“本身不合法的情况下，行政机关直接适用该规范性文件作出具体行政行为，在实质上构成行政违法行为”，造成对公民合法权益的侵害。参见：乔晓阳. 中华人民共和国行政复议法条文释义及实用指南［M］. 北京：中国民主法制出版社，1999：59.

在曹某不服海南省公安厅公务员录用案[①]中，原告以被告作出的不准原告进入体检之后的下一轮考核程序的具体行政行为违法为由，向人民法院提起行政诉讼。该案中，被告作出决定的依据为《公安机关录用人民警察体检项目和标准》（已失效）（简称《标准》）。根据《标准》的规定，丙氨酸氨基转移酶（简称转氨酶）酶法检验40单位以上者，不能录用。原告肝功能检验谷丙转氨酶为55单位、谷草转氨酶为47单位。鉴于转氨酶数值过高，身体条件不符合录用为人民警察的条件，被告根据上述规定拒绝原告进入招录考核程序。原告以自行检查确诊结果为“阴性”表示不服被告作出的决定。本案中，行政机关对原告作出不能录用的决定所依据的文件即其他规范性文件。该文件是国家人事部、公安部为了规范公安机关人民警察录用工作，根据《国家公务员录用暂行规定》（已失效）、《公安机关人民警察录用办法》（已失效）而制定的其他规范性文件。一审判决认为：经审查，其内容没有“与宪法和法律等上位法相抵触。因此，被告适用该文件作为录用人民警察体检工作的依据，是合法的”，由此肯定了原具体行政行为的合法性。

另有宜昌市国际管理认证认可促进会不服宜昌市规划局规划行政许可案[②]也肯定了依据其他规范性文件作出的行政决定。该案中申请人向城市规划管理部门申请设置永久性单位名称标牌，城市规划管理部门经审查认为该标牌不符合相关文件对建设工程许可条件的相关规定，并作出不同意申请的审查告知书。宜昌市有关机关根据《中华人民共和国城市规划法》（1989）第23条、《中华人民共和国广告法》（1994）第32条制定的《报建指南》《关于整治城区户外广告、招牌，标牌的通告》，对建设工程许可作出具体的技术规范要求，属于以其他规范性文件的形式制定的行政裁量权基准。二审判决认为：上诉人申请设置的标牌高度和位置不符合《报建指南》的规定，被上诉人据此作出不同意上诉人设置标牌的审查告知书是正确的。

可见，司法审判中，对于以其他规范性文件为依据的行政决定，常作出合法性判决。值得注意的是，上述判决在作出结论前，法院对有关其他规范性文件的合法性进行了实质性审查，指出“相应规定并未违反法律、地方性法规的禁止性规定，相应内容也未违反法律、地方性法规的立法原则和目的”。也就是说，法院根据其他规范性文件判定行政行为合法的前提是这些文件合法有效。那么，对于法院的做法也可以作出如下解释：法院通过对其他规范性文件进行实质性审查是适用这类其他规范性文件直接进行判断的必要保障。

郭某与河南省商丘市交通运输局等交通运输行政管理案[③]便通过对其他规范性文件进行实质性审查以否定行政决定的合法性。判决中明确指出商残联（2017）19号文件（其他规范性文件）违反了《河南省实施〈中华人民共和国残疾人保障法〉办法》第38条的规定，不能作为商丘公交公司收取未携带爱心卡残疾人车费行为的依据。该案中，被告公交公司依据2017年8月9日被告商丘市交通运输局、商丘市

① 海南省海口市中级人民法院行政判决书，（2005）海中法行终字第19号。

② 湖北省宜昌市中级人民法院行政判决书，（2006）宜中行终字第00022号。

③ 河南省商丘市中级人民法院行政判决书，（2019）豫14行终6号。

残疾人联合会联合发布的商残联（2017）19号文件（简称19号文），要求商丘市部分符合条件的残疾人办理公交车爱心IC卡（简称爱心卡），持卡可免费乘车。19号文增加了残疾人的义务，并限缩了残疾人的权益。《河南省实施〈中华人民共和国残疾人保障法〉办法》第38条第1款规定，“残疾人持残疾人证免费乘坐城市市区公共交通工具”。也就是说，只要是残疾人，持有合法的残疾人证，就可以免费乘坐城市公共交通工具。除此之外，对残疾人并无其他限制。而19号文规定“残疾人办理爱心卡及持卡方免费乘车”，与《河南省实施〈中华人民共和国残疾人保障法〉办法》第38条的规定不一致，增加了残疾人的义务和负担。19号文还规定只有商丘城市区域内的、具有城市区户口或长期在市区居住的残疾人才有资格办理爱心卡，这样，无疑把众多的非商丘市户籍、非城市区户口、非长期在市区居住的残疾人排除在外，缩小了残疾人群体范围，限制了残疾人持残疾人证免费乘坐城市公共交通工具的权利。

法院对于其他规范性文件进行实质性审查的依据为现行《行政诉讼法》第53条：“公民、法人或者其他组织认为行政行为所依据的国务院部门和地方人民政府及其部门制定的规范性文件不合法，在对行政行为提起诉讼时，可以一并请求对该规范性文件进行审查。前款规定的规范性文件不含规章。”该条赋予了公民、法人或者其他组织对规范性文件附带审查的请求权，也赋予了人民法院就规范性文件是否合法进行实质性审查的权限。

案例分析

一、案例导入

鲁潍（福建）盐业进出口有限公司
苏州分公司诉江苏省苏州市盐务管理局盐业行政处罚案①

有关政府规章的合法性问题，最为典型的案例便是由最高法院发布的第5号指导案例。其中涉及法律与地方政府规章之间的抵触判断问题②。

2007年11月12日，原告鲁潍（福建）盐业进出口有限公司苏州分公司（简称鲁潍公司）从江西等地购进360吨工业盐。苏州盐务局认为鲁潍公司未经江苏省盐业公司调拨或盐业行政主管部门批准从省外购进盐产品的行为，违反了《盐业管理条例》（1990）第20条，《江苏省〈盐业管理条例〉实施办法》（2008）（简称《实施办法》）第23条、第32条第2项的规定，并根据《实施办法》第42条的规定，对鲁潍公司作出了（苏）盐政一般（2009）第001-B号《处罚决定书》，决定没收鲁潍公司违法购进的精制工业盐121.7吨、粉盐93.1吨，并处罚款122 363元。苏州市人民政府的复议决定维持了苏州盐务局作出的处罚决定。对此，鲁潍公司认为根

---

① 江苏省苏州市金阊区人民法院行政判决书，（2009）金行初字第0027号。

② 《最高人民法院关于发布第二批指导性案例的通知》（法〔2012〕172号）。

据原国家计委、原国家经贸委《关于改进工业盐供销和价格管理办法的通知》(已失效)等规定，国家取消了工业盐准运证和准运章制度，工业盐也不属于国家限制买卖的物品。《实施办法》的相关规定与上述规定精神不符，不仅违反了国务院《关于禁止在市场经济活动中实行地区封锁的规定》，而且违反了《行政许可法》(2003)和《行政处罚法》(2009)的规定，属于违反上位法设定行政许可和处罚，故请求法院判决撤销苏州盐务局作出的(苏)盐政一般2009第001-B号处罚决定。

二、法官释法

法院生效裁判认为：根据《行政许可法》(2003)第15条第1款、第16条第3款的规定，在已经制定法律、行政法规的情况下，地方政府规章只能在法律、行政法规设定的行政许可事项范围内对实施该行政许可作出具体规定，不能设定新的行政许可。法律及《盐业管理条例》(1990)没有设定工业盐准运证这一行政许可，地方政府规章不能设定工业盐准运证制度。根据《行政处罚法》(2009)第13条的规定，在已经制定行政法规的情况下，地方政府规章只能在行政法规规定的给予行政处罚的行为、种类和幅度内作出具体规定，《盐业管理条例》(1990)对盐业公司之外的其他企业经营盐的批发业务没有设定行政处罚，地方政府规章不能对该行为设定行政处罚。

人民法院审理行政案件，依据法律、行政法规、地方性法规，参照规章。苏州盐务局在依职权对鲁潍公司作出行政处罚时，虽然适用了《实施办法》，但是未遵循《立法法》(2000)第79条关于法律效力等级的规定，未依照《行政许可法》(2003)和《行政处罚法》(2009)的相关规定，属于适用法律错误，依法应予撤销。

该案争议点在于苏州盐务局根据《实施办法》设定的工业盐准运证制定，对鲁潍公司未经批准进行工业盐购销和运输行为处以行政处罚的决定是否合法。对此，作为《实施办法》的上位法——《盐业管理条例》(1990)虽然对盐业购销、运输等作出了规定，但没有作出关于工业盐准运证的规定。在这种情况下，地方政府规章可否就工业盐的运输规定行政许可呢？这里涉及《行政许可法》(2003)和《行政处罚法》(2009)对地方政府规章的授权内容：尚未制定法律、行政法规和地方性法规的，因行政管理的需要，地方政府规章可以设定临时性的行政许可、处以一定种类的行政处罚；在已经制定法律、法规的情况下，地方政府规章只能在法律、法规规定的范围内作出具体规定，不能设定新的许可、处罚。问题在于如何判断尚未制定法律、法规。

该案作为指导案例5号的裁判要点指出：“1. 盐业管理的法律、行政法规没有设定工业盐准运证的行政许可，地方性法规或者地方政府规章不能设定工业盐准运证这一新的行政许可。2. 盐业管理的法律、行政法规对盐业公司之外的其他企业经营盐的批发业务没有设定行政处罚，地方政府规章不能对该行为设定行政处罚。”最高人民法院案例指导工作办公室发布的解说中，对该要点作出如下解释：在已经制定了法律、行政法规的情况下，地方性法规和地方性规章都不得创设行政许可；……在盐业管理领域，《盐业管理条例》(1990)这一行政法规并没有设定工业盐准运证之类的行政许可，这已经说明国务院并不认为需要设定类似的行政许可。

因此，地方性法规、地方政府规章不能在行政法规没有规定的情况下，创设新的行政许可[①]。

（一）“领域说”与“事项说”理论及其局限

在这一问题上，学理上存在“领域说”与“事项说”两种不同的理解。“领域说”是指某事务领域尚未制定法律法规的情形下，地方政府规章才可设定行政许可或行政处罚；“事项说”是指法律法规并未就某些特定事项进行规定的情形下，地方政府规章即可设定相关许可或处罚。从指导案例发布主体同一性的角度来说，可以认为指导案例 5 号对《行政许可法》（2003）的相关规定采取了“领域说”的解释方法。

该标准是否可以普遍化，作为对行政立法合法性审查的一般性判断标准呢？答案是否定的。法工委就《物业管理条例》第 19 条第 1 款是否与《中华人民共和国物权法》（2007）第 76 条第 1 款第 7 项相抵触的答复[②]，就采用了“事项说”的解释方法[③]。其实，“领域说”与“事项说”的解释方法本身亦均有天然的缺陷。前述解释方法的适用前提均在于对“领域”和“事项”概念内涵的确认。但大多数情况下，两者是相对交叉的概念。比如针对盐业行政领域，工业盐行政可以说是特定事项；而针对工业盐行政领域，工业盐运输可以视为特定事项，“这种由生活经验而非先验逻辑所决定的、能够不断细化‘项’类空间”[④] 的存在本身，造就了利用语言界定“法律是否已经作出规定”的困难。

（二）立法目的判断标准的批判性适用

对于该案还可以从立法目的变迁角度进行考量。这种考量涉及学理上对抵触的情形的另外一种分类方式：直接抵触和间接抵触。直接抵触是指下位法的规定与上位法的规定相反，上位法的规定直接无法适用，也包括虽然下位法的规定表面上不与上位法的规定相反，但是其意图旨在抵消、规避上位法的规定，实施中也产生了抵消、规避上位法规定的效果。对于直接抵触的情形，通常通过上位法与下位法语言表述的对比，或者比照法效果即可判断。间接抵触是指虽然下位法不与上位法的具体规定相抵触，但是与上位法的立法目的、原则相违背，构成对上位法的立法目

---

① 耿宝建，姚宝华. 指导案例 5 号《鲁潍（福建）盐业进出口有限公司苏州分公司诉江苏省苏州市盐务管理局盐业行政处罚案》的理解与参照［J］. 人民司法，2012（15）：49－50.

② 全国人大常委会法制工作委员会法规备案审查室. 规范性文件备案审查案例选编［M］. 北京：中国民主法制出版社，2020：6－8.

③ 即使是对《行政许可法》相关规定本身，有权机关的解释也不一致。对于“尚未制定法律、法规”的理解，法工委和国务院法制办公室分别给出了“领域说”和“事项说”的答复。参见：全国人大常委会法制工作委员会. 如何理解和掌握《中华人民共和国行政许可法》有关规定［EB/OL］.（2004－12－24）［2022－06－10］. http://www.npc.gov.cn/npc/c724/200412/eb66a124183549adb2427859d6de9397.shtml；国务院法制办公室秘书行政司. 行政许可法有关问题解答［EB/OL］.（2004－05－13）［2022－06－10］. http://www.mofcom.gov.cn/article/bi/200405/20040500219907.shtml.

④ 金自宁. 地方立法行政许可设定权之法律解释：基于鲁潍案的分析［J］. 中国法学，2017（1）：254－266.

的、精神和原则的否定[①]。

大多数情况下，个别条款的立法目的和立法背景不会在法律规范中明确写出来，从立法目的、立法背景来讲，本案涉及我国行政审批改革进程的发展。在原来以管制为主要手段和目的的行政理念中，从法律到地方政府规章，设定了大大小小各种形式的行政许可以及登记制度。在盐业领域，为杜绝以工业盐代替食用盐进行售卖的行为，在从工业盐的加工到运输直至销售等各环节都设置了审批程序[②]。工业盐运输证的规定产生于当时对行政法制理解的大背景和一定的社会事实基础之上。随着社会经济进一步发展，市场逐渐趋于成熟，通过市场内部的良性竞争能够自发消除不正当的交易关系，优胜劣汰。行政管理退后，给予市场更多自我发展的空间，更有利于促进经济增长。在这种意识下，我国自2002年开始由国务院主导大力推进行政审批制度改革，不断削减行政审批事项，持续向市场和社会放权，有效破除了制约创业创新的各种不合理束缚，降低了制度性交易成本，极大激发了市场活力和社会创造力[③]。与此同时，行政管理理念也在发生变革，行政法理念从原来的管制型行政开始转变为服务型行政，新行政法理念要求政府主动放权，让权力回归社会，并以服务者的身份辅助社会发展，弥补市场竞争机制中存在的缺陷。在当下的行政法理念与社会背景下，相关立法目的也随之发生改变。本案中，能够通过市场自发力量解决的问题，应当不再通过行政许可等规制型行政行为进行管理，《盐业管理条例》（1990）的立法目的可以解读为：辅助盐业市场竞争机制有效发挥作用，以服务角度进一步促进市场规范、保障公共安全。在此立法目的下，对工业盐的运输进行管制型管理不再成为必要，完全可以交由市场力量自发规制。通过社会环境的变化对立法目的进行解读的法解释方法符合社会规范与时俱进的要求，有助于相关立法更好地发挥作用。但是，亦应当警惕此种解释方法。因为，随意解释立法目的，或未经全面考察即以社会情势变迁作为立法目的解释的根据都有偏离法治的危险[④]，故该解释方法应当谨慎适用。从这个角度说，如何从更加公正、客观的角度确定上位法的立法目的、立法精神，是适用本判断标准的关键所在。

结合第一节的内容，鉴于行政与立法的关系，判断行政立法是否违反法律、上位法规时应当严格遵循法律优先、法律保留原则。因此，对于指导案例5号的判断要旨，与其评价为领域式判断方式，不如说是对法律优先原则的严格遵循：法律、上位法规没有规定工业盐运输证，地方政府规章亦不得作出相关规定[⑤]。

---

① 全国人大常委会法制工作委员会法规备案审查室.《法规、司法解释备案审查工作办法》导读［M］. 北京：中国民主法制出版社，2020：107-108.

② 有关盐业行政相关历史背景和国家政策变革历程对盐业行政管理的影响，可参见：沈岿. 指导案例助推垄断改革：以指导案例5号为分析对象［J］. 行政法学研究，2014（2）：50-59.

③ 截至目前，我国总计开展12批次行政审批改革，经国务院决定并下放的行政审批制度共2 766项。

④ 成田賴明. 都市づくり条例の諸問題［M］. 第一法規出版株式会社，1992：14-15.

⑤ 不论是《审查工作办法》还是《纪要》，可见实践工作中倾向将各种下位法违反上位法的问题统合起来进行抵触规则的制定。但是，由于地方性法规与行政立法本身在立法性质以及程序（地方性法规的立法程序中具有民主参与机制）上都不相同，应当适用不同的抵触判断标准。

三、类案练习

殷某与江苏省海门市交通运输局行政处罚纠纷上诉案①

（一）基本案情

2018年1月24日，针对原告殷某在未取得网络预约出租汽车驾驶员证、所驾车辆未取得网络预约出租汽车运输证的情况下，擅自从事网络车经营活动的行为，海门市交通局作出海门交道罚字（2018）第00009号《行政处罚决定书》，依据2016年的《网络预约出租汽车经营服务管理暂行办法》[简称《网约车管理办法》(2016)]第34条第1项之规定，决定对殷某给予警告、罚款1万元的行政处罚并责令立即改正。殷某提起行政诉讼，请求撤销该行政处罚决定。

（二）法律问题

1.《网约车管理办法》(2016) 对网约车设定特定的驾驶员证、出租汽车运输证的行政许可，是否违反《行政许可法》(2003) 的规定？

2.《网约车管理办法》(2016) 中设定的行政许可与行政处罚内容，是否违反《道路运输条例》(2016)，构成违法？

知识拓展

一、拓展阅读

1. 章剑生. 现代行政法总论 [M]. 2版. 北京：法律出版社，2019.
2. 平冈久. 行政立法与行政基准 [M]. 宇芳，译. 北京：中国政法大学出版社，2014.
3. 周佑勇. 行政裁量基准研究 [M]. 北京：中国人民大学出版社，2015.
4. 王贵松. 行政裁量的构造与审查 [M]. 北京：中国人民大学出版社，2016.
5. 何海波. 论法院对规范性文件的附带审查 [J]. 中国法学，2021 (3).
6. 朱芒. 规范性文件的合法性要件：首例附带性司法审查判决书评析 [J]. 法学，2016 (11).
7. 胡建淼. 法律规范之间抵触标准研究 [J]. 中国法学，2016 (3).

二、毕业论文选题指导

1. 规范性文件作为行政行为“依据”的司法审查标准
2. 规范性文件的合法性审查标准探析
3. 行政法规的合法性审查判断标准

① 江苏省南通市中级人民法院行政判决书，(2019) 苏06行终98号。

第六章　行政许可

行政许可是现代国家管理的一种行政手段，也是行政法上一项极其重要的制度。中国行政许可的制度探索和理论研究是伴随着国家的经济体制改革进行的，其标志性事件是 2003 年《行政许可法》的颁布，这“无疑是我国民主与法制建设的一件大事，将对整个政府工作产生重大而深远的影响”①。可以说，行政许可制度的贯彻实施在推动政府职能转变、优化营商环境、优化政务服务、提升行政效能等方面均具有重要意义。

基础知识

一、行政许可的概念界定

《行政许可法》第 2 条规定：“本法所称行政许可，是指行政机关根据公民、法人或者其他组织的申请，经依法审查，准予其从事特定活动的行为。”在立法层面，对行政许可概念的探讨可追溯到 1996 年的征求意见稿中，该意见稿对行政许可的定义是行政机关根据自然人、法人或者其他组织依法提出的申请，经依法审查，准予其从事特定活动，认可其资格资质或者使其获得特定民事权利能力和行为能力的行为。而后的审议稿对行政许可范围的表述进行了多次修改，最终在 2003 年颁布的正式稿中才对该概念予以明确。

在理论层面，国内对行政许可概念的讨论较早。我国出版的第一本行政法统编教材《行政法概要》将行政许可界定为：“许可为一般禁止的行为，对于特定人或关于特定事而解除其禁止的行政措施。”② 但这一定义并未成为共识。有观点认为，“行政许可是行政机关根据相对人的申请，作出决定允许相对人做某事，行使某种权利，获得某种资格和能力的行为”③。后有观点在此基础上对行政许可的内涵不断完

---

① 周佑勇. 行政许可法理论与实务［M］. 武汉：武汉大学出版社，2004：1.

② 王珉灿. 行政法概要［M］. 北京：法律出版社，1983：114.

③ 马怀德. 行政许可［M］. 北京：中国政法大学出版社，1994：3.

善，如：强调行政许可的表现形式，认为“行政许可是行政主体应行政相对方的申请，通过颁发许可证、执照等形式，依法赋予行政相对方从事某种活动的法律资格或实施某种行为的法律权利的行政行为”①。强调行政机关的行为过程，认为“行政许可是指行政主体根据相对人的申请，经依法审查，准予其从事特定活动、认可其资格资质或者活动的特定民事权利能力和行为能力的行为”②。对前提作进一步揭示，认为“行政许可是指在法律一般禁止的情况下，行政主体根据行政相对人的申请，通过颁发许可证或执照等形式，依法赋予特定的行政相对人从事某种活动或实施某种行为的权利或资格的行政行为”③。

由此可见，无论是在理论还是在实务层面，对于行政许可的性质、表现形式、许可范围等认识上的差异带来了概念界定的不同。但这些观点所界定的行政许可都强调“行政机关允许/准许……相对人从事……某事/活动”，依此逻辑，行政许可仅被理解为一种授益性行政行为，然而，在“许可”之外，还有“不予许可”存在，行政机关经审查作出不予许可决定的行为亦是一个具体行政行为，该种否定性作为同样会对相对人的合法权益产生实质影响。也就是说，行政机关作出行政许可行为的形式实际上包括准许和不准许两个方面④。因而，本书认为，行政许可是指，行政主体根据行政相对人的申请，经依法审查，通过颁发许可证、执照等形式，依法作出准许或不准许特定的行政相对人从事法律规定的特定活动的权利或资格的行政行为。具体而言，包括以下几层含义：

其一，行政许可是行政主体作出的外部行政行为。一方面，作出行政许可的主体是享有行政权能的行政主体，包括行政机关以及法律、法规授权组织⑤。另一方面，行政许可法所调整的行政行为不包括内部行政行为⑥。

其二，行政许可是一种依申请行政行为。按照是否需根据相对人申请，可将具体行政行为划分为依职权行政行为和依申请行政行为。根据《行政许可法》第 29 条第 1 款⑦，行政许可的形成需要公民、法人或者其他组织的申请作为前置条件。

其三，行政许可行为具有两种表现形式。在公民、法人或者其他组织提交申请后，行政机关会审查提交材料的完整性、合法性，也会审查材料的实质内容，因而，行政机关最终作出的行政许可的决定，则可能是准许，也可能是不予准许。也就是

---

① 罗豪才，湛中乐．行政法学［M］．4 版．北京：北京大学出版社，2016：188．

② 叶必丰．行政法学［M］．修订版．武汉：武汉大学出版社，2003：243．

③ 姜明安．行政法与行政诉讼法［M］．7 版．北京：北京大学出版社，2019：218．

④ 方世荣．行政许可的涵义、性质及公正性问题探讨［J］．法律科学（西北政法学院学报），1998（2）：31．

⑤ 《行政许可法》第 23 条：“法律、法规授权的具有管理公共事务职能的组织，在法定授权范围内，以自己的名义实施行政许可。被授权的组织适用本法有关行政机关的规定。”

⑥ 《行政许可法》第 3 条第 2 款：“有关行政机关对其他机关或者对其直接管理的事业单位的人事、财务、外事等事项的审批，不适用本法。”

⑦ 《行政许可法》第 29 条第 1 款：“公民、法人或者其他组织从事特定活动，依法需要取得行政许可的，应当向行政机关提出申请。申请书需要采用格式文本的，行政机关应当向申请人提供行政许可申请书格式文本。申请书格式文本中不得包含与申请行政许可事项没有直接关系的内容。”

说，行政许可既可能呈现为一种肯定性作为，也可能呈现为一种否定性作为[①]。

其四，行政许可的范围是特定活动，且特定活动必须在法律规定的事项范围之内。根据《行政许可法》第 12 条，法律对于可以设定行政许可的事项进行了严格限制，对于特定活动之外的事项，行政机关不得随意设禁。

二、行政许可的性质之争

在行政许可的性质上，行政法学界早期有过不同的声音，其中比较有代表性的包括"赋权说"和"解禁说"等观点。

"赋权说"认为行政相对人本不享有从事特定活动的权利，只是因为行政机关的赋予才获得被许可的权利[②]。此外，还有学者认为行政许可不仅包括行政机关对相对人权利的赋予，还包括对相对人义务的免除[③]。该种观点强调行政机关是赋权的主体，行政相对人是被赋权的对象。

"解禁说"又称"权利恢复说"，认为行政许可是对一般禁止行为的解除，是一种自由的恢复而不是权利的授予[④]。有学者对解禁行为的性质有过详细论述，认为：从表面来看，许可是法律对不符合条件的申请人的普遍禁止，这种禁止是国家基于社会管理的需要，在大多数人的同意下对相对人拥有的某些权利进行暂时性禁止，没有普遍禁止这一前提，许可就不成立；从实质来看，行政许可是对相对人本身拥有而被暂时禁止的权利的一种恢复，而不予许可也并非对相对人权利的剥夺，而是为了保证公共利益和符合条件的申请人权益[⑤]。换言之，只要符合条件，相对人的权利自由即可随时得到恢复。

总的来看，上述两种性质在学界占据较为主流的地位，但结合行政许可的概念来看，"赋权"和"解禁"实际上是从正面与反面来观察行政许可制度的，都能在一定程度上反映行政许可的本质[⑥]。除此之外，"折中说"认为行政许可既是对行政相对人禁止义务的免除，又是对行政相对人权利或资格的授予。该观点实质是"解禁说"与"赋权说"的集合[⑦]。"特许权授予说"认为行政许可是一种特许权的授予，国家既可以授予特权，也可以随时变更或取消这种特权。

上述观点均认可一个前提，即认为设定许可的领域为普遍禁止的领域，行政机

---

① 周佑勇. 行政许可法理论与实务［M］. 武汉：武汉大学出版社，2004：17.

② 该观点的代表学者为罗豪才教授，从其主编的《行政法学》教材对行政许可的定义中可知其认为行政许可是行政机关对行政相对人权利和利益的赋予。参见：罗豪才. 行政法学［M］. 北京：北京大学出版社，1996：175.

③ 胡建淼. 行政法学［M］. 北京：法律出版社，1998：315.

④ 该观点的代表学者为姜明安教授，其认为行政许可是有限设禁和解禁的行政行为，该处的有限禁止、一般禁止是和绝对禁止相对应的概念，行政许可领域的一般禁止是对相对人从事某些"特定活动"的禁止，对于特定活动之外的事项，行政机关不得随意设禁。参见：姜明安. 行政法与行政诉讼法［M］. 7 版. 北京：北京大学出版社，2019：219.

⑤ 马怀德. 行政许可［M］. 北京：中国政法大学出版社，1994：12.

⑥ 王学辉. 行政法与行政诉讼法学［M］. 2 版. 北京：法律出版社，2015：152.

⑦ 刘素英. 行政许可的性质与功能分析［J］. 现代法学，2009（5）：14-16.

关通过恢复或赋权，让相对人获得从事特定活动的资格。对此，有学者批评道，这种认为存在普遍禁止领域的前提，等于承认了相对人的权利来自行政机关的授予，这无疑与法治国家原则（人民主权原则、法律平等原则）相违背。据此，有学者提出了“验证说”或“确认说”，认为相对人拥有的权利来自宪法和法律的授予，行政许可仅是行政主体对相对人行使权利的资格与条件加以验证或确认，并给予合法性的证明而非权利的赋予①。

三、行政许可的基本原则

（一）许可法定原则

许可法定原则，是指设定和实施行政许可，应当依照法定的权限、范围、条件和程序②。作出许可时，需要遵守以下事项：其一，遵守法定的权限，不得越权实施行政许可；其二，遵守法定的条件，对符合条件的依法准予许可，不符合条件的应当决定不予许可；其三，遵守法定的程序，法定程序包括《行政许可法》规定的程序，也包括有关单行法律法规规定的特别程序。

在孙海涛与上海市普陀区质量技术监督局行政许可案③中，法院根据许可法定原则，认为行政机关应当根据相关生产许可证审查细则的规定，结合产品的配方、工艺、流程、设备等因素进行认定。由于糕点与饼干在原辅料成分、工艺流程等方面有重合，而相关规定未对食品真实属性的认定标准予以明确，对此，在认定食品的真实属性时，应当以产品标签标识上标注的内容为准。

（二）公开、公平、公正、非歧视原则④

1. 公开原则

公开原则包括两方面内容：其一，设定行政许可的法律规范，应当公开。设定行政许可的法律、行政法规、地方性法规、省级政府规章应及时在本级人民代表大会公报、政府公报、相应区域范围内发行的报纸、网络平台等上刊载，未经公布的行政许可规定，不得作为实施许可的依据。其二，行政许可的实施过程和结果，除涉及国家秘密、商业秘密或者个人隐私的，都应当公开，并接受公民、法人或者其他组织的监督⑤。

---

① 郭道晖. 对行政许可是“赋权”行为的质疑：关于享有与行使权利的一点法理思考［J］. 法学，1997（11）：6-9.

② 《行政许可法》第 4 条：“设定和实施行政许可，应当依照法定的权限、范围、条件和程序。”

③ 上海市第二中级人民法院行政判决书，（2013）沪二中行终字第 608 号。

④ 《行政许可法》第 5 条：“设定和实施行政许可，应当遵循公开、公平、公正、非歧视的原则。”

⑤ 例如，在宜州市湘宜锰业有限责任公司与河池市环境保护局撤销环保行政许可上诉案中，被上诉人河池市环境保护局在作出对上诉人不利的行政决定时，没有向上诉人告知，亦没有给予上诉人陈述、申辩的机会，违反了《行政许可法》（2003）规定的公开原则，同时亦侵犯了上诉人的陈述权和申辩权。被上诉人环保局作出的撤销上诉人环保行政许可的行为程序违法，应当予以撤销。参见广西壮族自治区河池市（地区）中级人民法院行政判决书，（2013）河市行终字第 74 号。

2. 公平、公正原则

公平、公正原则分别是对行政许可的实体和程序方面的要求。实体层面，行政许可的设定应当平等、公正，行政主体应当平等、公正地对待当事人，不得歧视任何人，不得设置地方保护[①]，凡是符合法定条件、标准的申请人都有依法取得行政许可的平等权利；同时，行政机关还需合理考虑相关因素，不得恣意专断。程序层面，一是不得偏私，行政机关工作人员对符合法定条件和标准的申请人一视同仁；二是无利害关系，行政机关工作人员办理行政许可、实施监督检查时，不得索取或者收受他人财物或者谋取其他利益；三是履行告知义务，行政机关对行政许可申请进行审查时，发现行政许可事项直接关系他人重大利益的，应当告知该利害关系人；四是听取意见，申请人、利害关系人有权进行陈述和申辩，行政机关应当听取申请人、利害关系人的意见；五是说明理由，行政机关依法作出不予行政许可的书面决定的，应当说明理由，并告知申请人享有依法申请行政复议或者提起行政诉讼的权利[②]。

3. 非歧视原则

非歧视原则是2019年《行政许可法》修正后的新增内容，需要特别关注。非歧视原则既可以理解为对公平、公正原则的深化，也可以理解为对行政机关的特定要求。

（三）便民原则

设定和实施行政许可，应当遵循便民原则，提高办事效率，提供优质服务。在制度的运行上，便民原则主要表现为以下两点：

一是相对集中行政许可权的制度设计[③]。在实践中，相对集中行政许可权制度通常表现为“一站式服务”或“只跑一趟”的行政审批局，这些机构拥有集中审批的组织协调、管理监督和指导服务职能，审批与收费、管理与协调、投诉与监察等职能，相对人需要申请行政许可的多个事项，只需要前往行政审批局，不需要往返多个机关[④]。

---

① 为了防止地方保护主义，《行政许可法》第15条第2款规定：“地方性法规和省、自治区、直辖市人民政府规章，不得设定应当由国家统一确定的公民、法人或者其他组织的资格、资质的行政许可；不得设定企业或者其他组织的设立登记及其前置性行政许可。其设定的行政许可，不得限制其他地区的个人或者企业到本地区从事生产经营和提供服务，不得限制其他地区的商品进入本地区市场。”

② 例如，在江苏省经济贸易委员会与江苏华杰丝绸进出口有限公司行政许可纠纷上诉案中，法院认为，被告省经贸委在接到南通市经贸委出具的实地考察报告后，在实地考察结果对原告明显不利的情况下，直接将之作为作出最终审查意见的一项依据，而未重新听取原告对该实地考察结果的陈述、申辩意见，其行政行为欠缺程序正当性。参见江苏省高级人民法院行政裁定书，（2009）苏行终字第54号。

③ 《行政许可法》第25条：“经国务院批准，省、自治区、直辖市人民政府根据精简、统一、效能的原则，可以决定一个行政机关行使有关行政机关的行政许可权。”《行政许可法》第26条：“行政许可需要行政机关内设的多个机构办理的，该行政机关应当确定一个机构统一受理行政许可申请，统一送达行政许可决定。行政许可依法由地方人民政府两个以上部门分别实施的，本级人民政府可以确定一个部门受理行政许可申请并转告有关部门分别提出意见后统一办理，或者组织有关部门联合办理、集中办理。”

④ 《河北省优化行政审批条例》（2022年12月1日起施行）。

二是许可设定实施过程高效便民。在姚某、龚某与连云港市自然资源和规划局行政许可案[①]中，被上诉人连云港市自然资源和规划局向原审法院提交的证据，能够证实彼时申请人东盛房开公司提交申请的材料齐备，经审查申请符合控制性详细规划和规划条件，市资源规划局在依法行政时遵循高效便民原则及时核发建设工程规划许可证，并无不妥。

（四）信赖保护原则

在行政许可法上，诚信原则体现为信赖保护，即公民、法人或者其他组织依法取得的行政许可受法律保护，行政机关不得擅自改变已经生效的行政许可。特殊情形下确需变更的，给公民、法人或者其他组织造成财产损失的，行政机关应当依法给予补偿[②]。从立法来看，信赖保护原则具备三个要素：一是信赖的基础，也就是“已经生效的行政许可”；二是信赖过后的行为，即相对人根据行政机关作出许可行为后所实施的行为；三是信赖保护的对象，即正当的、善意的、不存在恶意或欺诈的许可行为[③]。

在来凤县人民政府与费某土地撤销行政许可纠纷上诉案[④]中，来凤县人民政府因认为其在履行国有农用地征收补偿安置法定职责过程中实施了错误的行政许可，而决定撤销原行政许可，收回被许可人费某的国有建设用地使用权并收回注销原用地批准文件。费某基于对行政机关的信赖，在错误的行政许可作出后即开展了房屋建设工作。出于信赖保护原则，行政机关撤销了原有的许可，对费某等人给出了新的房屋征收补偿方案。

四、行政许可的种类划分

（一）学理分类

早在《行政许可法》出台以前，学界便已有对于行政许可种类进行划分的研究。较为典型的分类有：

1. 一般许可和特殊许可

一般许可，即未予一般禁止，仅对申请人行使权利的具体资格与条件加以规定，申请人只需符合法定条件，即可获得指定行政机关批准的行为。特殊许可，则是针对一般禁止，就特定人、特定事项、特定行业的解禁和例外[⑤]。

---

① 江苏省连云港市中级人民法院行政判决书，(2019) 苏 07 行终 244 号。

② 《行政许可法》第 8 条：“公民、法人或者其他组织依法取得的行政许可受法律保护，行政机关不得擅自改变已经生效的行政许可。行政许可所依据的法律、法规、规章修改或者废止，或者准予行政许可所依据的客观情况发生重大变化的，为了公共利益的需要，行政机关可以依法变更或者撤回已经生效的行政许可。由此给公民、法人或者其他组织造成财产损失的，行政机关应当依法给予补偿。”

③ 《行政许可法》第 69 条第 2 款：“被许可人以欺骗、贿赂等不正当手段取得行政许可的，应当予以撤销。”

④ 湖北省高级人民法院行政判决书，(2020) 鄂行终 474 号。

⑤ 郭道晖. 行政许可的设定原则与分类 [J]. 政治与法律，2001 (6)：19-20.

2. 行为许可和资格许可

行为许可是指行政机关对符合条件申请人从事某种活动、行为的允许。资格许可是指行政机关核发一定的证书、文件等对申请人享有从事某种职业或活动的资格予以认可[①]。

3. 权利性许可和附义务许可

权利性许可是指申请人可自由放弃行使所获得的许可权利且不因此承担任何法律上的责任。附义务许可是指申请人在获得权利的同时也需承担一定期限内必须履行从事该活动的义务，不得自行放弃，否则需承担一定的法律责任。

此外，还有以许可的文书构成为标准，分为独立的许可和附文件的许可；以格式要求为标准，分为证照式许可和非证照式许可；以许可有效期的长短为标准，分为长期许可和短期许可；以公民权利为标准，分为自由权许可、财产权许可、社会权许可和政治权许可；等等。

（二）法定种类

学理上对行政许可的分类影响了《行政许可法》的制定，在对不同观点进行综合、折中后，结合行政许可执法实践，《行政许可法》将许可划分为以下5类：

1. 一般许可

一般许可也叫普通许可，是指公民、法人或其他组织提出申请，经过有权行政机关审查其是否符合法定申请条件，决定是否准予其从事该项活动或取得该项资格。比如驾照、企业营业执照等。

2. 特许

特许也叫特别许可、行政特许，是指由行政机关代表国家向许可申请人授予某种特定的权利。特许的事项有一定稀缺性，申请条件相对严苛，行政机关颁布许可时，也有一定数量控制。比如有限自然资源开发利用、公共资源配置以及直接关系公共利益的特定行业的市场准入等，需要赋予特定权利的事项。

3. 认可

认可是行政机关对于申请者是否具备特定技能的认定方式。比如提供公众服务并且直接关系公共利益的职业、行业，需要确定具备特殊信誉、特殊条件或者特殊技能等资格、资质的事项，需要得到认可。比如法律职业资格证书、教师资格证书等，建筑企业资质证书。

4. 核准

核准是由行政机关对某些事项是否达到特定技术标准、经济技术规范的判断和确定。直接关系公共安全、人身健康、生命财产安全的重要设备、设施、产品、物品，需要按照技术标准、技术规范，通过检验、检测、检疫等方式进行审定的事项，都需要核准。

---

① 江平，马怀德. 共和国六十年法学论争实录：行政法卷［M］. 厦门：厦门大学出版社，2009：148.

5. 登记

登记是指由行政机关针对企业或者其他组织的设立等事项，确定其主体资格。比如企业法人、社会团体、事业单位等登记，需要确定申请人从事社会活动的资格。如果是没有特别规定或要求的领域，登记一般是形式性审查，申请人提交的申请材料齐全、符合法定形式，行政机关能够当场作出决定的，应当当场作出书面的行政许可决定。

无法归类到上述的，《行政许可法》第 12 条第 6 项设置了兜底，即其他类，“法律、行政法规规定可以设定行政许可的其他事项”，也属于行政许可。

五、行政许可的范围和设定

(一) 行政许可的范围

《行政许可法》第 12 条、第 13 条通过列举加概括的方式明确了行政许可的范围，设定行政许可的事项涵盖国家安全、公共安全、经济宏观调控、公共资源配置等领域，而对于公民、法人或者其他组织能够自主决定、市场竞争机制能够有效调节等领域，可以不设行政许可。

可以发现，立法上设定行政许可的范围是较为宽泛的，这种规定也引发了一些批评，主要包括：一是立法语言存在模糊性、缺乏可操作性。例如，第 12 条列举了“可以设定”的范围，第 13 条又规定了“可以不设”的情况，给是否设定留下了较大的空间[①]。二是虽然法律已经进行了较为详尽的列举，但是具体到纷繁复杂的现实事务中，哪些事项能够设定许可最终还是取决于许可设定机关的判断，在没有相应的许可评价机制存在的情况下，如果许可设定机关无法很好地把握行政许可法的精神，则可能设定一些不应存在的许可，从而给相对人造成负累[②]。

对此，早年就有学者提出，国家对行政许可进行经常性的清理，盘活现有的行政许可评价机制，尽早出台统一的评价机制立法，设置严格的启动时效机制，同时扩大公共参与行政许可的深度和广度，以最大限度地界定许可的设定范围，从而扩大行政许可设定的正当性[③]。还有学者提出要以价值判断为主要标准，强调设定行政许可事项时，应注重维护市场公平竞争、保障资源合理配置[④]，但是此处价值判断的事由，同样具有抽象性。也有观点认为，在设定许可时，要注重约束部门利益，协调好多个行政机关的关系，避免形成交叉许可、重复许可[⑤]。然而，该说也仅仅

① 杨解君.《行政许可法》的创举与局限 [J]. 法学，2003 (10)：98.

② 周汉华. 行政许可法：观念创新与实践挑战 [J]. 法学研究，2005 (2)：24.

③ 李诗林. 论行政许可设定范围的合理界定：对《行政许可法》第 13 条的批判性思考 [J]. 行政法学研究，2008 (3)：69.

④ 任海青. 论行政许可设定：以价值分析为主线 [J]. 山西大学学报（哲学社会科学版），2013 (2)：127 - 128.

⑤ 叶轶，黄锡生. 论对行政许可设定中“利益均沾”的规制 [J]. 北京理工大学学报（社会科学版），2013 (3)：127.

从许可设定事项的外部来观察行政许可设置的规范化。此外，为了尽量克服行政许可法较为抽象、笼统和原则的弱点，理论上还强调行政许可设置的程序统一，要求不同层级的法规范上，对许可设定的程序予以严格限制[①]。对应到立法上，《行政许可法》第14～18条规定了行政许可设定的具体要求，《行政许可法》第19条增加了设定行政许可的听取意见、说明理由制度，《行政许可法》第20条规定了行政许可设定的评价机制。

(二) 行政许可的设定

从不同层级的法规范来看，法律，行政法规，地方性法规，省、自治区、直辖市人民政府规章都可以设定行政许可[②]，其中值得关注的是地方性法规的行政许可设定权。

对于地方性法规的行政许可设定权，一种理解是相关“领域”尚未制定上位法，地方性法规才可以设定行政许可，此即所谓“领域说”；另一种理解是上位法并未就某些特定的“事项”设定某些行政许可，地方性法规也可以就这些事项设定行政许可，此即所谓“事项说”。

“领域说”对地方行政许可设定权持严格限缩态度。其支持者认为比较符合传统的法律保留原则，也符合我国行政许可法“相对集中”行政许可设定权、改变“行政许可过多、过滥”之现实的立法原意。然而对“领域说”的主要批评是，它过分限制了地方立法空间，特别是在国家层面的立法覆盖面不断扩大的情况下，可能在事实上使得行政许可法上有关地方“可以设定”许可的规定成为具文[③]。

“事项说”给地方因地制宜的创设许可规则留下了更大空间，而且也有法条字面上的支持，因为《行政许可法》第12条列举可以设定许可的范围时，所用语词是可以设定行政许可的“事项”。但是，这种见解的最大问题是含义过于模糊。从语用角度来看，所谓一般领域或具体事项的区分，是相对而不是绝对的，即领域相对一般，而事项相对具体。然而，所谓“事项”，究竟要“具体”到何种程度，也不存在固定界限[④]。

在此种由生活经验而非先验逻辑所决定的、能够不断细化“项”类的空间内，类似争论完全可以如此反复进行。因此，有学者提出，应当引入体系视角重述与上

---

① 杨建顺. 行政规制与权利保障［M］. 北京：中国人民大学出版社，2007：363-364.

② 《行政许可法》第15条：“尚未制定法律、行政法规的，地方性法规可以设定行政许可；尚未制定法律、行政法规和地方性法规的，因行政管理的需要，确需立即实施行政许可的，省、自治区、直辖市人民政府规章可以设定临时性的行政许可。临时性的行政许可实施满一年需要继续实施的，应当提请本级人民代表大会及其常务委员会制定地方性法规。”

③ 沈关成. 对地方立法权的再认识［J］. 中国法学，1996（1）：17-20.

④ 例如，在鲁潍（福建）盐业进出口有限公司苏州分公司诉江苏省苏州市盐务管理局盐业行政处罚案中，被告盐务管理局固然可以辩称，虽然盐业管理这一“领域”有上位法规定，但对工业盐准运这一具体“事项”并无规定。但是，假设盐业管理条例对工业盐运输作出了某种规定，理论上，被告也还可以进一步争辩说，虽然工业盐运输这一“领域”有了规定，但对于跨省运输这一具体“事项”并无规定。具体参见最高人民法院2012年4月9日发布的《最高人民法院关于发布第二批指导性案例的通知》。

位法相抵触，承认地方立法在上位法所确定的框架秩序下享有一定的选择空间，并由此超越“领域说”与“事项说”之争，从“宪法—组织法—行政许可法”三个层次、授权与限制两个方面整体把握我国地方立法行政许可设定权之规范体系①。此外，就地方立法在新业态、新领域设定行政许可的问题，有学者提出，要确保行政许可设定本身的合法性，行政许可设定的合法性审查思路分为两步骤：第一步是判断受审查的行政许可设定行为的法律属性，第二步是从行政许可实施主体、条件、程序与期限四个方面继续判断其合法性②。

六、行政许可的实施程序

现代行政法治的核心在于行政程序法律制度③。行政许可的实施程序是指行政主体在作出行政许可行为的过程中应当遵循的方式、步骤、顺序和时限。按照《行政许可法》规定，行政许可的实施程序可大致分为一般实施程序、特别程序和听证程序④。

（一）一般实施程序

1. 申请程序

行政许可属于依申请行政行为，行政相对人的申请是行政许可启动的前提条件，故行政许可申请可看作相对人的一种程序性权利，任何行政相对人均有权提出行政许可申请，无论其是否具备获得许可的法定条件。根据《行政许可法》规定，申请人在确保提供材料真实性的情况下，可通过以下几种方式提出行政许可申请：其一，自行以书面形式（申请书）提出申请；其二，委托代理人提出申请；其三，通过信函、电报、电传、传真、电子数据交换和电子邮件等方式提出申请⑤。此外，为保障申请人的程序权利，法律还规定了申请阶段行政主体必须履行的义务，包括：其一，信息公开义务，将与行政许可有关的事项、依据、条件、数量、程序、期限以及需要提交的全部材料的目录、申请书示范文本予以公示，并对其予以说明、解释；其二，提供格式文本义务，且不得收费；其三，保护商业秘密，不得要求申请人提交与申请事项无关的技术资料和其他材料，不得以转让技术作为前置条件，亦不得直接或者间接地要求转让技术。

---

① 金自宁. 地方立法行政许可设定权之法律解释：基于鲁潍案的分析［J］. 中国法学，2017（1）：254－255.

② 黄锫. 共享经济中行政许可设定的合法性问题研究：以《上海网约车新规》为分析对象［J］. 政法论丛，2017（4）：60.

③ 应松年. 行政程序立法研究［M］. 北京：中国法制出版社，2001：32.

④ 由于不同类型的行政许可在功能、适用范围、适用条件等方面存在着较大的差别，故并非所有行政许可都能够适用整齐划一的实施程序，部分特殊类型的许可需遵循其特殊的实施程序，《行政许可法》第四章第六节对这些特殊的许可类型需遵循的程序作了特别规定，本书仅对一般实施程序和听证程序进行介绍。

⑤ 《行政许可法》第29条第1款：“公民、法人或者其他组织从事特定活动，依法需要取得行政许可的，应当向行政机关提出申请。申请书需要采用格式文本的，行政机关应当向申请人提供行政许可申请书格式文本。申请书格式文本中不得包含与申请行政许可事项没有直接关系的内容。”

2. 受理程序

受理程序是行政主体对申请人提交的材料进行审查，并对符合法定条件的申请予以接受的程序[①]。根据《行政许可法》规定，受理需符合以下法定要件：其一，申请事项需在行政主体职权范围内；其二，申请材料需齐全且符合法定形式；其三，许可申请需在法律规定期限范围内提交；其四，申请人主体适格。同时，行政主体还需遵循如下要求、履行如下义务：其一，及时性，对于无须许可的事项应当及时告知不予受理，对于符合条件的许可申请应当及时受理；其二，规范性，受理或不受理均应当出具加盖公章和注明日期的书面凭证；其三，便民性，对于申请材料存在可当场更正的错误的，应当允许申请人当场更正，对于存在材料不齐全或不符合法定形式的，应当场或5日内一次告知要求补正。此外，还应当建立完善有关制度，推行电子政务，方便申请人采取数据电文等方式提出行政许可申请；应当与其他行政机关共享有关行政许可信息，提高办事效率。

3. 审查程序

行政许可的审查是获得许可的重要环节，行政许可的审查是形式审查与实质审查并存的。在形式上，审查申请人的材料的完整性与规范性。在实质上，审查许可申请内容的合法性[②]。根据《行政许可法》，行政主体在审查许可申请时，应当按照如下步骤：其一，审查申请人的材料。申请人提交的申请材料齐全、符合法定形式，行政机关能够当场作出决定的，应当当场作出书面的行政许可决定。根据法定条件和程序，需要对申请材料的实质内容进行核实的，行政机关应当指派两名以上工作人员进行核查。其二，需要报上级机关决定的，应当及时处理。其三，涉及第三人重大利益时，行政机关应当告知相关人。行政机关对行政许可申请进行审查时，发现行政许可事项直接关系他人重大利益的，应当告知该利害关系人。申请人、利害关系人有权进行陈述和申辩。行政机关应当听取申请人、利害关系人的意见。

4. 决定程序

《行政许可法》第37～41条规定了行政许可的决定程序：其一，决定的期限。除当场作出行政许可决定的外，应当在法定期限内按照规定程序作出行政许可决定。其二，书面决定与说明理由制度。申请人的申请符合法定条件、标准的，行政机关应当依法作出准予行政许可的书面决定。行政机关依法作出不予行政许可的书面决定的，应当说明理由，并告知申请人享有依法申请行政复议或者提起行政诉讼的权

---

① 与接受申请材料这一事实行为不同的是，受理是一个法律行为，具有相应的法律意义。一方面它是审查和决定的前提条件，另一方面它对行政主体具有法律上的约束力，行政主体需在法定时限内作出是否准予许可的决定，否则申请人可寻求法律救济。

② 需要注意的是，行政许可的审查标准，或者说审查深度，应当根据行政许可的性质、功能、类型来确定，从而展开不同程度的审查，例如有观点认为：对于卫生许可、药品生产许可等一般许可、资格资质许可与技术审定许可，应当进行实质审查，原因在于这类事项关系着国家、社会和人民最基本的问题。而对于注册登记类的许可，应以形式审查为主，原因在于考虑到市场经济发展的需要。参见：胡建森．论行政机关对行政许可申请的审查深度［J］．浙江大学学报（人文社会科学版），2008（6）：88-90．

利。其三，决定的形式。包括许可证、执照、资质证、标签、检疫印章等[①]。其四，决定的效力。法律、行政法规设定的行政许可，其适用范围没有地域限制的，申请人取得的行政许可在全国范围内有效。

（二）听证程序

行政许可的听证程序是保护申请人、第三人利益的重要方式，也是促进行政许可规范设立的有效途径。从《行政许可法》来看，规定了以下基本内容：

1. 范围

法律、法规、规章规定实施行政许可应当听证的事项，或者行政机关认为需要听证的其他涉及公共利益的重大行政许可事项，行政机关应当向社会公告，并举行听证。

2. 启动

行政许可直接涉及申请人与他人之间重大利益关系的，行政机关在作出行政许可决定前，应当告知申请人、利害关系人享有要求听证的权利；申请人、利害关系人在被告知听证权利之日起 5 日内提出听证申请的，行政机关应当在 20 日内组织听证。

3. 程序

听证程序包括听证前的准备程序、听证公开、回避制度、申辩和质证等环节。听证应当制作笔录，听证笔录是行政机关作出行政许可决定的唯一依据，也能避免听证流于形式。另外，申请人、利害关系人不承担行政机关组织听证的费用。

重点难点

一、行政许可的变更与延续制度

（一）行政许可的变更

根据《行政许可法》第 49 条，行政许可的变更是由被许可人提出申请，行政机关予以审查后进行的。根据信赖保护原则，行政机关不得擅自改变已经生效的行政许可[②]。然而，当作出行政许可所依据的法律状态或者事实状态发生改变时，行政主体可以改变已经生效的行政许可。其中，法律状态的改变，主要指行政许可所依据的法律、法规、规章修改或者废止；事实状态的改变，也就是准予行政许可所依

① 《行政许可法》第 39 条："行政机关作出准予行政许可的决定，需要颁发行政许可证件的，应当向申请人颁发加盖本行政机关印章的下列行政许可证件：（一）许可证、执照或者其他许可证书；（二）资格证、资质证或者其他合格证书；（三）行政机关的批准文件或者证明文件；（四）法律、法规规定的其他行政许可证件。行政机关实施检验、检测、检疫的，可以在检验、检测、检疫合格的设备、设施、产品、物品上加贴标签或者加盖检验、检测、检疫印章。"

② 王克稳. 论变更、撤回行政许可的限制与补偿 [J]. 南京社会科学，2014 (4)：100.

据的客观情况发生重大变化[①]。而在地方性法规中，变更事由还受特殊条件制约。例如《杭州市市政公用事业特许经营条例》第34条就提到，行政主体只能依据特许经营协议的约定，收回特许经营权，不能直接依靠强制性方式，收回特许经营权。此外，变更行政许可给公民、法人或者其他组织造成财产损失的，行政机关应当依法给予补偿。

（二）行政许可的延续

《行政许可法》第50条规定了行政许可延续及相应程序。在行政许可延续的程序上，需要注意的有两点。一是在法定时间内提出申请，二是行政机关逾期未作决定的，视为准予延续。

在行政许可延续的对象上，需要注意一般许可和特许的区别。早期有观点认为，行政许可延续不是行政许可有效期的简单延长，而是行政机关基于被许可人申请作出的一种特殊的许可决定，或者说是赋予被许可人的一种优先权[②]。然而该观点没有实质区分特许和一般许可的特点，也容易造成特许和一般许可的混淆。因此，又有学者将研究对象限定在了特许的范围内，认为：在行政特许中，延续是一"假问题"。在特许经营事项上，许可期限届满后，更应该通过公平竞争的程序来实现行政特许的全面"更新"[③]。本书认为，在一般许可，例如营业执照、驾驶证的延期上，可以适用《行政许可法》第50条，但是在部分特许事项中，例如采矿许可、烟草专卖许可等特许事项中，行政许可的延续程序应该和一般许可形成区别。特许事项的延续程序应考量竞争、公开的因素，进而更好地发挥出行政特许在市场经济中的作用。

二、相对集中行政许可权制度

相对集中行政许可，也就是将行政许可权限相对集中，实现行政许可的统一办理、联合办理与集中办理。该制度以激发市场经济活力为目的，力求提高行政效率，让行政许可申请人"只跑一次"。

早在2003年，就有探索建立相对集中行政许可权制度的呼声[④]，到目前为止，相对集中行政许可权制度的运行有以下表现[⑤]：其一，是行政许可需要行政机关内

---

① 《行政许可法》第8条："公民、法人或者其他组织依法取得的行政许可受法律保护，行政机关不得擅自改变已经生效的行政许可。行政许可所依据的法律、法规、规章修改或者废止，或者准予行政许可所依据的客观情况发生重大变化的，为了公共利益的需要，行政机关可以依法变更或者撤回已经生效的行政许可。由此给公民、法人或者其他组织造成财产损失的，行政机关应当依法给予补偿。"

② 王太高. 论我国行政许可延续立法之完善［J］. 法商研究，2009（5）：121.

③ 倪洪涛. 论行政特许延续的阻却［J］. 行政法学研究，2018（1）：37.

④ 《国务院办公厅关于贯彻实施行政许可法工作安排的通知》（国办发〔2003〕99号），2003年12月10日发布。

⑤ 《行政许可法》第26条："行政许可需要行政机关内设的多个机构办理的，该行政机关应当确定一个机构统一受理行政许可申请，统一送达行政许可决定。行政许可依法由地方人民政府两个以上部门分别实施的，本级人民政府可以确定一个部门受理行政许可申请并转告有关部门分别提出意见后统一办理，或者组织有关部门联合办理、集中办理。"

设的多个机构办理的，该行政机关应当确定一个机构统一受理行政许可申请，统一送达行政许可决定。例如《浙江省保障“最多跑一次”改革规定》第5条规定，“县级以上人民政府可以指定综合行政服务机构以该机构的名义统一负责办事事项的收件工作”①。其二，涉及跨部门、跨机构的行政许可，联合办理、集中办理行政许可。对此，实践中主要生成了两种模式②。一是行政服务中心模式，即由地方政府设立一个或若干个行政服务中心，行政许可机关向行政服务中心派驻工作人员代表原职能部门作出行政许可决定。二是行政审批局模式，即行政许可权从原行政机关职权中分离出来，集中归并到行政审批局，行政审批局以自己的名义行使行政许可权，作出行政许可决定。

从该制度设计的优点来看，不论是行政服务中心，还是行政审批局，都在很大程度上起到了利民便民的作用，然而相对集中行政许可权制度的弊病也较为明显，主要体现在行政审批局上。第一，行政许可与行政监管的割裂。原有监管部门的部分许可权限被划分给了行政审批局。然而在许可实施的过程中，行政审批局并没有具体的监管权限，被许可事项的监管职责仍属于原监管部门，“谁审批谁监管”的约束失效，容易存在审批与监管的责任推诿，同时降低行政监管的制度效能。第二，相对集中行政许可的事项有限、边界不清，容易产生各部门之间职权混乱。对于一些事项清晰、程序简单的许可内容，可以交由一个部门集中办理行政许可。然而对于专业性较强的事项，例如国土、环保、医疗卫生等专业事项，仍然需要专门的职能部门办理行政许可。为了解决该问题，诸多地区就要求原许可机关协助参与到行政审批局的许可审查过程之中。譬如天津滨海新区的模式是行政审批局负责实质审查，但原行政部门要以观察员的身份，同步参与到行政审批局的审查过程之中，但因此也难免产生权责不清与法律责任的混乱③。

为了解决相对集中行政许可权制度中的问题，有学者提出建构一套体系化机制，以多层次、系统化的方式实现许可权的集中运行。具体来说：在选择路径上，考量许可权的空间集中、程序紧缩、事项归并、职权整合等多维度路径。而在运行模式上，根据行政任务的差异，区分标准型许可事项、专业型许可事项和综合型许可事项，在同层级部门之间以及各层级政府间进行许可权的分配，以实现许可权的横向与纵向集中；在许可权行使方式上应根据集中程度的具体需求，选择上述某一维度的路径或对各种集中手段进行组合④。但总的来说，对于相对集中行政许可权制度的完善，既有行政许可制度本身的完善，也涉及了行政组织法的精细化与规范化，是未来理论与实践中值得思考的问题。

---

① 《浙江省保障“最多跑一次”改革规定》（2018年11月30日浙江省第十三届人民代表大会常务委员会第七次会议通过）第5条第2款规定：“县级以上人民政府可以指定综合行政服务机构以该机构的名义统一负责办事事项的收件工作，并指定综合行政服务机构受行政机关委托统一负责办事事项的受理、送达工作；行政机关也可以将办事事项的收件、受理、送达工作全部或者部分委托其他行政机关办理。行政机关、综合行政服务机构应当加强对其工作人员的业务培训。”

② 王克稳．论相对集中行政许可权改革的基本问题［J］．法学评论，2017（6）：44－45．

③ 卢超．行政审批局改革的组织创新及其公法启示［J］．浙江学刊，2021（6）：32－34．

④ 石肖雪．相对集中行政许可权实现机制［J］．法律科学，2022（4）：138－148．

三、行政许可中的容缺受理制度

行政许可中的容缺受理制度是指在申请行政许可过程中，对于申请人主要材料齐全且符合法定形式、次要资料有欠缺的情况，只需书面承诺在特定时间内补齐次要材料，行政机关便可予以先行受理申请并进行审查的制度[①]。在“放管服”背景下，行政许可容缺受理作为践行服务行政理念的制度安排，旨在解决行政审批过程中耗时长、盖章多、效力低等问题。2012年，泉州市“容缺预审制”的初次尝试取得了较好的社会效果[②]，随后在全国范围内铺陈开来，但其在运行过程中始终面临着理论和实践的双重诘问。

（一）容缺受理制度的正当性

《行政许可法》未对材料不齐的情形应采用何种程序进行明确规定，由于缺少明确的法律依据且主要申请材料和次要材料的区分也不清晰，在实践过程中，容缺受理制度需依赖行政机关工作人员的经验判断进行裁量[③]。在规范不完善的情况下对容缺受理制度进行探讨，首先需要明晰的是其正当性问题，即容缺受理制度的实质合法性基础[④]。

第一，容缺受理制度符合《行政许可法》第32条的规范要求。从法教义学的角度来看，《行政许可法》第32条列举了许可受理情况，但存在“当申请材料特别是次要材料出现部分瑕疵或欠缺”的法律漏洞，而通过整体类推的方法，可以对该法律漏洞进行填补[⑤]。《行政许可法》第32条第3、4项规定，存在“可以当场更正的错误”“不齐全或者不符合法定形式”的，“允许申请人当场更正”或者是“当场或者在五日内一次告知申请人需要补正的全部内容”，上述规范中蕴含着一种一般性的精神，即：行政主体在处理相对人之申请时应采纳便利当事人之原则。因此，本着行政程序应当便利当事人原则，行政主体在处理“当申请材料特别是次要材料出现部分瑕疵或欠缺”情况时，需要便利当事人——提供容缺受理。

第二，容缺受理制度是行政裁量权运用的体现。在依法行政前提下，行政机关根据实际情况进行选择，是在法律授权的范围内行使裁量权的体现。行政裁量具有要件裁量、效果裁量与程序裁量三个面向，相较于前两者，程序裁量的选择空间较大，且体现了行政机关在法律未作出具体规定之时而赋予其的形成自由。容缺受理

---

① 韩业斌．“容缺受理”制度的合法性释疑［J］．宁夏社会科学，2019（3）：82.

② 《泉州市人民政府办公室关于市绿色通道项目推行容缺预审制的通知》（泉政办〔2012〕114号），2012年5月7日发布。

③ 荣振华，刘阳阳．自由贸易试验区商事登记制度构建现状、反思及展望：从自由贸易港商事制度建设启示视角分析［J］．上海对外经贸大学学报，2018（2）：65-69.

④ 喻少如，胡志衡．容缺受理之正当性、性质与完善路径［J］．河南财经政法大学学报，2021（3）：111-115.

⑤ “整体类推”是从具体的法律规定中归纳出一般性的法律思想或原则，并将其适用于没有规定的情形，即“从特殊到一般”和“从一般到特殊”的结合。参见：克莱默．法律方法论［M］．周万里，译．北京：法律出版社，2019：174-176.

体现了行政机关的程序裁量权。

第三，容缺受理制度契合了整体政府的改革需要。虽说容缺受理所容缺之材料、资料是延后提交、补交的，并没有真正地被省略，也没有像告知承诺制般直接以承诺书或其他方式替代，但容缺受理制度中思维模式的变化，特别是对主要材料与次要材料的区分，也逐渐影响着整体许可、审批制度的模式，乃至融入整体性治理模式当中①。

(二) 容缺受理的性质

对于容缺受理行为应当如何定性的问题，学界存在多种理解：

1. 非独立具体行政行为说

该观点认为容缺受理为非独立具体行政行为，容缺受理被视为信用承诺的一种事前承诺表现形式，只是具体行政行为的前置措施。尽管结合行政过程论的视角来审视，这样的思考有一定合理性，但不能更好地规制容缺受理制度，因为前置措施或非独立行为的定性意味其并未对外发生效力而不对相对人的权利义务产生影响。依此逻辑，司法审查不能以容缺受理为审查对象，而只能对作为独立行为的具体行政行为即整个行政许可或行政审批行为予以审查。然而，容缺受理行为实际上已经开始对行政相对人产生影响——受理意味着行政机关接受相对人之申请，许可的过程宣告开始，反之则未然。故上述观点对容缺受理之定性并不适宜。

2. 行政行为混合民事行为说

该观点认为，容缺受理制度的应用，是在相对人提交申请材料不完全符合要求而提供一定保证（承诺）的前提下仍然启动行政审批程序，因此属于行政行为，进而主张容缺受理满足行政行为的要件。同时，该观点认为，完全靠申请人或者所属单位的履约自觉，导致了行政许可这一行政法律行为中介入了民事法律行为的因素，容缺受理强调履约自觉这一民事特质，会对行政行为的公信力产生影响。该观点因容缺受理需要相对人承诺而将其归为完全依靠申请人的履约自觉，并以此认为混合了民事行为的因素。然而，此论证并不充分，缺乏说服力，不能单独因为相对人之后续补充行为，便认定其属于民事行为的范畴。因此，此说同样也不适宜。

3. 附款行政行为说

本书认为容缺受理行为是附款行政行为②。附款行政行为，系除行政法规范明确规定外，行政主体根据实际需要附加生效条件的行政行为，又称附条件行政行为③。附款行政行为的内涵，表现了容缺受理的本质——行政主体对法律既定事项之外的附加。此附加，具体体现为行政机关对相对人申请的受理，附带了一定之条件——需要承诺在特定时间内补充。也有观点认为，容缺受理许可是一种附解除条

---

① 王敬波. 面向整体政府的改革与行政主体理论的重塑 [J]. 中国社会科学，2020 (7)：104 - 122.

② 喻少如，胡志衡. 容缺受理之正当性、性质与完善路径 [J]. 河南财经政法大学学报，2021 (3)：116 - 117.

③ 喻少如. 行政行为之附款问题研究 [J]. 当代法学，2001 (12)：33 - 36.

件的行政行为，但是该说仍然从属于附款行政行为，系从不同角度理解容缺受理行为的特征。在未完全达成法定条件的情况下，就可以通过承诺在规定期间内补齐法定要件先行获得许可。如未能补齐，解除条件成就，许可失效①。

首先，许可行为特别是受理环节可以附款。一般认为，并非所有行政行为均可添加附款，其适用范围主要为裁量行政行为②。对许可申请材料的具体审查表现出一定裁量性。如对申请人是否符合许可资格的认定具有专业性，此专业判断在行政权的裁量范围内。

其次，容缺受理应为附条件之行政行为。行政行为的附款，在种类上可分为条件、期限、负担以及撤回权的保留③。容缺受理表现为：可以受理相对人许可申请，但是如果其逾期、违反承诺，则解除对其之许可。

最后，容缺受理的特征与附款行政行为契合。其一，容缺受理具有行政性。其二，容缺受理具有裁量性。其三，容缺受理具有附属性。

（三）容缺受理制度的完善可能

首先，容缺受理制度应坚持依法行政原则。容缺受理的适用应遵守法律、法规及规章，并非所有的事项都可以适用该项制度，在诸如部分药物类许可等关系国家、社会运行秩序的领域就不宜适用容缺受理制度。因此，在容缺受理中，涉及上述事项的证明材料便不应在容缺的范围内，否则属于对法律、法规的变相违反。

其次，区分主要材料与次要材料应以许可的构成要件为标准。判断具体行政许可的构成要件，需要以具体部门法律、行政法规以及规章规定为准。概括而言，构成要件主要包括事项以及资格条件等方面。例如根据《建筑法》第 8 条规定，申请施工许可证，需要办理该建筑工程用地批准手续、取得建设工程规划许可证以及确定建筑施工企业等条件。因此，其构成包括批准手续、规划许可证、施工企业等，而与前述构成要件直接相关之材料则为主要材料，其他方面，如招投标合同及其复印件等资料，则为次要材料，如此适用。

最后，本书认为，容缺受理制度的实施至少需要做好以下程序：其一，评估程序。例如可通过专家论证等方式，对容缺受理许可事项进行评估。其二，公示与告知程序。是否进行容缺受理以及具体什么材料能够进行容缺受理，行政机关需要在受理前通过多种方式进行公示。其三，承诺程序。在申请人了解容缺受理的事项与要求后，确需办理的，需要在自愿意思表示基础上，签署承诺书。其四，受理程序。当主要材料、主件材料齐备，相对人承诺书签署完毕后，即可进入许可的受理程序。此时，行政机关应出具受理之书面凭证，与一般受理方式无异。其五，补齐程序。容缺的次要材料或附件，需要延后补交，而非不需提交，因此，行政机关需要在公示程序之时便让行政相对人明确相应的补交时限，当次要材料补正完毕，申请许可、

---

① 孙煜华. 容缺办理行政许可的效力及其风险防控［J］. 行政法学研究，2022（6）：18.

② 吴庚. 行政法之理论与实用［M］. 台北：三民书局，2012：348.

③ 喻少如. 行政行为之附款问题研究［J］. 当代法学，2001（12）：33－36.

审批行为才算完毕。

四、行政许可中的特许

特许又称行政特许、特别许可，是由行政主体代表国家向许可申请人授予某种特定的权利。作为一种重要的行政许可类型，学术界通常将特许与一般行政许可区分开来，凸显其特殊的地位和属性。

（一）行政特许的概念纷争

《行政许可法》第 12 条采取宽泛列举的方式将行政许可划分为五种类型，其中第 2 项规定，“有限自然资源开发利用、公共资源配置以及直接关系公共利益的特定行业的市场准入等，需要赋予特定权利的事项”可以设定行政许可，该规定长期以来被视为设立特许的规范依据。由此可见，立法上并未直接界定特许的概念，而是从适用范围出发，将能够被列举范围所涵盖的事项归为需取得特许的范畴，因为无论是在学界还是在实务界，行政特许的概念尚未达成共识。

在行政法学界，对特许的理解主要有如下观点：一是“赋予特权说”，认为特许是对特定人特定权利的赋予。“特许，是行政机关代表国家向被许可人授予某种特定的权利的活动”[①]。二是“特别限制解禁说”，认为特许是对特定申请人或特定事项解除禁止，给予例外的许可，“特许是指除了符合一般法定条件外，对申请人有特别限制的许可”[②]，“特别许可是指行政机关赋予公民、组织行使普通禁止的事项的特权，而这些事项如适用普通许可有可能造成严重危害后果”[③]。三是“严格适用说”，认为特许是相较于一般许可而言，适用条件和适用程序更加严格的许可[④]。

在立法过程中，对于特许的概念和适用范围也存在较大分歧。2002 年的《中华人民共和国行政许可法（草案）》中使用了特许概念，当时公布的《关于〈中华人民共和国行政许可法（草案）〉的说明》作了详尽解释，“特许是由行政机关代表国家向被许可人授予某种权利，主要适用于有限自然资源的开发利用、有限公共资源的配置、直接关系公共利益的垄断性企业的市场准入等（第十八条）。海域使用许可、无线电频率许可是典型的特许。特许的功能主要是分配稀缺资源，一般有数量控制”。然而，该草案提交全国人大常委会审议时产生了争议。在概念上，有人提出特许应当是对申请人的身份、资格有特别严格限制的许可；在适用上，有人认为应当适用于直接涉及国家安全、公共安全和人身健康、生命财产安全等需实施严格管理的事项。鉴于该问题迟迟未达成一致意见，正式出台的《行政许可法》中便删去了对特许进行概念界定的表述，但草案规定的有关特许的内容作为一种行政许可的类型被保留下来。

---

① 周佑勇. 行政许可法理论与实务［M］. 武汉：武汉大学出版社，2004：28.
② 应松年，杨解君. 行政许可法的理论与制度解读［M］. 北京：北京大学出版社，2004：115.
③ 应松年. 当代行政法：上卷［M］. 北京：中国方正出版社，2005：703.
④ 胡建淼. 行政法学［M］. 3 版. 北京：法律出版社，2010：244.

上述争议，事实上是从不同方面和角度揭示了特许的特征，结合《行政许可法》第 12 条第 2 项的内容来看，特许至少包含如下法律特征：一是特许是一种赋权行为，行政主体赋予了申请许可人本不具有的某项资源的开发使用权或排他性经营权；二是特许的权源是自然资源、公共资源的国家所有权或特定行业的排他性经营权，实施特许的主体即行政主体是国家所有权或经营权的代表者；三是特许申请人及申请事项均具有特别限制，这些限制严于一般许可。

但也有学者认为，不同学说所描绘的特征只是一种部分概括，并不具有解释力上的完满性，故试图从这些特征中提炼出“相似性”本质，将行政特许界定为“行政主体在部分非高权职权领域，依法准许被特许人从事与行政主体相似的活动以完成行政任务，被特许人因而在其中享有与行政主体相似的权利、负有与行政主体相似的义务，行政主体对接受特许服务的公民仍负有间接潜在义务的一种行政许可”①。本书认为，这种界定保持了一定程度的开放性，在行政任务变动的背景下可随着任务的变化而灵活适用，但是仍然无法解决实践中的问题：事先判断哪些事项属于特许而非一般许可，也就是特许和一般许可的界分难题。

(二) 行政特许与一般许可之界分

行政特许之“特”是相较于一般许可而言的，有学者将《行政许可法》第 12 条中除第 2 项之外的其他四类许可归为一般许可②，并对比阐述了一般许可和特许之间的差别，总体而言，二者之间存在如下差异：

其一，许可基础不同。特许的许可基础是国家所拥有的对自然资源的所有权以及特定行业的排他性经营权，而一般许可的许可基础是国家对相关领域的管制权。

其二，行为的性质不同。特许是一种赋权行为，行政主体代表国家在相对人不享有既有权利的情形下赋予其新的权利；而一般许可是一种解禁行为，是对相对人既有权利的解禁和自由的恢复。

其三，适用前提不同。对于特许而言，相对人取得特许的前提是行政主体决定出让其在特定领域所创设的该项权利；而一般许可中相对人取得许可的前提是其具备实体法规定的条件，只要符合法定条件，行政主体就必须给予许可。

其四，数量限制不同。特许的作用在于分配政府垄断的稀缺资源，而资源的稀缺性决定了特许在数量上的有限性；而一般许可则一般没有数量限制。

其五，适用程序不同。特许的实施程序适用特别规定，一般以招标、拍卖、竞争性谈判等公平竞争的方式进行，同时往往还要求取得特许权的相对人依法进行确权登记；而一般许可适用行政许可的一般实施程序即可，即按照申请—受理—审查—决定的步骤开展。

此外，二者在是否收费以及收费的性质上，是否可转让以及未经许可从事相关活动引发的法律后果等方面均存在差异。可以说，二者在理论上进行界分似乎并不

---

① 翟翌. 基于“相似性”本质的行政特许界定及其应用 [J]. 中国法学，2016 (1)：152.

② 王克稳. 论行政特许及其与普通许可的区别 [J]. 南京社会科学，2011 (9)：84－85.

困难，但是具体到实践中，尤其是出现一些新的需要政府采取措施进行规制的领域或事项的时候，这些领域或事项究竟是否应当归入特许的范畴，是一个颇为困扰的问题。究其原因，《行政许可法》对不同许可类型的分类标准不甚清晰，以及对特许适用范围的规定存在一定的模糊性，哪些资源属于“公共资源”，哪些行业属于“直接关系公共利益的特定行业”，等等，均需要行政主体自行判断。这也导致实际执行过程中滋生“权力寻租”空间，或是产生“不管就乱，一管就死”的管理乱象。

上述问题的出现在某种程度上可归结于学界对行政特许理论系统认知的薄弱。在合作行政的背景下，公共任务的实现主体也呈现出多元化态势，行政特许在交通、市政、能源等领域有着巨大的运用潜能，如何更好地规制行政特许，克服其既有弊病，释放其潜能，有必要对行政特许的理论体系进行精细化研究。基于此，有学者提出以“法律关系”视角来对行政特许进行重构，认为行政特许的“特”主要表现为权利上的“特”（行政特许中受许人享有与行政主体相似的权利之例子）、义务上的“特”（权利的相似性可推导出义务上的相似性，受许人负担的义务与获得的权利同等重要）以及行政主体对特许的潜在义务（特许并非权利的完全转让而是某种委托，行政主体仍需对此承担一种潜在的、兜底的义务），进而认为：其一，行政特许法律关系在主体上不同，除行政主体、作为相对人的受许人、利害关系人外，还包括“受许人的对象人”；其二，行政特许法律关系的客体不是物，亦非特许经营资格本身，而是“完成行政任务的行为”；其三，行政特许法律关系的“标的物”具有公物属性，一是实体上需以完成行政任务为目标，二是程序上需经公物命名程序；其四，行政特许法律关系的主要内容是行政主体、受许人、利害关系人、受许人的对象的权利义务[①]。

案例分析

一、案例导入

金某与湖南省人民政府土地行政复议纠纷再审案[②]

2018年6月4日，湖南省娄底市公共资源交易中心发布国有建设用地使用权挂牌出让公告（娄新国土出告字〔2018〕17号、18号），土地用途均为商服（加油站）。7月4日，金某、张某竞得上述两地块的国有建设用地使用权，并与娄底市公共资源交易中心签订了成交确认书。2018年7月9日，金某、张某向娄底市新化县商务粮食局（简称新化县商务粮食局）提交新建竞得地块的加油站经营资格申请。7月11日，新化县商务粮食局以曾某、陶某已于2018年1月26日分别向其提交该地段加油站项目湖南省新建加油站（点）申报表，同年2月5日湖南省商务厅在该表上签署同意，且规划确认文件仍处于有效期为由，对金某、张某的申请不予受理。

① 翟翌. 行政特许法律关系新论［J］. 比较法研究，2016（5）：96－110.

② 最高人民法院再审行政裁定书，（2020）最高法行申6994号。

金某、张某为此向湖南省人民政府申请行政复议。湖南省政府认为，金某、张某向商务部门申请核发规划确认文件前，案外人已取得了该规划确认文件，且核发规划确认文件时，金某、张某与案涉两宗地及拟建设项目并无法律上利害关系，不具有申请行政复议的资格，遂作出《驳回行政复议申请决定书》。金某、张某不服，向湖南省长沙市中级人民法院提起诉讼，请求判令撤销湖南省政府作出的行政复议决定。

二、法官释法

最高人民法院经审理认为，本案中，第一个问题是：如何明确争议行政行为的性质？这涉及行政许可的种类认定。根据《行政许可法》第 12 条第 2 项规定的内容，成品油经营资源是公共资源之一，政府通过行政许可的方式将使用权、经营权出让，应当是特许。从内容来看，这是资源配置类行政许可。

然而本案所涉商务部《成品油市场管理办法》（2020 年 7 月 1 日废止，本案行政行为实施时在有效期内）第 8 条明确了申请成品油零售经营资格的企业条件，第 13 条规定：申请从事成品油零售经营资格应当提交省级人民政府商务主管部门核发的加油站规划确认文件；如果是通过招标、拍卖、挂牌方式取得加油站土地使用权的，还应提供省级人民政府商务主管部门同意申请人投标或竞买的预核准文件及国土资源部门核发的国有土地使用权拍卖成交确认书。因此，取得加油站规划确认文件、预核准文件都需要经过行政许可。

湖南省商务厅认为，规划确认文件具有唯一性和排他性，预核准文件是个人或者企业可以参加加油站用地使用权招拍挂的一个资格许可，不具有唯一性和排他性，没有数量限制。湖南省政府对湖南商务厅的陈述予以认可。

第二个问题是：资源配置类行政许可的发展趋势。

资源配置类行政许可的发展趋势，是引入市场化的竞争机制，以招标、拍卖等公平竞争的方式配置国有资源，取代传统的许可方式，以减少国家对资源的控制和垄断，并保证国有资源分配的公平、公正。根据《行政许可法》第 53 条规定，属于该法第 12 条第 2 项所列事项的行政许可，行政机关应当通过招标、拍卖等公平竞争的方式作出决定，法律、行政法规另有规定的除外。该条明确了符合《行政许可法》第 12 条第 2 项规定的资源配置类行政许可应当采取竞争方式的基本原则。资源配置类行政许可的非竞争出让方式作为“除外规定”，仅适用于单行法律、行政法规有明确规定的情形之下。从《成品油管理办法》第 13 条规定来看，普通许可性质的预核准文件与特许性质的加油站规划确认文件并存，造成加油站经营许可双轨制同时运行。

第三个问题是关于再审申请人与涉案规划确认文件是否具有利害关系的问题。也就是说，行政相对人与行政许可之间是否存在利害关系？

本案中，涉案加油站土地在“十二五”规划（2011—2015 年）中已规划为加油站用地。案外人曾某、陶某于 2011 年首次提出加油站经营许可申请，经湖南省商务厅审批取得规划确认文件。之后多次申请延期获批，加油站一直未动工建设。2018 年 2 月，案外人持有的规划确认文件最后一次报延获批，延至 2021 年 2 月到期。按照《湖南省商务厅关于进一步规范成品油审批管理有关工作的通知》（湘商运

〔2017〕20号）规定，有过期加油站建设规划确认文件的企业和个人，重新办理申报手续，换发新的加油站建设规划确认文件，新的规划确认文件不得再延期。案外人2018年获批的规划确认书到期应不再续延。

因案外人持有的规划确认文件仍在有效期间，本案中，尽管金某、张某竞得土地使用权，但仍然无法申请新的规划确认文件，无法动工建设加油站。湖南省商务厅2018年作出的规划确认文件以及其后的数次延期行为的排他性，客观上造成金某、张某有关新的规划确认文件的申请被不予受理，该二人与原规划确认行为具有法律上利害关系，在湖南省商务厅拒绝为其另行办理规划确认文件的情况下，金某、张某享有申请湖南省商务厅发放预核准文件或者要求其重新审查原规划确认文件是否仍应保持效力的权利。

金某、张某请求的实质，并非在于评判2018年规划确认文件的合法性，而在于湖南省商务厅是否应履行颁发新的规划确认文件的职责，或者是否应履行撤销或否定2018年规划确认文件效力的职责。故湖南省政府认为湖南省商务厅作出规划确认文件时，金某、张某未竞得涉案土地使用权，湖南省商务厅无法考虑其事后取得的涉案土地相关权益，金某、张某与该规划确认行为之间没有利害关系，并以此为由驳回他们的行政复议申请，与行政复议法相关规定不符；一审法院判决驳回金某、张某的诉讼请求，二审法院予以维持，属于适用法律错误，应予再审纠正。

本案的裁判要旨为：审理资源配置类行政许可案件，应当注重发挥市场在资源配置中的决定性作用，审慎认定行政相对人与行政许可之间是否具有利害关系。对于被诉行政许可因其效力存续而对起诉人的合法权益可能造成不利影响、限制其参与公平竞争的，应当依法认定起诉人享有申请另行发放行政许可或者要求行政机关重新审查原行政许可文件是否仍应保持效力的权利。

三、类案练习

江苏瑞达海洋食品有限公司诉盐城市大丰区人民政府等海域使用权行政许可纠纷案①

（一）基本案情

2015年8月，原告江苏瑞达海洋食品有限公司通过投标与被告大丰区自然资源局签订东沙紫菜养殖海域使用权出让合同，期限为三年。合同第十条均写明，“合同期满，海域使用权终止，本海域使用权不予续期”。此后，原告取得对应的三份海域使用权证书，证书写明的登记机关为大丰区自然资源局，发证机关为被告大丰区政府。证书载明的终止日期为2018年6月30日，并写明“招标海域到期后不再续期”。2018年年初，原告向被告大丰区政府提出海域使用权续期申请，同年5月，大丰区自然资源局作出“关于海域使用权不予续期的答复”，写明原告申请海域使用权续期的报告已收悉，答复称海域使用权合同明确约定，海域使用权到期后不续期。

2018年8月30日，大丰区自然资源局向原告发出“关于清理东沙紫菜养殖的

① 《最高人民法院公报》2020年第8期。

通知”，要求海域使用权期满的业主立即停止紫菜养殖行为，拆除全部人工设施设备等。原告认为，其向原批准用海单位大丰区政府提出续期申请，应由大丰区政府给予答复，大丰区政府并未在原行政许可有效期届满前作出是否准予延续的决定，应视为准予延续。

另查明，涉案海域位于大丰区东沙辐射沙洲，与江苏省海洋生态红线区毗邻，且邻近盐城湿地珍禽国家级自然保护区和盐城黄海湿地。2018 年 8 月 24 日，盐城市人民政府办公室发出“市政府办公室关于做好遗产提名地国家检查评估相关工作的通知”，其附件重点工作任务交办单中写明要求被告大丰区政府对东沙紫菜养殖进行清理。2019 年 7 月，经世界自然遗产大会表决，盐城黄海湿地被成功列为世界自然遗产。

（二）法律问题

1. 本案涉及的行政许可属于哪一种类？

2. 本案涉及的行政许可，是否应当由大丰区政府准予延续，为什么？

3. 本案中，海域使用权的许可事项系政府与海域使用权人以行政协议方式约定，那么这类许可的变更或延续的程序是怎样的，如何进行区分？

知识拓展

一、拓展阅读

1. 林华. 行政许可条件设定模式及其反思 [J]. 中国法学，2022（4）.

2. 石肖雪. 相对集中行政许可权实现机制 [J]. 法律科学（西北政法大学学报），2022（4）.

3. 卢超. 行政许可承诺制：程序再造与规制创新 [J]. 中国法学，2021（6）.

4. 王克稳. 行政审批（许可）权力清单建构中的法律问题 [J]. 中国法学，2017（1）.

5. 喻少如，胡志衡. 容缺受理之正当性、性质与完善路径 [J]. 河南财经政法大学学报，2021（3）.

6. 徐晓明. 行政许可后续监管体系中的从业限制法律责任：基本类型、法律属性及法律规制 [J]. 行政法学研究，2020（6）.

7. 张卿. 行政许可：法和经济学 [M]. 北京：北京大学出版社，2013.

二、毕业论文选题指导

1. 相对集中行政许可权的优化机制

2. 行政许可容缺受理制度研究

3. 行政许可承诺制的体系建构

第七章　行政处罚

行政处罚是行政执法的重要内容，是国家法律责任制度的重要组成部分，是行政机关有效实施行政管理，保障法律、法规贯彻施行的重要手段。2021 年新修订的《行政处罚法》坚持为行政处罚权行使定规矩、划界限，为了推进严格规范公正文明执法，保障行政执法既有力度又有温度，作出一系列针对性的规定。本章在对行政处罚的基础知识进行论述的基础上，对修法亮点以及相关经典案例等内容展开论述。

基础知识

一、行政处罚的目的

关于行政处罚的目的，谭冰霖认为：理论上素有特别预防和一般预防的功能指向。前者从个案正义出发，旨在通过制裁降低当事人再犯的可能性；后者从宏观的法律正义出发，通过对可发现的违法行为处以足够的制裁，对潜在的违法者予以警示[①]。苏苗罕认为，行政处罚主要是预防性的，指向违反法律或者规章，但是尚未造成实际损害或其损害可以补救的相对人[②]。张淑芳认为：行政处罚有一个非常重要的目的，就是社会教育，即通过行政处罚的实施使相关社会主体受到教育，并以此为戒不再违法[③]。关于行政处罚目的的种种认知，可以划分为威慑论与预防论两种。

在威慑论的观点看来，行政处罚的直接目的就是行政制裁、惩戒[④]，旨在惩罚违法相对人[⑤]，目的在于制裁，通过制裁使当事人以后不再违法，着眼点在于过去

① 谭冰霖. 环境行政处罚规制功能之补强 [J]. 法学研究，2018 (4)：151 - 170.

② 苏苗罕. 美国联邦政府监管中的行政罚款制度研究 [J]. 环球法律评论，2012，34 (3)：103 - 115.

③ 张淑芳. 行政处罚应当设置“从重情节” [J]. 法学，2018 (4)：48 - 56.

④ 李孝猛. 责令改正的法律属性及其适用 [J]. 法学，2005 (2)：54 - 63.

⑤ 陈太清，徐泽萍. 行政处罚功能定位之检讨 [J]. 中南大学学报（社会科学版），2015，21 (4)：61 - 65，75.

的违法行为[①]。我国行政处罚具有威慑论的目的色彩：第一，对于应受行政处罚行为，必须予以处罚。在我国《行政处罚法》中，处罚是原则，不处罚是例外。我国《行政处罚法》没有规定免予处罚，只规定了有限的从轻和减轻处罚情形，这其中暗含的正是威慑论的基底。第二，对于应受行政处罚行为的制裁力度，总体上必须遵守过罚相当原则。我国《行政处罚法》第5条第2款规定："设定和实施行政处罚必须以事实为依据，与违法行为的事实、性质、情节以及社会危害程度相当。"这意味着，决定行政处罚具体尺度的，只是违法行为本身。

预防论认为，行政处罚的目的并不在于打击和报复过去的违法行为，而是预防违法行为的再发生。如果说威慑论聚焦的客体在于过去的违法行为，是"回顾性的"，预防论则完全不一样，其是面向未来的违法行为的，是"展望性的"[②]。预防论契合了传统社会向风险社会转变的现实。风险社会中的损害是否发生是未知的，国家不能等到损害确定以后才予以介入，需要尽可能采用不同的规制工具防止风险发生。预防论也契合行政的本质。与刑罚不同，刑罚是以国家名义实施的一对一报复，但行政处罚必须追求社会效果，以保护公共利益为准则，被处罚人有时候难免会被当成宣传工具，会获得过量的行政处罚。威慑论拒绝将违法行为人视为满足公共利益的工具。但在预防论下，这恰恰可以得到很好的解释。预防论还可以解释威慑论无法解释的制度难题。"预防"既可以被解释成对违法行为人的特别预防或特殊预防，通过处罚防止其再违法；"预防"也可以被解释成对其他潜在违法行为人的普遍预防或一般预防，通过处罚威吓潜在违法者放弃违法意图。因此，预防论下行政处罚的制裁力度和制裁范围可以向外扩张，这正是风险社会下行政处罚的发展需求。

在现代社会，行政处罚应当兼具威慑和预防的双重目的。但是，在两者的关系上，应坚持威慑为主、预防为辅的主次关系。原因在于：威慑论具有权力限缩的功能，以威慑论为主，可以防止行政处罚权的过度扩张。反之，预防论存在权力扩张的风险，将其置于次要地位，既可以满足风险社会的规制需求，也不至于产生处罚权过度扩张的结果[③]。

二、行政处罚的概念

理论界立足不同视角，对行政处罚概念作了明确的界定。新中国第一本行政法统编教材《行政法概要》将行政处罚定义为国家行政机关对违反行政管理法规的人所作的处罚。应松年和罗豪才等人认为，行政处罚是特定国家行政机关依法惩戒违反行政法律规范的个人、组织的一种行政行为，属行政裁制范畴[④]。张焕光和胡建淼认为，行政处罚是指由法定行政主体基于行政管辖职权，对犯有一般违法行为，但

---

① 应松年. 论行政强制执行［J］. 中国法学，1998（3）：9-22.

② 冯军. 刑法中的责任原则：兼与张明楷教授商榷［J］. 中外法学，2012，24（1）：44-66.

③ 熊樟林. 行政处罚的目的［J］. 国家检察官学院学报，2020，28（5）：32-48.

④ 应松年. 行政法与行政诉讼法［M］. 3版. 北京：中国政法大学出版社，2017：163；罗豪才，湛中乐. 行政法学［M］. 4版. 北京：中国政法大学出版社，1989：155.

尚未构成犯罪的相对人依法所作的制裁[①]。杨海坤、章志远认为，行政处罚是行政主体对违反行政法律规范的行政相对人所给予的制裁[②]。曹康泰认为，行政处罚是指行政机关对公民、法人或者其他组织违反行政管理秩序行为，依法给予刑罚以外的制裁[③]。余凌云认为，行政处罚是指对违反行政法义务的相对人的一种行政裁制[④]。周佑勇认为，行政处罚是指具有法定权限的行政主体对违反行政法规范的公民、法人或其他组织所实施的一种行政制裁[⑤]。

2021年《行政处罚法》修改之前，法律层面并未明确行政处罚的概念，只在法律条文中列举了行政处罚的种类。其结果是，通报批评等旧的制裁方式难以被解释为行政处罚，"黑名单"等新的制裁方式也无法在旧法中获得承认。理论界和实务界围绕行政"黑名单"、通报批评、责令改正等行为是否是行政处罚，曾有过广泛讨论[⑥]。

在旧法修改之前，理论界和实务界对什么是行政处罚存在巨大争议。2021年修订通过的《行政处罚法》第2条新增了行政处罚的概念条款，明确规定："行政处罚是指行政机关依法对违反行政管理秩序的公民、法人或者其他组织，以减损权益或者增加义务的方式予以惩戒的行为。"胡建淼教授认为该条款存在三点缺憾：一是定义所反映的理念是以管理为本位的而不是以权利义务为本位的；二是将"行政管理秩序"和"行政法律秩序"简单等同起来，客观上把应受处罚行为从违反"行政法律秩序"不当扩大到违反"所有行政管理秩序"；三是"减损权益或者增加义务"未能覆盖行政处罚所带来的所有"不利后果"[⑦]。但是，即便如此，该条款仍是对1996年《行政处罚法》的重大修改，为厘定行政处罚的内涵和外延提供了基础性概念框架。具体来看，这一条款内含了"减损权益或者增加义务的方式""违反行政管理秩序""惩戒"三项要素，共同构筑起了一套完整的行政处罚判断体系[⑧]。

"减损权益或者增加义务的方式"是行政处罚的第一要素。分歧在于如何理解"减损权益"和"增加义务"。对此存在两种认识：第一，新的不利负担或者额外增加的不利负担。有学者认为制裁的本质属性是惩罚，且这种惩罚是相对于守法者而言的。凡是守法者和违法者都应履行的义务，就不能认为是对违法者的惩罚。只有

---

① 张焕光，胡建淼. 行政法学原理［M］. 北京：劳动人事出版社，2016：228.

② 杨海坤，章志远. 中国行政法基础理论研究［M］. 北京：北京大学出版社，2004：262.

③ 曹康泰. 行政处罚法教程［M］. 北京：中国法制出版社，2011：2.

④ 余凌云. 行政法讲义［M］. 北京：清华大学出版社，2019：330.

⑤ 周佑勇. 行政法原论［M］. 北京：北京大学出版社，2018：281.

⑥ 朱芒. 作为行政处罚一般种类的"通报批评"［J］. 中国法学，2021（2）：148-165；江国华，孙中原. 论行政处罚中的通报批评［J］. 河北法学，2022，40（6）：46-67；王炜. 通报批评是行政处罚吗?：关于生态环境部门实施新《行政处罚法》的20个问题［J］. 中国生态文明，2021（1）：49-52；黄锫. 行政执法中责令改正的法理特质与行为结构［J］. 浙江学刊，2019（2）：161-169；刘依桐."责令改正"及其相关行政决定的性质认定［J］. 东南大学学报（哲学社会科学版），2017，19（S2）：13-17.

⑦ 胡建淼. 论"行政处罚"概念的法律定位：兼评《行政处罚法》关于"行政处罚"的定义［J］. 中外法学，2021（4）：927-942.

⑧ 熊樟林. 行政处罚的概念构造：新《行政处罚法》第2条解释［J］. 中外法学，2021（5）：1286-1302.

违法者相对于守法者，其权益受到损害，承担的义务较之守法者为多，才是行政处罚[①]。制裁性是以剥夺限制被处罚人的权益或者给被处罚人增加新的义务负担来实现的。"对于私人的违法行为，要使其在本来义务之外承担更为不利的后果，才构成制裁。"[②] 因此，促使违法者恢复守法状态和纠正违法行为不属于行政处罚[③]。第二，无论利益合法与否，发生利益折损的不利益结果即可。这种观点认为，制裁的目的是通过强制违法者为其违法行为付出对应的、对其不利的代价[④]。只要剥夺一定的价值、利益或者科处一定的负价值或者不利益即符合不利益性的要求[⑤]。

"违反行政管理秩序"是行政处罚的第二要素。行政处罚针对的行为必须是违法行为。不具有违法性的行为，行政机关不能施加处罚。问题在于违法性如何判断。对此有两种认识：一是形式违法性，即以相对人的行为是否违反某一具体行政法律规范为判断标准。二是实质违法性，即以法益侵害性作为违法性的判断标准。总的来说，行政处罚的违法性判断必须结合形式违法性和实质违法性展开综合性评价，但两者存在功能区分，形式违法性用以"入罚"，实质违法性则用来"出罚"。

"惩戒"是行政处罚概念的第三要素。行政处罚的目的应是"惩罚违法相对人"[⑥]，是着眼于过去，对已发生违法行为的制裁，"系针对过去的违法行为而对违反行政法上义务者的事后制裁"[⑦]，而不是面向未来的预防和恢复。反之，如果不具备以制裁性为本质的惩戒性，所谓行政处罚就缺乏基本的法理依据[⑧]。因此，对可能发生的违法行为采取的预防措施不具有惩戒性，不符合行政处罚的目的要素，不是行政处罚。

三、行政处罚的种类

行政处罚的种类是行政处罚概念的外延和行政处罚设定的基础。根据《行政处罚法》第9条的规定，行政处罚的法定种类可以分为以下几个：

第一，警告、通报批评。警告是指行政主体向违法相对人发出警诫，申明其有违法行为，通过对其名誉、荣誉、信誉等施加影响，引起其精神上的警惕，使其不再违法的处罚形式。它在行政处罚中属于最轻微的一种处罚形式。通报批评是2021年《行政处罚法》修订时新增的行政处罚类型，是指行政主体在一定范围内以公开的方式陈述、列明行为人基本信息、违法行为、处理结果及相关否定评价，通过声誉降低对相对人施加心理震慑等精神性影响，令其认错悔改，促使其不再违法的处

---

① 杨解君. 秩序、权力与法律控制：行政处罚法研究［M］. 成都：四川大学出版社，1995：48-49.

② 王贵松. 论行政处罚的制裁性［J］. 法商研究，2020，37（6）：23.

③ 杨小君. 行政处罚研究［M］. 北京：法律出版社，2002：9-11.

④ 胡建淼. "其他行政处罚"若干问题研究［J］. 法学研究，2005（1）：70-81.

⑤ 熊樟林. 行政处罚的种类多元化及其防控：兼论我国《行政处罚法》第8条的修改方案［J］. 政治与法律，2020（3）：77-93.

⑥ 陈太清，徐泽萍. 行政处罚功能定位之检讨［J］. 中南大学学报（社会科学版），2015，21（4）：61.

⑦ 同②21.

⑧ 邹奕. 行政处罚之惩罚性的界定［J］. 行政法学研究，2022（2）：45.

罚方式[①]。

第二，罚款、没收违法所得、没收非法财物。罚款是指行政主体强制违法相对人缴纳一定钱币的处罚。它是实践中比较常用的一种行政处罚。没收违法所得、没收非法财物是指行政主体把违法相对人的违法所得和非法财物的财产所有权予以最终剥夺的处罚形式。

第三，暂扣许可证件、降低资质等级、吊销许可证件。暂扣许可证件、降低资质等级、吊销许可证件属于资格罚，是指行政机关对有违法行为的公民、法人和其他组织，通过暂扣、吊销许可证件或降低资质等级的方式暂时剥夺或永久剥夺其从事生产或经营权利的行政处罚。本条将修订前的许可证、执照修改为许可证件，与《行政许可法》的修改保持一致[②]，扩大了暂扣与吊销行为的客体范围。降低资质等级是对《建筑法》等法律、法规既有规定的吸收。

第四，限制开展生产经营活动、责令停产停业、责令关闭、限制从业。该类处罚属于行为罚，指行政机关对违反法律、法规的当事人，在一定期限内暂时剥夺或者永久剥夺其从事某项生产经营活动权利的行政处罚。“责令关闭”广泛存在于环境保护及安全生产等领域单行法和行政处罚实践之中。与责令停产停业不同，责令关闭是较为严厉的一种行政处罚。责令停产停业通常附有期限要求，受处罚人在一定期限内纠正了违法行为，就可以恢复生产和经营；责令关闭否定了公民、法人或其他组织生产经营行为的存续，并无期限限制。责令关闭与吊销许可证件的区别在于，责令关闭是针对生产经营的事实状态，吊销许可证件是针对可以开展生产经营的法律前提要件。“限制开展生产经营活动”以及“限制从业”作为新增的行政处罚种类，限制内容包括时间、空间、生产经营活动以及从业种类等方面，除被限制的经营活动外，被处罚人的其他生产经营活动不受影响。限制开展生产经营活动相对于责令停产停业而言，范围更小，效果更轻。限制开展生产经营活动是在原有生产经营范围的基础上加以控制或缩减的，但生产经营活动并不停止，而责令停产停业则意味着生产经营活动处于全面暂停的状态。限制从业多发生在对于行业准入有特定要求的专业领域内。

第五，行政拘留。行政拘留是指行政主体在一定期限内剥夺违法相对人人身自由的行政处罚。它是最为严厉的一种行政处罚。由于人身自由权是公民基本权利，所以只有法律能够设定此类行政处罚。

第六，法律、行政法规规定的其他行政处罚。《行政处罚法》第 9 条明确列举的行政处罚是实践中运用较为普遍的种类，但鉴于行政管理实践的复杂性，行政机关可能存在增加新的行政处罚种类的需要，为此规定了“兜底”条款，法律、行政法规可以增加新的行政处罚种类。在立法过程中，有人建议地方性法规也可新增处罚

① 江国华，孙中原．论行政处罚中的通报批评［J］．河北法学，2022，40（6）：46－67．

② 《行政许可法》第 39 条第 1 款规定：“行政机关作出准予行政许可的决定，需要颁发行政许可证件的，应当向申请人颁发加盖本行政机关印章的下列行政许可证件：（一）许可证、执照或者其他许可证书；（二）资格证、资质证或者其他合格证书；（三）行政机关的批准文件或者证明文件；（四）法律、法规规定的其他行政许可证件。”

种类，但为防止处罚种类过多以及确保国家法制统一，未作修改[①]。

但是，也有观点认为上述列举式的分类方式存在着难以克服的弊端，不具有示范意义和包罗其他类似行为的抽象功能，面对丰富的社会实践也缺乏包容性，导致传统的处罚行为无法被安置，新型的处罚行为也难以获得承认。对于现行法的规定，甚至有学者批评其只是一种立法机关逻辑混乱的列举[②]。为了更加科学有效地规范各种行政处罚行为，应当对实践中形形色色的行政处罚进行类型化，为创造更符合社会实际需要的行政处罚提供法律空间[③]。基于上述考量，理论界通常将行政处罚分为名誉罚、财产罚、行为罚与资格罚、人身自由罚等几种学理类型。

四、行政处罚的设定

行政处罚的设定是《行政处罚法》首创的一项行政法制度。由于行政处罚直接影响公民、法人或者其他组织的重要权益，1996 年《行政处罚法》创设行政处罚设定制度，对法律、行政法规、地方性法规和规章享有的处罚设定权作了明确限定。此后，《行政许可法》《行政强制法》又相继对行政许可和行政强制的设定权进行了配置，设定制度成为我国“行政三法”中共同的制度装置。行政处罚的设定不同于行政处罚的规定。前者属于创设性立法，意味着“从无到有”，即首次将某一行为确定为违法行为，或者首次对某一违法行为给予行政处罚。后者则属于执行性立法，意味着“从有到细”，着眼于在上位法已规定的应受处罚行为、种类和处罚幅度内作出细化规定。

2021 年《行政处罚法》修改之前，我国行政处罚的设定仅指某一法律规范首次将某一行为规定为违法行为，同时一并给予行政处罚的情形。2021 年修法之后，我国行政处罚设定制度增加了补充设定这一新型的设定安排。补充设定是指上位法已经对违法行为作了规定，但未规定处以何种处罚而由有关法律规范补充设定行政处罚。新增补充设定制度，既有助于放宽地方立法的行政处罚权限，发挥地方立法在地方治理中的作用[④]，也能补全上位法中的残缺规则，实现立法精细化的效果。

总的来看，行政处罚设定制度的存在价值在于两个方面。一方面，设定制度是对不同位阶法律规范及其背后所代表的立法机关的赋权，直接决定了哪些层级的立法机关或法律规范有权创设新的行政处罚种类。另一方面，设定制度对立法权限的配置也构成对不同位阶法律规范处罚设定权的限制，可以有效治理实践中行政处罚设定的乱象[⑤]。

具体而言，根据我国《行政处罚法》第 10～16 条的规定，行政处罚的设定规则如下：

---

① 李洪雷. 中华人民共和国行政处罚法评注［M］. 北京：中国法制出版社，2021：82.

② 熊樟林. 行政处罚的种类多元化及其防控：兼论我国《行政处罚法》第 8 条的修改方案［J］. 政治与法律，2020（3）：80.

③ 马怀德.《行政处罚法》修改中的几个争议问题［J］. 华东政法大学学报，2020，23（4）：9.

④ 胡建淼.《行政处罚法》修订的若干亮点［J］. 中国司法，2021（5）：65.

⑤ 杨伟东. 行政处罚设定制度：变化、理解与控制重点转换［J］. 广东社会科学，2021（4）：234.

第一，法律的设定权。法律可以设定各种行政处罚。限制人身自由的行政处罚，只能由法律设定。

第二，行政法规的设定权。行政法规可以设定除限制人身自由以外的行政处罚。这里“限制人身自由的处罚”，目前仅指行政拘留。法律对违法行为已经作出行政处罚规定，行政法规需要作出具体规定的，必须在法律规定的给予行政处罚的行为、种类和幅度的范围内规定。法律对违法行为未作出行政处罚规定，行政法规为实施法律，可以补充设定行政处罚。拟补充设定行政处罚的，应当通过听证会、论证会等形式广泛听取意见，并向制定机关作出书面说明。行政法规报送备案时，应当说明补充设定行政处罚的情况。

第三，地方性法规的设定权。地方性法规可以设定除限制人身自由、吊销营业执照以外的行政处罚。法律、行政法规对违法行为已经作出行政处罚规定，地方性法规需要作出具体规定的，必须在法律、行政法规规定的给予行政处罚的行为、种类和幅度的范围内规定。法律、行政法规对违法行为未作出行政处罚规定，地方性法规为实施法律、行政法规，可以补充设定行政处罚。拟补充设定行政处罚的，应当通过听证会、论证会等形式广泛听取意见，并向制定机关作出书面说明。地方性法规报送备案时，应当说明补充设定行政处罚的情况。

第四，国务院部委规章的设定权。国务院部门规章可以在法律、行政法规规定的给予行政处罚的行为、种类和幅度的范围内作出具体规定。尚未制定法律、行政法规的，国务院部门规章对违反行政管理秩序的行为，可以设定警告、通报批评或者一定数额罚款的行政处罚。罚款的限额由国务院规定。

第五，地方政府规章的设定权。地方政府规章可以在法律、法规规定的给予行政处罚的行为、种类和幅度的范围内作出具体规定。尚未制定法律、法规的，地方政府规章对违反行政管理秩序的行为，可以设定警告、通报批评或者一定数额罚款的行政处罚。罚款的限额由省、自治区、直辖市人民代表大会常务委员会规定。国务院部门和省、自治区、直辖市人民政府及其有关部门应当定期组织评估行政处罚的实施情况和必要性，对不适当的行政处罚事项及种类、罚款数额等，应当提出修改或者废止的建议。除法律、法规、规章外，其他规范性文件不得设定行政处罚。

五、行政处罚的实施主体

行政处罚的实施主体制度是《行政处罚法》实施的关键制度和重要保障[①]。根据《行政处罚法》的规定，我国行政处罚的实施主体主要有以下几类：拥有行政处罚权的行政机关，综合行政执法机构，法律、法规授权的组织，行政机关委托的组织，乡镇街道。

---

① 黄海华．新行政处罚法的若干制度发展［J］．中国法律评论，2021（3）：53.

（一）拥有行政处罚权的行政机关

按照职权法定原则，行政处罚原则上应当由行政机关依法实施。《行政处罚法》第 17 条规定："行政处罚由具有行政处罚权的行政机关在法定职权范围内实施。"

第一，必须是行政机关。行政处罚权是行政职权的一项重要内容，而按照我国宪法对国家机关职权的分工规则，国家行政职权由国家行政机关行使。因此，实施行政处罚的主体必须是国家行政机关，确切地说，由具有行政主体资格的行政组织来实施行政处罚。同时，行政处罚作为一种外部行政行为，是针对公民、法人或者其他组织实施的一种制裁，因此实施行政处罚的主体也应当是外部行政机关，即依据法律的授权代表国家对公民、法人或其他组织实施管理的机关①。

第二，必须是拥有行政处罚权的行政机关。行政处罚权在行政职权中是一种特别职权，而不是一般职权，并不是所有的行政机关都"先天"拥有该职权。行政处罚权涉及公民、法人或其他组织的权利义务，对行政处罚的设定应当较为慎重，因此行政处罚权并不是行政管理权的自然延伸，享有行政管理权的行政机关如果想要行使行政处罚权，必须在法律、法规、规章作特别设定的条件下，才拥有行政处罚权。

第三，必须是在法定职权范围内实施行政处罚。没有行政处罚权的行政机关不得实施行政处罚，具有行政处罚权的行政机关必须在法定职权范围内实施行政处罚，否则，该行政处罚不具有法律效力。

（二）综合行政执法机构

行政执法体制改革呈现横向综合执法和纵向重心下移的双轨推进模式。实践中，行政执法机构众多，行政执法权分散，部门之间职权交叉、权责不清，严重影响到了行政执法效率，同时也容易滋生腐败，联合执法、委托执法等方式难以有效解决多头执法等现实问题。习近平总书记曾指出："针对当前依然存在的执法不规范、不严格、不透明、不文明以及不作为、乱作为等突出问题，必须加快建立权责统一、权威高效的依法行政体制。"② 为回应多头执法、权责不清等行政执法实践难题，有的地方将原来由几个行政机关分别行使管辖权的管理领域统一交由一个机关管理并对违法行为进行处罚，实行相对集中行政处罚权制度③。综合行政执法和相对集中行政处罚权制度是一体两面的关系，前者是后者通俗易懂的概括，后者是前者的法律实施途径。

综合执法是为了在横向上整合政府职能和行政执法力量，减少多头执法④。从实践来看，当前综合行政执法改革的主要制度设计有以下情形：其一，局队合一。在这种情形下，主管部门的内设机构是法定授权的行政处罚主体，比如交通运输管

① 张弘. 新行政处罚法通论［M］. 北京：法律出版社，2021：73.
② 习近平. 论坚持全面依法治国［M］. 北京：中央文献出版社，2020：220.
③ 同①74.
④ 应松年，张晓莹.《行政处罚法》二十四年：回望与前瞻［J］. 国家检察官学院学报，2020（5）：15.

理领域道路运输管理机构享有行政处罚权。为整合队伍、减少层次，实行“局队合一”，将人员编制向执法岗位倾斜。其二，市、区二选一设置综合行政执法机构。其三，省级层面原则上不设置执法队伍[①]。综合行政执法机构的设置，合理地合并了部分行政处罚职权，有效解决了行政处罚领域中存在的一些问题。但是，当前的综合行政执法改革还存在诸多问题有待回应，尤其是综合行政执法机构的法律地位还不明确。

2021年修改的《行政处罚法》第18条规定：“国家在城市管理、市场监管、生态环境、文化市场、交通运输、应急管理、农业等领域推行建立综合行政执法制度，相对集中行政处罚权。国务院或者省、自治区、直辖市人民政府可以决定一个行政机关行使有关行政机关的行政处罚权。限制人身自由的行政处罚权只能由公安机关和法律规定的其他机关行使。”自此，综合行政执法在法规范层面确立了其法律地位。

（三）法律、法规授权的组织

一般说来，行政处罚权只能由国家行政机关行使，非国家行政机关不得行使行政处罚权。但在一定的条件下，非国家行政机关也能行使行政处罚权，这就是法律、法规授权的组织。《行政处罚法》第19条规定“法律、法规授权的具有管理公共事务职能的组织可以在法定授权范围内实施行政处罚”。该规定为满足条件的非国家行政机关行使行政处罚权提供了可能。

第一，授权主体。行政处罚权的授权主体必须为特定的国家机关，即全国人大及其常委会、国务院、省级人大及其常委会、设区的市人大及其常委会。由于规章并不能够授权，所以享有规章制定权的国务院部委以及地方各级人民政府也无权授权。

第二，授权对象。行政处罚权的授权对象是具有管理公共事务职能的组织。一方面，行政处罚的授权对象应当是组织，个人不能成为授权对象。另一方面，组织的范围十分宽泛，广义的组织不仅包括国家机关，还包括社会团体、企事业单位等，狭义的组织通常指社会团体、企事业单位等，不是所有的组织都可以成为授权对象，必须有所限定。本书主张，被授权行使行政处罚权的组织是指狭义的组织。工会、共青团、妇联、学会等社会团体组织，高校、医院、科研机构等事业组织，以及公司等企业组织，只要具有管理公共事务的职能，都可以被授权行使行政处罚权。

第三，授权形式。行政处罚权的授权必须通过法律、法规实现，这里的“法律、法规”包括全国人大及其常务委员会制定的法律，国务院制定的行政法规，省、自治区、直辖市和设区的市的人民代表大会及其常务委员会制定的地方性法规。行政规章及以下的规范性文件不得进行行政处罚的授权。法律、法规授权的组织实施行政处罚，以自己的名义实施，其行为效果归属于该组织，因而在行政诉讼中具有被

---

① 袁雪石. 中华人民共和国行政处罚法释义［M］. 北京：中国法制出版社，2021：135－136.

告主体资格。同时，这些组织必须在法定授权范围内行使行政处罚权，越权实施的行政处罚无效。

（四）行政机关委托的组织

根据我国《行政处罚法》的规定，行政机关委托的组织亦可实施行政处罚。行政机关委托的组织作为实施行政处罚的主体，必须以行政处罚的行政委托关系合法成立为前提。

第一，行政处罚的委托方必须是国家行政机关，法律、法规授权的非国家行政机关不能成为行政处罚委托关系中的委托方。

第二，行政处罚中的受委托方必须是符合我国《行政处罚法》第 21 条规定的组织。这种组织必须符合三个条件：依法成立并具有管理公共事务职能；有熟悉有关法律、法规、规章和业务并取得行政执法资格的工作人员；需要进行技术检查或者技术鉴定的，应当有条件组织进行相应的技术检查或者技术鉴定。行政机关不得委托不符合《行政处罚法》第 21 条规定条件的组织或个人实施行政处罚。需要注意的是，受委托方必须具备的条件之一“依法成立并具有管理公共事务职能的组织”在修订前的《行政处罚法》中表述为“依法成立的管理公共事务的事业组织”，修订后的条文进一步扩大了受委托组织的范围。

第三，行政处罚的委托必须有法律、法规、规章的明文依据。无明文依据的，行政机关不得自行委托。委托书应当载明委托的具体事项、权限、期限等内容。委托行政机关和受委托组织应当将委托书向社会公布。委托行政机关对受委托组织实施行政处罚的行为应当负责监督，并对该行为的后果承担法律责任。受委托组织在委托范围内，以委托行政机关名义实施行政处罚；不得再委托其他组织或者个人实施行政处罚，即禁止“转委托”。

第四，行政机关委托组织实施行政处罚必须在法定权限范围内进行。所谓“法定权限范围”，是指行政机关只能把自己依法拥有的行政处罚权（包括处罚种类和幅度等）委托给其他组织，而不能把自己没有的行政处罚权委托给其他组织，否则，就是超越“法定权限范围”。

（五）乡镇街道

在我国，行政处罚长期以来由县级以上地方各级人民政府具有处罚权的行政机关实施，乡镇街道基本不行使行政处罚权，导致我国基层管理中存在“看得见的管不了、管得了的看不见”的突出问题[①]。为解决该问题，《行政处罚法》第 24 条明确规定省、自治区、直辖市根据当地实际情况，可以决定将基层管理迫切需要的县级人民政府部门的行政处罚权交由能够有效承接的乡镇人民政府、街道办事处行使。该规定是推进行政执法权限和力量向基层延伸和下沉的重要体现。根据该条规定，乡镇街道成为行政处罚的实施主体不再是例外情形。

---

① 黄海华. 新行政处罚法的若干制度发展［J］. 中国法律评论，2021（3）：54.

乡镇街道作为行政处罚的实施主体，要注意两个方面的问题。一方面，可采取灵活的授权方式。从该条的规定来看，“省、自治区、直辖市”既可以是省级人大及其常委会，也可以是省级人民政府；“决定”既可以采取省人大制定地方性法规或者发布人大决定的方式，也可以由省级政府制定规章或规范性文件或者发布决定；“交由”既包括授权，也可以是委托①。另一方面，须遵守严格的条件限制。具体包括：第一，下放的处罚权必须满足基层管理的迫切需要。第二，承接处罚权的乡镇街道要有能力承接事权，承接主体应当加强执法能力建设，确保乡镇街道“接得住”。第三，地方人民政府及其部门不能一放了之，应当加强组织协调、业务指导、执法监督，建立健全行政处罚协调配合机制，完善评议、考核制度，确保行政执法权下沉乡镇（街道）后“管得好”。

六、行政处罚的程序

行政处罚的程序是指行政处罚的实施主体作出行政处罚决定所要遵循的具体方式、步骤、顺序和时限，是行政处罚实施的操作规程②。我国《行政处罚法》构建了从行政处罚程序启动、调查、拟定处罚决定、法制审核、行政机关负责人作出决定、送达等一套较为完整的行政处罚程序。从行政处罚程序类型的角度看，2021 年新修订的《行政处罚法》进一步丰富完善了我国行政处罚的程序类型，既包括旧法中已规定的一般行政处罚程序，同时又为回应社会需要，新增了两类特殊的行政处罚程序，即非现场行政处罚程序和应急行政处罚程序。

（一）一般行政处罚程序

一般行政处罚程序包括简易程序、普通程序和听证程序。简易程序是指行政机关当场实施处罚的一种简便程序③，也可称为“当场处罚程序”。简易程序的适用条件包括：第一，违法事实确凿并有法定依据。违法事实确凿主要是指违法事实简单、清楚、明了，证据充分无异议。有法定依据是指对该种违法行为进行处罚有法律、法规、规章的明确规定。第二，在惩罚程度上应当是较轻的案件，即对公民处以二百元以下、对法人或者其他组织处以三千元以下罚款或者警告的行政处罚的案件。要注意的是，简易程序不等于没有程序。执法人员当场作出行政处罚决定的，应当向当事人出示执法证件，填写预定格式、编有号码的《行政处罚决定书》，并当场交付当事人。当事人拒绝签收的，应当在《行政处罚决定书》上注明。《行政处罚决定书》应当载明当事人的违法行为，行政处罚的种类和依据、罚款数额、时间、地点，申请行政复议、提起行政诉讼的途径和期限以及行政机关名称，并由执法人员签名

---

① 喻少如，黄卫东.“行政处罚权交由”条款的“兜底”属性及其适用［J］. 哈尔滨工业大学学报（社会科学版），2023（2）：56－63.

② 应松年，张晓莹.《行政处罚法》二十四年：回望与前瞻［J］. 国家检察官学院学报，2020（5）：17.

③ 《行政处罚法》第 51 条：“违法事实确凿并有法定依据，对公民处以二百元以下、对法人或者其他组织处以三千元以下罚款或者警告的行政处罚的，可以当场作出行政处罚决定。法律另有规定的，从其规定。”

或者盖章。执法人员当场作出的行政处罚决定，应当报所属行政机关备案。

普通程序是指对一般违法行为实施行政处罚时所要普遍适用的基本程序。普通程序是适用于所有行政处罚案件的一种通用程序。普通程序包括调查取证、行政机关负责人审查并作出决定、法制审核、制作决定书、送达决定书等步骤。听证程序是普通程序中的一个特别程序，设置听证程序是我国《行政处罚法》的创举，但是，并非所有适用普通程序的案件都必经听证程序。听证程序适用条件如下：第一，属于法定的以下情形：较大数额罚款，没收较大数额违法所得、没收较大价值非法财物，降低资质等级、吊销许可证件，责令停产停业，责令关闭、限制从业，其他较重的行政处罚，法律、法规、规章规定的其他情形。需要注意的是，符合前述情形的案件，行政机关应当告知当事人有要求听证的权利，这是行政机关的法定义务。第二，当事人要求听证。要求听证是当事人的一项合法权利，对权利不予主张，视作放弃权利。根据《行政处罚法》第 64 条第 1 项规定，当事人要求听证的，应当在行政机关告知后五日内提出。

（二）特殊行政处罚程序

随着社会发展、技术进步和法治政府建设的持续推进，行政处罚的形态不断发生改变，随之带来了一系列新问题。在此背景下，我国《行政处罚法》应当对实践中兴起的各种形式的行政处罚程序作出统一规范，发挥其作为行政处罚总则的制度功能①，使其既能规范传统的一般行政处罚程序，也能规范非现场行政处罚和应急行政处罚等特殊的行政处罚程序。

1. 非现场行政处罚程序

实践中，行政机关运用现代科技手段进行非现场执法的情形越来越多，在提升了行政执法效率的同时，这种转变带来的法律挑战也是全面和深远的，制度层面亟须对其作出回应。

非现场行政处罚程序，也可称为自动化行政处罚程序，是指行政机关通过电子监控等现代信息技术手段，在无须现场接触行政相对人的情况下，收集和固定违法行为证据，并作出行政处罚决定的新型行政执法方式。作为一种近年来实践中广泛采用的行政处罚新模式，我国非现场行政处罚最早兴起于道路交通行政执法领域。相较于传统交警行政处罚程序，非现场行政处罚具有成本低、效率高的优势。随着道路交通管理领域内非现场行政处罚的兴起，2003 年《道路交通安全法》第 114 条对其作出了创制性规定②，目前已初步形成了交警非现场行政处罚的规范体系③。但是，在 2021 年《行政处罚法》修订之前，我国非现场行政处罚缺乏统一的法定程序规范④。

---

① 章志远. 作为行政处罚总则的《行政处罚法》[J]. 国家检察官学院学报，2020，28（5）：20.

② 《道路交通安全法》第 114 条："公安机关交通管理部门根据交通技术监控记录资料，可以对违法的机动车所有人或者管理人依法予以处罚。对能够确定驾驶人的，可以依照本法的规定依法予以处罚。"

③ 余凌云. 交警非现场执法的规范构建 [J]. 法学研究，2021，43（3）：37.

④ 茅铭晨. 从自定走向法定：我国《行政处罚法》修改背景下的非现场执法程序立法研究 [J]. 政治与法律，2020（6）：16-18.

2021年《行政处罚法》修订通过后，非现场行政处罚程序正式成为我国行政处罚程序的新类型。根据《行政处罚法》第41条，非现场行政处罚程序必须严格遵循以下内容：一是非现场行政处罚程序只能由法律和行政法规规定。非现场执法意味着行政机关在相对人不在场的情况下仅依靠电子证据即可作出行政处罚决定，相对人的程序权利受到极大限制，因此这类程序只能由法律和行政法规规定。二是电子技术监控设备和记录内容必须经过审核才能使用。一方面，电子技术监控设备必须经过法制和技术双审核，确保设备符合标准、设置合理、标志明显。另一方面，行政机关也应当对利用电子监控设备记录的内容是否符合真实、清晰、完整和准确的要求进行审核，未经审核或经审核不符合要求的，不得作为证据。三是相对人的程序性权利必须获得保障。行政机关应当及时告知相对人违法事实，保障其陈述权和申辩权，并且要为相对人查询、陈述和申辩提供便利条件，提升相对人权益的程序保护水准[①]。

还要说明的是，当前非现场行政处罚仍处于“弱人工智能”阶段，尚未实现行政处罚程序全过程的完全自动化。因此，尽管《行政处罚法》的上述规定能够满足现阶段非现场处罚法治化的现实需求，但由于技术迭代更新的进程仍在继续，“强人工智能”时代的非现场行政处罚程序将对相对人的权益产生更大的影响，届时有必要对相关法律规范进行再次升级，从而为变化的社会注入稳定的规范性预期[②]。

2. 应急行政处罚程序

在发生重大传染病疫情等突发事件的情况下，行政机关需要从重、从快打击违法行为，以快速控制事态、减少危害，恢复正常的生产、生活和社会秩序。在新冠疫情防控期间，快速从重处罚已成为实践中行政机关打击违法行为的普遍做法[③]。据此，2021年修订的《行政处罚法》第49条增加规定了一种新的行政处罚程序类型，即应急行政处罚程序，这对于实现应急状态下行政处罚程序的法治化具有重要意义[④]。根据《行政处罚法》第49条的规定[⑤]，只有在符合适用前提、适用对象和适用依据的限定条件时，行政机关才可以适用应急行政处罚程序，实施快速处罚。

---

① 《行政处罚法》第41条：“行政机关依照法律、行政法规规定利用电子技术监控设备收集、固定违法事实的，应当经过法制和技术审核，确保电子技术监控设备符合标准、设置合理、标志明显，设置地点应当向社会公布。电子技术监控设备记录违法事实应当真实、清晰、完整、准确。行政机关应当审核记录内容是否符合要求；未经审核或者经审核不符合要求的，不得作为行政处罚的证据。行政机关应当及时告知当事人违法事实，并采取信息化手段或者其他措施，为当事人查询、陈述和申辩提供便利。不得限制或者变相限制当事人享有的陈述权、申辩权。”

② 马颜昕. 自动化行政方式下的行政处罚：挑战与回应［J］. 政治与法律，2020（4）：148.

③ 市场监管总局关于依法从重从快严厉打击新型冠状病毒疫情防控期间违法行为的意见（国市监法〔2020〕27号）。

④ 黄海华. 新行政处罚法的若干制度发展［J］. 中国法律评论，2021（3）：58.

⑤ 《行政处罚法》第49条：“发生重大传染病疫情等突发事件，为了控制、减轻和消除突发事件引起的社会危害，行政机关对违反突发事件应对措施的行为，依法快速、从重处罚。”

第一，“发生重大传染病疫情等突发事件”限定了应急行政处罚程序的适用前提。文义上，该条对应急行政处罚程序的适用前提作了两方面的条件限定。一是突发事件不限于传染病疫情，根据《突发事件应对法》的规定，自然灾害、事故灾难和社会安全等突发事件也应包括在内。二是突发事件还必须达到“重大突发事件”的层级。需明确的是，应以哪一种标准判断突发事件已达到“重大突发事件”呢？实践中，各级政府通常以调整应急响应级别作为采取不同应对措施的标志。因此，为提高“重大突发事件”判断标准的明确性，可以将宣布一级应急响应这一程序作为突发事件达至“重大”层级的判准。

第二，“违反突发事件应对措施的行为”限定了应急行政处罚程序的适用对象。首先，根据发展阶段的不同，突发事件应对措施包括事前风险预防措施、事中应急处置和救治救援措施、事后恢复重建措施，为防止应急行政处罚程序适用范围的扩大化，应将其限缩解释为仅违反事中应急处置措施的行为。其次，这些应急处置措施必须由有权机关以通告、命令形式明确发布，对违反未经明确发布的应急处置措施的行为不能适用应急行政程序。最后，要强调的是，实施快速处罚还要能实现“控制、减轻和消除突发事件引起的社会危害”的立法目的，这意味着并非对所有违反突发事件应对措施的违法行为都可以实施快速处罚。受立法目的的限制，即便构成“违反突发事件应对措施的行为”，但如果适用应急行政处罚程序并不能快速控制、减轻和消除突发事件引起的社会危害，也不能将其纳入适用范围。

第三，“依法”限定了应急行政处罚程序的适用依据。对于《行政处罚法》第49条“依法快速、从重处罚”中的“依法”，有学者认为可能存在两种不同的理解：一种理解是从形式法治的角度将“依法”理解为“依据本法”或者“依据本法以外的其他法律、法规和规章”。还有一种理解是从实质法治的立场，要求行政机关实施快速处罚还要受到正当程序原则的限制①。实际上，这两种理解并不冲突，适用应急行政处罚程序既应严守形式法治的规范要求，也必须符合程序公正的基本底线。

学理上普遍认为，应急行政处罚程序是快速处罚程序的一种特殊类型②，应当兼顾程序的公正价值和效率价值③。但是，应急行政处罚程序的核心内容仍在于“快速处罚”，具体表现为对一般行政处罚程序的简化，这意味着行政机关必须以更快的速度作出行政处罚决定，压缩行政机关意志形成和表达的过程。换言之，缩短“走程序”的时间是“快速处罚”的主要路径④。在理论层面要追问的问题是，应急行政处罚程序的哪些要素可以被压缩？边界又在哪里？

对此，一般认为，行政程序一般包含方式、步骤、顺序和时限四项要素，因此，

---

① 刘文浩. 重大突发事件应对中的快速行政处罚：兼评新修《行政处罚法》第49条［J］. 行政法学研究，2022（2）：69.

② 杨小军，毛晨宇. 行政处罚快速办理程序的正当性审视与补强［J］. 行政法学研究，2022（2）：43.

③ 苏艺. 论行政案件快速办理程序的构建：以《行政处罚法》的修改为契机［J］. 行政法学研究，2019（5）：73.

④ 王红建，刘辉. 论突发事件应急处置中的行政处罚：基于对《行政处罚法》第四十九条的规范分析［J］. 河南工业大学学报（社会科学版），2021，37（4）：70.

应急状态下的快速处罚也存在变更方式、省略步骤、改变顺序和压缩时限四种表现形式。但是，“某些程序要素对于一个法律过程来说是最基本的、不可缺少的、不可放弃的”[①]，因为这些程序要素体现了对个人尊严的承认和尊重。因此，任何对行政处罚程序的简化都必须符合最低限度的公正，遵守正当程序原则的要求。具体而言，对时限的压缩必须限制在合理范围内，确保行政程序的实质运行。对程序步骤的省略也应将重点放在立案、调查、合法性审核、集体讨论等内部行政程序上，告知程序和陈述、申辩程序等正当程序原则的核心内容在任何情况下均不能被擅自省略。

重点难点

一、没收违法所得的制裁性与计算标准

1996 年《行政处罚法》第 8 条就将没收违法所得明确规定为行政处罚的种类之一。在学理上，没收违法所得和没收非法财物被统称为行政没收，均属于财产罚的范畴[②]。然而，围绕没收违法所得的性质和计算标准，理论界的争论却从未停止。

虽然在实定法层面，没收违法所得属于法定的行政处罚种类，但理论上对没收违法所得是否属于行政处罚长期存在争论。根本原因在于不同学者对于行政处罚制裁性的认识和理解存在差异。持反对意见的学者认为，只有使违法者的利益状态比违法行为前恶化才符合制裁的标准，反之仅促使违法者恢复守法状态和纠正违法行为不是制裁[③]。以此为准，违法所得只是一种不法利益，没收违法所得则仅使违法者丧失此种不法利益，违法者未因不法利益的丧失而承担额外义务，不具有使违法者的利益状态比违法前恶化的制裁效果，因此在法律性质上不属于行政处罚。持反对意见的学者为此提出了两种解决方案：一种方案是从根本上重塑行政处罚的概念，在“制裁性”要素外，添加“恢复”等其他要素[④]，从而将没收违法所得纳入行政处罚的范围。另一种方案则主张应彻底将没收违法所得从行政处罚的种类中排除出去，作为一种独立的行政行为类型[⑤]，或者具有不当得利性质的独立处置措施[⑥]。

也有学者对行政处罚的制裁性秉持截然不同的理解，并以此肯定没收违法所得属于行政处罚。有学者提出“精神压力说”，认为没收违法所得“会对当事人产生惩戒的心理和精神效果”[⑦]，因为“虽然违法所得不是合法财产，但在被查处之前实际处于当事人的控制和支配之下，对之予以剥夺必然会对当事人产生惩戒和制裁的效

① 王锡锌. 正当法律程序与“最低限度的公正”：基于行政程序角度之考察 [J]. 法学评论，2002 (2)：26.

② 周佑勇. 行政法原论 [M]. 3 版. 北京：北京大学出版社，2018：285.

③ 杨小君. 行政处罚研究 [M]. 北京：法律出版社，2002：9 - 11.

④ 谭冰霖. 环境行政处罚规制功能之补强 [J]. 法学研究，2018 (4)：163 - 170.

⑤ 王青斌. 行政法中的没收违法所得 [J]. 法学评论，2019 (6)：163.

⑥ 王锴. 没收违法所得的合宪性分析：基于德国刑法上特别没收合宪性改革的启示 [J]. 法学杂志，2022，43 (1)：125.

⑦ 冯军. 行政处罚法新论 [M]. 北京：中国检察出版社，2003：120.

果，也必然会对当事人的精神造成强制和压力，从而使当事人意欲从违法行为中获利的愿望落空”[①]。但是，以此主张没收违法所得具有制裁性并且因此属于行政处罚的观点遭到批评，因为行政强制也会产生同样的心理和精神效果[②]。基于上述质疑和批评，有学者进一步提出了“不利益说”，主张制裁的标的是利益而非权利，由于利益本身是中立的，因此即便非法所得是不法利益，也不能否定没收违法所得的不利益性[③]。“尽管相对人的所得是违法获取的，但是这些利益在事实上仍然属于违法行为人自身所占有使用的权益、财产，那么剥夺这种权益和财产自然会对当事人产生不利的制裁和惩戒效果。”[④] 显然，如果以此为准，对不法利益的没收也具有制裁性，应属于行政处罚。

尽管理论上争论激烈，但 2021 年修订的《行政处罚法》第 9 条重申了没收违法所得属于行政处罚的基本立场，仍将没收违法所得规定为行政处罚的一种，这说明立法者倾向于承认没收违法所得的行政处罚属性，在实定法层面具有一锤定音的效果。

围绕没收违法所得的计算标准，学界也聚讼纷纭，争论的焦点在于没收违法所得是否应当扣除相关成本和税费等开支[⑤]。对此，理论上存在“总额说”和“净额说”两种认识。“总额说”认为，违法所得的计算不应扣除违法行为前期投入的合法成本，反之，应以违法行为直接获得的收入作为违法所得。因为具有适法性的投入成本一旦用于违法活动，就和违法活动及其收益发生了实质混同，成为违法活动经济利益的一部分，同时在执法实践中也难以从违法所得中准确区分合法成本和违法所得[⑥]。“净额说”主张违法所得的计算应采用“收益”标准[⑦]，将违法所得限定于不法收益，扣除违法者取得该不法利益所支出的合法成本，以实现过罚相当。

“总额说”和“净额说”并存于我国法律规范之中。比如，农业部办公厅在《关于〈中华人民共和国动物防疫法〉违法所得问题的函》中规定：《中华人民共和国动物防疫法》第 81、82 条所规定的“违法所得”，是指违反《中华人民共和国动物防疫法》规定从事动物诊疗活动所取得的全部收入。采用的是“总额说”。而《工商行政管理机关行政处罚案件违法所得认定办法》则明确规定违法所得的认定应扣除合理支出[⑧]。采用的是“净额说”。

客观来讲，“总额说”和“净额说”各有优势。“总额说”更能够发挥没收违法所得的制裁效果，有利于预防违法，缺点在于容易造成过罚不当。而“净额说”的

---

① 晏山荣. 行政处罚实务与判例释解 [M]. 北京：法律出版社，2016：100.

② 章剑生. 现代行政法基本理论：上卷 [M]. 北京：法律出版社，2014：361.

③ 熊樟林. 立法上如何安排行政没收？[J]. 政法论坛，2022，40 (4)：30-34.

④ 马怀德.《行政处罚法》修改中的几个争议问题 [J]. 华东政法大学学报，2020，23 (4)：11-12.

⑤ 耿宝建. 行政处罚案件司法审查的数据变化与疑难问题 [J]. 行政法学研究，2017 (3)：13-14.

⑥ 同④13.

⑦ 王青斌. 行政法中的没收违法所得 [J]. 法学评论，2019 (6)：170.

⑧《工商行政管理机关行政处罚案件违法所得认定办法》第 2 条：“工商行政管理机关认定违法所得的基本原则是：以当事人违法生产、销售商品或者提供服务所获得的全部收入扣除当事人直接用于经营活动的适当的合理支出，为违法所得。”

优势在于充分维护当事人的利益，但容易造成处罚畸轻，难以实现行政处罚的惩戒预防效果[①]。考虑到“总额说”和“净额说”的各自优势以及两者并存于实定法中的现实，2021年修订的《行政处罚法》第28条第2款对违法所得确立了以“总额说”为原则、以“净额说”为例外的认定标准[②]。据此，违法所得的计算原则上不应扣除成本，但允许法律、行政法规和部门规章对违法所得的计算方式另行规定。

二、地方性法规补充设定行政处罚的空间

1996年出台的《行政处罚法》对地方性法规设定行政处罚的权限作了规定[③]。《行政处罚法》制定之初，我国乱处罚现象较为严重，因此，《行政处罚法》对地方性法规的行政处罚设定权作了严格限制。但是，随着我国进入社会转型期，多元复杂的社会关系给政府治理带来巨大挑战。在此背景下，严格限制地方性法规设定行政处罚权限的做法，已难以满足地方政府创新治理工具的现实需求。基于此，理论界一直有学者呼吁扩大地方性法规的行政处罚设定权。为回应此种需求，2021年修订的《行政处罚法》新增了行政处罚补充设定制度，适度扩大了地方性法规的行政处罚设定权[④]。这是我国第一次以法律的形式明确肯定了地方补充性立法的法律地位，也是国家立法机关对待地方补充性立法态度的一次“自我革新”[⑤]。

从文本上看，相比于1996年《行政处罚法》的规定，地方性法规行政处罚设定权的扩大体现在两方面：一是扩大了设定行政处罚种类的空间。2021年修订的《行政处罚法》第9条将行政处罚种类从8种增至13种，同时第12条第1款继续保留了1996年《行政处罚法》第11条第1款的反向排除式规定，即地方性法规可以设定除限制人身自由、吊销营业执照以外的行政处罚，经由上述规定，扩大了地方性法规可以设定行政处罚的种类空间。二是新增了补充设定行政处罚的权力。根据1996年《行政处罚法》第11条第2款，只有在上位法对违法行为和行政处罚同时作出规定的情况下，地方性法规才能在上位法的范围内作出规定。对于上位法未规定行政处罚的违法行为，地方性法规可否补充设定行政处罚，1996年《行政处罚法》对此不置可否，最高立法机关也多持否定态度[⑥]。2021年修订后的《行政处罚法》赋予了地方性法规在此种情形中的行政处罚补充设定权，推动了地方立法能力

---

① 郑琳．行政处罚上违法所得的认定和处置研究［J］．财经法学，2022（3）：184.

② 《行政处罚法》第28条第2款：“当事人有违法所得，除依法应当退赔的外，应当予以没收。违法所得是指实施违法行为所取得的款项。法律、行政法规、部门规章对违法所得的计算另有规定的，从其规定。”

③ 1996年《行政处罚法》第11条：“地方性法规可以设定除限制人身自由、吊销企业营业执照以外的行政处罚。法律、行政法规对违法行为已经作出行政处罚规定，地方性法规需要作出具体规定的，必须在法律、行政法规规定的给予行政处罚的行为、种类和幅度的范围内规定。”

④ 《行政处罚法》第12条第3款：“法律、行政法规对违法行为未作出行政处罚规定，地方性法规为实施法律、行政法规，可以补充设定行政处罚。拟补充设定行政处罚的，应当通过听证会、论证会等形式广泛听取意见，并向制定机关作出书面说明。地方性法规报送备案时，应当说明补充设定行政处罚的情况。”

⑤ 程庆栋．地方补充性立法与行政处罚设定权的配置［J］．政治与法律，2021（5）：90.

⑥ 全国人大常委会法制工作委员会．法律询问答复：2000—2005［M］．北京：中国民主法制出版社，2006：176－177.

的适度释放①。

要注意的是，虽然地方性法规可以补充设定行政处罚，但必须遵循两方面的条件限制。一是只有法律和行政法规已针对违法行为作出规定，地方性法规为维护和落实上位法的规定，才可以对违法行为之行政法律责任（行政处罚）作出补充设定②。学理上，完整的行政处罚设定权由违法行为设定权与行政处罚设定权构成。由此，补充设定行政处罚也包括补充设定违法行为和补充设定行政处罚两种情形③。2021 年修订的《行政处罚法》第 12 条第 3 款仅承认地方性法规补充设定行政处罚的情形，否定了补充设定违法行为的合法性。二是法律、行政法规虽规定了某一行为是违法行为，但并未规定相应的行政处罚。这否定了上位法对违法行为已规定行政处罚，地方性法规在上位法规定的行政处罚外增设行政处罚的合法性。综上，只有同时符合上述条件，地方性法规才可以创设行政处罚作为补充④。

三、行政处罚决定公开的边界

行政处罚决定公开肇始于部门行政法领域⑤，2019 年修订的《政府信息公开条例》将其上升为国家法层面的要求⑥，2021 年修订的《行政处罚法》实现行政处罚决定公开的总则化。公开行政处罚决定不再是地方事务和部门事务，而成为一项全国性义务⑦。

关于行政处罚决定公开的范围，有学者认为应当“以公开为原则”，推动实现能公开尽公开⑧。然而，与其他应当主动公开的政府信息相比，行政处罚决定的公开面临更大的利益冲突和平衡要求。因此，修订后的《行政处罚法》第 48 条第 1 款仅规定“具有一定社会影响的行政处罚决定应当依法公开”。显然，这是一种有限公开的立场，放弃了最初全部公开的立场⑨。从法规范的表述来看，“具有一定社会影响”的限定条件反映了立法机关对行政处罚决定公开的审慎态度，蕴含着利益权衡

---

① 余凌云. 地方立法能力的适度释放：兼论“行政三法”的相关修改 [J]. 清华法学，2019，13（2）：149 - 162.

② 杨登峰. 新行政处罚法对补充性立法的创设及其实施 [J]. 法治现代化研究，2022，6（1）：51.

③ 王克稳. 地方性法规设定行政处罚的空间 [J]. 法学研究，2022，44（1）：27 - 28.

④ 王太高. 论地方性法规行政处罚补充设定权 [J]. 苏州大学学报（哲学社会科学版），2021，42（6）：90 - 91.

⑤ 国家税务总局关于印发《税务稽查业务公开制度（试行）》的通知（国税发〔2000〕163 号）第 3 条：“税务处理（包括处罚）结果均可公开；案件税务处理结果应当按照规定公告。”

⑥《政府信息公开条例》第 20 条第 6 项：“行政机关应当依照本条例第十九条的规定，主动公开本行政机关的下列政府信息……（六）实施行政处罚、行政强制的依据、条件、程序以及本行政机关认为具有一定社会影响的行政处罚决定……”

⑦ 熊樟林. 行政处罚决定为何不需要全部公开?：新《行政处罚法》第 48 条的正当性解释 [J]. 苏州大学学报（哲学社会科学版），2021，42（6）：99.

⑧ 江必新，夏道虎. 中华人民共和国行政处罚法条文解读与法律适用 [M]. 北京：中国法制出版社，2021：166.

⑨ 2020 年 7 月 4 日，全国人大对外公布的《行政处罚法（修订草案）》一审稿第 45 条规定：“行政处罚决定应当依法公开。”

的考量。换言之，行政处罚决定的公开必须符合利益衡量的逻辑，只有公开所实现的公共利益大于其可能带来的负面后果，才能公开行政处罚决定[①]。

因此，哪些行政处罚决定应当公开，哪些不应当公开，端赖于利益衡量的结果，并无一个固定的公开范围。行政处罚决定公开的利益权衡涉及行政机关、行政相对人和社会公众三方之间公权力、知情权和监督权、隐私权等复杂的利益关系。行政处罚决定公开的本质是公益与私益互动权衡的结果，这些权力与权利的互动最终决定了是否公开以及公开的程度大小[②]。具体来说，在公益与私益的天平上，行政处罚决定公开与否的考量重心应向个人利益的一端适当倾斜，反之，只有行政处罚涉及的社会公共利益强大到足以牺牲个人利益的地步，才能将行政处罚决定予以公开。另外，还要注意的是，经由法益衡量，即使在确定要公开行政处罚决定的情况下，判断行政处罚的公开内容也要最大限度地维护个人利益，保障公民的个人隐私权和个人信息受保护权。在这个意义上，行政处罚决定公开与否及公开程度的确定需要经过双阶层的利益权衡。

案例分析

一、案例导入

杭州方林富炒货店诉市场监督管理局案[③]

方林富炒货店在其经营场所内外及包装袋上发布广告，使用“最好”“最优”“最香”“最特色”“最高端”等绝对化宣传用语，杭州市西湖区市场监督管理局认为其违反了2015年的《中华人民共和国广告法》［简称《广告法》（2015）］相关规定，遂决定责令方林富炒货店停止发布使用绝对化用语的广告，并处以罚款20万元。方林富炒货店不服，向杭州市市场监督管理局申请行政复议。杭州市市场监督管理局于2016年8月10日作出（杭）市管复决字（2016）139号《行政复议决定书》，维持处罚决定。方林富炒货店提起行政诉讼，杭州市西湖区人民法院判决：1. 变更杭州市西湖区市场监督管理局于2016年3月22日作出的（杭西）市管罚处字（2015）534号行政处罚决定中“处以罚款20万元”为“处以罚款10万元”，2. 撤销杭州市市场监督管理局于2016年8月10日作出的（杭）市管复决字（2016）139号行政复议决定。方林富炒货店不服，提起上诉，杭州市中级人民法院于2018年9月7日作出（2018）浙01行终511号行政判决，判决驳回上诉，维持原判。方林富炒货店不服杭州市中级人民法院行政判决，向浙江省高级人民法院申请再审。浙江

---

① 孔祥稳. 行政处罚决定公开的功能与界限［J］. 中外法学，2021，33（6）：1627.

② 孙丽岩. 论行政处罚决定公开的利益权衡：从与刑事制裁公开的对比角度［J］. 政法论坛，2021，39（6）：72.

③ 浙江省杭州市中级人民法院行政判决书，（2018）浙01行终511号。

省高级人民法院最终裁定驳回杭州市西湖区方林富炒货店的再审申请[①]。

二、法官释法

本案重要的争议焦点之一在于杭州市西湖区市场监督管理局对方林富炒货店处以20万元罚款是否合理。本案中，方林富炒货店作为已在杭州范围内经营多年且已产生较高知名度的经营者，使用绝对化用语广告客观上会对其他经营者的公平竞争产生不利影响，所产生的社会危害性不容忽视。而且其在行政处理过程中及事后虽有所整改，但并不彻底。因此，不符合2017年修订的《行政处罚法》中规定的“违法行为轻微并及时纠正，没有造成危害后果的，不予行政处罚”之情形，对其实施的广告违法行为予以行政处罚仍有必要。但杭州市西湖区市场监督管理局作出罚款决定时只依据了《广告法》(2015)的具体规定，并未考量《行政处罚法》(2017)中规定的行政处罚需要遵循的基本原则。本案涉及《广告法》(2015)与《行政处罚法》(2017)的衔接适用，行政机关作出20万元的罚款决定，是依据《广告法》(2015)的相关条款规定，但在本案中罚款数额偏高，不符合《行政处罚法》(2017)规定的过罚相当原则要求，未综合分析本案违法行为持续时间、影响范围、违法行为人的主观过错及认错悔改态度等因素。因此，杭州市西湖区人民法院作出一审判决，将罚款金额变更为10万元，同时撤销复议维持决定，该判决合法合理。

三、类案练习

文昌盈海清澜水务有限公司诉海南省文昌市生态环境局行政处罚案[②]

(一) 基本案情

2019年9月23日，文昌市生态环境局作出文环罚决字(2019)51号《行政处罚决定书》，认为文昌盈海清澜水务有限公司(简称盈海公司)建设的清澜污水处理厂需要配套建设的环境保护设施未经验收合格，擅自投入使用。文昌市生态环境局已下达38号责令改正决定，责令盈海公司2018年11月30日前办理环保验收手续。盈海公司逾期不改正环境违法行为，也未向文昌市生态环境局提出逾期不改正环境违法行为的情况报告，上述行为违反法律规定，文昌市生态环境局决定对盈海公司罚款1 000 000元。盈海公司不服，向文昌市政府申请行政复议。2020年1月6日，文昌市政府作出文府复决字(2019)44号《行政复议决定书》，维持处罚决定。盈海公司遂提起本案行政诉讼，请求撤销51号处罚决定和44号复议决定。

海南省第一中级人民法院认为：盈海公司应于2018年11月30日前完成环保验收工作，其逾期不改正的行为已属于新的违法行为。其已于2019年5月15日通过环保验收备案完毕的理由，不能阻却其违法性质的认定。盈海公司关于环境保护验收无法完成应当归责于文昌市水务局的主张，系其与文昌市水务局之间的合同纠纷，可通过

---

① 浙江省杭州市西湖区人民法院行政判决书，(2016)浙0106行初240号；浙江省高级人民法院行政裁定书，(2019)浙行申64号。

② 海南省第一中级人民法院行政判决书，(2020)琼96行初41号；海南省高级人民法院行政判决书，(2020)琼行终658号；最高人民法院行政判决书，(2022)最高法行再329号。

其他途径另行解决。一审判决驳回盈海公司的诉讼请求。盈海公司不服，提起上诉。

海南省高级人民法院认为：文昌市生态环境局作出被诉行政处罚决定，证据确凿，适用法律、法规正确，符合法定程序。违法行为产生的原因，不属于行政诉讼中对行政行为合法性审查的范围，盈海公司关于未能通过环保验收原因在于政府的上诉理由不能成立。盈海公司后改正违法行为，不能否定违法事实的存在。二审判决驳回上诉，维持原判。盈海公司不服，申请再审。

最高人民法院认为："法律不强人所难"。盈海公司虽然客观上存在"未验收先运营"违法行为，但并不存在主观过错，对其再次处罚既不符合善意文明执法理念，也不符合海南自由贸易港建设的法治要求。文昌市生态环境局作出被诉处罚决定时，未能全面考虑污水处理厂"未验收先运营"违法行为的特殊性，未全面考虑违法行为客观原因、危害后果、主观过错以及事后的补救完善等因素，裁量结果明显不当，应予撤销。

（二）法律问题

1. 行政机关作出行政处罚决定时应当如何体现过罚相当？

2. 行政机关行使行政处罚自由裁量权必须综合考量哪些情节？

知识拓展

一、拓展阅读

1. 应松年，张晓莹.《行政处罚法》二十四年：回望与前瞻［J］. 国家检察官学院学报，2020（5）.

2. 胡建淼. 论"行政处罚"概念的法律定位：兼评《行政处罚法》关于"行政处罚"的定义［J］. 中外法学，2021（4）.

3. 叶必丰. 执法权下沉到底的法律回应［J］. 法学评论，2021（3）.

4. 黄海华. 新行政处罚法的若干制度发展［J］. 中国法律评论，2021（3）.

5. 熊樟林. 行政处罚的概念构造：新《行政处罚法》第2条解释［J］. 中外法学，2021（5）.

6. 王青斌. 行政法中的没收违法所得［J］. 法学评论，2019（6）.

7. 谭冰霖. 环境行政处罚规制功能之补强［J］. 法学研究，2018（4）.

二、毕业论文选题指导

1. 没收违法所得的性质与计算标准

2. 行政处罚设定权与规定权的区分

3. 行政处罚权下放的实现机制

4. 地方立法设定行政处罚的空间与边界

5. 行政处罚决定公开的利益权衡

第八章　行政强制

在行政管理事务中常会出现一些特殊情形，需要行政机关通过行使行政强制权作出行政强制行为，以实现维持社会秩序、维护公共利益的目标。行政强制是一项重要行政行为，是行政机关手中必不可少的一种“利器”，对最终实现法律所预期的行政状态发挥着决定性作用①。但不容否认的是，行政强制权也是最有可能威胁公民、法人或其他组织合法权益的一项权力，因此无论从维护公共利益和社会秩序，还是保护公民、法人或其他组织的合法权益的角度，行政强制必须受到行政强制立法的规范和约束。

基础知识

一、行政强制界定

（一）行政强制的概念与特征

我国《行政强制法》第 2 条明确规定，行政强制包括行政强制措施和行政强制执行，并分别对二者的法律概念进行了界定。由此根据《行政强制法》得知，行政强制是行政强制措施和行政强制执行的总称。其中行政强制措施是指行政机关在行政管理过程中，为制止违法行为、防止证据损毁、避免危害发生、控制危险扩大等情形，依法对公民的人身自由实施暂时性限制，或者对公民、法人或者其他组织的财物实施暂时性控制的行为；行政强制执行是指行政机关或者行政机关申请人民法院，对不履行行政决定的公民、法人或者其他组织，依法强制履行义务的行为。我国的行政强制具有以下特征：

1. 行政性

行政强制是指在行政管理领域中，为了实现行政管理目的，主要由行政机关依照行政程序作出的行政行为。需要注意的是，行政强制的主体是依法享有强制权的

---

① 余凌云. 行政法讲义［M］. 3 版. 北京：清华大学出版社，2020：378.

行政机关和人民法院。行政强制执行以申请人民法院强制执行为原则，行政机关实施行政强制执行必须有法律的专门授权，这体现了对公权力的控制和对行政相对人合法权益的保障。

2. 强制性

行政强制是对与行政有关的强制性行为的概称。其强制性体现为行政主体基于公权力的运作和对公共利益的追求，对行政相对人的人身或者财产所采取的强制处置行为；还体现为行政强制的实施无须顾及相对人是否同意和接受，必须服从决定，属于典型的单方行政行为。行政强制是与非强制性行为（如行政指导、行政协议、行政协商）相对应而存在的一类行为。

3. 负担性

无论是行政机关自行实施的行政强制执行，还是人民法院依申请而实施的行政强制执行，都是基于国家公权力的运作和公共利益的追求，对特定相对人权利进行约束和限制的行为，是对相对人的人身、财产施加的不利负担。

4. 复合性

行政强制由行政强制措施和行政强制执行组合而成。而行政强制措施和行政强制执行在实施主体、适用程序以及法律救济机制上又存在差异，分别具有自己的独特性。行政强制措施又可以细分为针对人身和财产的强制措施，行政强制执行又可以分成由行政机关自行实施的行政强制执行和人民法院依申请而实施的行政强制执行。

（二）行政强制的分类

行政强制依据不同的分类标准存在以下不同的类型：

（1）以是否有确定义务的行政决定的先行存在为标准，可以把行政强制划分为行政强制措施和行政强制执行。

行政强制措施是在行政决定作出前行政机关所采取的“暂时性”的强制手段，比如行政执法人员在执法过程中发现违法行为，为了防止当事人转移、销毁涉案物品，可以依法将有关涉案财物查封、扣押，暂时地分离涉案财物的所有权与占有权，由执法机关予以暂时保存，待查封、扣押时限届满，将涉案财物返还当事人。行政强制执行是在行政决定作出之后，为了执行该行政决定所采取的强制手段，比如对行政相对人处以罚款，当事人逾期拒不缴纳罚款，行政机关或人民法院就可依据已经生效的行政决定所确定的缴纳义务，通过有关金融机构将相对人账户上的相应款项直接划拨至权利人账户。这种强制手段具有终局性，除非行政决定被撤销或执行错误，否则该罚款不会回转。

（2）以实施行政强制主体的不同，可以把行政强制划分为由行政机关实施的行政强制和由人民法院依申请实施的行政强制。人民法院依申请实施的行政强制执行也称非诉行政执行。

由行政机关实施的行政强制，包括由行政机关采取的行政强制措施和由行政机关依法自行实施的行政强制执行。由人民法院依申请实施的行政强制专指人民法院依行政机关和行政行为确定的权利人申请而实施的行政强制执行。

（3）以有权机关所实施的行为是否直接实现了相对人负有的某种行政法上的义务内容为标准，可以划分为行政直接强制和行政间接强制。

几乎所有的行政强制措施都是行政直接强制，但是行政强制执行既有直接强制执行，也有间接强制执行。直接强制执行是指有权机关所实施的行为直接实现了行政相对人负有的某种行政法上的义务内容。例如，拍卖、划拨就是将行政相对人承担的应该履行的行政义务，直接予以实现。间接强制执行是指有权机关所实施的行为有利于迫使行政相对人自我履行所负义务，但行为本身的内容并非对应于行政相对人的义务内容。例如，行政相对人不依法缴纳罚款，则加处滞纳金，该滞纳金并不等于罚款缴纳义务本身。

（4）根据行政强制所采取的措施内容，可分为对人身的行政强制和对财产的行政强制。对人身的行政强制，如《治安管理处罚法》调查中规定的强制传唤、扣留，《传染病防治法》中规定的强制隔离治疗。对财产的行政强制如《消防法》规定的临时查封，《税收征收管理法》规定的强制划拨、强制变卖等。

二、行政强制的基本原则

行政强制的基本原则贯穿于行政强制制度之中，体现行政法治的内在精神和理念，是行政机关、公务员及相关主体从事行政强制活动时必须坚持和遵循的基本要求。本书认为确定行政强制的基本原则，一方面要考虑理论研究的现况和原则的确定性，另一方面更要考虑我国《行政强制法》对基本原则的具体规定。基于以上两点，本书认为行政强制具有以下六项基本原则：

（一）行政强制法定原则

《行政强制法》第4条确定了行政强制法定原则，是指行政强制的设定和实施必须依法进行，不得违反法律规定。行政强制法定包含了设定法定和实施法定。

设定法定表现为：（1）设定权限法定。只有法律、行政法规和地方性法规有权设定行政强制措施，规章和其他规范性文件都无权设定行政强制措施。法律、行政法规和地方性法规的设定权限也不同，法律有权设定所有行政强制措施，行政法规有权设定除限制公民人身自由，冻结存款、汇款和其他应当由法律设定的行政强制措施以外的行政强制措施，地方性法规仅有权设定查封、扣押措施。行政强制执行由法律设定。（2）设定条件法定。行政管理事务复杂，需采取行政强制措施的条件各不相同，《行政强制法》抽象出一般条件和原则作为设定条件，如《行政强制法》第2条规定的四种情形。（3）设定程序法定。立法者对行政强制的设定应当遵循法定程序，如《行政强制法》第14条规定的听证会、论证会、说明情况等程序性要求。

实施法定表现为：（1）实施权限法定。实施行政强制的行政机关的权限来源于法律、行政法规和地方性法规的具体规定。（2）实施范围法定。依法具有行政强制权的行政机关只能在法定职权范围内实施，不得超越本机关的职权范围，也不得实施其他机关的行政强制权。(3) 实施条件法定。行政强制权的行使需要一定的条件，行政机关只有满足或符合法律规定的条件，方能行使行政强制权。(4) 实施程序法定。法定程序既包括本法规定的一般程序，也包括有关单行法中规定的强制程序。《行政强制法》第三章、第四章就规定了行政强制措施实施程序和行政机关强制执行程序。

(二) 行政强制适当原则

行政强制适当原则，是指行政强制的设定和实施应当保证行政强制手段与行政强制目的关系的恰当与适中。《行政强制法》第 5 条明确了行政强制适当包含设定适当和实施适当两方面。

设定适当是对立法机关提出的要求。立法机关在设定行政强制时，应当保持审慎的态度，保证行政强制目的的正当性。在维护公共秩序和保护公民权利之间保持平衡，既不能规定过多强制，也不能忽视强制对于行政管理的实际作用。

实施适当是对行政强制的实施机关提出的要求。具体而言：(1) 对于是否适用行政强制手段应保持审慎态度。情节轻微的，可以不予实施强制手段；非强制手段优先适用。(2) 行政强制手段适当。行政机关所采取的行政强制手段须与所欲达到的结果相适当，手段与结果之间要匹配。行政机关在可以采用多种方式实现某一行政目的的情况下，应当采用对当事人权益损害最小的方式。

尽管行政强制是国家治理不可或缺的重要手段，但在行政法上的运用，永远是第二位的，起补足、威慑与担保的作用。如果能够采取其他行政手段实现行政义务与状态，就尽量不诉诸行政强制①。只有在完全确定没有可能使相对人自愿履行行政当局决定之情况下，行政当局方得“以武力”强制执行其决定②。国务院制定的《优化营商环境条例》第 59 条很好地诠释和落实了行政强制适当原则。该条第 1 款明确规定：“行政执法中应当推广运用说服教育、劝导示范、行政指导等非强制性手段，依法慎重实施行政强制。采用非强制性手段能够达到行政管理目的的，不得实施行政强制；违法行为情节轻微或者社会危害较小的，可以不实施行政强制；确需实施行政强制的，应当尽可能减少对市场主体正常生产经营活动的影响。”在这些原则和条款的指引和规范下，上海、重庆、天津、北京、深圳等地的部分行政管理部门（例如市场监督管理局、税务部门、生态环境部等部门）制定了《不予强制清单》。其中重庆市市场监督管理局于 2022 年 4 月 2 日制定了《不予实施行政强制措施清单》，对不予实施强制措施、可以不予实施强制措施，以及采用非强制手段能够达到市场监管目的的事项和情形进行了制度化、规范化、标准化、机制化，大幅降低了对市场主体的影响，建立了柔性监管方式，切实优化了营商环境。

---

① 余凌云. 行政法讲义 [M]. 3 版. 北京：清华大学出版社，2020：379.

② 亚玛勒. 行政法教程：第 2 卷 [M]. 黄显辉，黄淑禧，黄景禧，译. 北京：社会科学文献出版社，2020：294.

(三) 教育与强制相结合原则

《行政强制法》第 6 条明确了强制不是法律的目的，教育才是法律的目的。行政强制只能作为保障手段，而不是最佳手段。具体来说，该原则有如下要求：

(1) 坚持教育与强制相结合的观念。执法者应当重视《行政强制法》的宣传工作，使广大人民群众了解《行政强制法》的立法精神与具体内容。

(2) 教育优先。行政机关在实施行政强制时应将教育置于优先地位，若教育能够达到行政管理目的的，则不再实施行政强制，只有在教育仍无效果或者紧急情况下，方能通过行政强制达到行政目的。要强调少用、慎用、善用、用好行政强制，决不能形成无强制不行政，无强制不会管理的思维定式[①]。

(3) 注重个案教育、全过程教育。在行政机关具体实施行政强制的过程中，要坚持释法说理，引导当事人自觉遵守法律。同时，要将教育贯穿于行政强制实施的全过程，不仅可以事前教育，事中、事后阶段均可教育。

(四) 不得谋利原则

不得谋利原则，指的是行政机关及其工作人员应当始终坚持行政强制权的行使为公共利益服务的要求，不得利用行政强制权为单位和个人谋取利益。假如允许行政机关及其工作人员利用行政权力为某一组织或个人谋取利益，事实上允许公权私用，变相允许行政机关及其工作人员从事营利性活动，必将导致行政权力偏离为公众服务的轨道，行政机关将忙于捞取私利而放弃保护公民权利的职责，腐败将是必然的、不可避免的结果[②]。正因为如此，《行政强制法》第 7 条规定，行政机关及其工作人员不得利用行政强制权为单位或者个人谋取利益。对于该原则可作如下理解：

(1) 不得谋利的主体不限于行政机关工作人员，行政机关本身也包括其中。在实践中，实施行政强制权的主体表现为行政机关工作人员，但行政机关也可以作为谋利的主体。

(2) 不得谋利的对象包括行政机关及其工作人员。此处的“单位”和“个人”并不限于行政机关及其工作人员，运用行政强制权可以为任何单位和任何个人谋利，这都属于禁止之列。

(五) 执行人道原则

什么是人道？历来众说纷纭，莫衷一是。王海明教授认为，干什么事情都有“道”，对待人，当然更须有“道”，对待人的“道”就是人道。把人当作最高价值，这样的一种思想体系就叫作人道主义[③]。人道主义特别重视人类价值——特别是关心最基本的人的生命、基本生存状况，也即扶助弱者的慈善精神和思想。行政强制

---

① 莫于川. 中华人民共和国行政强制法释义 [M]. 北京：中国法制出版社，2011：44.

② 应松年. 当代行政法发展的特点 [J]. 中国法学，1999 (6)：38.

③ 王海明. 公正与人道：社会治理的道德原则 [J]. 党政干部学刊，2008 (2)：6.

是国家使用武力实现国家意志和目标的强力行为，会不同程度地给被执行人人身或财产造成一定程度的伤害或损害，因此特别要遵守执行人道原则。所谓执行人道原则，是指在行政强制执行中，要充分关注被执行人的生命、基本生存状况和最低限度的人格尊严和需求。根据该原则，即使行政机关可对被执行人的人身或财产动用武力，但也不得使用违反基本权利或违背对公民应有的尊重之手段，例如，酷刑、人格侮辱或不当地使用武器作出威胁等。例如，《行政强制法》第 23 条对于查封、扣押对象的限制；再例如，《行政强制法》第 43 条对于行政强制执行实施时间以及实施方式的限制。

(六) 权利保障原则

《行政强制法》第 8 条明确了权利保障原则。该条意指在实施行政强制的过程中，需要保障当事人的权利，防止当事人的合法权益被侵害；对于被侵害的当事人，需要保障其权利救济的途径。结合该条文可以作以下具体理解：

(1) 程序性权利的保障。行政机关在对公民、法人或其他组织实施行政强制行为时，相对方应享有陈述、申辩的权利。这既是行政机关查明事实真相，作出公平、合理判断的基础，也是当事人表达观点和阐明其意见的具体体现。

(2) 救济权利的保障。相对方不服行政机关所作的行政强制行为，有权提出异议，可以依法申请行政复议和提起行政诉讼，这既能保护当事人合法权益，又能督促行政机关公平、合理执法。

(3) 申请国家赔偿权利的保障。《行政强制法》第 8 条第 1 款规定，因行政机关违法实施行政强制受到损害的，有权依法要求赔偿。也就是说，无论行政机关实施行政强制措施，还是实施行政强制执行，只要因违法行使给公民、法人或其他组织造成损害的，受害人均可申请国家赔偿。而且该条第 2 款规定，公民、法人或者其他组织因人民法院在强制执行中有违法行为或者扩大强制执行范围受到损害的，有权依法要求赔偿。当然，申请人申请国家赔偿的具体程序、赔偿的方式和标准要按照《国家赔偿法》的相关规定进行。

三、行政强制的种类

(一) 行政强制措施的种类

行政强制措施，是指行政机关在行政管理过程中，为制止违法行为、防止证据损毁、避免危害发生、控制危险扩大等情形，依法对公民的人身自由实施暂时性限制，或者对公民、法人或者其他组织的财物实施暂时性控制的行为。行政强制措施由于能够及时地维护公共利益和社会秩序，制止违法犯罪行为，因此在行政执法实践中的运用十分普遍。但在《行政强制法》实施之前，由于缺乏统一规范，行政强制措施的种类不仅繁多，而且非常混乱。为了改变这种现状，我国《行政强制法》根据行政强制措施限制相对人权利的内容和形式的不同，将行政强制措施列举规定为五种。

1. 限制公民人身自由的行政强制措施

公民人身自由是《宪法》保障的基本权利，不受非法限制或剥夺。目前我国设定限制公民人身自由的法律和限制措施主要有《治安管理处罚法》中规定的强制传唤，《集会游行示威法》中规定的强行驱散、强行带离现场，《传染病防治法》中规定的强制隔离治疗，《禁毒法》中规定的强制戒毒，《海关法》中规定的强制带回、人身搜查，《中华人民共和国外国人入境出境管理法》（1985）中规定的限制活动范围、强制离境等。

2. 查封场所、设施或者财物的行政强制措施

行政机关对相对方经营的场所或其所有、使用的设施贴上封条，或者通过有关登记机关对有权属登记的不动产或动产进行权属限定的措施。查封主要是对不动产或者其他不便移动的财产，由行政机关检查后以贴封条的形式限制当事人对财产的移动或者使用，也即“就地封存”。例如《药品管理法》第 100 条第 2 款规定的药品监督管理部门采取查封、扣押措施的权力。

3. 扣押财物的行政强制措施

扣押财物一般是指为防止当事人动用、转移、销毁涉案物品，行政机关将涉案财产所有权与占有权暂时分离，限制其处分，并由执法机关予以暂时保管的强制措施。与查封不同的是，扣押措施主要针对可移动财产，并且执法机关会将涉案财产转移至其他地点保存，也即“异地控制”。目前设定扣押措施的法律、法规有《海关行政处罚实施条例》第 38 条，《互联网上网服务营业场所管理条例》第 27 条。

4. 冻结存款、汇款的行政强制措施

金融机构或邮政局根据行政机关的请求，对相对方的存款或者有价证券等进行暂停支付，未经允许不准提取或转让的行为。我国对冻结强制措施控制非常严格，目前仅有《税收征收管理法》《反洗钱法》《证券法》《邮政法》规定了冻结措施（《邮政法》使用“扣留”一词）。例如《税收征收管理法》第 38 条，《反洗钱法》第 26 条。

5. 其他行政强制措施

这是指除《行政强制法》明确规定的限制人身自由、查封、扣押和冻结措施外，其他法律、行政法规依据法定权限设定的行政强制措施。例如《兵役法》第 57 条规定的对拒绝履行兵役义务的公民县级人民政府可以强制其履行，《禁毒法》第 32 条规定的对涉嫌吸毒人员的强制检测等。

（二）行政强制执行的方式

行政强制执行是指行政机关或者由行政机关申请人民法院，对不履行行政决定的公民、法人或者其他组织，依法强制履行义务的行为。根据行政强制执行行为的内容和形式不同，《行政强制法》将行政强制执行列举规定为以下六种：

1. 加处罚款或滞纳金

加处罚款或滞纳金又称作执行罚，是指义务人逾期拒不履行行政决定确定的义务（非替代性的作为义务或不作为义务），行政主体通过科处义务人新的义务的办

法，促使义务人履行原义务的一种行政强制执行方式①。执行罚不是一种处罚，而是一种督促方法；也就是说，它不是对非法行为的制裁，而是强制实施将来行为的手段②。执行罚的目的是督促履行义务，它适用于不可替代的作为、不作为，也可以适用可替代的作为。例如《行政处罚法》第 72 条第 1 项规定的加处罚款，《税收征收管理法》第 32 条规定的滞纳金。

2. 划拨存款、汇款

划拨存款、汇款，是指行政机关、人民法院对相对方拒不履行生效行政决定所确定的义务，通过有关金融机构、邮政机构将其账户上的存款或者邮寄给其的汇款，直接划入权利人账户的执行方式。例如《税收征收管理法》第 38 条规定的税务机关扣缴税款。

3. 拍卖或者依法处理查封、扣押的场所、设施或者财物

拍卖或者依法处理查封、扣押的场所、设施或者财物，是指将查封的动产或不动产，以公开竞价方式出售，并以拍卖的价款清偿金钱给付义务的强制执行方式。例如《海关法》第 60 条规定对于逾期未缴纳税款的，海关可以扣留并依法变卖其价值相当于应纳税款的货物或者其他财产，以变卖所得抵缴税款。

4. 排除妨碍、恢复原状

排除妨碍，即行政相对方的违法行为，妨碍了公共活动或者他人合法权益，行政机关或者人民法院依法要求相对方排除妨碍，以保障权利正常行使。恢复原状，即行政相对方的违法行为损害到国家、集体的财物或他人的财物，行政机关或人民法院要求侵权人采取修复的方式恢复原状。例如《中华人民共和国草原法》第 65 条规定的恢复草原植被，《中华人民共和国森林法》第 73 条规定的恢复植被和林业生产条件。

5. 代履行

代履行，是指义务人经催告不履行法定义务时，可由行政机关或第三人代为履行义务，并由行政机关向义务人征收费用的一种间接强制执行方式。例如《道路交通安全法》第 106 条规定在道路两侧及隔离带上种植树木、其他植物或者设置广告牌、管线等，遮挡路灯、交通信号灯、交通标志，妨碍安全视距的，由公安机关交通管理部门责令行为人排除妨碍；拒不执行的，处强制排除妨碍，所需费用由行为人负担。

除此之外，《行政强制法》第 52 条还规定了即时代履行，即时代履行有特定的对象与前提条件，比如醉酒人在公共场所的遗洒物，醉酒人虽在场，无法自行清除，再比如高速公路上违章停车或者故障停车，当事人不在场或者在场也无法自己拖车。我国的即时代履行制度分散规定在《中华人民共和国海上交通安全法》《中华人民共和国防洪法》《中华人民共和国电力法》《中华人民共和国航道管理条例》《中华人民

---

① 傅士成. 行政强制研究［M］. 北京：法律出版社，2001：171.

② 毛雷尔. 行政法学总论［M］. 高家伟，译. 北京：法律出版社，2000：487.

共和国河道管理条例》等法律、法规、规章中。

6. 其他强制执行方式

除上述执行方式外，实践中还存有其他的执行方式，如强制拆除、强制停产、强制收购等。比如《城乡规划法》第 68 条规定的强制拆除措施。

四、行政强制的设定

行政强制的设定指有关国家机关在制定的法律规范中创设性的规定行政强制的行为，其实质是在原法律空白的领域中，该法律规范首次对行政强制的行为、种类和程序等作出规定。设定行为本质上属于国家立法权的行使①。《行政强制法》对我国行政强制的设定作了明确规定，并将行政强制的设定分为行政强制措施的设定和行政强制执行的设定。

（一）行政强制措施的设定

《行政强制法》第 10 条明确了行政强制措施的设定权限分配，规定法律、法规有权设定行政强制措施。法律、法规以外的其他规范性文件不得设定行政强制措施。

1. 法律的设定权

《行政强制法》第 10 条第 1 款规定："行政强制措施由法律设定。"也就是说，任何种类的行政强制措施法律均可以设定，不受限制。此处的法律意指狭义的法律，即全国人大及其常委会通过立法程序制定的规范性文件。

2. 行政法规的设定权

《行政强制法》第 10 条第 2 款规定：尚未制定法律，且属于国务院行政管理职权事项的，行政法规可以设定除本法第 9 条第 1 项、第 4 项和应当由法律规定的行政强制措施以外的其他行政强制措施。也就是说，立法机关仅将部分行政强制措施的设定权授予国务院，行政法规只能设定除限制公民人身自由，冻结存款、汇款和应当由法律规定的行政强制措施以外的其他行政强制措施。

3. 地方性法规的设定权

《行政强制法》第 10 条第 3 款规定：尚未制定法律、行政法规，且属于地方性事务的，地方性法规可以设定本法第 9 条第 2 项、第 3 项的行政强制措施。本规定赋予了享有地方性法规制定权的主体可针对地方性事务设定行政强制措施的权力，如省、自治区、直辖市的人民代表大会及其常务委员会以及较大的市的人民代表大会及其常务委员会，可设定行政强制措施的种类仅限于查封场所、设施或者财物和扣押财物两种行政强制措施。

4. 法律、法规以外的其他规范性文件的设定权

在我国的法律规范体系中，除法律、法规以外，还有自治条例、单行条例、规章及其他规范性文件。根据《行政强制法》第 10 条第 4 款规定，法律、法规以外的

---

① 应松年. 行政强制法教程［M］. 北京：法律出版社，2013：93.

其他规范性文件均不得设定行政强制措施。

（二）行政强制执行的设定

行政强制执行，“是从物理上拘束私人的自由或者侵害其财产权，所以，从侵害保留的原则来看，当然需要有法律的根据”[①]。《行政强制法》第13条规定：“行政强制执行由法律设定。”本规定指明了行政强制执行只能由法律设定，排除了行政法规、地方性法规、规章等其他规范性文件的设定权[②]。由于此处的设定不仅包括执行主体、权限范围和程序，同样也包含执行方式，因此《行政强制法》第12条明确规定的5种执行方式，都只能由法律设定，遵守严格的“法律保留”原则。但对于《行政强制法》第12条规定的“其他强制执行方式”是否也应当由法律设定，学界尚有争论[③]。本书认为，如果把“其他强制执行方式”的设定都限定在法律层次上，显然不利于公共利益和社会秩序的维护，但如果不分方式种类、危害程度等情形都授权由行政法规、地方性法规进行设定，也不利于对行政强制执行权的约束和公民合法权益的保护。我们建议将与《行政强制法》第12条明确规定的5种强制执行方式相当的，以及针对人身实施强制（强制火化、强制引产）的“其他强制执行方式”规定由法律来设定，将危害程度、打击力较弱的“其他强制执行方式”授权由行政法规，甚至地方性法规设定。

五、行政强制措施实施程序

行政强制措施，“一旦被滥用，便具有侵害人权的危险性”[④]。因此，必须对行政强制措施实施的主体、条件和程序在法律上加以明确。我国《行政强制法》第三章总共用了18个法律条文对行政强制措施的实施主体、实施条件、一般程序和特别程序等作出了明确的规定。

（一）行政强制措施实施的主体

1. 法律、法规规定的行政机关

《行政强制法》第17条第1款和第70条对行政强制措施的实施主体作了明确规定。首先，行政强制措施只能由行政机关实施，不得委托；其次，行政强制措施由法律、法规规定的行政机关在职权范围内实施；最后，根据《行政强制法》第70条

---

① 盐野宏. 行政法Ⅰ：第4版：行政法总论［M］. 杨建顺，译. 北京：北京大学出版社，2008：151.

② 李大勇. 其他行政强制执行方式之界定［J］. 政治与法律，2014（5）：130.

③ 多数学者认为应由法律设定，参见：信春鹰. 中华人民共和国行政强制法释义［M］. 北京：法律出版社，2011：48；傅士成. 第二十三章 行政强制［M］//应松年. 当代中国行政法：第4卷. 北京：人民出版社，2018：1575；杨登峰. 行政法总论：原理、制度与实案［M］. 北京：北京大学出版社，2019：265. 但也有学者认为，借鉴域外的制度经验以及《行政强制法》第10条有关“行政强制措施设定权”的规定，其他强制执行方式可由行政法规、地方性法规进行设定。参见：章志远. 行政法学总论［M］. 2版. 北京：北京大学出版社，2022：288.

④ 南博方. 行政法：第6版［M］. 杨建顺，译. 北京：中国人民大学出版社，2009：129.

的规定，具有管理公共事务职能的组织在法律、行政法规的授权范围内，可以以自己的名义实施行政强制。

2. 集中行使处罚权的行政机关

《行政强制法》第 17 条第 2 款规定行使相对集中行政处罚权的行政机关可以行使相应的行政强制措施。第一，相对集中行政强制措施权只限于法律、法规规定的与行政处罚权有关的行政措施；第二，行政处罚权被集中到一个行政机关后，与这些处罚权相关的行政强制措施的权力也随之转移到集中机关行使，原行政机关便不再实施此类行政强制措施；第三，集中行使处罚权的机关实施相应的行政强制措施应遵守《行政强制法》以及单行法律、法规对行政强制措施的规定；第四，限制人身自由的行政处罚权依法只能由公安机关行使，所以限制人身自由的行政强制措施权不得转移。目前，城市综合行政执法机关便根据《行政强制法》的规定已经获得了行政强制措施实施主体的资格。随着我国在城市管理、市场监管、生态环境、文化市场、交通运输、应急管理、农业等领域推行建立综合执法制度，相对集中行政处罚权，将来会有更多的综合执法机关获得行政强制措施实施主体的资格。

行政强制措施对行政相对人权益影响甚大，因此《行政强制法》第 17 条第 3 款规定："行政强制措施应当由行政机关具备资格的行政执法人员实施，其他人员不得实施。"而且《行政强制法》第 17 条第 1 款规定："行政强制措施权不得委托。"根据权威解释："行政强制措施的即时性和强制性，决定了它对于公民、法人和其他组织的权益影响更大，所以对行政强制措施实施主体的规定更加严格，只能由行政机关来实施，不得委托给其他行政机关、组织或者个人。"①

（二）行政强制措施实施的条件

《行政强制法》对行政强制措施的实施条件没有明确规定，尽管《行政强制法》第 2 条和第 5 条的规定对行政强制措施的实施具有一定的明确性，但这两条规定尚不足以达到规范行政强制措施有效运行的目的。本书认为行政强制措施的实施条件应该包括实体要件、法律要件和程序要件。

1. 实体要件

行政强制措施的实体性条件由实体性必要条件与实体性选择条件构成，实体性必要条件是指任何一种行政强制措施均应满足的条件，而实体性选择条件则是依据不同类型的行政强制措施的特定属性而专门设置的，仅适用于特定类型的行政强制措施。行政机关只有满足实体性必要条件和实体性选择条件才能实施行政强制措施。

（1）实体性必要条件。第一，在制止违法行为、防止证据损毁、避免危害发生、控制危险扩大以及其他同等程度的情形下；第二，实施行政强制措施应符合行政管理目的；第三，以无法适用非强制手段为前提；第四，实施行政强制措施造成的损失不得超过所获利益。

---

① 乔晓阳. 中华人民共和国行政强制法解读［M］. 北京：中国法制出版社，2011：61.

（2）实体性选择要件。行政强制措施按照实施对象和目的不同可以分为违法制止型①、证据保全型②和危险防控型③等。这三种类型的行政强制措施的实体性选择条件分别为：其一，违法制止型强制措施以合理证据证明违法为要件；其二，证据保全型强制措施中限制人身自由类暂不作条件限制，控制财物类以违法性为要件；其三，危险防控型强制措施中针对保护对象的强制措施暂不作条件限制，针对危险源的强制措施应以证明危害的现实性、紧迫性为要件。

2. 法律要件

行政机关实施行政强制措施必须有相应的法律、法规的明文依据。其中包括相应法律、法规所规定的实施行政强制措施的对象、情形、手段和程序等。

3. 程序要件

由于《行政强制法》对行政强制措施的实施程序已经作了较为完整的规定，且本章对其也有专门的研究，此处不再赘述。

（三）行政强制措施实施的一般程序

《行政强制法》第 18 条对行政机关实施行政强制措施所应遵循的一般程序作了具体规定，包括以下内容：

1. 报告并批准

行政执法人员在实施前应向行政机关负责人报告具体情况，并征得相关负责人同意。报告的内容主要包括实施行政强制措施的事由、依据、对象和方式等。

2. 表明身份

行政执法人员出示的证件必须足以让行政相对人相信其具有实施行政强制措施的职权。行政执法人员未向行政相对人出示相关身份证件或其出示的证件不足以表明其拥有执法权限的，相对人有权拒绝配合行政人员实施行政强制措施，并无须承担由此产生的法律后果。

3. 告知程序

第一，行政执法人员在实施行政强制措施前应先通知当事人到场，确保当事人参与行政程序。若当事人不到场的，邀请见证人到场，由见证人和行政执法人员在现场笔录上签名或者盖章。第二，行政执法人员在实施行政强制措施时，需要告知当事人采取行政强制措施的理由、依据以及当事人依法享有的权利、救济途径。

4. 听取陈述、申辩程序

行政执法人员在实施行政强制措施时应保证当事人行使陈述、申辩权。当事人

---

① 违法制止型包括限制人身自由类和控制财物类，具体指行政机关为制止违法行为而对违法行为人采取的限制人身自由或控制其财物的强制措施。

② 证据保全型指案件相关人存在毁坏证据的可能，行政机关为了避免证据毁损而对相关人采取限制人身自由的强制措施，或某一财物作为证明案件事实的证据，行政机关为了防止该物因人为或其他原因毁损而对其采取的暂时性控制的强制措施。

③ 危险防控型包括针对危险源的限制人身自由类强制措施和控制财物类强制措施以及针对保护对象的限制人身自由类强制措施和控制财物类强制措施。

可以采取口头或书面的形式进行陈述、申辩。既能保证相对方能够接受行政强制措施决定，还能确保行政强制措施作出决定的合理性、公正性。

5. 制作现场笔录

“现场笔录专指行政机关及其工作人员在执行职务的过程中，在实施具体行政行为时，对某些事项当场所做的能够证明案件事实的记录。”[①] 行政执法人员必须依据当时现场的事实情况真实、准确、公正地记录，并应接受当事人的监督。现场笔录由当事人和行政执法人员签名或者盖章，当事人拒绝的，在笔录中予以注明；当事人不到场的，邀请见证人到场，由见证人和行政执法人员在现场笔录上签名或者盖章。

(四) 行政强制措施实施的特别程序

除上述《行政强制法》第18条规定的一般程序外，《行政强制法》还对行政强制措施实施的特别程序作了规定，这些特别程序是对一般程序的变通和补充，是对一般程序的进一步完善，因此行政机关在实施行政强制措施的特别程序时，既要遵守这些特别规定，也仍然要遵守一般程序之规定。根据《行政强制法》的规定，这些特别程序主要有以下四类：

1. 紧急行政强制措施的实施程序

(1)“情况紧急”为前提条件。所谓情况紧急，是指一旦不立即采取行政强制措施，将会造成公共利益的重大损失或是发生证据灭失等无法挽回的情形[②]。(2) 事后报告并补办手续。行政执法人员采取紧急行政强制措施后，应当在二十四小时内向行政机关负责人报告，并补办批准手续。(3) 立即解除。若行政机关负责人认为不应当采取行政强制措施的，应当立即解除。此时，行政相对方可以采取相应的救济措施，由行政机关对行政相对方的损害承担相应的赔偿或补偿责任。

2. 限制人身自由的实施程序

(1) 当场告知或者实施行政强制措施后立即通知当事人家属实施行政强制措施的行政机关、地点和期限；(2) 紧急情况下当场实施限制人身自由行政强制措施的，在返回行政机关后，立即向行政机关负责人报告并补办批准手续；(3) 法律规定的其他程序，例如与案件有利害关系的行政执法人员应该回避。

3. 查封、扣押强制措施的实施程序

(1) 查封、扣押限于涉案的场所、设施或者财物；(2) 制作并向相对人当场交付查封、扣押决定书和清单；(3) 不得查封、扣押与违法行为无关的场所、设施或者财物，不得查封、扣押公民个人及其所抚养家属的生活必需品；(4) 在其他国家机关已经查封、扣押的情况下，不得重复查封、扣押；(5) 除法律、行政法规另有规定和行政机关负责人批准外，查封、扣押的期限不得超过30日；(6) 对查封、扣押的场所、设施、财物，行政机关应当妥善保管，不得使用或者损毁；(7) 查封、

① 姜明安. 行政法与行政诉讼法 [M]. 7版. 北京：北京大学出版社，2019：463.

② 马怀德.《行政强制法》条文释义及应用 [M]. 北京：人民出版社，2011：79.

扣押发生的保管费用由实施查封、扣押的行政机关承担；（8）查封、扣押后，行政机关应当及时查清事实，并在法定期限内作出处理，依法没收销毁，或者解除查封、扣押等。尽管《行政强制法》要求在法定条件下，行政机关要及时解除查封、扣押，但实践中，不及时解除查封、扣押的现象还是存在的。刘某诉山西省太原市公安局交通警察支队晋源一大队道路交通管理行政强制案[①]是这一方面的典型案例。

4. 冻结存款、汇款的实施程序

冻结存款、汇款的实施程序与上述查封、扣押强制措施的实施程序基本上相同。但为确保冻结强制措施的顺利实施，根据《行政强制法》第 30 条的规定：行政机关依照法律规定决定实施冻结存款、汇款的，无须通知当事人到场，无须当场告知当事人采取行政强制措施的理由、依据以及当事人依法享有的权利、救济途径，无须当场听取当事人的陈述和申辩，现场笔录无须当事人签名或者盖章，无须邀请见证人到场，无须由见证人在现场笔录上签名或者盖章。金融机构接到行政机关依法作出的冻结通知书后，应当立即予以冻结，不得拖延，不得在冻结前向当事人泄露信息。《行政强制法》第 31 条规定：依照法律规定冻结存款、汇款的，作出决定的行政机关应当在三日内向当事人交付《冻结决定书》。

六、行政强制执行程序

根据《行政强制法》和《行政诉讼法》的规定[②]，我国的行政强制执行体制根据不同的执行主体可以分为行政机关自行强制执行和申请法院强制执行两种模式。两种执行模式在我国行政强制执行体制中的地位和作用不同，我国行政强制执行是“以申请法院强制执行为原则，以行政机关自行强制执行为例外和补充”。尽管两种执行模式不同，但都有滥用和侵犯公民合法权益的可能，因此必须受到法律程序的规范和制约。

（一）行政机关自行强制执行程序

行政机关自行实施的强制执行是指作出行政决定的行政机关，依照法律的授权，对不履行行政决定确定的义务的相对人实施的强制执行。行政机关自行实施强制执行，必须遵守《行政强制法》和相关司法解释规定的程序。

1. 一般程序

（1）催告程序。

催告程序是《行政强制法》的立法亮点之一。所谓催告，在国外行政法中称为“告诫”，是指在正式实施行政行为前给行政相对人发出的警示、提示和预报程序，为的是敦促行政相对人自我履行行政行为所确定的义务，从而实现行政管理的目

① 《最高人民法院公报》2017 年第 2 期。

② 《行政强制法》第四章和第五章分别规定了行政机关强制执行程序和申请法院强制执行程序，《行政诉讼法》第 97 条规定：“公民、法人或者其他组织对行政行为在法定期限内不提起诉讼又不履行的，行政机关可以申请人民法院强制执行，或者依法强制执行。”

的[①]。催告程序的功能主要体现在三个方面：第一，可以使当事人知悉行政强制执行的可靠性和危险性，对当事人心理产生强大压力，敦促其自觉履行义务，以延缓或减少强制执行手段的使用和行政强制执行的实施；第二，规范行政机关行政强制执行权的行使，使权力的运行保持必要的理性和谦抑，防止和避免出现行政强制执行权的恣意行使，侵害当事人合法权益；第三，催告程序体现了对当事人的尊重，也可以减轻当事人与行政机关的对抗情绪[②]。根据《行政强制法》的规定，行政机关作出强制执行决定前，应当事先催告当事人履行义务。催告应当以书面形式作出。经催告仍不履行，且无正当理由的，行政机关可以作出强制执行决定。

（2）听取当事人的陈述与申辩。

行政机关应当充分听取当事人的意见，对当事人提出的事实、理由和证据，应当进行记录、复核。例如，在沅江市天成新型环保建材有限公司诉湖南省沅江市人民政府行政强制及行政赔偿一案[③]中，沅江市人民政府以沅江市天成新型环保建材有限公司（简称天成公司）位于饮用水水源二级保护区内为由，作出沅政函（2018）19 号《沅江市人民政府关于责令沅江市天成新型环保建材有限公司关闭的通知》，责令天成公司立即关闭，否则采取强制措施。通知作出后，沅江市人民政府组织相关部门对天成公司进行强制拆除，但未书面催告其履行义务，未依法告知天成公司享有陈述、申辩的权利，亦未作出书面的行政强制执行决定书，强制拆除行为违反法定程序，一、二审判决确认沅江市人民政府的强制拆除行为违法，最高人民法院也驳回了天成公司的再审申请[④]。

（3）作出行政强制执行决定书。

行政强制执行决定书应当以书面形式作出，而且载明的事项必须全面、清楚。应载明的内容有当事人的姓名或者名称、地址，强制执行的理由和依据，强制执行的方式和时间，申请行政复议或者提起行政诉讼的途径和期限，行政机关的名称、印章和日期。

（4）送达。

催告书、行政强制执行决定书应当直接送达当事人。当事人拒绝接收或者无法直接送达当事人的，应当依照《民事诉讼法》（2007）的有关规定送达。

（5）中止执行。

中止执行是指在强制执行过程中，法定情形的发生致使执行程序无法进行，需要暂停执行，待中止执行的法定情形消失后，再恢复执行程序。根据《行政强制法》的规定，中止执行的法定情形有：当事人履行行政决定确有困难或者暂无履行能力的；第三人对执行标的主张权利，确有理由的；执行可能造成难以弥补的损失，且中止执行不损害公共利益的；行政机关认为需要中止执行的其他情形。

---

① 应松年. 行政强制法教程［M］. 北京：法律出版社，2013：157.

② 晏山嵘. 行政强制法适用典型案例精释精解［M］. 北京：中国检察出版社，2016：121.

③ 湖南省益阳市中级人民法院行政判决书，（2019）湘 09 行初 24 号。

④ 最高人民法院行政裁定书，（2020）最高法行申 10356 号。

（6）终结执行。

终结执行是指在强制执行的过程中，法定情形的发生致使执行程序无法继续执行，或者没有必要继续执行。根据《行政强制法》的规定，终止执行的法定情形有：公民死亡，无遗产可供执行，又无义务承受人的；法人或者其他组织终止，无财产可供执行，又无义务承受人的；执行标的灭失的；据以执行的行政决定被撤销的；行政机关认为需要终结执行的其他情形。

（7）执行回转。

执行回转即对行政强制执行错误的补救。在执行中或者执行完毕后，作为强制执行依据的行政决定被撤销、变更，或者执行错误的，应当停止执行，恢复原状或退还财物；不能恢复或退还的，依法给予国家赔偿。

（8）执行和解。

《行政强制法》第 42 条规定了行政机关可以在不损害公共利益和他人合法权益的情况下，与当事人达成执行协议，即在执行前或执行中，由当事人与行政机关达成执行协议，约定由被执行人通过自愿履行的方式实现行政决定所确定的义务。

（9）执行的特殊限制。

一是时间限制。《行政强制法》第 43 条第 1 款规定："行政机关不得在夜间或者法定节假日实施行政强制执行。但是，情况紧急的除外。"需要注意的是，这里的法定节假日包括星期六。根据《最高人民法院关于行政机关在星期六实施强制拆除是否违反〈中华人民共和国行政强制法〉第四十三条第一款规定的请示的答复》（〔2016〕最高法行他 81 号），依照《行政强制法》第 43 条第 1 款及第 69 条的规定，行政机关不得在星期六实施强制拆除，但情况紧急的除外。在叶某等人诉仁化县人民政府房屋行政强制案[①]中，仁化县人民政府组织人员于 2013 年 7 月 12 日凌晨 5 时许对叶某等人的房屋实施强制拆除的行为被广东省韶关市中级人民法院判决确认违法。二是方式限制。拒绝或停止提供公共产品或服务也是迫使当事人履行行政义务的方式，但《行政强制法》第 43 条第 2 款明确规定，行政机关不得对居民生活采取停止供水、供电、供热、供燃气等方式迫使当事人履行相关行政决定。该条款真正地体现出了深切的人文关怀和法治的真谛。但是根据权威意见，虽然不能对居民采取停止供水、供电、供热、供燃气的强制方法，但可以对法人和其他组织采取停止供水、供电、供热、供燃气的方式督促其履行义务[②]。而本书进一步认为，倘若被以断水断电直接强制者为提供人民生活必需品之营业场所，则此方法不宜适用，唯有该营业场所属于满足特殊目的之消费场所，而不涉及人民生活之基本需求时，将之作为最后之行政执行手段方可适用。

实践中要注意的是，需把政府采取停电、停水等措施迫使当事人搬迁的行为和为了拆迁顺利提前进行的停电准备工作区分开。政府为实施拆除行为要求供电公司所做的停电等准备工作不具有可诉性。如果政府以《停电函》通知供电公司采取停

---

① 广东省韶关市中级人民法院行政判决书，（2013）韶中法行初字第 70、71、72 号。

② 乔晓阳. 中华人民共和国行政强制法解读［M］. 北京：中国法制出版社，2011：143.

电、停水等方式实施拆迁的，具有可诉性。如果当事人已经起诉了拆迁行为，由于停电、停水等方式已经内嵌于拆迁行为中，单独起诉停电、停水等方式没有实际意义，法院一般也不受理或者作出驳回起诉裁定。在张某诉河南省平顶山市湛河区人民政府（简称湛河区政府）行政强制措施申请再审一案[①]中，最高人民法院认定湛河区政府作出《停电函》系为其实施拆除行为所做的准备工作。在张某起诉湛河区政府强制拆除其房屋一案、一审法院已依法受理的情况下，张某单独就《停电函》提起本诉并无实际意义。最终裁定驳回申请再审请求。

2. 特殊程序

（1）执行罚的程序。第一，执行罚依据的是当事人逾期没有履行行政决定所确定的金钱给付义务。第二，行政机关依法作出加处罚款或者滞纳金的书面执行决定。第三，行政机关将加处罚款或者滞纳金的标准告知当事人。第四，加处罚款或者滞纳金超过 30 日的，行政机关履行催告程序，进一步督促当事人履行金钱给付义务。第五，经催告当事人仍不履行的，有行政强制执行权的行政机关对金钱给付义务和执行罚进行强制执行。没有行政强制执行权的行政机关应当申请人民法院强制执行。第六，行政机关实施强制执行前，需要采取查封、扣押、冻结措施的，依照《行政强制法》中查封、扣押和冻结的行政强制措施的有关法律规定办理。在此需要注意的是，根据《行政处罚法》第 73 条第 3 款的规定："当事人申请行政复议或者提起行政诉讼的，加处罚款的数额在行政复议或者行政诉讼期间不予计算。"

（2）划拨的程序。第一，行政机关作出划拨存款、汇款的书面行政决定；第二，行政机关将书面行政决定通知金融机构；第三，金融机构接到行政机关的书面决定后，经核对，应当立即划拨。需要注意的是，只有在法律规定的情况下，金融机构才能配合行政机关履行划拨职能。

（3）拍卖的程序。《行政强制法》对于拍卖程序没有专门规定，对于拍卖需要根据《拍卖法》、国务院办公厅《关于公物处理实行公开拍卖的通知》（国办发〔1992〕48 号）和《拍卖管理办法》（2019）规定的程序进行。拍卖的具体程序是：

第一，行政机关应当向拍卖人提供委托拍卖物品或者财产权利的所有权证明或者依法可以处分拍卖标的的证明及其他资料，并附拍卖所依据的书面行政决定。

第二，拍卖人应当对行政机关提供的有关文件、资料进行核实。行政机关应当与拍卖人签订书面委托拍卖合同，载明行政机关作为拍卖委托人的基本情况，拍卖标的的名称、规格、数量、质量，行政机关提出的保留价，拍卖的时间、地点，拍卖标的交付或者转移的时间、方式，佣金及其支付的方式、期限，价款的支付方式、期限和违约责任等。

第三，行政机关应当对指定拍卖企业的拍卖行为予以全程监督，对不规范和违法现象应当及时纠正，并依法追究指定拍卖企业和相关责任人的法律责任。

第四，拍卖人在拍卖日 7 日前通过报纸或者其他新闻媒介发布拍卖公告，载明拍卖的时间、地点，拍卖标的，不少于 2 日的标的展示时间、地点和参与竞买应当

---

① 最高人民法院行政裁定书，（2021）最高法行申 249 号。

办理的手续等。

第五，拍卖人实施拍卖。拍卖师应当于拍卖前宣布拍卖规则和注意事项，并组织现场拍卖，竞买人的最高应价经拍卖师落槌或者以其他公开表示买定的方式确认后，拍卖成交，买受人和拍卖人签署成交确认书。拍卖人对拍卖过程予以记录，制成笔录，由拍卖师、记录人签名；拍卖成交的，还应当由买受人签名。

第六，拍卖完成，拍卖人将拍卖所得款项按照委托拍卖协议交付给行政机关，行政机关应当将拍卖结果书面通知行政相对人，完成整个拍卖的强制执行过程。

(4) 代履行的程序。代履行一般发生在行政机关依法作出要求当事人履行排除妨碍、恢复原状等义务的行政决定，当事人逾期不履行，经催告仍不履行，其后果已经或者将危害交通安全、造成环境污染或者破坏自然资源的情况下，行政机关才可以自身或者委托没有利害关系的第三人代履行。例如，2010 年 11 月 3 日，“海运 137”轮在天津港主航道 1 号浮东侧自沉，该沉船对过往船舶的航行安全造成了严重的影响，但“海运 137”轮船舶所有人、经营人拒不打捞清除。天津海事局于 2012 年 6 月 20 日下发代履行通知书，公司逾期仍未履行打捞义务。为了保证上述海域的通航安全，天津海事局根据《行政强制法》第 50 条的规定，委托江苏蛟龙打捞航务工程有限公司于 2012 年 8 月 20 日对“海运 137”沉船进行打捞清除，代履行预算费用人民币 355 万元全部由“海运 137”轮船舶所有人承担①。

行政机关实施代履行的具体程序为：第一，作出代履行决定书并送达。实施代履行，必须作出书面的代履行决定，使得代履行有凭有据，这是行政机关的一项法定义务。代履行决定书应直接送达，当事人拒绝接收或者无法直接送达的，依照《民事诉讼法》的规定送达。代履行决定书应当载明当事人的姓名或者名称、地址，代履行的理由和依据、方式和时间、标的、费用预算以及代履行人。第二，在代履行前三日，催告当事人履行，当事人履行的，停止代履行。“代履行的催告时间不同于行政强制执行，代履行是在代履行前三日进行催告，而行政强制执行是在作出行政强制执行决定前进行催告，催告时间更早。”② 第三，代履行时，作出决定的行政机关应当派员到场监督，尤其是委托第三人代为履行时。第四，代履行完毕，行政机关到场监督的工作人员、代履行人和当事人或者见证人应当在执行文书上签名或者盖章。

需要注意的是，《行政强制法》第 52 条还规定了即时代履行程序。行政机关决定立即实施代履行，不用事先作出书面代履行决定和催告。实施代履行，当事人在场的，应当责令其马上履行该义务；当事人不在场的，行政机关应当在事后立即通知当事人，并依法作出处理。

(二) 申请法院强制执行程序

申请法院强制执行，是指作出行政决定的行政机关在行政相对人不履行行政决

---

① 案例来源《中国水运报》(2012-08-13).

② 乔晓阳. 中华人民共和国行政强制法解读 [M]. 北京：中国法制出版社，2011：166.

定确定的义务的情况下，由于法律未明确授予行政机关自行强制执行权，因此只能申请法院实施强制执行。行政机关申请法院实施强制执行，必须遵守《行政强制法》《行政诉讼法》和相关司法解释规定的条件和程序。

1. 申请法院强制执行的条件

（1）当事人在法定期限内不申请行政复议或者提起行政诉讼，又不履行行政决定；（2）行政机关没有行政强制执行权[①]；（3）行政机关在法定期限届满之日起三个月内申请。

2. 申请法院强制执行的程序

（1）申请法院执行前的催告程序。根据《行政强制法》第 54 条规定：行政机关申请人民法院强制执行前，应当催告当事人履行义务。催告书送达十日后当事人仍未履行义务的，行政机关可以向所在地有管辖权的人民法院申请强制执行。行政机关具体在何时进行催告就算履行了申请法院执行前的催告程序？根据《最高人民法院关于行政机关申请人民法院强制执行前催告当事人履行义务的时间问题的答复》（〔2019〕最高法行他 48 号）："当事人在行政决定所确定的履行期限届满后仍未履行义务的，行政机关即可催告当事人履行义务。行政机关既可以在行政复议和行政诉讼期限届满后实施催告，也可以在行政复议和行政诉讼期限届满之前实施催告。"

（2）人民法院强制执行案件的管辖。行政机关申请人民法院强制执行的案件由申请人所在地的人民法院管辖，即行政机关向其所在地有管辖权的人民法院申请执行。若执行对象是不动产的，向不动产所在地有管辖权的人民法院申请强制执行。

（3）行政机关申请执行。行政机关向人民法院申请强制执行，应当提供下列材料：强制执行申请书，行政决定书及作出决定的事实、理由和依据，当事人的意见及行政机关催告情况，申请强制执行标的情况，法律、行政法规规定的其他材料。

（4）受理。人民法院接到行政机关强制执行申请后，应当在 5 日内作出是否受理的裁定。根据《行政诉讼法司法解释》（2018）第 155 条的规定："行政机关根据行政诉讼法第九十七条的规定申请执行其行政行为，应当具备以下条件：（一）行政行为依法可以由人民法院执行；（二）行政行为已经生效并具有可执行内容；（三）申请人是作出该行政行为的行政机关或者法律、法规、规章授权的组织；（四）被申请人是该行政行为所确定的义务人；（五）被申请人在行政行为确定的期限内或者行政机关催告期限内未履行义务；（六）申请人在法定期限内提出申请；（七）被申请执行的行政案件属于受理执行申请的人民法院管辖。行政机关申请人民法院执行，应当提交行政强制法第五十五条规定的相关材料。人民法院对符合条件的申请，应当在五日内立案受理，并通知申请人；对不符合条件的申请，应当裁定不予受理。行政机关对不予

---

① 根据《行政强制法》第 46 条第 3 款之规定：没有行政强制执行权的行政机关应当申请人民法院强制执行。但是，当事人在法定期限内不申请行政复议或者提起行政诉讼，经催告仍不履行的，在实施行政管理过程中已经采取查封、扣押措施的行政机关，可以将查封、扣押的财物依法拍卖抵缴罚款。也就是说，在行政机关事先已经控制了相对人财物的情况下，为了提高行政效率，法律赋予采取查封、扣押措施的行政机关可以采取拍卖的执行方式抵缴罚款，也即赋予了行政机关强制执行权。

受理裁定有异议，在十五日内向上一级人民法院申请复议的，上一级人民法院应当在收到复议申请之日起十五日内作出裁定。”若人民法院裁定不予受理，根据《行政强制法》第56条第2款的规定：“行政机关对人民法院不予受理的裁定有异议的，可以在十五日内向上一级人民法院申请复议，上一级人民法院应当自收到复议申请之日起十五日内作出是否受理的裁定。”

（5）审查。人民法院受理行政机关的强制执行申请后应及时进行书面审查。一是要审查行政机关是否依法提供了完备齐全的申请材料，即要符合《行政强制法》第55条的规定；二是要审查行政决定是否具备法定执行效力；三是要审查行政决定是否存在《行政强制法》第58条规定的情形，即明显缺乏事实根据的，法律、法规依据的以及其他明显违法并损害被执行人合法权益的。

（6）裁定。人民法院审查行政机关的强制执行申请后，就是否强制执行行政决定作出裁定。原则上，人民法院应当自受理之日起七日内作出执行裁定，除非出现《行政强制法》第58条规定的情形，人民法院应当自受理之日起三十日内作出是否执行的裁定。裁定不予执行的，应当说明理由，并在五日内将不予执行的裁定送达行政机关。

（7）执行。人民法院作出执行裁定后，行政机关申请强制执行的案件进入执行阶段。人民法院实施强制执行时，应遵循人民法院执行工作的一般程序。但对于行政机关申请法院执行的非诉案件，法院办理此类案件难度较大，执行的积极性与效果都不够理想。于是近年来在我国非诉案件的执行过程中，探索出了“裁执分离”工作模式，即由法院负责“裁定”，由行政机关负责“执行”。具体来说，非诉行政执行案件实行司法审查与强制执行的外部分离，法院负责对行政决定的合法性进行审查，并作出是否准予执行的裁定，对裁定准予执行的，具体执行工作交由法院外的相关行政机关负责[①]。由于该模式有效解决了行政机关想执行却无权、法院有权却难以执行的困境，确立了制度化的行政、司法协作与监督机制，既调动了双方的积极性，又确保了执行的合法性与有效性[②]，逐渐成为解决非诉案件执行难问题的一剂良药，并且得到了司法承认。在陈某等7人诉被申请人义县人民政府行政强制拆迁一案，不服辽宁省高级人民法院（2016）辽行终字第1193号行政裁定，向最高院申请再审案[③]中，最高人民法院认为，义县人民政府对涉案房屋作出义政征补（2013）第1号房屋征收补偿决定后，涉案房屋的继承人即陈某等7人未在法定期限内申请行政复议或者提起行政诉讼，义县人民政府在履行催告程序后申请法院强制执行，并根据义县人民法院作出的非诉行政执行裁定实施拆除行为，符合《行政强制法》和司法解释的规定。义县政府具有实施该拆除行为的法定职权。

（8）立即执行的程序。根据《行政强制法》第59条的规定：“因情况紧急，为保障公共安全，行政机关可以申请人民法院立即执行。经人民法院院长批准，人民

① 王华伟，刘一玮．非诉行政案件裁执分离模式再思考［J］．行政法学研究，2017（3）：98－112．

② 赵德关．裁执分离模式相关问题探析［J］．中国司法，2018（12）：23－29．

③ 最高人民法院行政裁定书，（2018）最高法行申6854号。

法院应当自作出执行裁定之日起五日内执行。”本条款对于立即强制执行的要求是，符合紧急情况以及以保障公共安全为目的。

重点难点

一、行政强制措施和行政强制执行的区分

行政强制措施和行政强制执行是我国《行政强制法》规定的两类行政强制行为，都是行政机关依法对相对人的人身或者财产予以强行处置的行为，“目的在于保障其他行政行为的顺利进行或保障其他行政行为的内容得以实现”[①]。两者都具有行政性、服从性、物理性和依附性的特点，具有较强的共性，从而使得两者的区分较为困难。在我国，正确区分这两类强制行为对于行政机关正确运用行政强制手段、遵循行政强制程序和实现行政强制任务具有非常重要的意义。正因为如此，我国行政法学者十分重视两者的区分。“可能没有一个国家的行政法比我国的行政法更在乎区别‘行政强制措施’与‘行政强制执行’的了。”[②] 但是关于行政强制措施与行政强制执行的区分标准，学者的认识并不完全一致。通过整理学者的诸多研究成果，我们发现以下三项区分标准是较为科学和务实的，也是绝大多数学者所公认的，可以作为行政强制措施和行政强制执行的区分标准。

(一) 以行政行为的保障性与执行性为标准

行政强制措施是为了保障一种秩序的遵守，也是为了保障后续行为的有效作出，例如为了保障事后的检验而封存货物，为了事后的处罚而暂扣肇事者的驾照，为了事后执行的实现而冻结当事人在银行的存款等。而行政强制执行是为了执行行政命令、行政处罚、行政征收、行政裁决等具有执行内容的行政决定。行政强制措施是为了保障秩序的遵守，而行政强制执行是为了保障秩序的实现；行政强制措施是为了保障后续行为的作出和实现，而行政强制执行是为了执行事先作出的行政决定。行政强制措施以“保障性”为重点，行政强制执行则以“执行性”为重点[③]。

(二) 以行政行为的暂时性和终局性为标准

行政强制措施都是暂时的，它仅是整个行政行为中的一个中间环节，它的作出尚未对事件处理完毕。我国《行政强制法》第 2 条明确将行政强制措施定位为“暂时性控制的行为”，可谓抓住了它的主要特点。查封、扣押、冻结等行政强制措施本身都不是行为的目的，而是为保障后续行为的作出而采取的暂时性行为。行政强制执行属于终局行为，在整个行政行为过程中，该行为已经封闭，对某一事项已经处

---

① 周佑勇. 行政法原论 [M]. 3 版. 北京：北京大学出版社，2018：298.

② 胡建淼. 行政法学 [M]. 4 版. 北京：法律出版社，2015：352.

③ 胡建淼. “行政强制措施”与“行政强制执行”的分界 [J]. 中国法学，2012 (2)：92.

理完毕，如执行罚款，将从当事人那里执行的罚款上缴国库，即执行终结，除非行政决定被撤销或者执行错误，该罚款不会回转。行政行为可能在作为基础行为的行政决定阶段已经封闭，如当事人服从并履行了行政处罚决定，也可能到行政执行阶段才封闭，但无论如何，行政强制执行肯定是行政行为的最终封闭点[①]。

(三) 以所履行的“义务性质”为标准

法律上的义务一般可以分为“作为义务”和“不作为与容忍义务”。作为义务是要求当事人积极履行的义务；不作为与容忍义务要求当事人不得从事某项活动，应受拘束和屈从。针对行政强制措施，当事人不存在“作为义务”，只存在“不作为”和“容忍”的义务；而在行政强制执行中，当事人存在“作为义务”。行政强制执行是由于当事人在规定期限内“不作为”发动的，从而行政机关通过直接或间接的手段督促当事人履行作为义务。据此，针对当事人负有“不作为”和“容忍”义务的强制行为，属于行政强制措施；相反，针对当事人负有“作为”义务的强制行为，属于行政强制执行。这是最为关键的内质层次的区别标准[②]。

此外，学者提出的其他的一些标准也可以作为我们区分行政强制措施和行政强制执行的辅助标准，例如以“基础行为”与“执行行为”是否分合、基础行为是否生效、事先是否存在可履行的义务并期待当事人履行等为标准。

二、申请法院冻结存款、汇款的属性

除行政机关自己作出冻结存款、汇款强制措施外，《中华人民共和国银行业监督管理法》《中华人民共和国证券投资基金法》《中华人民共和国保险法》《中华人民共和国审计法》等法律规定对涉嫌转移或者隐匿违法资金的，行政机关可以申请人民法院冻结。在这种情况下，需要讨论的是，对于行政机关申请法院采取冻结措施行为的法律属性为何？有学者认为，行政机关申请法院实施冻结，至少是一种司法对行政的协助措施，这种措施在性质上属于“需司法协助的行政行为”。其理由主要有：一是整个冻结行为或执行行为的法源点都是行政机关的行政意志（行政决定）。无此法源点，冻结行为或执行行为都无以发生。二是虽然法院在协助中拥有对行政决定的审查权和监督权，可以将程序进行下去或由此终结，但只要程序进行下去，便意味着是在履行一种行政决定而不是司法裁判。同时，它具有司法协助性，如果司法协助的行政行为是两种行为的组合（行政行为与司法协助行为），那么行政行为无疑是一种“主体行为”，司法协助行为则是一种“辅助行为”[③]。另有学者认为，“行政机关申请法院冻结行为的法律属性就是行政强制措施，只不过其主体为法院而非一般意义上的行政机关”，也即“在特定情形下，法院也可以成为行政主体。正如

---

① 乔晓阳. 中华人民共和国行政强制法解读 [M]. 北京：中国法制出版社，2011：9；胡建森. “行政强制措施”与“行政强制执行”的分界 [J]. 中国法学，2012 (2)：92.

② 胡建森. 行政法学 [M]. 4 版. 北京：法律出版社，2015：357－358.

③ 胡建森. 行政强制法论：基于《中华人民共和国行政强制法》[M]. 北京：法律出版社，2014：315.

特定情形下，自然人也可以成为行政主体”①。本书认为，将行政机关申请法院冻结行为的法律属性定性为司法行为较妥当。如果将其定性为需司法协助的行政行为，抑或行政强制措施，根据《行政诉讼法》的规定，当事人不服该冻结措施可以提起诉讼，但事实上冻结措施并非由行政机关作出，而是由法院作出的，是法院主要意志的体现，但法院不能作为被告，从而导致当事人不能行使诉权，而这又与凡是与行政行为有利害关系的公民都可以提起诉讼的立法宗旨相违背。退一步来说，即使以该行政机关为被告提起了诉讼，也难以获得胜诉。如果将行政机关申请法院冻结行为定性为司法行为，因为司法行为一般都不可诉，所以就可避免这种困境，而且立法之所以要将这种情况下冻结措施的决定权交由法院来行使，本身就是想通过法院司法审查来确保冻结措施的必要性和合法性。

三、代履行费用的征收

代履行产生的费用是事先征收还是事后征收？我国《行政强制法》针对代履行费用作了三项规定：一是在代履行决定书中应当载明代履行费用预算，要求代履行费用应当事先基本确定；二是明确代履行费用按照成本合理确定；三是代履行费用原则上由当事人承担，但法律另有规定的除外。但是我国《行政强制法》对于代履行费用的征收却没有规定，学界看法也不一致。代履行费用无论事先或事后征收，都有缺点。事先征收的缺点在于事先对费用的估算可能不准，会发生二次征收问题；事后征收的缺点在于，如果相对人没有财产可供征收或将财产转移隐匿，会出现征收不上的问题。本书认为，代履行的费用是事前征收还是事后征收，可以由行政机关根据实际情况具体裁定，也可以进行协商，但应该在代履行决定书中载明代履行费用的预估数额和计算方法。

四、违法建筑的强制拆除程序

（一）《行政强制法》专门规定违法建筑强制拆除程序的原因

强制拆除是指依法有权实施强制拆除的行政主体根据法律的规定，对违法建筑实施强制拆除的法律制度。《行政强制法》第 44 条是《行政强制法》针对违法建筑的强制拆除程序所作的专门规定。《行政强制法》对违法建筑的强制拆除程序作专门规定的原因有三个：第一，建筑物、构筑物、设施一旦被拆除，不能恢复，属于不可逆转的、不可弥补的损失，无论是合法还是非法的建筑，拆除都应当慎而又慎，必须由有权主体按照法定程序来拆除。第二，合法建筑的拆除，因国有土地上房屋征收和农村集体土地征收等，属于行政强制执行第四类“其他行政强制执行”，应当由行政机关申请人民法院强制执行，适用《行政强制法》第五章的有关规定和《土地管理法》《城市房地产管理法》等有关法律的规定。而非法建筑的强制拆除，有必

① 晏山嵘. 行政强制法适用典型案例精释精解［M］. 北京：中国检察出版社，2016：33.

要单独在《行政强制法》中作出特殊规定。第三，即便建筑物、构筑物、设施因确实违法需要强制拆除，但是由于建筑涉及当事人生产生活，牵涉实际利益，对当事人以及建筑周边多数人权益都有重大影响，非法建筑拆除的社会风险较高。同时一些非法建筑的产生和长期存在有着复杂的历史原因，强制拆除可能引发更多社会问题。非法建筑的强制拆除应当在程序合法的庇护下稳妥进行①。

(二) 违法建筑强制拆除的具体程序

行政机关实施强制拆除，属于典型的直接强制执行，应当遵循《行政强制法》关于行政强制执行的一般程序规定，包括催告、听取陈述和申辩、作出强制拆除决定书、送达、中止执行、终结执行、执行回转、执行中禁止性规定等。考虑到强制拆除的特殊性，为了使强制拆除更规范、更慎重、更具有可接受性，《行政强制法》也规定了强制拆除应该遵循的特殊程序。这些特殊程序主要有：

1. 违法建筑的认定

所谓违法建筑，是指违反《土地管理法》《城乡规划法》等相关法律、法规，非法占用土地，未取得建设工程规划许可证、临时建设工程规划许可证等法定建设许可，或者未按照建设工程规划许可证、临时建设工程规划许可证的规定，擅自建筑的建筑物、构筑物②。违法建筑主要包括占用已规划为公共场所、公共设施用地或公共绿化用地的建筑，不按批准的设计图纸施工的建筑，擅自改建、加建的建筑，农村经济组织的非农建设用地或村民自用宅基地非法转让兴建的建筑，特区内城市化的居民委员会或股份合作公司的非农业用地非法转让兴建的建筑，农村经济组织的非农业用地或村民自用宅基地违反城市规划或超过市政府规定标准的建筑，擅自改变工业厂房、住宅和其他建筑物使用功能的建筑，逾期未拆除的临时建筑，违反法律、法规有关规定的其他建筑③。对这些违法建筑的认定应该由各专门法律所规定的行政机关来行使，例如自然资源与规划部门依据《土地管理法》《城乡规划法》等来判定某一建筑是否合法。当然随着行政审批机构的改革，也可以由行政审批局依据单行法律进行认定。

2. 作出限期拆除决定或通知书

行政机关认为违法的建筑物、构筑物、设施等依法需要强制拆除的，应当作出限期拆除决定或通知书，责令当事人限期自行拆除。

3. 公告

公告就是广而告之，向社会公开相关信息，接受社会舆论的监督。行政机关作出限期拆除决定或通知书不但要送达当事人，还要向社会公告。

4. 催告

在强制拆除违法建筑时，将公告与催告相结合，既可保障强制拆除的效果，又

---

① 应松年. 行政强制法教程［M］. 北京：法律出版社，2013：181.

② 蔡小雪，郭修江. 房屋征收案件审理指引［M］. 北京：人民法院出版社，2015：268.

③ 胡建淼. 行政法学［M］. 4版. 北京：法律出版社，2015：340.

可给当事人自动履行义务更多机会和时间。在强制执行前公告，限期当事人自行拆除，当事人逾期拒不拆除的，在正式强制拆除前还应当催告。公告和催告的目的都是催促当事人在一定期限内自行拆除①。

5. 依法强制拆除

为避免尚有争议且未得到司法救济的强制拆除得以实施，损害当事人的合法权益，《行政强制法》规定，行政机关实施强制拆除，须以当事人在法定期限内不申请行政复议、不提起行政诉讼、又不拆除为前提。根据《最高人民法院关于行政机关自行强制拆除违法建筑期限问题的答复》[（2015）行他字第 15 号] 的通知，依照《行政强制法》第 44 条规定，针对当事人在法定期限内不申请行政复议或者提起行政诉讼，又不拆除的，具有行政强制执行权的行政机关应当等待行政诉讼起诉期限届满后，方可依法强制拆除违法的建筑物、构筑物、设施等②。需要注意的是，学界对《行政强制法》规定的“依法强制拆除”中的“依法”有不同理解。有些专家将《行政强制法》第 44 条对违法建筑的强制拆除权列入直接而普遍性授权③，也即只要是违法建筑，即使没有单行法律规定，行政机关也可以依据《行政强制法》第 44 条的规定实施强制拆除行为。但权威人士却认为：“这里的依法是依照法律。强制拆除属于典型的直接强制执行，应当遵循《行政强制法》第 13 条关于行政强制执行由法律设定的规定。”④ 本书认为，在依法行政之初，违法强拆现象屡屡发生，适宜将“依法”拆除理解为依据单行法律拆除，也即只有在法律有特别规定的情况下，行政机关才有权对建筑物、构筑物等实施强制拆除。

五、违法建筑强制拆除决定是否都可以适用代履行程序

本书认为除特殊情况外，违法建筑强制拆除决定不宜适用代履行程序。理由主要有两点：第一，根据《行政强制法》第 50 条规定⑤，代履行适用于当事人逾期不履行排除妨碍、恢复原状等义务，其后果已经或者将危害交通安全、造成环境污染或者破坏自然资源的情形。代履行具有严格的适用条件，一般并不适用于对建筑物、构筑物、设施的强制拆除。实践中，常常见到在行政机关指挥下，第三人提供挖掘机拆除违法建筑，这不属于代履行，属于行政机关实施行政直接强制执行。第二，《行政强制法》第 44 条是针对违法建筑的强制拆除所作的专门规定，程序较一般行政执行程序更为严格、复杂，其目的是更好地保障违法建筑当事人的合法权益。如果行政机关为了追求所谓的效率和效果，强行适用《行政强制法》第 50 条实施代履

① 信春鹰. 中华人民共和国行政强制法释义［M］. 北京：法律出版社，2011：145-146.

② 参见最高人民法院关于行政机关自行强制拆除违法建筑期限问题的答复［（2015）行他字第 15 号］。

③ 袁曙宏. 行政强制法教程［M］. 北京：中国法制出版社，2011：40-41；胡建淼. 行政法学［M］. 4 版. 北京：法律出版社，2015：341.

④ 乔晓阳. 中华人民共和国行政强制法解读［M］. 北京：中国法制出版社，2011：147.

⑤ 《行政强制法》第 50 条规定：“行政机关依法作出要求当事人履行排除妨碍、恢复原状等义务的行政决定，当事人逾期不履行，经催告仍不履行，其后果已经或者将危害交通安全、造成环境污染或者破坏自然资源的，行政机关可以代履行，或者委托没有利害关系的第三人代履行。”

行，将会导致第44条确立的严格程序规则被架空，与立法目的相违背。

在邓某诉启东市城市管理局强制拆除房屋及行政赔偿一案①中，因邓某未经规划审批在启东市汇龙镇河南中路团结闸南侧搭建亭棚一座，用作古玩、工艺品销售，启东市综合行政执法局（启东市城市管理局）于2020年4月29日作出《代为拆除违法建设决定书》，并于同年7月30日组织相关人员对案涉亭棚予以拆除。该案经过审理，一、二审法院都认为强制拆迁、拆除违法建设等对标的物具有“破坏性”“对抗性”的行为不得适用代履行，行政机关也不能根据《行政强制法》第50条的规定取得代履行的法定职权。判决认为通过代履行方式拆除案涉亭棚行为违法。二审法院裁判理由主要有三点：第一，对建筑物、构筑物、设施的强制拆除原则上必须遵守《行政强制法》第44条的规定，行政机关不得随意突破，更不应为追求所谓的效率和效果而对此视而不见。第二，代履行具有严格的适用条件，一般并不适用于对建筑物、构筑物、设施的强制拆除。代履行通常不具有强制性，只有在当事人怠于履行应负义务的情形下，行政机关才可以选择代履行的方式。此外，适用代履行方式还应以当事人不履行义务可能会导致迫在眉睫的危害为前提。案涉亭棚早在2011年便存在于案涉地点，启东市城市管理局在未提交任何证据的情形下，认定本案符合适用代履行的条件，明显强词夺理，不能成立。第三，立法目的不应被无视。对于建筑物、构筑物、设施的拆除，行政机关倘若不加区分地适用《行政强制法》第50条实施代履行，将会导致第44条所确立的规则被架空，立法目的被抛弃，严重违反法律适用的基本要求。

案例分析

一、案例导入

胡某诉广西壮族自治区南宁青秀山风景名胜旅游区管理委员会行政强制及行政赔偿案②

2014年12月4日，广西壮族自治区南宁市规划管理局（简称南宁市规划局）对胡某所建案涉房屋作出《规划检查通知书》，要求屋主三日内携带相关证件手续到广西壮族自治区南宁青秀山风景名胜旅游区管理委员会（简称青秀山管委会）接受检查。同日，青秀山管委会亦作出《责令限期举证通知书》，认为案涉房屋存在非法占地嫌疑，要求屋主在2014年12月7日前提交有关土地权利文件用于检查。2014年12月5日，青秀山管委会对案涉房屋的租户作出《限期搬迁通知》，告知案涉房屋将被拆除，要求租户于2014年12月20日前搬离所租住房屋，并及时转移房内相关物品，逾期未搬离，后果自负。2014年12月8日，南宁市规划局作出《关于责

① 江苏省南通市中级人民法院行政判决书，（2021）苏06行终124号。

② 广西壮族自治区南宁市中级人民法院行政判决书，（2015）南市行一初字第186号；广西壮族自治区高级人民法院行政判决书，（2018）桂行终503号；最高人民法院行政判决书，（2019）最高法行再228号。

令违法建设工程的建设单位（所有人、管理人）依法接受处理的公告》，限案涉房屋的建设人15日内到青秀山管委会接受处理，否则将依法对案涉房屋进行强制拆除或者没收。2014年12月24日，南宁市规划局作出青山规决（2014）29号《行政处罚决定书》，认定案涉房屋为违法建设，限案涉房屋建设人三日内自行拆除该房屋。胡某对该处罚决定不服申请行政复议，广西壮族自治区南宁市人民政府（简称南宁市政府）于2015年4月10日作出南府复议（2015）63号《行政复议决定书》，维持上述处罚决定。2014年12月29日，青秀山管委会作出青山催（2014）30号《履行行政处罚决定催告书》，对案涉房屋的建设人进行催告，限其三日内自行拆除违法建设，逾期将强制拆除，同时也告知了陈述权和申辩权。同日，青秀山管委会发布了青山强公（2014）30号《强制拆除违法建（构）筑物公告》，以督促上述违法建设的建设人三日内自行拆除违法建设。2015年1月21日，青秀山管委会作出青山强决（2015）1号《强制拆除决定书》（简称1号《强制拆除决定书》），并于同日对案涉房屋实施强制拆除。2015年4月19日，胡某提起行政诉讼，请求确认青秀山管委会实施强拆案涉房屋的行政行为违法，判令青秀山管委会赔偿案涉房屋及地上附着物损失2 175 000元、家具和电器用品等损失20 000元，判令青秀山管委会解决其居住问题。胡某对一、二审法院判决不服，提起再审。

另查，广西壮族自治区南宁市青秀区人民政府作出的青政发（2008）24号《关于整体搬迁青山园艺场的房屋拆迁补偿安置方案》（简称24号《方案》）规定，“由于历史原因，青山园艺场所有房屋都无用地及建房批准手续，因此，在本次拆迁中首先涉及对群众现有房屋可给予货币补偿面积的确认，……按照这样的标准，住宅房屋的人均建筑面积应确认为80平方米”。南宁市政府作出的南府发（2009）62号《关于推进被征地拆迁农民补偿安置工作的指导意见》（已失效）（简称62号《意见》）记载：“没有或仅有部分建房手续证明的房屋，应从尊重历史事实，维护村民合法权益的角度考虑，对房屋的建设情况进行鉴定和审查，符合建设规定的，给予补办相关手续证明并给予补偿。”

二、法官释法

一审法院认为，《行政强制法》第44条规定：“对违法的建筑物、构筑物、设施等需要强制拆除的，应当由行政机关予以公告，限期当事人自行拆除。当事人在法定期限内不申请行政复议或者提起行政诉讼，又不拆除的，行政机关可以依法强制拆除。”根据上述规定，在复议、诉讼法定期限内，应当停止执行强制拆除违法建筑物、构筑物、设施等。青秀山管委会于2015年1月21日作出1号《强制拆除决定书》后，当日便强制拆除了案涉房屋，该强制拆除行为尚在当事人提起行政复议或者提起行政诉讼的法定期限之内，应被确认违法。胡某未能提供合法的用地和建房手续，对其赔偿请求，本不应支持。但基于24号《方案》和62号《意见》的精神，对于胡某案涉房屋及地上附着物的损失应当给予赔偿。由于案涉房屋不是合法建筑，且不符合一户一宅原则，不能完全按照房屋的面积进行赔偿，根据南宁市政府作出的南府办函（2013）269号《关于印发实施青山、凤岭、三岸、三屋等四个园艺场集体土地统征工作实施方案的通知》所确定的补偿标准，确定胡某户的赔偿数额总共为 955 546.08 元。根据胡某户共有四口人、两栋房屋，案涉房屋为胡某所建，另一栋为其父母所建，胡某的妹妹还未成年，跟随父母居住生活，依据公平原则，确定案涉房屋的赔偿数额为胡某户征地拆迁补偿数额的 1/4，即 955 546.08×1/4=238 886.52 元。胡某主张家具、电器用品等损失，但并未提交相关证据，不予支持。由于胡某要求赔偿房屋及地上附着物损失的主张已得到支持，所以，其要求青秀山管委会再解决居住问题的主张不成立，不予支持。判决确认青秀山管委会于 2015 年 1 月 21 日强制拆除案涉房屋的行为违法，由青秀山管委会于本判决生效之日起 60 日内赔偿胡某房屋、地上附着物损失共计人民币 238 886.52 元，驳回胡某的其他诉讼请求。

二审法院认为，胡某上诉提出“房屋内财产损失约计 363 180 元”以及“搬迁补助费 4 350 元、搬迁误工费 500 元及临时过渡补助费 10 989 元”的请求属于新的诉讼请求，但未提出正当理由，不予准许。二审法院认为一审法院关于被拆除的案涉房屋以及地上附着物的损失赔偿和居住房屋处理正当，确认行政行为违法的判决和对胡某的家具、电器用品等损失不支持的主张正确。判决驳回上诉，维持原判。

再审法院基于同一、二审相同的理由认为，一、二审判决据此确认青秀山管委会强制拆除案涉房屋违法正确，本院予以支持；对胡某案涉房屋补偿的计算方法数据真实、公式清楚、结果合理，本院予以支持。但再审法院认为，青秀山管委会在实施强制拆除案涉房屋过程中，未依法妥善处置胡某的合法财产，未对其进行清点、登记造册并留存证据，导致青秀山管委会实施违法强制拆除行为后，胡某无法提交证据证明其屋内家具和电器用品等损失，故根据《行政诉讼法》第 38 条第 2 款的规定，对胡某房屋内家具和电器用品等损失事实的举证责任应当由青秀山管委会承担，并在未能提供任何相关证据的情况下，承担举证不能的不利后果。同时，考虑到胡某在原审时仅提供了拆除后的现场照片，故应当根据《行政诉讼法司法解释》（2018）第 47 条第 3 款和《行政诉讼证据规定》（2002）第 54 条的规定，综合考虑被拆除房屋所在地村民生活水平等因素及根据一般生活经验、生活常识，对胡某一审起诉时提出的案涉房屋内家具和电器用品等损失进行认定。胡某所建房屋征地办编号为 W405，面积达 423.61㎡，在拆除之前有租给他人使用的事实，其请求赔偿家具和电器用品等损失合计人民币 20 000 元属于合理范畴，应当予以支持。一、二审法院认为胡某未提交相关证据证明案涉房屋内家具、电器用品等损失，适用法律错误，应予纠正。另外，对于胡某在再审中提出的其他请求由于缺乏事实依据，无正当理由，再审法院不予支持。判决如下：撤销广西壮族自治区高级人民法院（2018）桂行终 503 号行政判决；撤销广西壮族自治区南宁市中级人民法院（2015）南市行一初字第 186 号行政判决第三项；维持广西壮族自治区南宁市中级人民法院（2015）南市行一初字第 186 号行政判决第一项；变更广西壮族自治区南宁市中级人民法院（2015）南市行一初字第 186 号行政判决第二项为由青秀山管委会于本判决生效之日起 60 日内赔偿胡某房屋、地上附着物损失人民币 238 886.52 元及房屋内家具、电器用品等损失人民币 20 000 元，驳回胡某的其他诉讼请求。

三、类案练习

邓某诉山东省成武县人民政府、山东省成武县交通运输局、山东省成武县公路管理局、山东省成武县九女集镇人民政府强制拆除房屋及行政赔偿案①

（一）基本案情

邓某系山东省成武县九女集镇青堌集村村民，在该村拥有建筑面积为118.262 5平方米的房屋院落。2016年4月22日，山东省发展和改革委员会作出鲁发改交通（2016）379号《核准关于S242临商线巨野至成武段改建工程项目建议书的批复》。S242公路成武段改道穿越成武县九女集镇青堌集村，该村20多户村民需搬迁，邓某的宅基及院落亦在改建工程范围内。邓某的房屋坐落的土地未实施征收。九女集镇人民政府表明经与原告协商，原告自愿搬出该房屋，并于2018年6月29日由九女集镇人民政府组织人员拆除原告房屋，将补偿款支付至原告账户内。青堌集村需搬迁的20多户村民中，除邓某在内的6户外，其余均签订协议拆除房屋，九女集镇政府及该村村委会也已在S242道路西侧建好安置房。2018年7月23日，邓某提起本案行政诉讼，请求：（1）判决山东省成武县人民政府、山东省成武县交通运输局、山东省成武县公路管理局、山东省成武县九女集镇人民政府强制拆除原告房屋的行为违法；（2）判决被告赔偿原告房屋价值损失449 397.5元，装修损失26 017.75元，附属物损失21 068.6元，旧材料损失15 000元，被砸物品损失55 356.8元，搬迁过渡费30 748.26元，误工费18 000元，院落内空白土地174 475元，共计790 063.91元，或者被告按照安置价格提供安置房118.262 5平方米并与原告所得赔偿金额进行结算，且被告从原告房屋被强制拆除之日起至安置房交付之日止按照每月1 182.625元的标准向原告支付租房费用；（3）判决被告返还占用的土地。

另经查明，山东省成武县交通运输局和公路管理局仅是参与了道路修建工程项目的建设和管理，九女集镇人民政府亦未受到成武县人民政府的委托或指示实施拆除行为。邓某主张其余三被告共同参与拆除其房屋，但未能提供证据充分证明。

（二）法律问题

1. 本案的被告如何确定？
2. 本案九女集镇人民政府是否具有实施强制拆除的行政强制执行权？
3. 本案的行政强制执行程序是否符合法律规定？
4. 邓某的房屋价值损失、装修损失、附属物损失等是否应予赔偿？

---

① 最高人民法院行政裁定书，（2020）最高法行申9669号。

知识拓展

一、拓展阅读

1. 王青斌，赖普微. 违法建设强制拆除机制的困境与出路：兼论《行政强制法》第 44 条的修改 [J]. 江苏行政学院学报，2018 (2).

2. 杜国强. 第三人代履行：制度适用与主体确定 [J]. 河北法学，2018 (4).

3. 胡建森. 论作为行政执行罚的“加处罚款”：基于《中华人民共和国行政强制法》[J]. 行政法学研究，2016 (1).

4. 洪家殷. 论行政调查中之行政强制行为 [J]. 行政法学研究，2015 (3).

5. 李大勇. 作为行政强制执行手段的断水、断电 [J]. 行政法学研究，2013 (3).

6. 袁曙宏. 我国《行政强制法》的法律地位、价值取向和制度逻辑 [J]. 中国法学，2011 (4).

7. 姜明安.《行政强制法》的基本原则和行政强制设定权研究 [J]. 法学杂志，2011 (11).

二、毕业论文选题指导

1. 我国行政强制执行中的代履行制度探讨
2. 行政强制中第三人权益之保障
3. 行政强制拆除程序研究
4. 行政强制评价制度研究
5. 行政强制中的执行罚制度研究
6. 行政强制执行中“裁执分离”制度研究

第九章　行政协议

随着现代国家行政职能的扩张、行政管理理念的转变、给付行政和服务行政的兴起，作为新型行政管理工具的行政协议[①]也蓬勃发展起来。相较于传统的单方行政行为，具有合意性和非权力性特征的行政协议拥有诸多优势，在行政管理实践中的运用呈现出扩大的趋势。然而，由于立法供给不足，关于行政协议制度的诸多问题都存在大量争议。本章聚焦行政协议的理论知识和司法案例，重构其体系内容，使其能够满足司法实践的需要。

基础知识

德国法学家奥托·迈耶曾认为，在公法领域内国家与公民之间缔结合同是不可能的，因为合同以法律主体对等为前提，而国家与公民之间是不对等的关系[②]。随着现代国家行政管理理念和方式的转变，这一认知受到挑战，合同逐渐成为国家广泛运用的手段。尽管在行政机关可以以民事主体的身份签订民事合同的前提下，行政协议存在的正当性和必要性仍受到质疑，且我国在立法层面对行政协议的规范仍十分薄弱，但在实践中行政协议已经获得了广泛的应用。2014 年修改通过的《行政诉讼法》虽然首次将“认为行政机关不依法履行、未按照约定履行或者违法变更、解除政府特许经营协议、土地房屋征收补偿协议等协议的”案件纳入行政诉讼受案范围，但并未明确提出行政协议的概念，也未对行政协议案件的审理进行制度上的充分适配。与该法同年实施的《行政诉讼法若干问题解释》(2015) 则明确了相关协议属于行政协议，并对行政协议的定义、争议管辖、起诉期限和诉讼时效、法律适用、判决方式等进行了部分补充。2019 年，最高人民法院又发布了专门针对行政协议的《行政协议司法解释》，对行政协议案件审理的相关问题作出了进一步的修改、增补和细化。由于立法供给严重不足，这两个司法解释成为当前审理行政协议案件的主要规范依据。但从内容上看，司法解释的规定仍然较为简略，部分规定的意义

① 有意见认为“行政协议”与“行政合同”的含义不同，应当区别使用。我国当前的立法文本和司法解释中未对二者进行严格区别，本章亦不加区分。

② 毛雷尔. 行政法学总论［M］. 高家伟，译. 北京：法律出版社，2000：360.

也不够明确，不能充分满足司法实践的需要。

一、行政协议的概念与特征

根据《行政协议司法解释》(2019) 第1条，行政协议是行政机关为了实现行政管理或者公共服务目标，与公民、法人或者其他组织协商订立的具有行政法上权利义务内容的协议。根据这一定义，行政协议应当具备主体要素（“行政机关”与“公民、法人或者其他组织”）、目的要素（“行政管理或者公共服务目标”）、意思要素（“协商订立”）和内容要素（“行政法上权利义务”）。一般认为，只有同时具备这四个要素才能认定为行政协议。对于行政协议的认定采取客观标准，原则上不考虑缔约双方的主观意志。

（一）主体要素

行政协议的缔约主体一方必须为行政主体，包括国家行政机关和法律、法规、规章授权的组织，另一方为公民、法人或其他组织。行政机关之间因公务协助等事由签订的协议、行政机关与其工作人员签订的劳动人事协议不属于当前司法解释中规定的行政协议。需要注意的是，由于行政机关也能以民事主体的身份参与民事活动，主体要素时常需要与目的要素和内容要素结合起来理解。当行政机关并非为了履行行政管理职能而缔结合同，例如购买办公用品、雇用他人修缮办公场所时，其并非以行政主体的身份出现，故不满足行政协议主体要素的要求。

（二）目的要素

行政机关签订行政协议是为了实现行政管理或者公共服务目标，其目的具有公益性。一般来说，行政协议的目的应当与履行行政管理职能或提供公共服务具有较为直接的联系。行政机关仅仅为了维持自身运行而签订的合同，如上文所述为了购买办公用品、雇用他人修缮办公场所等而签订的合同，则不具有公益性的目的，不满足行政协议目的要素的要求。当然，由于“公共利益”具有宽泛、模糊和难以把握的特性，目的要素在行政协议的认定上主要起辅助作用。

（三）意思要素

行政协议的成立以缔约双方意思表示一致为前提。这一点与民事合同的要求相同，也是行政协议与单方行政行为的关键区别所在。传统的单方行政行为只需有行政机关一方的意思表示即可成立，行政协议则引入了“合意”机制，行政相对人不再只是被管理的对象，在行政法中的主体地位得到了加强。

（四）内容要素

行政协议所约定的内容是行政法上的权利义务。通常认为，内容要素是认定行政协议的核心标准：民事合同约定民法上的权利义务，行政协议约定行政法上的权利义务，行政协议和民事合同的区分即是公私法二分的结果。这一认识在理论上应无太大疑义，但由于公法与私法的界定本就是一个颇具争议的问题，实践中法院往往以案涉协议是否约定行政机关履行行政职责为标准来判断[①]。此外，有一些合同的内容不仅包含公法上的权利义务，也包含私法上的权利义务。对于这类“混合合同”的性质，通常应当根据合同的主要内容进行整体认定。例如在“香港斯托尔实业（集团）有限公司与泰州市人民政府行政协议纠纷案”[②]中，最高人民法院认为，涉及土地招拍、土地使用、行政审批等内容的《项目招商合同书》及《补充协议书》“虽有部分民事权利义务性质，但更多约定涉及地方政府不同职能部门的行政职权，分别受多部行政法律规范调整，具有明显的行政法上的权利义务特征”，应当认定为行政协议。

综上，根据最高人民法院的司法解释，一个合同需要同时具备主体、目的、意思和内容四个要素才能被认定为行政协议。但这四个要素之间并不是相互独立的关系，而是存在着内在的关联性与层次性。究其本质，行政协议是行政机关进行行政管理所使用的一种工具，其目的在于设立、变更、终止行政法律关系，约定行政法上的权利义务，这是行政协议能够独立于民事合同存在的根本原因。

二、行政协议的功能与范围

一般认为，法国在 19 世纪已经出现了行政合同，主要包括工程合同、国家必需品订购合同和军事采购合同。之后，行政合同的概念和适用范围都得到了拓宽，逐渐成为法国行政机关所采用的最为典型的合同形式[③]。行政协议的诞生与发展有其特殊的时代背景，即现代国家行政职能的扩张和行政管理理念的转变。在行政职能方面，国家对社会的调控加强，并逐渐扩展到市民生活的方方面面，政府不再满足于有限的“干预行政”，而逐渐向“给付行政”和“服务行政”延伸。为了完成公共服务的任务、实现积极的行政目标，国家开始采用与私营部门缔结合同的方式来履行职能。通过这种方式，政府引入社会力量参与公共管理，在有效利用社会资源、减轻自身财政负担的同时也能够起到促进行政公开和民主监督的作用。在行政管理理念上，由强调行政的“权力”属性转向更多地强调平等协商、公众参与、柔性管理等。相较于传统的单方行政行为，行政协议显然是一种能够更好地实现这些价值和目标的手段。这一点在“替代单方行政行为”的行政协议中体现得尤为明显[④]。同时，行政协议能够克服单方行政行为缺乏弹性、应用场景狭窄的缺点。在不违反法律规定的前提下，行政机关和相对人可以就行政法律关系的内容进行协商，作出更加符合个案情况的决定，使得行政决定更具有合理性和可接受性。

在认识到行政协议优点的同时也应当注意到，行政协议与依法行政之间存在一定的张力。依法行政强调行政活动受到法律的约束，必须以法律规定为指引。为了

---

① 四川省大英县人民政府诉大英县永佳纸业有限公司等不履行行政协议纠纷案，最高人民法院（2017）最高法行申 195 号行政裁定书。

② 最高人民法院行政裁定书，（2017）最高法行再 99 号。

③ 杨解君. 法国行政合同 [M]. 上海：复旦大学出版社，2009：5.

④ 同①。

防止行政肆意，一直以来，行政法治建设都致力于细化各种规定、缩小行政机关的裁量空间，以提高行政决定的公平性和可预期性；而行政协议由于其可协商的特性，在一定程度上为依法行政带来了新的风险。因此，行政机关在选择以协议的方式履行行政职能时，首先并不能享有完全的“意思自治”，行政机关仍然必须遵守诚实信用、平等对待、程序正当等行政法基本原则，且不得违反法律的强行性规定；其次，只有在法律预留裁量空间的情况下，行政机关和相对人才能够通过协议约定双方行政法上的权利和义务，且约定的内容不得违反裁量规则；最后，虽然行政协议原则上可以适用于所有的行政管理领域，但特定事务就其性质不得以协议的方式进行管理的①，则不能适用行政协议。

实践中的行政协议多种多样，除了《行政诉讼法》和司法解释所列举出的政府特许经营协议，土地、房屋等征收征用补偿协议，国有自然资源使用权出让协议，政府投资的保障性住房的租赁、买卖等协议，政府与社会资本合作协议②之外，司法裁判中被认定为行政协议的还包括国有土地收储协议③、自然资源开发协议④、息诉息访协议⑤、行政和解协议⑥、教育委托培养协议⑦、师范生免费教育协议⑧、招商引资协议⑨、行政强制执行协议⑩等。当然，对于这些协议的属性，理论和实践中都不乏争议。此外，不管具体案件中的协议的名称为何，认定其属于行政协议必须以其具有行政协议的四个要素为前提。

三、行政协议的效力

法院审理行政协议案件时，应当首先判断协议的效力。行政协议的效力判定是案件审理的基础。对于有效的行政协议，当事人应当继续履行协议义务、采取补救措施、承担违约责任等；对于无效的行政协议，在法院确认无效之后，当事人应当返还财产、折价补偿、赔偿损失等。《行政协议司法解释》（2019）参照民

① 冯莉. 论我国行政协议的容许性范围［J］. 行政法学研究，2020（1）：52－53.

② 政府与社会资本合作协议（又称公私合作协议或 PPP 协议）是一个协议群，可能是行政协议，也可能是民事合同，需根据具体协议的特征来判断。

③ 重庆秦皇建材有限公司诉重庆市万州区人民政府解除行政协议案，最高人民法院（2016）最高法行申947号行政裁定书。

④ 奎屯浩泽商贸有限公司等诉博尔塔拉蒙古自治州人民政府等水生物资源行政管理暨行政赔偿案，最高人民法院（2016）最高法行申367号行政裁定书。

⑤ 陈某等诉四川省仪陇县人民政府行政协议案，最高人民法院（2016）最高法行申2513号行政裁定书。

⑥ 东至县大青湖生态渔业专业合作社诉东至县人民政府等行政协议案，最高人民法院（2017）最高法行申8386号行政裁定书。

⑦ 刘某诉黑龙江省宁安市人民政府等不履行分配工作法定职责案，最高人民法院（2016）最高法行申5143号行政裁定书。

⑧ 黄某等诉江苏省教育厅履行教育行政协议案，最高人民法院（2016）最高法行申1991号行政裁定书。

⑨ 香港斯托尔实业（集团）有限公司诉泰州市人民政府等招商引资协议再审案，最高人民法院（2017）最高法行再99号行政裁定书。

⑩ 余某诉丽水市莲都区人民政府城建行政协议案，最高人民法院（2017）最高法行申4285号行政裁定书。

事合同的效力体系，将行政协议的效力状态分为有效、效力待定、无效和可撤销四种。

（一）有效的行政协议

作为行政管理的特殊方式，行政协议同样受到依法行政原则的约束。一方面，一个有效的行政协议首先必须满足主体合法、权限合法、程序合法、内容合法等行政法规范的要求。另一方面，作为一种特殊的合同，行政协议也要受到意思自治原则的约束。只有双方当事人通过平等协商、意思表示达成一致，且符合民事法律要求，该协议才是有效的行政协议。对于有效的行政协议，双方当事人应当按照协议约定履行义务，否则将承担违约责任。

（二）效力待定的行政协议

效力待定的行政协议，也称未生效的行政协议，是指已经成立但因欠缺某种生效要件而未生效的行政协议。行政协议效力待定的原因主要包括：协议相对人是无民事行为能力人或限制民事行为能力人，所签订的协议需由其法定代理人追认；协议相对人的代理人实施无权代理签订协议，需由协议相对人本人追认；协议需要经过法定程序进行审批后才能生效等。待到欠缺的生效要件齐备，效力待定的行政协议即成为有效的行政协议；若欠缺的生效要件无法达成，效力待定的行政协议则归于无效。

（三）无效的行政协议

合同无效是指当事人签订的合同因严重欠缺生效要件，在法律上不按当事人合意的内容赋予效力。合同无效仅导致不发生当事人合意所追求的法律效果，并非不发生任何法律效果。若合同被确认无效，当事人应当返还因合同所取得的财产，不能返还或没有必要返还的，应当折价补偿；有过错的当事人应当赔偿对方当事人因此受到的损失。

《行政协议司法解释》（2019）第 12 条规定，行政协议存在《行政诉讼法》第 75 条规定的重大且明显违法情形的，人民法院应当确认行政协议无效；此外人民法院可以适用民事法律规范确认行政协议无效。由此，行政协议无效的认定应当参考两个制度：行政行为的无效和民事合同的无效。根据《行政诉讼法司法解释》（2018）第 99 条，《行政诉讼法》第 75 条中的“重大且明显违法”包括如下情形：行政行为实施主体不具有行政主体资格、减损权利或者增加义务的行政行为没有法律规范依据、行政行为的内容客观上不可能实施、其他重大且明显违法的情形。首先应当明确的是，“重大且明显违法”是一个开放性概念，违法情形是否达到“重大且明显”的程度，在不同行政管理领域、不同类型的行政案件中的判断存在差异。其次，《行政诉讼法》第 75 条本是针对单方行政行为的制度设计，并未考虑到行政协议的合意性特征。通常认为，相较于仅体现行政机关意志的单方行政行为，行政协议由于具有相对人的同意，可以包含对于单方行政行为来说不合法的内容，并且具有更强的存续力[①]。换言之，导致单方行政行为无效的违法情形不一定会导致行政协议无效。从保护协议相对人的角度出发，也不应对单方行政行为的无效与行政协议的无效采取同一认定标准，否则可能造成行政机关违法却由协议相对人承担不利后果的局面。因此，司法实践中在对行政协议进行效力判定时，往往并不会简单套用《行政诉讼法》第 75 条的规定，而是会结合协议签订的具体情况、相关人的利益状态等进行全盘考虑。例如在安吉展鹏金属精密铸造厂与安吉县人民政府行政协议纠纷案[②]中，案涉《企业搬迁补偿协议书》签订之时，签约主体临港管委会已被撤销，应当属于《行政诉讼法》第 75 条规定的重大且明显违法的情形，但是由于该协议被有权行政机关追认，法院认为应当保留协议的效力。

除了《行政诉讼法》第 75 条之外，法院也可以适用民事法律规范确认行政协议无效。2021 年 1 月 1 日生效的《民法典》中导致合同无效的事由主要包括无民事行为能力、虚假表示、违背公序良俗、恶意串通损害他人合法权益以及违反法律和行政法规的强制性规定。其中，无民事行为能力、虚假表示、违背公序良俗、恶意串通损害他人合法权益原则上可以适用于行政协议，没有可履行的内容也属于当然无效的情形，违反法律、行政法规的强制性规定则本就是公法介入私法的“引致条款”，公法规定的引致使得公法与私法对具体行为的调整保持了一致性[③]。民法基于保护意思自治的目的，将因违法而无效的情形限定于违反法律、行政法规中的效力强制性规定[④]。对于行政协议来说，出于依法行政的要求，加之约束行政机关的规范往往也具有维护公共利益的目的，无效的情形则不限于违反法律和行政法规。一般认为，内容违反地方性法规、行政规章乃至行政规范性文件都可能导致行政协议无效，更无须区分效力性规定和管理性规定[⑤]。

显然，《行政诉讼法》中的“重大且明显违法”与《民法典》中的“违反法律、行政法规的强制性规定”之间存在着相当的关联。同时，由于两种“违法无效”的标准分别基于单方行政行为和民事合同的特性而设立，所以均不可直接适用于行政协议，而需要视个案中的具体情况而定。实践中法院对于“违法无效”判定也采取了较为克制的态度。例如在安丘市人民政府与潍坊讯驰置业发展有限公司行政协议纠纷案[⑥]中，对于包含免收土地契税、土地增值税、土地使用税约定的《开发建设项目合同书》，最高人民法院并未采取简单的“违反强制性规定即无效”的审判思

① 毛雷尔. 行政法学总论 [M]. 高家伟，译. 北京：法律出版社，2000：379.

② 一审案号：浙江省湖州市中级人民法院行政判决书，（2017）浙 05 行初 41 号；二审案号：浙江省高级人民法院行政判决书，（2018）浙行终 13 号；再审案号：最高人民法院行政裁定书，（2019）最高法行申 3102 号。

③ 王利明. 论无效合同的判断标准 [J]. 法律适用，2012（7）：2－8.

④ 最高人民法院民法典贯彻实施工作领导小组. 中华人民共和国民法典总则编理解与适用：下 [M]. 北京：人民法院出版社，2020：754－759.

⑤ 江必新. 行政协议的司法审查 [J]. 人民司法，2016（34）：11；余凌云. 论行政协议无效 [J]. 政治与法律，2020（11）：6－7；陈无风. 行政协议合法性审查对协议效力的影响：基于征收补偿协议的考察 [J]. 浙江社会科学，2022（5）：54－55.

⑥ 二审案号：山东省高级人民法院行政判决书，（2017）鲁行终 495 号；再审案号：最高人民法院行政裁定书，（2017）最高法行申 7679 号。

路，而是结合协议订立的背景、意思表示的真实性、协议内容的公平性等因素进行了综合的考量，最终维护了协议的效力。

(四) 可撤销的行政协议

在民法中，合同的撤销是指拥有撤销权的当事人行使撤销权，使已生效的合同归于消灭。存在撤销事由的合同称为可撤销的合同。“可撤销”是法律行为的一种特殊效力状态。在撤销之前，法律行为仍然有效；撤销之后，法律行为归于无效[①]。同样，由于行政协议的合意性特征，法院是否可以依据《行政诉讼法》第70条撤销违法的行政协议也是一个颇具争议的问题。《行政协议司法解释》(2019) 虽然首次明确了可撤销行政协议的存在，但未对撤销的其他问题作出进一步的说明。《行政协议司法解释》(2019) 第14条规定，相对人认为行政协议存在胁迫、欺诈、重大误解、显失公平等情形的可以向法院请求撤销协议，法院经审理认为符合法律规定可撤销情形的，可以依法判决撤销该协议。通过这一规定，最高人民法院参照民事合同的撤销制度，确认了行政协议的相对人也拥有撤销权。

一般认为，合同的撤销权是一种形成权，即当事人一方可以以自己单方的意思表示使合同归于消灭。撤销权人根据自身的利益决定是否行使撤销权，因而可以保护当事人的意思自治并尽可能维持合同的存续。与民事合同不同的是，行政协议的撤销权需要通过向法院提起诉讼、经法院确认后才能发生法律效果。享有撤销权的主体是行政协议的相对人，即公民、法人或其他组织。若诉请撤销的是意思表示不真实或不自由的行政协议，则由原告对此承担举证责任。

《行政协议司法解释》(2019) 第14条赋予协议相对人以公法上的形成权[②]，意为由协议相对人来决定行政协议的命运。从这个角度出发，应当认为法院不能依职权撤销行政协议，但这与行政诉讼的审查模式存在冲突。按照当前行政诉讼的审查模式，无论原告的诉请为何，法院都必须依职权审查行政机关行为的合法性。因此，无论相对人是否诉请撤销行政协议，法院都可以依职权进行合法性审查，作出撤销、确认无效或确认违法的判定，相对人的撤销权在很大程度上失去了意义。

四、行政优益权的行使与监督

作为一种特殊的合同，行政协议中双方当事人的地位并不完全平等，这一点主要体现为行政机关在订立和履行行政协议的过程中往往享有一定的行政“优益权”，主要包括三个方面的内容：对行政协议的履行进行指导和监督的权利、单方变更或解除行政协议的权利、在相对人不按约定履行协议时强制执行或给予处罚的权

---

① 关于民法上可撤销合同的效力，参见：韩世远．合同法总论［M］．4版．北京：法律出版社，2018：243-245.

② 闫尔宝．论行政协议撤销案件的审理逻辑：以展鹏铸造厂诉安吉县政府搬迁案为视角［J］．行政法学研究，2022（4）：123.

利[①]。优益权制度的意义在于保障公共利益的实现，使其不因客观情况的变化或私营部门的逐利冲动而遭受损害。与此同时，行政优益权又具有明显的单方性与权力性特征，与行政协议合意性、非权力性的基本属性相冲突，存在着行政机关滥用优益权破坏协议秩序、侵害协议相对人合法权益的可能。如果行政优益权不能在法治观念和正当程序的基础上行使，那么行政协议这一新型管理工具就将失去存在的意义[②]。关于优益权的行使与监督，当前的讨论主要集中在行政机关的单方变更解除权上。

行政机关单方变更或解除行政协议，应以协议约定作为依据。若行政协议中事先约定在特定的情况下行政机关可以单方变更或者解除行政协议，那么在行使权利的正当性上则不存在太大疑问。如果不存在事先约定，作为一种破坏协议秩序的单方行政行为，单方变更解除权的行使应当有法律依据。当前，我国在中央立法的层面上并未赋予行政机关以一般性的单方变更解除权，但有部分地方立法作出了规定。例如《山东省行政程序规定》（2011）第 105 条第 2 款和《江苏省行政程序条例》（2022）第 82 条第 2 款都规定，若在履行协议的过程中出现了严重损害国家利益或公共利益的情形，行政机关有权变更或解除行政协议。另外，法律还针对特定领域的行政事务作出了一些特别规定。例如《基础设施和公用事业特许经营管理办法》（2015）第 36 条规定，因法律、行政法规修改，或者政策调整损害特许经营者预期利益，或者根据公共利益需要，要求特许经营者提供协议约定以外的产品或服务的，应当给予特许经营者相应补偿。《城市房地产管理法》第 26 条规定，以出让方式取得土地使用权进行房地产开发，但满二年未动工的，可以无偿收回土地使用权。以上两条规定中就蕴含了对行政机关单方变更或解除行政协议的授权。但是，由于中央立法的缺失、特别法律授权的适用范围又较为狭窄，实践中行政机关单方变更或解除各类行政协议的现象久已有之，对于行政机关没有事先约定也没有法律依据的单方变更解除行为，法院通常并不会以其缺乏依据为由确认无效，而是发展出了一项实体判断标准：只有在国家法律政策和协议基础事实发生变化、继续履行协议会对公共利益造成重大损害的特定情形下，行政机关才能行使单方变更解除权[③]。若只是相对人违约而导致协议目的不能实现，行政机关原则上不能行使优益权单方变更或解除行政协议[④]。

根据《行政协议司法解释》（2019）的制度设计，行政机关单方变更或解除协议

---

① 最高人民法院行政审判庭．最高人民法院关于审理行政协议案件若干问题的规定理解与适用［M］．北京：人民法院出版社，2020：227．

② 于立深．行政协议司法判断的核心标准：公权力的作用［J］．行政法学研究，2017（2）：41．

③ 安丘市人民政府与潍坊讯驰置业发展有限公司行政协议纠纷再审案，最高人民法院（2017）最高法行申 7679 号行政裁定书；向某等与贵州省铜仁市碧江区人民政府等房屋征收补偿协议纠纷再审案，最高人民法院（2017）最高法行申 4595 号行政裁定书；黔西县绿化乡追梦养殖场与贵州省黔西县人民政府房屋征收补偿纠纷再审案，最高人民法院（2018）最高法行申 9005 号行政裁定书；贵州省关岭布依族苗族自治县人民政府与唐某房屋征收补偿纠纷再审案，最高人民法院（2018）最高法行申 8980 号行政裁定书。

④ 四川省大英县人民政府诉大英县永佳纸业有限公司等不履行行政协议纠纷案，最高人民法院（2017）最高法行申 195 号行政裁定书。

的行为在性质上属于单方行政行为，具有公定力、确定力、拘束力和执行力，相对人只能通过提起行政诉讼来消除其效力。无论是民事合同还是行政协议，行政机关选择以合同的方式来履行事务，就应当以诚实信用为原则、严格按照约定履行合同义务。因此，行政协议以严守约定为原则，以突破约定为例外。以国家法律政策和协议基础事实发生变化、继续履行协议会对公共利益造成重大损害作为行使高权的前提条件，符合行政优益权制度存在的正当性要求。具体来说，根据当前的审判实践，行政机关单方变更或解除行政协议，通常应当满足三个条件：

第一，协议签订之后，客观情况发生了不可归咎于协议当事人的变化。行政机关单方变更或解除行政协议的原因是客观情况发生了变化。这种变化必须发生在签订协议之后，并且是协议当事人在签约时均无法预料，也无法归咎于协议当事人的情形。如果协议当事人在签约时本可以预见到相应情况的出现，或者对客观情况的变化负有责任，原则上不满足行使单方变更解除权的条件。特别是行政机关，对于因政策变化而导致的协议基础发生变化，通常应当拥有较高的预见能力。

第二，继续履行协议会对公共利益造成重大损害。作为不确定的法律概念，对公共利益造成的危害程度的判定依赖于法律适用者在个案中的权衡和判断，特定情况下商业利益、企业利益、集团利益都可能涉及或者转化为公共利益①。值得注意的是，根据当前的司法实践，如果协议继续履行会造成或加重行政机关的财政负担，原则上不属于“对公共利益造成重大危害”的情形。与之相对，法院会将由于行政机关单方变更或解除协议而损害政府公信力纳入考量的范围，这样做的理由在于政府的“出尔反尔”不利于营商环境的维护和公私合作的持续发展，也不利于公共服务的稳定供给②。

第三，单方变更解除权的行使具有必要性。作为破坏协议秩序的单方行政行为，单方变更解除权的行使应当具有必要性。即使在客观情况发生了不可归咎于协议当事人的变化、继续履行协议会严重损害公共利益的情况下，行政机关也应当首先在协议框架内寻求解决问题的办法③，例如与协议相对人协商变更或协商解除协议。只有当这些手段都无法达到目的，或者公共利益受到紧迫的威胁从而要求行政机关迅速决断时，行政机关才能够运用“特权”。由于此时协议双方之间的法律关系又回到了“命令-服从”的轨道，行政机关在行使高权时应当遵守正当程序的要求，在作出单方变更或解除协议的决定之前充分听取当事人意见，并履行说明理由的义务，尤其要对案涉“公共利益”以及其受到严重威胁的情形予以阐释，给相对人造成损失的应当予以补偿。

最后需要注意的是，基于优益权的单方解除权与合同法上的法定解除权以及情势变更解除权之间存在交叉和竞合的问题。根据《民法典》第 563 条和第 533 条，

---

① 王利明. 物权法草案中征收征用制度的完善［J］. 中国法学，2005（6）：59-61.

② 四川省大英县人民政府诉大英县永佳纸业有限公司等不履行行政协议纠纷案，最高人民法院（2017）最高法行申 195 号行政裁定书。

③ 湖北草本工房饮料有限公司诉荆州经济技术开发区管理委员会等行政协议纠纷案，最高人民法院（2017）最高法行申 3564 号行政裁定书。

在合同发生了不可抗力、预期违约、迟延履行等导致合同目的不能实现的情况时，一方当事人可以解除合同；在因情势变更使得合同的继续履行将显失公平的情况下，受不利影响的当事人可以请求法院或仲裁机构变更或解除合同。在准用民事法律规范的情况下，除了行使优益权解除行政协议，行政机关也可以行使合同法上的法定解除权和情势变更解除权。但是，当行政机关主张公共利益受到威胁而单方面解除行政协议时，应当将其视为行使合同法权利还是行政优益权？由于法律依据不同，二者在权利性质、权利主体、行使程序、行使期限、行使效果等方面都存在差异。虽然最高人民法院在湖北草本工房饮料有限公司诉荆州经济技术开发区管理委员会等行政协议纠纷案①中确立了“合同法权利优先”的原则②，认为行政机关应当首先尝试在合同法的框架之内解决问题，仅在必要时才能作出合同法框架之外的单方处置，但这并未能明确合同法上的法定解除权以及情势变更解除权的事实要件与单方解除权的事实要件之间的区别。在合同法中，所谓不可抗力是指不能预见、不能避免和不能克服的客观情况，一般包括自然灾害、社会异常事件和国家（政府）行为③；情势变更则强调当事人不可预见的情况导致合同的基础动摇或丧失，继续履行将对当事人一方明显不公平。可见，不可抗力和情势变更所造成的直接后果存在差异。不可抗力会直接导致合同没有办法履行，即履行不能；而在情势变更语境下，合同仍可履行，但依照合同履行将会造成显失公平的情形④。单方解除权的事实要件与这二者之间是何种关系，必须在规范层面予以明确，否则依然会造成法律适用上的困难。

重点难点

一、行政协议与民事合同的界定

行政协议的识别以及其与民事合同的界定，一直是民法学者与行政法学者的争论焦点之一。行政协议属于公法合同，约定公法上的权利义务，民事合同是私法合同，约定私法上的权利义务，这一认识在理论上应无问题。问题在于何种权利义务属于公法上的权利义务、何种权利义务属于私法上的权利义务，或者说特定协议中约定的权利义务应当基于何种标准进行归属。事实上，主体说、目的说等学说都是作为这类归属标准出现的，但都不能给出具有充分说服力的答案。首先，一个组织作为“行政主体”的身份并不是先定的，而是由其所实施的行为决定的。通说认为行政机关参与民事活动时，其身份即是民事主体。从这一认知所体现的逻辑出发，应当根据主体所签订合同的性质来确定主体的身份，而非相反。其次，在现代民主

① 最高人民法院行政裁定书，(2017) 最高法行申 3564 号。
② 郭一君，宣建新. 合同权利在行政协议中的适用［J］. 人民司法，2019 (14)：97-101.
③ 韩世远. 合同法总论［M］. 4 版. 北京：法律出版社，2018：478-485.
④ 同③498.

国家，公共领域已非国家的独占领域，私主体同样能以公共利益为目的进行活动，以协议目的是否为公共利益来判断是否为行政协议也欠缺说服力。也有民法学者提出，应当以所签订的合同是否具有“市场行为性”作为判断标准，具有“市场行为性”、遵循市场规律[①]的合同当属民事合同，据此国有自然资源使用权出让协议、政府投资的保障性住房的租赁买卖协议等都应当归属于民事合同[②]。这一意见没有借用主体、目的等“外在”标准，而是直接从权利义务具有何种特质这个角度进行分析，认为具备平等、等价交换特质的权利义务属于私法上的权利义务。除开“市场行为性”和“非市场行为性”本身意义是否足够明确不论，这一观点预设了行政管理不包含市场交易的前提。然而，行政机关履行行政管理职能的活动是否与市场交易、市场规律水火不容，这尚且是一个值得商榷的问题。

最高人民法院在四川省大英县人民政府诉大英县永佳纸业有限公司等不履行行政协议纠纷案[③]中认为，“行政法上的权利义务”可以从三个方面判断：“一为是否行使行政职权、履行行政职责；二为是否为实现公共利益或者行政管理目标；三为在协议里或者法律上是否规定了行政机关的优益权……从所起的作用看，是否行使行政职权、履行行政职责为本质要素，只要符合该要素，所涉协议即为行政协议，而实现公共利益或者行政管理目标及行政机关的优益权这两个要素为判断是否行使行政职权的辅助要素。”这一意见具有一定的实践参考价值，但欠缺理论上的周密性。一方面，用“行政职权”和“行政职责”来解释“行政法上的权利义务”实际上是一种循环论证，如果能够明确协议中约定的由行政机关行使的权利和承担的义务属于行政职权和行政职责，那么认定其属于行政法上的权利义务自无问题。但问题恰好在于我们时常无法确定协议内容是否属于行政机关的行政职权和行政职责，或者说是否属于“行政”范畴。诸如政府招商引资协议、政府采购合同等合同性质争议，实质上取决于招商引资、政府采购等活动应当归属于“行政”活动，还是行政机关以平等民事主体的身份参与的民事活动。另一方面，以行政优益权的存在来认定行政协议有倒果为因的嫌疑。确定行政协议的性质是行政优益权存在的前提，反之，在尚未认定为行政协议的情况下，即使协议中包含有疑似优益权的条款，也不能将其解释为优益权。

从以上分析中可以看出，行政协议与民事合同的界定难题本质上是公私法界定难题的一种体现，后者与对国家行政职能和行政方式的认识密切相关，而这种认识又极大地受到传统和惯例的影响，并不能完全依靠理论予以明确。总而言之，在国家与公民之间由“命令-服从”向“服务-合作”关系转变、行政职能扩张、行政管理理念和管理方式发生变化的背景之下，公私法之间的互相渗透与融合愈加明显，二者之间的界限也愈加模糊。私法中有了越来越多的行政法因素[④]，民法学者便认为

---

① 崔建远. 行政合同族的边界及其确定根据 [J]. 环球法律评论，2017 (4)：21 - 32.

② 王利明. 论行政协议的范围：兼评《关于审理行政协议案件若干问题的规定》第 1 条、第 2 条 [J]. 环球法律评论，2020 (1)：11 - 14.

③ 最高人民法院行政裁定书，(2017) 最高法行申 195 号。

④ 李永军. 民法典编纂中的行政法因素 [J]. 行政法学研究，2019 (5)：3 - 19.

许多所谓“行政协议”不过是受到了行政法因素干扰的民事合同[①]；公法秩序的构建也越来越凸显公众参与、民主协商、公私合作、公平竞争等因素，行政法学者因而主张契约形式并非私法所独占，反对行政协议中的行政单边主义预设[②]。可以说，在理论层面上为行政协议和民事合同划定一个清晰的界限并不现实，或许我们应当更多地从功能主义的角度去看待行政协议，探索建立既能充分实现这一新型管理工具的功能，又能充分保护相对人正当利益的行政协议制度。

二、审理行政协议案件的法律适用

由于其所具备的诸多优点，行政协议被越来越多地运用到行政管理活动中，相关的纠纷也快速增加。行政协议的效力和履行、违约责任的承担、优益权的行使与监督等在内的诸多问题，归根到底是一个法律适用问题。由于当前立法对行政协议规范的缺位，学界对于行政协议相关问题的探讨不够深入，更遑论达成共识，因此由行政协议纠纷引发的诉讼对司法机关提出了极大的挑战。

基于行政协议的“合意性”特征，行政协议案件的审理与传统行政案件的审理存在较大的区别，法院不仅需要从“合法性”的角度去审查行政机关的行为，还需要从“合约性”的角度去审视协议双方当事人的行为，前者的主要依据是行政法，后者则主要参考合同法相关规定。《行政诉讼法若干问题解释》（2015）第 14 条规定，人民法院审查行政机关是否依法履行、按照约定履行协议或者单方变更、解除协议是否合法，在适用行政法律规范的同时，可以适用不违反行政法和行政诉讼法强制性规定的民事法律规范。通说认为，审理行政协议案件时应优先适用行政法规定，在没有行政法规定的情况下可以适用民法规定[③]。然而，审理行政协议案件的法律适用问题并未就此得到解决。优先适用行政法规范的逻辑前提是对于某个特定的问题，行政法根据行政协议不同于民事合同的特点作出了明确的特别安排，然而现状则是行政法对于有关行政协议的诸多问题并未作明确回应。相关司法解释对法律适用也仅作出了寥寥几条规定，远远无法满足审判实践的需求。

以上文所述确认行政协议无效为例，不管是按照优先适用行政法规范的逻辑，还是按照《行政协议司法解释》（2019）第 12 条的明确规定，缔约方不具有行政主体资格的，法院应当确认行政协议无效。但是，如果不考虑具体案件中相对人的利益状态，以签约主体不具有行政主体资格为由径行确认协议无效，可能会产生实质不公平的结果。又如对于行政机关主张公共利益受到威胁而解除行政协议，在何种情况下构成民法上的情势变更，在何种情况下属于行使行政优益权，行政法上也未给出明确的答案。如果强调优先适用行政法规范，可能导致大量争议被不加区分地

---

① 王利明. 论行政协议的范围：兼评《关于审理行政协议案件若干问题的规定》第 1 条、第 2 条［J］. 环球法律评论，2020（1）：16－17.

② 于立深. 行政协议司法判断的核心标准：公权力的作用［J］. 行政法学研究，2017（2）：42.

③ 最高人民法院行政审判庭. 最高人民法院关于审理行政协议案件若干问题的规定理解与适用［M］. 北京：人民法院出版社，2020：362；梁凤云. 行政协议案件的审理和判决规则［J］. 国家检察官学院学报，2015（4）：35；李广宇. 审理行政协议案件对民事法律规范的适用［J］. 中国法律评论，2016（1）：235－242.

归入优益权争议。总而言之，由于行政法和合同法的理论基础和价值取向迥异，且在各自的基础上已形成了体系完整、逻辑自洽的理论和规范体系，将其同时适用于行政协议会不可避免地产生大量适用问题。换言之，行政协议的合法性问题与合约性问题并不总能被完美地拆分开，二者时常紧密地交织在一起，这给行政协议案件的审理带来了极大的不确定性。尽管行政协议和单方行政行为都属于行政管理工具、受行政法规制，但当前行政法的制度设计与体系架构总体来说仍建立在行政活动的“单方性”之上。行政机关单方面作出决定，通常无须考虑相对人的主观认识和主观意志，而在“协议”的框架下，相对人的主观认识和主观意志又至关重要。这就导致当我们简单地适用行政法规范时，时常会得出有违公平的结果。在强调行政协议“行政性”的同时，我们必须清楚地认识到，行政协议的底层架构是合同，离开合同基本制度，行政协议则无从谈起。

在当前行政协议专门立法缺失的情况下，在行政协议案件中适用法律时，首先应当谨慎甄别相关问题是属于“行政性”还是“合同性”问题，对不同范畴的问题分别适用行政法规范与合同法规范。这种做法在理论上可能不够周全、尚有值得商榷之处，但就实践来说具有较强的可操作性。事实上，最高人民法院发布的司法解释也采取了这种“二分法”的思路[①]。从《行政诉讼法若干问题解释》（2015）和《行政协议司法解释》（2019）的内容来看，对于“行政性”争议，如因行政机关行使优益权而产生的争议，适用行政诉讼的起诉期限和费用交纳标准；对于“合同性”争议，如因行政机关不按约定履行协议而产生的争议，则适用民事诉讼的诉讼时效和费用交纳标准。对于既涉及“行政性”又涉及“合同性”的问题，如行政协议的效力判定，则同时适用行政法规范与合同法规范，并且由于二者都未针对行政协议的特殊性作出调整，适用时还需要进行适度的“改造”，在结合个案的具体情况进行综合的权衡与考量之后才能作出决定。

案例分析

一、案例导入

2017年湖北草本工房饮料有限公司诉荆州经济技术开发区管理委员会等行政协议纠纷案[②]

2009年8月31日，荆州开发区管委会（甲方）与草本工房有限公司（乙方）

---

① 2015年，最高人民法院发布《行政诉讼法若干问题解释》时即表达了这种思路。最高人民法院在介绍审理行政协议案件的“两分法”时表示：“所谓两分法就是又照顾协议的性质，又照顾是行政行为的特性，比如对于履行协议问题，无论是在适用民事法律规范，包括适用合同法的一些具体规定来作出审查，作出判决等等，比较强调协议合同方面的特征。比如对于行政机关单方解除变更协议的，强调它跟传统的行政行为并没有太实质的区别，所以适用法律规范也就是适用行政法律规范，包括诉讼费用上，按照行政诉讼收费标准来执行等等，这些都体现了所谓的两分法。”参见：最高人民法院发布行政诉讼法司法解释［EB/OL］.（2015-04-28）［2022-09-07］. http://www.scio.gov.cn/xwfbh/qyxwfbh/Document/1432086/1432086.htm.

② 最高人民法院行政裁定书，（2017）最高法行申3564号。

签订《招商项目投资合同》，对乙方投资项目及产品等基本情况，乙方以出让方式获取投资项目所需土地（使用权）的坐落范围、面积和价格，甲乙双方的承诺、奖罚和违约责任予以了约定。其中约定：“乙方投资总额3亿元人民币，其中一期投资1.5亿元，二期投资7 500万元，三期投资7 500万元。”“乙方在开发区依照法定程序以出让方式取得国有土地（使用权）289.5亩……土地出让方式及价格按荆土资发（2008）12号，以招拍挂后确定价为准。”“甲方为乙方提供生产、生活所用水源、电源。上下水、蒸汽、天然气及生产用电源接口处在厂区附近。”“项目固定资产投资额度为2.5亿元，投资强度、容积率、建筑系数、绿化率等按照国家及省、市标准执行。”“甲、乙双方必须认真履行本合同的各项承诺。如一方违约或未实现承诺，给对方造成经济损失应负赔偿责任；如因违约或不适当履行承诺可能给对方造成重大损失，或者致合同无法继续履行时，对方有权解除合同，并追究赔偿责任。”当日，甲乙双方又签订了一份《补充合同》，针对《招商项目投资合同》的履行和财政奖励等问题作出了补充约定。合同签订后，草本工房有限公司向荆州开发区管委会支付了首笔土地款100万元，并通过出让方式取得了129 408.07平方米（约194.11亩）的《国有建设用地使用权证》。

2010年7月4日，草本工房有限公司与华神公司签订了《建设工程施工合同》（补充条款），约定由华神公司承建草本工房有限公司一期（厂房、宿舍）桩基础、土建、钢结构、给排水、电气、厂区道路及排水。2011年1月25日，由于草本工房有限公司一期基建工程存在质量问题，荆州市建设工程质量监督站对华神公司下达了《建筑工程停工通知书》。此后，该建设工程项目一直处于停工状态，草本工房有限公司对投资项目也再无后续资金投入，呈现停滞状态。

2015年3月23日，湖北省国土资源厅作出鄂土资函（2015）333号通知，要求下属国土资源局报送专项督查发现的闲置土地整改台账，开展闲置土地整改工作。草本工房有限公司取得的13.94公顷（约194.11亩）土地闲置4年之久，属于报送整改之列。2015年9月23日，荆州开发区管委会对原告草本工房有限公司作出《合同自行终止通知书》并予以送达，草本工房有限公司不服，提起诉讼。

二、法官释法

一审法院认为：荆州开发区管委会在开发区范围内具有行使一级政府的行政管理职能，其以土地、税收优惠政策吸引民间资本投资建厂，属于行使行政权力的行为。荆州开发区管委会与草本工房有限公司签订的《招商项目投资合同》及《补充合同》为行政合同，其特征之一就是必须贯彻行政优益性原则，即行政合同当事人的地位不完全平等，行政主体享有合同履行的指挥权、监督权，可以根据国家管理和社会共同利益的需要单方行使合同变更权和解除权。草本工房有限公司在前期投入一部分资金后无后续资金投入，使得已经取得的约194.11亩土地长期处于闲置状态，投资项目也一直未予启动，已构成对合同的违约。荆州开发区管委会为了更好地实现投资开发目的以及满足维护社会公共利益的需要，作出《合同自行终止通知书》，单方终止与草本工房有限公司所签订的《招商项目投资合同》及《补充合同》，是行使行政优益权的行为，合法有效。合同至此依法予以解除，草本工房有限公司无权要求荆州开发区管委会继续履行合同约定的义务。但是，行政优益性原则要求行政主体在行使单方解除权造成合同相对人财产损失时，应予以赔偿或补偿，荆州开发区管委会应做好合同解除后的善后工作。

草本工房有限公司不服，提起上诉。二审法院维持原判，驳回上诉。后草本工房有限公司又向最高人民法院申请再审，并认为：荆州开发区管委会基于行政管理需要或为实现公共利益而单方解除案涉行政协议，应当对如何基于行政管理需要或者公共利益的具体内容作出说明，但荆州开发区管委会从头至尾都没有明确说明；荆州开发区管委会作出《合同自行终止通知书》是行使行政优益权单方解除协议的，却没有告知并给予草本工房有限公司陈述、申辩等权益，属程序违法。

最高人民法院认为，行政协议既保留了行政行为的属性，又采用了合同的方式。这种双重混合特征决定了：一方面，行政机关应当与协议相对方平等协商订立协议；协议一旦订立，双方都要依照协议的约定履行各自的义务；当出现纠纷时，也要首先根据协议的约定在《合同法》(1999) 的框架内主张权利。另一方面，“协商订立”不代表行政相对人与行政机关是一种完全平等的法律关系。法律也允许行政机关享有一定的行政优益权，当继续履行协议会影响公共利益或者行政管理目标实现时，行政机关可以单方变更、解除行政协议，不必经过双方的意思合致。具体到本案，荆州开发区管委会与再审申请人草本工房有限公司签订《招商项目投资合同》及《补充合同》，系行政管理机关以土地、税收优惠政策吸引民间资本投资建厂，属于以行政协议的方式行使行政权力的行为。在行政协议的订立、履行过程中，不仅行政机关应当恪守法定权限，不违背法律、法规的强制性规定，履行协议约定的各项义务，行政协议的相对方也应严格遵守相关法律、法规的规定和协议的约定，否则行政机关有权依照《合同法》(1999) 的相关规定以及合同的约定，行使解除合同的权利。一审和二审法院的裁判结果虽无不当，但其一方面认定草本工房有限公司的行为已符合合同约定解除条件，另一方面又以行政优益权认可荆州开发区管委会作出的单方终止行为，既无必要，也一定程度上存在对于行政优益权的不当理解。通说认为，行政机关既然选择以缔结行政协议的方式“替代”单方行政行为，则应于缔结协议后，切实避免再以单方行政行为径令协议相对方无条件接受权利义务变动。如果出尔反尔，不仅显失公平，亦违背双方当初以行政协议而不是单方行政行为来形塑当事人之间法律关系的合意基础。固然，基于行政协议和行政管理的公共利益目的，应当赋予行政机关一定的单方变更权或解除权，但这种行政优益权的行使，通常须受到严格限制。首先，必须是为了防止或除去对于公共利益的重大危害；其次，当作出单方调整或者单方解除时，应当对公共利益的具体情形作出释明；再次，单方调整须符合比例原则，将由此带来的副作用降到最低；最后，应当对相对人由此产生的损失依法或者依约给予相应补偿。尤为关键的是，行政优益权是行政机关在《合同法》(1999) 的框架之外作出的单方处置，也就是说，行政协议本来能够依照约定继续履行，只是出于公共利益考虑才人为地予以变更或解除。如果是因为相对方违约致使合同目的不能实现的，行政机关完全可以依照《合同法》(1999) 的规定或者合同的约定采取相应的措施，尚无行使行政优益权的必要。因此，荆州开发区管委会作出《合同自行终止通知书》，并非基于行政优益权，仍是在《合同法》（1999）规定和合同约定的框架内行事的，不必满足对案涉公共利益进行阐释以及听取协议相对人陈述和申辩的要求。

三、类案练习

唐某与贵州省关岭布依族苗族自治县人民政府房屋征收补偿纠纷案①

（一）基本案情

贵州省关岭布依族苗族自治县政府因实施棚户区改造项目作出《2017 年永宁镇东片区城市棚户区改造项目房屋征收决定》，并发布征收补偿安置方案，明确房屋征收实施单位为关岭布依族苗族自治县永宁镇人民政府。唐某某的房屋在征收范围内，该房屋为砖混结构一栋三层共 354.23 平方米。第二层 113.49 平方米与路面相平，用于经营便利店；第一层（负一层）113.49 平方米位于路面以下，用于堆放货物。2016 年 11 月，贵州黔峰源工程管理咨询有限公司（简称黔峰源公司）出具《房屋面积测绘报告》，载明唐某房屋砖混结构三层面积共 354.23 平方米，负一层及第一层共 226.98 平方米为经营面积。2017 年 2 月 6 日，永宁镇政府根据上述测绘报告确定的面积，参照相关补偿标准，测算出唐某房屋货币补偿款共计 3 411 681.30 元并与唐某签订房屋征收补偿协议。补偿款全额支付后，唐某主动搬迁腾房交征收部门拆除。此后永宁镇政府发现测绘报告误将唐某房屋负一层面积认定为经营面积，导致补偿款多算，经与唐某协商返还未果。2017 年 8 月 21 日，关岭布依族苗族自治县政府根据黔峰源公司对唐某房屋重新作出的《房屋面积测绘报告》与《情况说明》，以及贵州安顺九鼎房地产估价有限公司作出的唐某户房屋征收评估分户报告等，作出关于对被征收人唐某房屋征收补偿协议变更的行政决定书，以征收部门永宁镇政府与唐某签订的房屋征收补偿协议对房屋经营性面积认定错误，导致补偿数额多算为由，责令唐某退回多领金额 980 678.50 元。该决定书送达后，唐某不服，向法院起诉。

（二）法律问题

法院应当如何裁判？为什么？

知识拓展

一、拓展阅读

1. 陈天昊. 行政协议变更、解除制度的整合与完善［J］. 中国法学，2022（1）.
2. 崔建远. 行政合同族的边界及其确定根据［J］. 环球法律评论，2017（4）.
3. 王敬波. 司法认定无效行政协议的标准［J］. 中国法学，2019（3）.

---

① 最高人民法院行政裁定书，（2018）最高法行申 8980 号。

4. 徐键. 功能主义视域下的行政协议［J］. 法学研究，2020（6）.

5. 闫尔宝. 论行政协议撤销案件的审理逻辑：以展鹏铸造厂诉安吉县政府搬迁案为视角［J］. 行政法学研究，2022（4）.

6. 于立深. 行政协议司法判断的核心标准：公权力的作用［J］. 行政法学研究，2017（2）.

二、毕业论文选题指导

1. 行政协议效力体系的构建
2. 行政协议案件的法律适用
3. 行政协议变更解除制度的构建

第十章　行政程序及其法典化

程序是法治的基石，正当法律程序通常被视为法治与人治的分水岭。贯彻习近平法治思想“为行政权力定规矩、划界限”的重要论述，行政权限、行政程序和行政责任等法治政府运行基础部件“一个也不能少”。其中，行政程序构筑了行政法治轨道的路基①。行政程序是规范行政权力行使、保障公民合法权利的重要途径。它既有服务于实体规范的“工具价值”，也有自身的独立法律价值。本章聚焦于行政程序的内涵、功能、原则、具体制度及行政程序法典化等问题，以期通过推动行政程序法典化实现良法善治的目标。

基础知识

一、行政程序的内涵与分类

一般认为，“行政程序”是指行政主体的职权行使所涉及的主体、环节、步骤、方式、顺序、期限、信息等诸项因素及其制度化组合②。类似的观点如，有学者将“行政程序”界定为“行政权力运行所必须遵循的方式、方法、步骤、顺序以及时限等法则之总称”③。相应地，行政程序具有如下基本特征：

第一，行政程序具有“行政性”。行政程序是关于“行政权力”运行规范的程序。因此，行政程序不同于“立法程序”和“司法程序”。这里的立法程序和司法程序特指我国权力机关和司法机关的职权行使程序。由于现代“行政”的广泛性和多样性，行政权实际上包括行政执行权、行政立法权和行政司法权等其他“行政性”权力。行政立法权和行政司法权行使的程序也属于行政程序。

第二，行政程序具有“过程性”。行政程序关注行政权力的行使方式，而不仅仅是“权力来源”或行政决定的“结果”。从控制手段上讲，行政程序是一种“事中”

---

①② 《行政法与行政诉讼法学》编写组. 行政法与行政诉讼法学［M］. 2版. 北京：高等教育出版社，2018：235.

③ 罗豪才，湛中乐. 行政法学［M］. 4版. 北京：北京大学出版社，2016：315.

控制。行政程序的产生体现了在行政权力扩张的条件下强化对行政权力控制的客观要求。从内容上讲，行政程序涉及行政权力行使的各个方面、环节。例如，我国《重大行政决策程序暂行条例》规定了“重大行政决策”的作出必须遵循“公众参与”“专家论证”“风险评估”“合法性审查”“集体讨论决定”等“五大程序”①。我国法治政府建设中推行“行政执法三项制度”，对行政执法提出了“公示”“全过程记录”“重大执法决定法制审核”等要求②。

第三，行政程序具有“法定性”。“法定性”意味着行政主体必须遵守，否则需承担相应的法律后果，“违反法定程序”是一种独立的行政违法形态。“法定程序”一般指相关行政法规范对行政程序作出了明确规定。例如，《行政处罚法》规定的“听取当事人陈述、申辩”“说明理由”等内容，行政机关在作出决定时必须遵守。还有一种情况，法律没有对程序作出明确规定，但行政机关仍须遵循基本的程序要求，否则也会导致“程序违法”。这种程序被称为“正当程序”。“正当程序”与“法定程序”在表现形式上有区别，但在法的“强制性”规范特点上又具有一致性。从这个意义上讲，“正当程序”也具有“法定性”。

关于行政程序的分类，学界有不同的观点。“马工程”行政法教材将其划分为“外部行政程序与内部行政程序”“正式行政程序与非正式行政程序”“普通行政程序与简易行政程序”“一般行政行为程序与特别行政行为程序”“抽象行政行为程序与具体行政行为程序”等类型③。有的教材还提出“主要程序与次要程序”“强制性程序与任意性程序”等类型④。分类中的一些问题是值得讨论的。例如，前述教材中把“抽象行政行为程序”界定为：规范行政主体抽象行政行为的程序，即行政主体实施具有普遍效力的行政行为所遵循的程序，包括制定行政法规、行政规章和其他行政规范性文件等所遵循的程序，作出行政决策所遵循的程序。

实际上，“行政决策”具有很大的特殊性，并不能简单地归纳为“抽象行政行为”。例如，政府作出一个“修建某重大工程”的决策，是否是抽象行政行为呢？行政法学界对“行政决策”的研究尚不深入，在行政行为分类中遇到“类型化”障碍。但在行政决策法治化的时代需求下，其正得到学界越来越多的重视。有的研究者认为，有必要引入“行政活动”概念，以克服“行政行为”概念的局限性。“行政活动”概念具有很强的包容性。无论是行政立法还是其他行政规则的制定，都属于“行政活动”。我们所指的“具体行政行为”，主要是行政执法活动。行政决策、行政规划、行政指导、行政检查、行政调查、行政合同、行政监督等都可以归为行政活动。通过行政活动，可以把外部性和内部性、准备性和结果性行政活动要素，联结

---

① 《重大行政决策程序暂行条例》于 2019 年 9 月 1 日实施。

② 国务院办公厅. 国务院办公厅关于全面推行三项制度的指导意见（国办发〔2018〕118 号）[EB/OL]. (2019-01-03) [2022-05-20]. http//www.gov.cn/zhengce/content/2019-01/03/content_5354528.htm.

③ 《行政法与行政诉讼法学》编写组. 行政法与行政诉讼法学 [M]. 2 版. 北京：高等教育出版社，2018：237-239.

④ 姜明安. 行政法与行政诉讼法 [M]. 7 版. 北京：北京大学出版社，2019：366-367.

成一个整体[①]。当然，行政活动与行政行为概念不是简单的“替代”关系，更多的是“互补”的关系。

再如，关于“正式行政程序”与“非正式行政程序”的界分标准及意义的问题也需要探究。按照上述教材的界定：正式行政程序是指法律规定的具有强制约束力的行政程序，违反正式行政程序规定可能对相对人合法权益产生实质影响，这直接关系到行政行为的合法性。与此相对应，非正式行政程序是指强制约束性较弱的行政程序，如果不遵守非正式行政程序并不会对相对人合法权益产生实质影响，也不会完全否定行政行为的合法性。这种分类与“强制性程序与任意性程序”是何关系、在“实定法”中哪些程序规定对应这种类型是值得进一步研究的。另外，在“智慧执法”背景下，行政程序有“简化”趋势，也面临“虚化”风险。例如，“电子眼”捕捉到某次“交通违章”，某涉嫌违法者就可能直接收到一份电子“处罚决定书”。电子处罚决定书的作出是否符合行政处罚的程序要求，对此有必要加深认识。

二、行政程序的功能

行政程序的价值与功能在某种意义上有相同的含义。“马工程”行政法教材称之为“功能”，前述另一本具有代表性的教材称之为“价值”。行政程序的价值或功能可以从以下四个方面得到体现[②]：

第一，规范和控制行政权力，促进行政主体依法行政。对于行政机关而言，行政程序是义务，是约束。例如，行政处罚中行政主体须履行听取当事人陈述、申辩等程序义务。行政程序就是要在“实体规范”基础上进一步在程序上扎紧“制度的笼子”，给行政权力“定规矩、划界限”。

第二，保障和扩大公民的民主权利，促进程序正义的实现。程序正义在现代正义理论中具有突出的地位，是与实体正义、形式正义并称的三大正义之一。程序不仅具有促进实体正义实现之“工具价值”，而且具有独立的价值。对于行政相对人来讲，行政程序是“权利”，是保障。例如，行政处罚中行政主体的程序义务对于当事人来讲就是“知情权、参与权、监督权、救济权”等“程序权利”。

第三，保证实体法的正确实施，促进实体正义和权利的实现。程序与实体是辩证的统一。在强调程序的“独立”价值的同时，绝不能将程序与实体截然割裂开来。实际上，任何程序总是与一定的实体要件相联系的，并服务于特定价值目标之实现。例如，行政决策程序是为了促进决策的民主化、科学化和法治化，减少决策失误和“拍脑袋决策”。行政许可程序要有利于简政放权、划清政府与市场的权力边界、建设服务型政府。“双随机、一公开”程序，其目的是使行政检查更加公平、科学、有效，提升政府治理能力。

第四，增强行政过程的科学性与和谐性，促进行政效率的提高。行政程序的部分规定直接体现“效率性”要求。例如，行政事项办理期限的规定。根据我国现行

---

① 张向东. 作为行政法学基本范畴的行政决策及其证立［J］. 学术研究，2020（4）：73－78.

② 王学辉. 行政法与行政诉讼法学［M］. 2版. 北京：法律出版社，2015：181－182.

《行政许可法》，行政许可一般应在 20 日内作出决定。在改革中，行政机关还可以在此范围内进一步压缩期限，提高办事效率。根据中央要求，我国各地正在大力推行“网上办”“马上办”“一次办”“异地办理”“一网通办”等措施，以提升行政效率。行政程序还可以通过增加参与机制，增加公民对行政机关的信任，减少摩擦，增强行政决定的可接受性，从而提高行政效率。“说明理由”“行政听证”等程序就能通过这种方式间接提高行政效率。如果忽视程序要求，导致行政相对人缺乏理解与合作，反而会影响行政效率。所以，程序与效率是对立统一的关系。“在程序上规定一些限制，当然是对行政机关的活动制造了一些障碍。看起来是妨碍了效率，实际上自然公正原则防止行政机关的专横行为，可以维持公民对行政机关的信任和良好关系，减少行政机关之间的摩擦，最大限度提高行政效率。”①

三、行政程序原则与制度

（一）行政程序原则与制度的区别与联系

关于行政程序原则，“马工程”行政法教材将其解释为“反映程序价值精神、指导程序制度规范、贯穿于行政程序规范制定和运作始终的基本准则”②。类似的定义如：行政程序法的基本原则意指渗透于行政程序法文本之中的价值理念、内在精神和行政目标等之总称。它贯穿于所有行政程序法律制度之中，统率着所有的行政程序法律规范，并对于行政立法、执法和司法都具有重要的指导意义③。

可以看出，行政程序原则与制度既有联系又相互区别。程序原则是精神、理念、价值层面的问题，更能体现程序的“本质”。它既能体现在程序法规范之中、具体化为程序法规范，又能对立法等具有指导作用。例如，我国的“政府信息公开制度”“行政执法公示制度”等程序制度均可以体现“公开原则”，“公平、公正”原则可以体现于“行政回避制度”“禁止单方接触制度”等制度之中。从种类上讲，不同的公开制度体现不同行政管理领域的特殊要求，但都是可以贯穿行政公开原则的基本要求。例如，行政立法与行政执法都可以体现“公开原则”，但在“公开制度”设计上就有不同的要求。

还应该看到，行政程序之原则、制度与特定国家的政治法律制度、社会发展程度及历史文化特征有密切联系。纵观各国的行政程序法，不仅在程序“原则”“理念”上表现出差异性，在制度设计上也大相径庭。例如，美国《联邦行政程序法》对“公开会议”作出了专门规定。其中有这样的内容：“机关应在公众易于进入或接近的地点，迅速向公众提供有关该会议议程上每一事项的讨论情况，或者该会议上收到的每份证言的记录文本、电子记录材料或会议备忘录，除非该机关认为这些讨

---

① 王名扬. 英国行政法［M］. 北京：中国政法大学出版社，1989：152.

② 《行政法与行政诉讼法学》编写组. 行政法与行政诉讼法学［M］. 2 版. 北京：高等教育出版社，2018：241.

③ 江国华. 中国行政法：总论［M］. 2 版. 武汉：武汉大学出版社，2017：300.

论或证言中包含有按第3款的规定不可公开的信息。”[①] 日本《行政程序法草案》(1964年)规定了“声明苦情”程序。其中第157条规定了“声明苦情之方式”:“声明苦情得以言词或书面为之;行政机关受理言词声明时,应记录陈述之内容,并将其朗读令声明人确认其无误,并由其签名盖章。”[②] 中国的“行政执法三项制度”则是全过程人民民主理念在行政程序制度建设上的重要体现。

我国理论界比较重视且较能达成共识的行政程序原则主要有:行政公开原则、行政参与原则、行政公正原则、行政效率原则等。主要制度包括“职权分离制度”“行政回避制度”“行政公开制度”“禁止单方接触制度”“行政听证制度”“证据排除制度”“说明理由制度”“案卷排除制度”“行政时效制度”等[③]。鉴于篇幅及问题的重要性,本章主要探讨行政公正原则与说明理由制度、行政公开原则与行政公开制度两个问题。

(二)行政公正原则与说明理由制度

行政公正原则是行政法的基本原则,也是行政程序的基本价值追求。行政公正原则在我国法律规定中有明确要求。例如,我国《行政处罚法》第5条第1款规定:“行政处罚遵循公正、公开的原则。”何谓处罚公正?该法第5条第2款实际上作了说明:“设定和实施行政处罚必须以事实为依据,与违法行为的事实、性质、情节以及社会危害程度相当。”从实施行政处罚的角度看,“处罚适度”“不畸轻畸重”就是公正。这主要是从“实体”上看的。同时,这种“实体公正”的实现也对“程序公正”提出了要求。例如,行政主体必须依法客观、全面地收集证据,听取当事人的“陈述、申辩”,“平等对待”,符合法定情形还须听证,等等。只有履行了这些法定和正当的程序,处罚的公正性才能真正实现。为保证处罚的公正性,我国《行政处罚法》第44条还规定了行政机关的“告知”义务:“行政机关在作出行政处罚决定之前,应当告知当事人拟作出的行政处罚内容及事实、理由、依据,并告知当事人依法享有的陈述、申辩、要求听证等权利。”为防止“陈述、申辩”程序“走过场”,该法第45条要求行政机关履行“充分听取当事人的意见”等义务,并规定“行政机关不得因当事人陈述、申辩而给予更重的处罚”。从某种意义上讲,整部《行政处罚法》就是围绕处罚的公正性进行设计的。

行政公正原则需要借助各种具体的行政“基本制度”予以“支撑”。这些基本制度包括“行政回避制度”“审裁分离制度”“说明理由制度”“禁止单方接触制度”等[④]。行政公正原则可以表现为说明理由等制度形式,也需要通过说明理由等制度来实现行政公正。例如,我国《行政处罚法》第44条明确规定了行政机关在作出处罚决定前要对当事人履行说明理由的义务。该法第62条还规定,行政机关未履行说

---

① 应松年. 外国行政程序法汇编 [M]. 北京:中国法制出版社,2004:35.

② 同①484.

③ 《行政法与行政诉讼法学》编写组. 行政法与行政诉讼法学 [M]. 2版. 北京:高等教育出版社,2018:241-251.

④ 章剑生. 行政程序法基本理论 [M]. 北京:法律出版社,2003:77-82.

明理由等义务的，不得作出处罚决定。《行政许可法》也规定："行政机关依法作出不予行政许可的书面决定的，应当说明理由，并告知申请人享有依法申请行政复议或者提起行政诉讼的权利。"

说明理由制度在整个行政程序制度中具有重要的地位，在实现行政公正中发挥着独特的作用。行政行为说明理由是指行政主体在作出对行政相对人合法权益产生不利影响的行政行为时，除法律有特别规定外，必须向相对人说明其作出该行政行为的审视因素、法律依据以及进行自由裁量时所考虑的政策、公益等因素。行政行为说明理由就其内容而言，可以分为合法性理由和正当性理由。前者是用于说明行政行为合法性的依据，如认定案件事实的有关材料以及作出决定的法律依据；后者则是用于说明行政机关裁量权运用的正当性，如行政决定作出时考量的政策形势、公共利益、惯例、公理等要素①。

关于合法性理由之说明。合法性理由主要包括事实根据和法律依据两个方面。例如，行政机关作出行政许可决定须基于当事人符合法定许可条件的"事实"；如果作出不予许可的决定，则需对不予许可的事实及证据予以说明。有数量限制的行政许可，需要说明可发放许可证的数量以及申请者的数量及条件、顺序等事实，以维护公平竞争。基于检验、检测、技术鉴定等作出的许可决定，需要对该技术的运用作出必要的说明。对当事人作出"行政处罚"，需要对有关"违法事实"及其认定的证据作出必要的说明。向当事人说明"法律依据"，主要是说明行政决定所依据的"具体"法律条款。有的论者认为法律依据的说明理由应符合以下规则：第一，全面展示法律规则。凡是用于支撑行政行为的法律规范，必须以不会引起行政相对人误解的方式，全部展示给行政相对人。第二，法律冲突择上规则。执法者面对存在效力冲突的法律规范时，应选择效力位阶最上的法律规范作为行政行为的理由。第三，排除非法律性规范规则。行政主体不能将行政规章以下的其他规范性文件作为行政行为理由之内容，因为这些规范性文件主要是由行政主体自己制定的，凭此规范性文件来说明其行政行为的合法性本身缺乏正当性，不容易为相对人、社会一般人所接受②。我们认为，排除规章以下的行政规范性文件作为行政行为合法性理由的观点，值得斟酌。依法制定的行政规范性文件，应当成为行政行为合法性的理由。

关于正当性理由之说明。正当性理由说明主要是针对行政裁量权运用的理由说明。现代行政中存在着广泛的裁量权。例如，根据我国《治安管理处罚法》第 70 条之规定："以营利为目的，为赌博提供条件的，或者参与赌博赌资较大的，处五日以下拘留或者五百元以下罚款；情节严重的，处十日以上十五日以下拘留，并处五百元以上三千元以下罚款。"在本条的法律适用中，应受处罚的"赌博行为""情节"等的认定以及处罚幅度的选择等方面，行政机关皆拥有很大的裁量权。有研究者把行政行为裁量权概括为"事实确定"和"法律适用"两大方面的裁量权，在这两大方面皆须说明正当性理由。论者认为行政机关在定案过程中经常要对调查中获得的

---

① 姜明安. 行政法与行政诉讼法［M］. 7 版. 北京：北京大学出版社，2019：391.

② 同①394.

事实进行“筛选”。这种“筛选”是一种主观判断行为。如果法律不要求行政主体将支持这一内心确认的依据作为行政行为的理由向行政相对人予以说明，则这种内心确认有可能质变成一种专横的、捉摸不定的权力。而选择适用法律规范的理由则须考虑“遵守惯例公理规则”“体现政策形势规则”“符合公共利益规则”等因素[①]。

行政行为不依法说明理由之法律后果。法律规定行政行为应当向相对人说明理由而不依法说明的，其行政行为将不能取得相应的法律效力。行政主体依法应主动向相对人说明理由而在行政程序中始终没有向其说明理由的，许多国家规定该行政行为无效。在行政诉讼中，法院可对该行政行为作出撤销判决[②]。对于相对人提起诉讼前，行政主体事后通过法定形式说明理由的行政行为，有的国家认为是一种程序上的补救，不影响行政行为的效力；也有的国家认为“即使事后阐明理由，也不治愈附加理由不全的瑕疵”[③]。行政行为说明问题的复杂性在于：不仅存在依法“主动说理”与“依请求说理”之别，还存在“说理形式”与“说理限度”等问题。

从我国司法审查实践看，对于不说明理由究竟属于何种行政行为违法类型，不仅我国《行政诉讼法》缺乏明确规定，法院的裁判似乎也没有坚持统一的标准。例如，在上海复兴广场文娱有限公司诉上海市人民政府中外合作企业行政审批及行政复议案中，最高人民法院认为：上海市人民政府在案涉行政复议过程中，经审查认为上海市商务委员会作出案涉撤销决定时没有说明具体理由，不符合《行政许可法》（2003）第38条第2款有关“行政机关依法作出不予行政许可的书面决定的，应当说明理由，并告知申请人享有依法申请行政复议或者提起行政诉讼的权利”规定精神，确认上海市商务委员会案涉撤销决定违法，适用法律正确[④]。但是，在崔某诉开封市顺河回族区人民政府信息公开案中，最高人民法院认为：本案中，崔某向顺河区政府申请公开的信息不属于行政机关在履行职责过程中制作或者获取的信息，同时该信息与崔某的生产、生活等自身需要无关。顺河区政府未就崔某申请中部分事项不予公开进行告知并说明理由，虽然存在一定瑕疵，但不足以否定涉诉行政行为的合法性。因此，原审法院判决驳回再审申请人的诉讼请求并无不当[⑤]。

（三）行政公开原则与行政公开制度

行政公开原则要求行政活动的过程、内容、理由、信息和依据等要素，除法律规定应保守秘密的之外，都要向相对人或公众公开，使其知晓。行政公开体现民主政治的基本精神，在监督行政权力运行和保障公民合法权益中具有重要作用。行政公开原则作为行政程序基本原则，与其他行政程序原则具有密切的联系。如，行政公开是实现行政“公正、公平”的重要基础，也是保障“行政参与”的重要条件。行政公开也是行政程序制度的灵魂。如，行政听证制度、行政说明理由制度等都体

---

① 姜明安. 行政法与行政诉讼法［M］. 7版. 北京：北京大学出版社，2019：395-396.

② 王学辉. 行政法与行政诉讼法学［M］. 2版. 北京：法律出版社，2015：175.

③ 室井力. 日本现代行政法［M］. 吴微，译. 北京：中国政法大学出版社，1995：183.

④ 最高人民法院行政裁定书，（2018）最高法行申1984号。

⑤ 最高人民法院行政裁定书，（2018）最高法行申9144号。

现行政公开的要求。由于行政公开原则在行政程序体系中具有特殊的地位和重要性，很多国家制定了专门的行政公开制度。如，美国的《情报自由法》《阳光下的政府法》、英国的《信息自由法》、我国的《政府信息公开条例》以及行政执法公示制度等。

我国《政府信息公开条例》[①] 的实施，是中国“阳光政府”建设的里程碑式的成就。但实施中的突出问题，如“公开范围”的确定及相关的权利救济等，值得关注与深入研究。

根据《政府信息公开条例》第 2 条之规定，政府信息，是指行政机关在履行行政管理职能过程中制作或者获取的，以一定形式记录、保存的信息。根据第 5 条规定，行政机关公开政府信息，应当坚持以公开为常态、不公开为例外，遵循公正、公平、合法、便民的原则。关于政府信息公开的范围，第 13 条、第 14 条、第 15 条、第 16 条等条款集中作了规定。

“应当公开”的政府信息，行政机关须采取主动公开和依申请公开的方式进行公开。根据《政府信息公开条例》第 19 条，“主动公开”的内容，主要是“涉及公众利益调整、需要公众广泛知晓或者需要公众参与决策的政府信息”。《政府信息公开条例》第 20 条、第 21 条还对“主动公开”的信息类型进行了列举。属于法定范围的，行政机关应根据实际确定主动公开政府信息的具体内容，并按照上级行政机关的部署，不断增加主动公开的内容。除行政机关主动公开的政府信息外，公民、法人或者其他组织可以向有关政府及部门申请获取相关政府信息。

政府信息的“免予公开”或“可以不予公开”主要基于以下情形：第一类是涉及国家利益、公共利益与安全保护的。依法确定为“国家秘密”的政府信息，“法律、行政法规禁止公开”的政府信息，以及公开后可能危及国家安全、公共安全、经济安全、社会稳定的政府信息，不予公开。第二类是涉及第三方权益保护的。涉及商业秘密、个人隐私等公开会对第三方合法权益造成损害的政府信息，行政机关不得公开。但是，第三方同意公开或者行政机关认为不公开会对公共利益造成重大影响的，予以公开。第三类是行政机关的内部信息。行政机关的“内部事务信息”，包括人事管理、后勤管理、内部工作流程等方面的信息，可以不予公开。“过程性信息”也属于“内部信息”之一种。行政机关在履行行政管理职能过程中形成的讨论记录、过程稿、磋商信函、请示报告等过程性信息以及行政执法案卷信息，可以不予公开。法律、法规、规章规定上述信息应当公开的，从其规定[②]。

政府信息公开中的特殊要求。涉及第三方权益保护的，行政机关应履行法定程序。例如，行政机关应当书面征求第三方的意见，第三方不同意公开且有合理理由的，行政机关不予公开。行政机关认为不公开可能对公共利益造成重大影响的，可以决定予以公开，并将决定公开的政府信息内容和理由书面告知第三方[③]。拟公开

① 修订后的《政府信息公开条例》，自 2019 年 5 月 15 日起施行。

② 参见《政府信息公开条例》第 14、15、16 条。

③ 参见《政府信息公开条例》第 32 条。

的信息中具有“不应当公开或者不属于政府信息的内容”等情形的，须作“区分处理”后公开，并对不予公开的内容说明理由[①]。

《政府信息公开条例》对公开的范围进行了进一步明确。例如，扩大了主动公开的范围。修订后的条例在原条例规定的基础上，对各地区、各部门实践中主动公开的政府信息进行重新梳理分析，扩大了主动公开的范围，明确各级行政机关应当主动公开机关职能、行政许可办理结果、行政处罚决定、公务员招考录用结果等十五类信息。相比之下，修订前的《政府信息公开条例》(2007) 规定主动公开的信息为十一类。同时，《政府信息公开条例》还规定，行政机关应当按照上级行政机关的部署，不断增加主动公开的内容。再如，《政府信息公开条例》规定，行政机关的内部事务信息、过程性信息及行政执法案卷信息可以不予公开，是考虑到：行政机关的内部事务信息不具有外部性，对公众的权利义务不产生直接影响；过程性信息处于讨论、研究或者审查过程中，不具有确定性；行政执法案卷信息与当事人、利害关系人之外的其他主体没有直接利害关系，且通常涉及相关主体的商业秘密和个人隐私等[②]。

政府信息公开中的权利救济。《政府信息公开条例》第 51 条规定：“公民、法人或者其他组织认为行政机关在政府信息公开工作中侵犯其合法权益的，可以向上一级行政机关或者政府信息公开工作主管部门投诉、举报，也可以依法申请行政复议或者提起行政诉讼。”此条中的“侵犯其合法权益”，既可以表现为不依法履行政府信息公开义务，也可以指在履行信息公开职责的过程中侵犯他人合法权益。

政府信息公开诉讼中权利救济问题值得研究。例如，朱某向朝阳区政府申请信息公开，公开的主要内容为“朝阳区十八里店乡重点村整治工作方案及批复”。朝阳区政府信息公开办公室对其作出“有关信息不存在”的《告知书》，朱某不服《告知书》，诉至法院[③]。本案的焦点在于：被告是否尽到公开有关政府信息的法定义务？法院认为：朱某提交的会议纪要中明确记载了其申请公开的部分信息的名称，即“朝阳区十八里店乡重点村整治工作方案”，至少证明在该会议纪要形成时，朝阳区政府曾经获取过该部分信息。而朝阳区政府在收到朱某的申请后，虽然声称对本机关档案进行了检索，但仅向法院提交了信息公开查阅档案登记单。因此朱某已经初步证实其所申请的部分信息是存在的。而朝阳区政府不能证实其已履行了穷尽检索、查找义务，故朝阳区政府在被诉《告知书》中作出“有关信息不存在”的答复属于事实不清，主要证据不足。基于此，法院作出撤销被诉《告知书》的判决。但法院认为，鉴于朝阳区政府对朱某提出的政府信息公开申请，尚需裁量、调查，故应判决朝阳区政府在法定期限内重新作出答复。因此，朱某关于责令朝阳区政府公开涉案信息的诉讼请求，法院不予支持。本案中，原告申请公开的有关信息是否存在以

---

① 参见《政府信息公开条例》第 37 条。

② 梁艺. 行政执法案卷信息的解释与适用：以《政府信息公开条例》第 16 条为中心的初步观察 [J]. 政治与法律，2020 (2)：113 - 124.

③ 朱某诉北京市朝阳区人民政府信息公开案，北京市第四中级人民法院 (2019) 京 04 行初 1635 号行政判决书。

及是否属于公开范围，都需进一步查明后答复。

重点难点

一、行政法法典化与行政程序法典化

行政法的法典化有广义和狭义的理解。广义的法典化意指法律整合的过程，包括法典编纂与法典汇编。但法典编纂与法典汇编的含义显然是不同的。日本法学者穗积陈重指出，法典编纂是指对一国法律进行分科编制而形成具有公力的法律书面之事业，而法典汇编是指将既有法令进行整理编辑而形成法典的工作[①]。法典编纂通常是指立法机关对特定领域的法律规范进行系统化，使之成为具有逻辑性、一致性和整体性的立法活动。法典编纂具有创制性，既可以对现有规范进行整合与修改，也可以补充新的立法。法典汇编只是根据需要按照一定的标准对既有的法规范进行编排汇总，不具有法律的创制性。法典汇编不属于立法活动，因而也不需要具备立法活动所特定的主体、程序等条件。我国学者所倡导的行政法法典化，一般指法典编纂而非法典汇编。例如，有学者认为，统一的行政法法典是将一国行政法的一般原则和基本规范编纂在一起，形成一个统一的、有内在逻辑联系的法律规范体系，而并非将一国所有的具体行政法规范汇集成一部行政法大全[②]。

行政法因具有涉及的领域广、行政活动变动性强、行政法规范种类与数量多等特点，难以实现全面的法典化。一些国家曾试图像民法等部门法那样对行政法进行全面法典化，但尚未有成功的先例。不少国家在行政程序的“法典化”上作出了努力并出台了各自的“程序法典”。对于中国行政法的全面法典化，学界不乏质疑之声[③]。但全面法典化的梦想与努力，已经持续了相当长的历史时期。应松年教授认为，应该学习制定民法典的方法，先制定行政法总则，再编纂行政法典。制定行政法总则，乃至行政法典，既是完善中国特色社会主义法律体系的需要，也是完成“历史夙愿”。我国的行政法前辈早在20世纪80年代就提出过类似构想。行政法总则的制定，应当以提取公因式的方法，将行政法律体系中已有的或应该有、可能有的共有普遍性和引领性规范提取出来，作出统一规定，既构建我国行政法律制度的基本框架，也为各分编的规定提供依据。从行政法总则到行政法典的制定，是完善中国特色社会主义法律体系的重要步骤，是促进我国建成法治政府的极为重要的举措和通道，也是对世界行政法发展的巨大贡献[④]。

鉴于“全面法典化”的困难，我国有的学者主张，中国的行政法法典化应采取“程序主义进路”。程序主义进路强调回应行政法治实践需求，以行政活动遵循的一

---

① 穗积陈重. 法典论 [M]. 李求轶，译. 北京：商务印书馆，2014：7-8.

② 姜明安. 行政法与行政诉讼法 [M]. 7版. 北京：北京大学出版社，2019：28.

③ 杨建顺. 为什么行政法不能有统一的法典？[N]. 检察日报，2020-06-03 (7).

④ 应松年. 关于行政法总则的期望与构想 [J]. 行政法学研究，2021 (1)：3-12.

般性行政程序法律规范为法典的核心内容，对行政组织法、行政实体法和行政救济法，仅部分实现法典化①。有学者提出，制定程序法典而非实体法典的理由主要有：行政法不同于民法，其最重要、最核心的内容是程序规范而非实体规范；行政实体法规范分散，且体系庞杂，难以法典化；行政法中有些规则，既有实体性质，又有程序性质；目前世界各国基本上没有编纂行政实体法典成功的先例；我国目前还处在经济体制、政治体制和行政体制改革与转型的时期，行政机关的组织体系、结构、职能及权力配置等实体规则还处在不断的调整变化中，各种行政实体法律制度远未完全定型，而法典则应具有较一般法律更大的稳定性，不能频繁地修改变动等。因而在较长一个时期内，我国并不具备起草或编纂行政实体法典的条件②。

囿于主题，本章将只讨论行政程序法典化的问题。

二、行政程序法典化的域外经验

有学者认为，行政程序法的兴起与发展历经了三个阶段。1889 年，西班牙制定了世界上第一部行政程序法。此后，行政程序法的产生和发展大致经历了三次高潮③。

第一次高潮发生在 20 世纪 20 年代。1925 年，奥地利制定的《普通行政程序法》，掀起了制定行政程序法的第一次高潮。这次高潮以规范行政权力、提高行政效率为主要目的。奥地利《普通行政程序法》的直接目的是使行政法院的判例形成的行政程序有关原理法典化。在此之前，有关行政程序只在上级和下级行政机关之间有少量规定，并且，这些规定内容零乱，不成体系，因而行政程序是否合法，完全由行政法院的法官解释。法院在长期的司法实践中，形成了大量关于行政程序的判例。行政机关为避免行政行为事后被法院撤销，便收集整理法院有关程序的判例，予以法典化，这是奥地利制定行政程序法的主要理由。奥地利的行政程序法对欧洲大陆国家产生了重大影响。此后，捷克、波兰、德国都制定了行政程序法。

第二次高潮发生在 20 世纪中后期。1946 年，美国制定了《联邦行政程序法》，掀起了制定行政程序法的第二次高潮，德国也是这次高潮的典型代表。这次高潮的重点在于保障公民在行政过程中的权利，加强行政的公开、透明。美国的《联邦行政程序法》以正式听证制度为核心，完全为程序性规定。美国还将体现行政公开、透明的《情报自由法》、《隐私权法》和《阳光下的政府法》收录在同一法典中。从理念上讲，行政法被理解为控制政府权力的法。因此，美国的行政程序法对司法审查程序（诉讼程序）与行政程序共同作出规定，以体现对行政权力的控制，很少涉及实体问题。

德国 1976 年的《联邦行政程序法》则集实体与程序为一体。制定一部行政法法典，曾为德国法学家的梦想。而行政事务的复杂多异，给行政法法典化增加了困难。

---

① 王万华. 我国行政法法典编纂的程序主义进路选择 [J]. 中国法学，2021（4）：103－122.

② 姜明安. 关于编纂我国行政程序法典的构想 [J]. 广东社会科学，2021（4）：220－232.

③ 王万华. 行政程序法研究 [M]. 北京：中国法制出版社，2000：70－80.

于是，统一程序法的价值被重新认识。学界认识到，可以将行政法总则的部分问题先规定在行政程序法中，等时机成熟再制定行政法典，从而使行政程序法实现行政法总则和行政程序法典化的双重功能。这一时期，除美国和德国外，奥地利、捷克、南斯拉夫、匈牙利、瑞士、波兰等国都制定了行政程序法。

20 世纪 90 年代以来，世界兴起了第三次行政程序法的制定高潮。已经制定行政程序法的国家，纷纷修改行政程序法。更多的国家加入行政程序法的制定中。除欧洲、美洲国家外，越来越多的亚洲国家或地区制定了行政程序法。例如，日本的《行政程序法》历经曲折，终于在 1993 年颁布；韩国于 1996 年制定了《行政程序法》。

行政程序法典化与行政法法典化存在紧密联系。有的国家的行政法典不仅在名称上不再突出“程序”，在内容上亦融入了大量的“实体”内容。例如，蒙古国于 2015 年 6 月出台了《一般行政法》，法国于 2015 年 10 月出台了《公众与行政机关关系法典》，韩国于 2021 年 3 月出台了《行政基本法》。尽管如此，有学者认为，这些行政法典仍然带有强烈的程序主义色彩，可以归纳为法典编纂的“程序主义进路”。例如，荷兰的《一般行政法》中“程序性条款占到全部条文的 90%以上，甚至可以说 98%的是程序问题”，法国的《公众与行政机关关系法典》，也以行政程序规范为主，被称为“法国版行政程序法典”，蒙古国的《一般行政法》中行政程序条款占到法典条文总数的 2/3，挪威的《公共行政法》和丹麦的《公共行政法》基本为行政程序条款①。

需要注意的是，各国行政法典或者行政程序法典无论从内容还是体例上都存在巨大的差异性。“程序法典”并不是纯粹的程序规定，而是包含着实体法。仅从程序规定上讲，各国的侧重点也不相同。从法典的完整性上讲，即使是程序方面的整合，涵盖范围也是十分有限的。韩国《行政程序法》（1996 年）总共 54 条，内容涉及“总则”（“管辖及协调”“当事人”“送达及期间、期限之特例”）、“处分”（“一般规定”“意见提出及听证”“公听会”）、“申报”、“行政上的立法上预告”、“行政预告”、“行政指导”等几大部分。有的部分内容规定非常简单。例如，“行政指导”的规定只有 4 条，主要对指导的“原则”“方式”等作出概括式的要求②。

三、中国行政程序法典化

中国行政程序法典的制定历经了艰辛的长期探索过程。制定统一的行政程序法，曾是我国行政法学界的理想追求。行政法学界于 20 世纪 90 年代即已开始推动行政程序法的立法工作，但一直未能在国家层面取得实质性进展③。2003 年，《十届全国人民代表大会常务委员会立法规划（共 76 件）》首次将行政程序法列入“研究起

① 王万华. 我国行政法法典编纂的程序主义进路选择［J］. 中国法学，2021（4）：105－109.

② 应松年. 外国行政程序法汇编［M］. 北京：中国法制出版社，2004：572－590.

③ 同①108－110.

草、成熟时安排审议的法律草案”项目之中[①]。2018 年，《十三届全国人大常委会立法规划（共 116 件）》再度将其列为“立法条件尚不完全具备、需要继续研究论证的立法项目”[②]。“行政程序法”的试拟稿已十四次易稿，但仍学术气较浓，接地气不足[③]。

中国行政程序法典的制定面临着新的历史机遇。首先，法典编纂受到党和政府的高度重视。中共中央于 2021 年印发的《法治中国建设规划（2020—2025 年）》提出：“加强对权力运行的制约和监督，健全规范共同行政行为的法律法规，研究制定行政程序法。”2021 年 4 月 16 日公布的《全国人大常委会 2021 年度立法工作计划》提出：研究启动环境法典、教育法典、行政基本法典等条件成熟的行政立法领域的法典编纂工作。2021 年 8 月，中共中央、国务院印发的《法治政府建设实施纲要（2021—2025 年）》要求：“加强规范共同行政行为立法”，“完善行政程序法律制度”。

其次，法典化包括行政程序法典化问题受到学界高度关注，行政法学界研究行政法法典化的热情高涨。近年来，相关研究成果的数量高速增长。关于法典化的意义，有学者概括为十点：对于法律体系的整合意义、对于行政法治的价值宣示意义、对于建设法治政府的标志意义、对于实现国家治理现代化的推动意义、对于社会共识的凝聚意义、对于立法资源的节约意义、对于行政立法空白的填补意义、对于法治政府建设推进机制的优化意义、对于行政法学科发展的带动意义、对于坚定文化自信的激励意义等[④]。仅就节省立法资源而言，法典化的意义也是显而易见的。根据《最高人民法院关于行政案件案由的暂行规定》（法发〔2020〕44 号），行政行为有行政处罚、行政强制措施、行政强制执行、行政许可、行政征收、行政登记、行政确认、行政给付、行政允诺、行政征缴、行政奖励、行政收费、政府信息公开、行政批复、行政处理、行政复议、行政裁决、行政协议、行政补偿、行政赔偿和行政不作为 22 类 140 种。如果按照类型化立法的思路，除已有的《行政处罚法》《行政许可法》《行政强制法》《行政复议法》《国家赔偿法》外，至少还得制定 10 多部法律，这对立法机关来说是一个很大的负担。同时，各类行为法的原则和主要程序是相同的，需要一次次地重复规定[⑤]。

最后，中国行政程序立法已经积累了较为丰富的经验。例如，“行政三法”（处罚法、许可法、强制法）都用很大篇幅对程序作出规定。《行政处罚法》有一半篇幅规定了程序。程序分为作出决定程序和执行程序，在作出决定程序中规定了正当程序，并引进了听证程序。执行程序分为裁执分离与收支两条线制度，对规范行政机

---

① 全国人民代表大会常务委员会. 十届全国人大常委会立法规划一览［N］. 政策瞭望，2004-01-15（1）.

② 全国人民代表大会常务委员会. 十三届全国人大常委会立法规划：共 116 件［N］. 中国人大，2018-09-08（18）.

③ 应松年. 关于行政法总则的期望与构想［J］. 行政法学研究，2021（1）：3-12.

④ 钟瑞华，李洪雷. 论我国行政法法典化的意义与路径：以民法典编纂为参照［J］. 行政管理改革，2020（12）：72-79.

⑤ 叶必丰. 行政法的体系化：“行政程序法”［J］. 东方法学，2021（6）：157-170.

关行使职权产生了重要影响。《行政处罚法》设置的这些原则和制度，不仅是我国此后的行政单行法在规定行政处罚时都必须遵循的规则，成为规范行政处罚的共同行政行为法，而且其规定的一些原则，也成为此后行政立法时所必须遵循的原则[①]。有学者认为，行政许可法、行政强制法和行政处罚法一起构成“中国行政行为基本法三法”，是21世纪中国规范具体行政行为的三个最重要的行政程序单行法[②]。再如，虽然国家层面的行政程序法制定未有实质性的突破，但地方行政程序立法的努力一直没有中断。从2008年《湖南省行政程序规定》到2022年《江苏省行政程序条例》，已有十余个省、市、自治州制定了地方行政程序规定。另外，不少部委还制定了特定领域的程序规章。例如，《交通运输行政执法程序规定》，可以称为部门的“程序法典”。这些立法经验为统一行政程序法的制定奠定了基础。

中国行政程序法典的制定仍存在困难和分歧。例如：行政法法典化能否仅限于或止步于行政程序法典化？这一问题学界并未达成一致。有学者认为，行政程序法典化只能解决行政程序统一立法的问题，而无法充分填补我国行政法律制度的空白，并且，随着《行政许可法》《行政强制法》《行政法规制定程序条例》《规章制定程序条例》《重大行政决策程序暂行条例》的制定，以及相关部门、地方的行政程序规定的制定，行政程序统一立法的紧迫性也有所降低。更为重要的是，未来的基本行政法典必然会包含行政程序规范这一重要内容，编纂基本行政法典同行政程序统一立法的目标并不冲突，只是实现方式有所不同。或许正是出于这些原因，2021年8月，中共中央、国务院印发的《法治政府建设实施纲要（2021—2025年）》并未提出单独制定行政程序法的要求，而是要求“完善行政程序法律制度”[③]。从主张制定行政程序法典的观点看，在行政程序法的内容、结构等方面，学者们也多存异见。姜明安教授认为，我国行政程序法典的内容应包括5大板块，即所设的5编，分别为总则、行政程序基本制度、行政决策与行政立法程序、行政处理程序、特殊行政行为程序[④]。王万华教授设想的法典基本框架内容为：第一编，总则；第二编，行政立法与行政规范性文件活动编；第三编，行政决策活动编；第四编，行政执法活动编；第五编，合意行政活动编；第六编，政府与信息和数据相关活动编；第七编，行政司法活动编[⑤]。两种设想在结构、表述上的差异是明显的。就具体内容来讲，认识也很不一致。例如，姜明安教授认为法典应包括行政复议程序，王万华教授则将行政复议排除在外。

法典编纂的难点也有很多。例如：如何将尽可能多的行政活动纳入法典？行政活动有哪些种类？如何表达？各种行政活动间有何逻辑关系？重要的是，面对已然成熟的行政行为分类，很多重要的行政活动难以归纳为某种行政行为类型。例如：行政决策是否属于行政行为？是否应该在法典作出规定？应如何归类？以上法典构

① 应松年. 关于行政法总则的期望与构想 [J]. 行政法学研究，2021 (1)：3-12.
② 姜明安. 21世纪中外行政程序法发展述评 [J]. 比较法研究，2019 (6)：130-143.
③ 杨伟东. 基本行政法典的确立、定位与架构 [J]. 法学研究，2021 (6)：53-70.
④ 姜明安. 关于编纂我国行政程序法典的构想 [J]. 广东社会科学，2021 (4)：220-225.
⑤ 王万华. 我国行政法法典编纂的程序主义进路选择 [J]. 中国法学，2021 (4)：104-110.

想已经在此问题上表现出了差异。为此，主张引入“行政活动”概念以克服“行政行为”局限性的学者越来越多。有学者认为：行政活动不是法律概念，通常用来泛称与行政机关行使行政权力相关的所有活动，包括行政行为和不能归类于行政行为的行政活动[①]。有学者主张构建“通用行政法典”，内容包括：行政组织法（包括公务员法、编制法）、行政活动法（含行政行为法但又不限于行政行为法）、行政监督与问责法、行政救济法等[②]。中国行政程序法典的编纂要解决的不仅是技术问题，基础理论研究的深入和创新也是重要课题。

案例分析

一、案例导入

田某诉北京科技大学拒绝颁发毕业证、学位证案[③]

原告田某于1994年9月考取北京科技大学，取得本科生的学籍。1996年2月29日，田某在电磁学课程的补考过程中，随身携带写有电磁学公式的纸条。考试中，去上厕所时纸条掉出，被监考教师发现。监考教师虽未发现其有偷看纸条的行为，但还是按照考场纪律，当即停止了田某的考试。被告北京科技大学根据原国家教委关于严肃考场纪律的指示精神，于1994年制定了校发（94）第068号《关于严格考试管理的紧急通知》。该通知规定，凡考试作弊的学生一律按退学处理，取消学籍。被告据此于1996年3月5日认定田某的行为属作弊行为，并作出退学处理决定。同年4月10日，被告填发了学籍变动通知，但退学处理决定和变更学籍的通知未直接向田某宣布、送达，也未给田某办理退学手续，田某继续以该校大学生的身份参加正常学习及学校组织的活动。1996年9月，被告为田某补办了学生证，之后每学年均收取田某交纳的教育费，并为田某进行注册、发放大学生补助津贴，安排田某参加了大学生毕业实习设计，由其论文指导教师领取了学校发放的毕业设计结业费。田某还以该校大学生的名义参加考试，先后取得了大学英语四级、计算机应用水平测试BASIC语言成绩合格证书。被告对原告在该校的四年学习中成绩全部合格，通过毕业实习、毕业设计及论文答辩，获得优秀毕业论文及毕业总成绩为全班第九名的事实无争议。

1998年6月，田某所在院系向被告报送田某所在班级授予学士学位表时，被告有关部门以田某已按退学处理、不具备北京科技大学学籍为由，拒绝为其颁发毕业证书，进而未向教育行政部门呈报田某的毕业派遣资格表。田某所在院系认为原告符合大学毕业和授予学士学位的条件，但由于当时原告因毕业问题正在与学校交涉，故暂时未在授予学位表中签字，待学籍问题解决后再签。被告因此未将原告列入授

---

① 王万华. 我国行政法法典编纂的程序主义进路选择［J］. 中国法学，2021（4）：105－107.

② 姜明安. 关于编纂我国行政程序法典的构想［J］. 广东社会科学，2021（4）：222－229.

③ 最高人民法院指导案例38号（2014年）。

予学士学位资格的名单交该校学位评定委员会审核。因被告的部分教师为田某一事向原国家教委申诉，国家教委高校学生司于1998年5月18日致函被告，认为被告对田某违反考场纪律一事处理过重，建议复查。同年6月10日，被告复查后，仍然坚持原结论。田某认为自己符合大学毕业生的法定条件，北京科技大学拒绝向其颁发毕业证、学位证是违法的，遂向北京市海淀区人民法院提起行政诉讼。

二、法官释法

在田某诉北京科技大学一案中，田某在考试中违反了该大学相关规定，北京科技大学据此作出退学处理，但是该决定作出后并没有向田某宣布、送达，也未给田某办理注销学籍、迁移户籍与档案等退学的手续，此后还允许田某继续在校以该校大学生的身份参加正常学习、考试及学校组织的活动等。临近毕业时，达到毕业条件的田某，被该校拒绝颁发毕业证书。

该案被告行为被判在“程序”上具有违法性。该“程序违法”被最高人民法院指导案例明确为违反“正当程序”。该指导案例指出：“退学处理决定涉及原告的受教育权利，为充分保障当事人权益，从正当程序原则出发，被告应将此决定向当事人送达、宣布，允许当事人提出申辩意见。而被告既未依此原则处理，也未实际给原告办理注销学籍、迁移户籍、档案等手续。被告于1996年9月为原告补办学生证并注册的事实行为，应视为被告改变了对原告所作的按退学处理的决定，恢复了原告的学籍。被告又安排原告修满四年学业，参加考核、实习及毕业设计并通过论文答辩等。上述一系列行为虽系被告及其所属院系的部分教师具体实施，但因他们均属职务行为，故被告应承担上述行为所产生的法律后果。”该案被认为开了中国法院运用“正当程序”于行政裁判之“先河”①。

三、类案练习

吴某诉昌平高速路大队罚款、记分及北京昌平区政府行政复议案②

（一）基本案情

吴某被交通管理部门以“实施故意污损机动车号牌的违法行为”为由，依据《道路交通安全法》等法律法规，处以罚款200元的处罚；根据《机动车驾驶证申领和使用规定》(2016年修改，已失效)，记12分。吴某不服，诉至法院。

吴某认为，依据有关法律规定，对违法行为人处以警告或者二百元以下罚款的，可以适用简易程序。被告适用简易程序对其作出罚款200元的处罚并记12分属于程序违法，应适用一般程序处罚。另外，吴某认为交通部门认定事实不清、证据不足。其车牌号只是“不清晰”，不能认定为“实施故意污损机动车号牌的违法行为”，依法应处以“警告或200元罚款，不记分”。据此，吴某请求法院撤销行政处罚。

---

① 何海波. 通过判决发展法律—评田某案件中的行政法原则的运用 [J]. 行政法论丛，2000，3 (1)：437.

② 北京市第一中级人民法院行政判决书，(2021) 京01行终431号。

（二）法律问题

1. 交通违章扣分是否属于行政处罚？为什么？

2. 本案适用简易程序处罚是否合法？

3. 本案处罚中交通部门应如何履行听取当事人陈述、申辩的程序？

有关规定提示：《道路交通安全违法行为处理程序规定》第 43 条规定：对违法行为人处以警告或者二百元以下罚款的，可以适用简易程序。对违法行为人处以二百元（不含）以上罚款、暂扣或者吊销机动车驾驶证的，应当适用一般程序。《机动车驾驶证申领和使用规定》（2016 年修改，已失效）第 68 条规定：机动车驾驶人在一个记分周期内累计记分达到 12 分的，公安机关交通管理部门应当扣留其机动车驾驶证。

知识拓展

一、拓展阅读

1. 中共中央于 2021 年印发的《法治中国建设规划（2020—2025 年）》

2. 2021 年 8 月中共中央、国务院印发的《法治政府建设实施纲要（2021—2025 年）》

3. 王万华. 我国行政法法典编纂的程序主义进路选择［J］. 中国法学，2021（4）.

4. 姜明安. 21 世纪中外行政程序法发展述评［J］. 比较法研究，2019（6）.

5. 叶必丰. 行政法的体系化：“行政程序法”［J］. 东方法学，2021（6）.

6. 莱文，拉博斯. 行政程序法精要［M］. 苏苗罕，译. 北京：中国法制出版社，2022.

二、毕业论文选题指导

1. 行政处罚裁量基准的适用问题研究

2. 行政执法检查信息公开问题研究

3. 行政程序法典中“程序法”与“实体法”的辩证关系

第十一章　行政复议制度的改革与发展

1950年12月，中央人民政府政务院公布的《税务复议委员会组织通则》首次在立法中使用“复议”的概念。截至1990年《行政复议条例》（已废止）出台之前，我国共有100多部单行法律法规专门就行政复议作出规定。2020年2月，习近平总书记主持召开中央全面依法治国委员会第三次会议时指出，“要落实行政复议体制改革方案，优化行政复议资源配置，推进相关法律法规修订工作，发挥行政复议公正高效、便民为民的制度优势和化解行政争议的主渠道作用”①，会议同时通过了《行政复议体制改革方案》，正式开启了新时代中国行政复议体制机制改革之路。2023年9月1日，第十四届全国人大常委会第五次会议通过了新修订的《行政复议法》，并于2024年1月1日起施行。

基础知识

一、行政复议的概念与特征

行政复议是指行政相对人认为行政主体实施的行政行为违法或侵犯其合法权益，向具有法定管辖权的行政复议机关提出申请，请求行政复议机关对被申请行政行为的合法性和适当性进行审查，并由行政复议机关依法作出复议决定的行政救济制度。行政复议体现为一种围绕行政相对人、行政主体和行政复议机关展开的三方行政法律关系。行政复议法律关系中的核心构成要素包括：作为程序启动主体的公民、法人和其他组织；作为争诉对象的由被申请行政复议的行政主体作出的行政决定或其他行政行为；作为法律效果的对被申请行政行为进行合法性与适当性审查的复议结果，并以准司法程序作出类似于司法判决构造的行政复议决定。行政复议具有如下四个方面的特征：

其一，行政复议的目的具有多元性。根据《行政复议法》第1条规定：“为了防

---

① 习近平主持召开中央全面依法治国委员会第三次会议强调 全面提高依法防控依法治理能力 为疫情防控提供有力法治保障[N]. 人民日报，2020-02-06 (1).

止和纠正违法的或者不当的行政行为，保护公民、法人和其他组织的合法权益，监督和保障行政机关依法行使职权，发挥行政复议化解行政争议的主渠道作用，推进法治政府建设，根据宪法，制定本法。”行政复议制度的目的既包括对行政机关违法或不当行政行为的纠正，也包括对相对人合法权益的救济与保障，同时还包括对被申请行政复议的行政主体作出的行政行为合法性与适当性的层级监督，以及发挥行政复议化解行政争议的主渠道作用，推进法治政府建设。

其二，行政复议的对象主要是具体行政行为，同时包括附带审查部分抽象行政行为。行政机关作出的行政行为包括具体和抽象两种类型：具体行政行为是指行政主体针对特定行政相对人作出的产生权利义务关系变动效果的具有一次性状态的行政行为，如行政处罚、行政许可、行政强制等；抽象行政行为是指行政主体针对不特定行政管理对象实施的制定行政法规、规章、其他规范性文件的行政行为，抽象行政行为是具体行政行为作出的依据。行政复议附带审查抽象行政行为的对象不包括行政法规和规章。值得说明的是，新修订的《行政复议法》将文本中的“具体行政行为”都修改为“行政行为”，但这只是形式上的变动，行政复议的对象仍然主要是具体行政行为。

其三，对于行政复议机关而言，行政复议是一种依申请而作出回应的行政法上的监督救济行为。行政行为分为依职权作出和应申请作出两种类型，行政复议属于后者，即未经行政相对人提出复议申请，行政复议程序不得自行运转，其监督行政权依法行使的作用也不能自动发挥，故行政相对人的复议申请是行政复议程序触发与运行的前提。为体现高效便民的基本原则，当书面申请有困难时，行政复议申请可以口头形式提出。但是，行政复议机关作出的复议决定应当采取书面形式。

其四，行政复议的结果是以准司法程序作出类似于司法判决构造的行政复议决定。由于行政复议具有多元价值取向及准司法程序的制度构造，其制度性质存在一定的争议。传统学界一般认为行政复议具有三种性质：一是纯行政活动，属于行政执法行为；二是行政监督性质的行政救济行为；三是行政司法活动[①]。但就其救济性质而言，行政复议是一种具有司法性因素的特殊行政行为，故其与行政诉讼制度有着密切的联系，这种联系体现在二者的受案范围、制度要素及决定类型等诸多方面。

二、行政复议的基本原则

行政复议的基本原则是贯穿于行政复议法治实践全过程并且对行政复议制度的构建、实施和完善具有规范和指导功能的普遍性规则。《行政复议法》第 3 条第 2 款规定：“行政复议机关履行行政复议职责，应当遵循合法、公正、公开、高效、便民、为民的原则，坚持有错必纠，保障法律、法规的正确实施。”我们认为，行政复议的基本原则包括合法、公正、公开、高效、便民和为民六个方面。

---

① 姜明安. 行政法与行政诉讼法［M］. 7 版. 北京：北京大学出版社，2019：365.

（一）合法原则

合法行政是法治政府建设的根本要求，也是行政复议应当坚持的首要原则。行政复议中的合法原则是指行政复议的全过程都要依法开展，包括管辖、受理、审理及决定等都必须在法律、法规、规章规定的范围内进行。因此，从构成要素层面可将合法性界定为如下三个方面：

一是主体合法。主体合法包括三个方面的要求：首先是申请人具备相应的主体资格，即申请人应当是具体行政行为指向的行政相对人或利害关系人。前者是指行政主体实施的具体行政行为所直接针对的公民、法人和其他组织，后者是指与行政主体针对行政相对人作出的行政行为或者行政复议案件处理结果有利害关系的其他公民、法人和其他组织，诸如行政处罚案件中的受害人、行政许可案件中有利害关系的竞争者、社会公益案件中的投诉举报人等。其次是被申请人具备相应的主体资格，即被申请人应当是作出被申请行政行为的行政机关或法律法规授权的组织。最后是受理复议申请的机关合法，这一问题涉及行政复议管辖权限的划分，我国在行政复议体制改革后实行相对集中行政复议管辖权体制，复议机关的确定方式发生了较大变化。除实行垂直领导的行政机关、税务和国家安全机关继续保留行政复议职责外，各级政府通常只保留一个行政复议机关，由本级人民政府统一行使行政复议职责，省、市、县各级政府组成部门不再行使行政复议职责，各级政府司法行政部门为该级人民政府的行政复议机构，依法办理该级人民政府行政复议事项，以该级人民政府的名义作出行政复议决定。

二是行为依据合法。此处的"依据"是从广义层面进行界定的，主要指国家法层面的正式渊源，在特定情况下也可将非正式渊源纳入其中。需要注意的是，上级行政机关制定的规章以下的规范性文件虽可作为下级机关行为的依据，但需接受复议机关的附带性审查。

三是程序与结果合法。合法与正当的法律程序是行政法治的基本要求，也是保障行政复议制度整体合法性的重要环节。程序公正与结果公正具有一定的正相关关系，程序的公正性有助于提升结果的合法性、正当性与可接受性，但结果的正当并不等同于程序的合法，因此程序正当具有独立的价值。确保复议程序与复议结果均处于法治轨道内运行是行政复议合法原则的内在要求。

（二）公正原则

公平正义是行政法的基本品质，公平对待、不偏不倚是公正原则的核心内容。在现代行政法治理念下，公正原则的主要作用在于实现对行政主体行使自由裁量权的有效控制，防止裁量权的滥用。在行政复议制度语境下，公正原则主要体现在复议机关对被申请人作出的行政行为的双重审查及裁量权行使的规范方面。行政复议与行政诉讼不同：行政诉讼秉持司法有限审查原则，以合法性审查为核心，例外情况下才会突破合法性审查范围，展开合理性审查。而行政复议则秉持"合法性＋合理性"的双重审查原则，前者按照前述合法原则的要求进行，后者则主要以公正原则为审查基础。合理性审查主要针对行政主体的裁量行为，复议机关在查清争议事实和适用依据的基础上，按照立法目的和制度设计原旨，以裁量权的行使是否合理、正当为标准进行合目的性审查，若发现内容不适当或存在应当考虑而未考虑相关因素、不应考虑而考虑了不相关因素等有失公正的情形，复议机关即应依法变更、撤销行政行为或确认行政行为违法。

（三）公开原则

公开原则要求凡不属于国家秘密、商业秘密、个人隐私及其他不宜公开的事项的，整个复议过程和结果均应面向社会公众公开。事实上，在大力推行政务公开工作的时代背景下，各级行政机关都已将行政复议案件及结果作为一项重要的政府信息公开任务在其官网进行主动公开，公开原则已成为行政复议乃至整个行政法制度体系的法治化运行的重要基础。具体而言，行政复议公开包括行政复议过程公开和行政复议信息公开①。行政复议过程公开是指赋予行政复议过程以相对民主性和参与性，除复议当事人依法参与到复议过程中外，行政复议机关还可以通过邀请相应领域专家参与复议以及适当吸收公众意见等方式，使得复议决策过程以看得见的方式实现正义。行政复议信息公开是指将行政复议过程及结果作为一种政府信息面向社会公开，《行政复议法》第 79 条第 1 款规定："行政复议机关根据被申请行政复议的行政行为的公开情况，按照国家有关规定将行政复议决定书向社会公开。"属于公开原则的立法体现。

（四）高效原则

"没有效率，则国家与行政无法永续发展"②，行政复议亦需遵守高效原则，以保证行政效率的实现。《行政复议法》对行政复议明确提出了高效原则的要求，并对行政复议的提起、受理、审查及决定等环节均作出了明确的期限规定。相对于行政诉讼而言，立法者对行政复议的各项法定期限总体上作出了更为严格的限定，如对行政复议决定的作出期限原则上控制在受理之日起 60 日以内，而对行政诉讼的一审判决期限则设定为人民法院立案之日起 6 个月以内。高效原则一方面对行政复议机关提出了更加积极、高效履行行政复议职能的法定要求，另一方面也体现了立法者对于充分发挥行政复议制度优势、实质高效化解行政争议的立法回应。

（五）便民原则

坚持便民原则有助于推动服务型政府建设，行政复议中的便民原则要求从制度设计和制度实施两个层面尽可能为复议申请人提供便利。例如：在行政复议管辖层面，尽可能采取集中复议体制，从而简化当事人提起复议申请的程序、降低复议申请成本。在提起行政复议申请时，尽可能对申请形式进行便利处理，允许申请人通

---

① 姜明安. 行政法与行政诉讼法［M］. 7 版. 北京：北京大学出版社，2019：369.

② 章剑生. 现代行政法总论［M］. 2 版. 北京：法律出版社，2019：27.

过邮寄或者行政复议机关指定的互联网渠道等提交行政复议申请书，或依法以口头形式提出行政复议申请。在行政复议申请材料不齐全或者表述不清楚的情况下，行政复议机关应当一次性告知申请人补正材料。一般情况下，对于被申请人作出的书面答复，作出行政行为的证据、依据和其他有关材料，申请人、第三人及其委托代理人不仅可以查阅，还可以复制等。

（六）为民原则

“以人民为中心”是党的根本立场，也是政府工作的基本原则。行政复议作为一类具有司法性因素的监督救济性质的行政行为，亦应坚持为民原则。这是 2023 年修订的《行政复议法》新增的基本原则，是本次《行政复议法》修订的亮点之一，相关条文内容的修改集中体现了这一基本原则。例如：在行政复议受案范围上，应当尽可能将各种类型的行政争议纳入其中，保障相对人的复议救济权利；在纠纷解决方式上，允许行政复议案件进行调解和解；确立了法律援助制度，对于符合法律援助条件的行政复议申请人申请法律援助的，法律援助机构应当依法为其提供法律援助等。

三、行政复议制度的历史发展与结构变迁

目前我国的行政复议制度实际上是在“政府推动”和“政治决断”的双重逻辑影响下逐步发展起来的，“基于立法目的对整部法律文本所具有的统摄作用，对行政复议制度的微观设计与运行产生了连锁效应，进而影响到行政复议制度整体功能的实现”[①]，行政复议的制度变迁蕴含在行政复议专门性法律文件的立法目的之中。结合 2023 年《行政复议法》修订进程，我国行政复议制度的结构及功能已历经四个阶段的变迁。

第一阶段是前行政复议制度阶段，即 20 世纪 80 年代。在我国较早的一部高等学校法学教材——《行政法概要》中，原则上未对行政复议、行政诉讼作出细致区分，而是将二者统归于行政救济体系之中，一并置于“国家行政管理的法律监督”章节之下，行政救济被定义为“当事人因国家行政机关的违法或不当处分，而使其权利或利益遭受损害时，依法向有关行政机关请求撤销或改变不当的或者违法的行政行为”[②]。这一阶段，我国行政复议的制度结构模式倾向于司法模式，理论定位导向关注行政相对人的权利救济。

第二阶段是 1990 年《行政复议条例》问世至 1999 年《行政复议法》出台阶段。1990 年《行政复议条例》的问世与 1989 年《行政诉讼法》的出台有着密切关系，甚至在某种程度上前者是作为后者的配套法而生的。但是，1990 年《行政复议条例》在立法目的上进行了综合考量：维护和监督行政职权、防止和纠正违法或不当职权行为、保护相对人合法权益。该阶段的行政复议虽主要作为一种内部监督手段，

---

① 周佑勇. 行政复议的主渠道作用及其制度选择 [J]. 法学，2021（6）：18.

② 王珉灿. 行政法概要 [M]. 北京：法律出版社，1983：156-160.

但本质上仍倾向于追求行政司法制度的性质构造。

第三阶段是1999年《行政复议法》出台到2007年《行政复议法实施条例》颁布实施阶段。1999年《行政复议法》在立法目的上将“防止和纠正违法的或者不当的具体行政行为”置于首位，权利救济置于其后，保障和监督职能置于末尾，试图扭转行政复议单行立法作为《行政诉讼法》(1989)的配套法与附庸法的尴尬局面，立法者对行政复议制度作出了由行政司法向行政层级监督转变的结构功能重塑。但《行政复议法》(1999)总体上将对被复议行政行为的合法性审查定位为内部层级监督，取消了《行政复议条例》(1990)中关于“复议机构”“专职复议人员”等具有准司法性质的组织法结构设置，以体现上下级行政权力制约在定分止争上“简便、效率、专业化”的独特优势；但这种“命令-服从”的行政模式仍然未能真正契合我国社会转型时期的新特点与趋势，行政复议案件数量整体偏少，信访解纷路径占绝对主导地位①。

第四阶段是行政复议委员会从试点到全国推广再到2023年《行政复议法》出台阶段。通过前述相对集中管理的行政复议管辖和相对公正的行政复议审理机制改革，行政复议的结构功能与制度逻辑似乎又回到最初的行政司法结构逻辑上，试图借助行政复议委员会的相对独立性与居中裁判的准司法地位来提高行政复议机制的公信力。1999年《行政复议法》实施后，贵州省政府于当年12月就成立了行政复议委员会，然而并没有形成全国范围的影响。在2006年12月召开的全国行政复议工作会议上，国务院对“有条件的地方和部门可以开展行政复议委员会的试点工作”作了具体部署。2008年9月，国务院法制办下发《关于在部分省、直辖市开展行政复议委员会试点工作的通知》，正式展开行政复议委员会试点工作②，拟通过行政复议委员会改革“提高行政复议解决行政争议的质量和效率，增强行政复议制度的公信力，充分发挥行政复议制度在解决行政争议、建设法治政府、构建社会主义和谐社会中的重要作用”③。2010年，国务院法制办与行政法学研究会联合举办的行政复议研讨会基本达成这一共识。但是，行政复议的实际功能却发生了微妙的变化，应松年教授率先提出行政复议作为“行政争议化解的主渠道”这一观点，并在2011年的中央政治局第二十七次集体学习中得到党和国家领导人的采纳。随后，国务院法制办也明确了这一功能，并指出其表现在将行政争议快速纳入复议解纷进程以及确保行政争议得到公正解决两个方面。2023年新修订的《行政复议法》正式将“发挥行政复议化解行政争议的主渠道作用”纳入立法目的条款。至此，行政复议作为“化解行政争议的主渠道”的功能定位基本形成。如何充分发挥行政复议“公正高效、便民为民的制度优势”，将行政复议打造成“化解行政争议的主渠道”机制需要作出何种制度调整，成为此阶段需要重点考量的目标实现路径问题。

---

① 练育强．功能与结构视野下的行政复议制度变革［J］．法学，2021（6）：49.

② 王敬波．行政复议委员会是行政复议体制改革的靶点［J］．中国司法，2022（2）：71－73.

③ 黄学贤．行政复议委员会机制新论［J］．苏州大学学报（法学版），2021（2）：2.

重点难点

我国于1999年施行《行政复议法》，并于2009年和2017年分别对部分条款作了修正。自1999年《行政复议法》实施以来，行政复议制度在解决行政争议，纠正违法或不当行政行为，保障公民、法人和其他组织合法权益方面发挥了重要作用。但随着我国经济社会快速发展，行政纠纷高发频发，复议制度显现出诸多不足。一是吸纳行政争议的入口偏窄，部分行政争议无法进入行政复议渠道，不能得到有效解决。二是案件管辖体制过于分散，群众难以找准行政复议机关，不利于将行政争议化解在基层和萌芽状态。三是案件审理机制不够健全，审理标准不统一，影响办案质量和效率[①]。2020年，中央全面依法治国委员会印发了《行政复议体制改革方案》，对构建统一、科学的行政复议体制作出部署，要求抓紧修订《行政复议法》(2017)，将改革方案转化为相应的法律制度，确保改革于法有据。《法治中国建设规划（2020—2025年）》和《法治政府建设实施纲要（2021—2025年）》也均对推进行政复议体制改革、整合行政复议职责等提出了明确要求。

为了有效回应人民群众对实质性化解行政争议的新要求、新期待，从根本上提升依法行政水准，巩固深化改革发展成果，完善、优化行政复议制度，切实发挥行政复议公正高效、便民为民的制度优势和化解行政争议的主渠道作用，对《行政复议法》(2017）进行全面修订十分必要。2023年修订的《行政复议法》呈现出诸多亮点。

一、明确发挥行政复议化解行政争议的主渠道作用

《行政复议法》通过立法目的条款明确了新的时代背景下行政复议制度的功能定位，这为后续相关制度的改革提供了方向性指引。《行政复议法》第1条明确规定："为了防止和纠正违法的或者不当的行政行为，保护公民、法人和其他组织的合法权益，监督和保障行政机关依法行使职权，发挥行政复议化解行政争议的主渠道作用，推进法治政府建设，根据宪法，制定本法。"相较于2017年《行政复议法》立法目的条款，该条文增加了"发挥行政复议化解行政争议的主渠道作用，推进法治政府建设"规定，并将"保障和监督"调整为"监督和保障"、"具体行政行为"修改为"行政行为"。具体来看，一方面，该规定肯定了行政复议"化解行政争议"的制度属性，而不是仅将其作为内部监督手段；另一方面，行政复议被要求在行政争议解决机制中发挥更大作用，调整"大信访、中诉讼、小复议"的格局。进言之，"主渠道"要求多数行政争议在行政复议渠道得到化解，且能得到实质性化解。复议制度优势的发挥与法治政府建设紧密相关，行政复议制度是法治政府建设的重要保障，

---

① 唐一军. 关于《中华人民共和国行政复议法（修订草案）》的说明：2022年10月27日在第十三届全国人民代表大会常务委员会第三十七次会议上 [EB/OL]. (2023-09-06). http://www.npc.gov.cn/c2/c30834/202309/t20230906_431581.html.

需要从推进法治政府建设的角度聚力于行政复议相关配套制度的完善。另外，将“监督”而非“保障”置于首位，有利于推动行政复议机关更好地发挥监督职能，这在《行政复议法》第76条规定行政复议机关可以制发行政复议意见书、第77条规定约谈制度、第79条规定行政复议决定书公开制度及抄告制度等中有进一步体现。将“具体行政行为”修改为“行政行为”，有利于将更多行政争议纳入行政复议受案范围，与更好地发挥行政复议化解行政争议的主渠道作用是相一致的。

《行政复议法》进行上述修改，主要是为了充分发挥行政复议制度所具有的独特优势。在社会快速转型过程中，行政争议的类型和特点亦随之出现新的变化，有关土地、房屋的行政纠纷数量逐年增长，化解行政争议不仅仅是解决个案争议，更与社会治理效能密切关联。与行政诉讼相比，行政复议作为行政系统内部的纠纷解决机制，更加便捷、高效，专业性更强，有利于快速化解争议，而且基于复议机关的行政权限，其有权对行政行为予以合法性与适当性的双重审查，有利于从源头化解争议。与信访相比，行政复议法律化、制度化程度更高，更具有确定性，化解行政争议的效能更高。将行政复议作为解决行政纠纷的主渠道，有利于发挥行政复议制度优势，实质性解决行政争议，推进法治政府建设，维护社会和谐稳定。

二、扩大行政复议受案范围及行政复议前置范围

行政复议的受案范围，是指行政相对人或利害关系人认为自己的合法权益受到行政主体作出的行政行为侵犯，向行政复议机关申请审查该行政行为合法性与合理性的案件范围。争议事项属于行政复议受案范围才可能启动复议程序，行政复议受案范围是影响公民寻求行政复议救济、发挥行政复议作为纠纷解决主渠道作用的最为直接的因素。关于行政复议受案范围，《行政复议法》采纳了概括式规定＋正面列举＋反面排除的制度框架。首先，概括式规定体现在《行政复议法》第11条“（十五）认为行政机关的其他行政行为侵犯其合法权益”中。其次，与2017年《行政复议法》相比，2023年修订的《行政复议法》在正面列举中，将“对行政机关作出的征收征用决定及其补偿决定不服”“对行政机关作出的赔偿决定或者不予赔偿决定不服”“对行政机关作出的不予受理工伤认定申请的决定或者工伤认定结论不服”“认为行政机关滥用行政权力排除或者限制竞争”“认为行政机关不依法订立、不依法履行、未按照约定履行或者违法变更、解除政府特许经营协议、土地房屋征收补偿协议等行政协议”“认为行政机关在政府信息公开工作中侵犯其合法权益”这六类行政行为纳入行政复议受案范围。最后，2017年《行政复议法》并未规定反面排除事项，2023年修订的《行政复议法》新增了复议范围的负面清单，第12条明确规定：“下列事项不属于行政复议范围：（一）国防、外交等国家行为；（二）行政法规、规章或者行政机关制定、发布的具有普遍约束力的决定、命令等规范性文件；（三）行政机关对行政机关工作人员的奖惩、任免等决定；（四）行政机关对民事纠纷作出的调解。”此外，关于可一并向行政复议机关提出附带审查申请的规范性文件范围，2023年《行政复议法》第13条在原规定基础上，增加规定了“（四）法律、法规、规章授权的组织的规范性文件”。新型行政法律关系的出现及行政诉讼受案范围的扩

展直接影响了行政复议案件范围，基于此，《行政复议法》作出了上述回应，整体上扩大了行政复议受案范围。受案范围的扩大有利于公民寻求行政复议救济，推动行政复议更好发挥纠纷解决主渠道作用。

不仅行政复议受案范围得以扩大，行政复议前置的范围也在较大程度上得到扩充。行政复议前置制度是指发生特定类型的行政争议时，当事人只能先申请行政复议，对行政复议决定不服才可以提起行政诉讼。《行政复议法》第 23 条规定："有下列情形之一的，申请人应当先向行政复议机关申请行政复议，对行政复议决定不服的，可以再依法向人民法院提起行政诉讼：（一）对当场作出的行政处罚决定不服；（二）对行政机关作出的侵犯其已经依法取得的自然资源的所有权或者使用权的决定不服；（三）认为行政机关存在本法第十一条规定的未履行法定职责情形；（四）申请政府信息公开，行政机关不予公开；（五）法律、行政法规规定应当先向行政复议机关申请行政复议的其他情形。对前款规定的情形，行政机关在作出行政行为时应当告知公民、法人或者其他组织先向行政复议机关申请行政复议。"首先，该条规定扩大了行政复议前置范围，"（一）""（三）""（四）"都是本次修法新增加的内容。实践中，当场作出的行政处罚决定、未履行法定职责、政府信息公开案件争议的法律关系相对简单，但频繁发生，将其纳入行政复议前置范围，有利于将更多案件引入复议渠道，扩充行政复议受理的案件数量，发挥好行政复议在行政争议入口端的"过滤器"作用，更好地为行政诉讼分流。其次，该条规定限缩了兜底条款，限于"法律、行政法规规定应当先向行政复议机关申请行政复议的其他情形"，不再包括"地方性法规"。这保证了行政复议前置事项的全国统一性，避免地方随意设置行政复议前置事项，过于干预复议申请人的救济渠道选择权。最后，该条明确规定了行政机关对行政复议前置事项的告知义务，这是行政复议前置制度的重要支撑。实践过程中，值得思考的是，如果短期内行政复议不能很好实质性化解争议，行政复议前置不仅会加大复议机构工作量，而且会增加争议化解的成本，如何协调各项制度之间的关系还有待观察与探索。

三、相对集中行政复议管辖权体制改革

行政复议管辖是指确立不同行政复议机关之间受理复议案件的具体权限和分工的法律制度。《行政复议法》第二章第四节对行政复议管辖作出了规定，将原来"条块结合"的管辖体制修改为以"块块管辖"为主、"条条管辖"为补充的管辖体制，即相对集中行政复议管辖权体制。在地方层面，根据《行政复议法》第 24 条，行政复议权集中由县级以上地方各级政府统一行使，但存在两个例外：其一，保留海关、金融、外汇管理等实行垂直领导的行政机关、税务和国家安全机关的行政复议权，即对此类机关的行政行为不服的，向上一级主管部门申请行政复议（《行政复议法》第 27 条）。其二，司法行政机关保留"条块"双重复议体制，即"对履行行政复议机构职责的地方人民政府司法行政部门的行政行为不服的，可以向本级人民政府申请行政复议，也可以向上一级司法行政部门申请行政复议"（《行政复议法》第 28 条）。在中央层面，国务院部门保留行政复议权。《行政复议法》第 25 条规定："国

务院部门管辖下列行政复议案件：（一）对本部门作出的行政行为不服的；（二）对本部门依法设立的派出机构依照法律、行政法规、部门规章规定，以派出机构的名义作出的行政行为不服的；（三）对本部门管理的法律、行政法规、部门规章授权的组织作出的行政行为不服的。”

《行政复议法》作出上述修改的原因在于，原有“条块结合”的管辖体制，即同级政府与上级职能部门都承担行政复议职责，使得行政复议权过于分散，行政复议的制度优势难以转换为制度效能。行政复议案件数量在各部门、政府之间分布不均，行政复议权过于碎片化使得行政复议队伍的专业性和稳定性难以得到保障，且行政复议工作成效存在差异，可能出现“同案不同判”的情况，影响社会公众对行政复议的认知，进而削弱行政复议制度的效能发挥。为了解决此类问题，本次《行政复议法》修订明确行政复议管辖权的相对集中行使，既体现了便民原则，也有利于优化行政复议资源配置，丰富行政复议工作人员的办案经验，形成化解行政争议的合力，同时避免出现多个机关推诿扯皮的情况，提高行政复议决定的公信力。此外，为了进一步保障行政复议的专业性，《行政复议法》第 6 条进行了相配套的制度设计，明确规定：“国家建立专业化、职业化行政复议人员队伍。行政复议机构中初次从事行政复议工作的人员，应当通过国家统一法律职业资格考试取得法律职业资格，并参加统一职前培训。国务院行政复议机构应当会同有关部门制定行政复议人员工作规范，加强对行政复议人员的业务考核和管理。”但在实践过程中，仍需思考的是：涉及同一行业同一性质层级不同的案件，可能分别经由地方人民政府和国务院部门进行复议，如何避免“同案不同判”情况的发生？

四、畅通行政复议申请与受理渠道

行政复议申请与受理分别规定在《行政复议法》第二章与第三章中，相比于原法律内容，《行政复议法》重点进行了如下修改：

在行政复议申请方面，主要有四点。第一，完善复议代理机制，新增法律援助规定。2017 年《行政复议法》第 10 条第 5 款规定：“申请人、第三人可以委托代理人代为参加行政复议。”新修订的《行政复议法》第 17 条进一步明确规定：“申请人、第三人可以委托一至二名律师、基层法律服务工作者或者其他代理人代为参加行政复议。申请人、第三人委托代理人的，应当向行政复议机构提交授权委托书、委托人及被委托人的身份证明文件。授权委托书应当载明委托事项、权限和期限。申请人、第三人变更或者解除代理人权限的，应当书面告知行政复议机构。”且为了充分保障公民、法人或其他组织获得行政复议救济，第 18 条规定：“符合法律援助条件的行政复议申请人申请法律援助的，法律援助机构应当依法为其提供法律援助。”第二，借鉴《行政诉讼法》的规定，细化了行政复议申请期限制度。一方面，《行政复议法》第 20 条第 3 款规定：“行政机关作出行政行为时，未告知公民、法人或者其他组织申请行政复议的权利、行政复议机关和申请期限的，申请期限自公民、法人或者其他组织知道或者应当知道申请行政复议的权利、行政复议机关和申请期限之日起计算，但是自知道或者应当知道行政行为内容之日起最长不得超过一年。”

另一方面，新增了最长行政复议期限的规定，第 21 条明确规定："因不动产提出的行政复议申请自行政行为作出之日起超过二十年，其他行政复议申请自行政行为作出之日起超过五年的，行政复议机关不予受理。"第三，引入信息化手段，完善行政复议申请递交方式。《行政复议法》第 22 条第 2 款规定："书面申请的，可以通过邮寄或者行政复议机关指定的互联网渠道等方式提交行政复议申请书，也可以当面提交行政复议申请书。行政机关通过互联网渠道送达行政行为决定书的，应当同时提供提交行政复议申请书的互联网渠道。"第四，创新规定行政复议申请递交机制。《行政复议法》第 32 条规定："对当场作出或者依据电子技术监控设备记录的违法事实作出的行政处罚决定不服申请行政复议的，可以通过作出行政处罚决定的行政机关提交行政复议申请。行政机关收到行政复议申请后，应当及时处理；认为需要维持行政处罚决定的，应当自收到行政复议申请之日起五日内转送行政复议机关。"作出行政处罚决定的行政机关提交行政复议申请，给予了其自我纠错的机会，有利于其及时发现问题，避免争议的扩大化，推动纠纷的源头治理。

在行政复议受理方面，《行政复议法》规定了较为系统的受理制度。第一，借鉴吸收《行政复议法实施条例》相关内容，《行政复议法》第 30 条第 1 款集中规定了案件受理条件，具体包括如下："（一）有明确的申请人和符合本法规定的被申请人；（二）申请人与被申请行政复议的行政行为有利害关系；（三）有具体的行政复议请求和理由；（四）在法定申请期限内提出；（五）属于本法规定的行政复议范围；（六）属于本机关的管辖范围；（七）行政复议机关未受理过该申请人就同一行政行为提出的行政复议申请，并且人民法院未受理过该申请人就同一行政行为提起的行政诉讼。"第二，新增行政复议机关作出不予受理决定的说明理由义务，以及在不属于本机关管辖时行政复议机关告知申请人有管辖权的行政复议机关的方式——通过不予受理决定告知，具体规定在第 30 条第 2 款。第三，调整行政复议申请默示受理机制，将 2017 年《行政复议法》第 17 条第 2 款"除前款规定外，行政复议申请自行政复议机关负责法制工作的机构收到之日起即为受理"修改为第 30 条第 3 款"行政复议申请的审查期限届满，行政复议机关未作出不予受理决定的，审查期限届满之日起视为受理"。此修改为行政复议机关设置了作出是否受理决定的合理审查期限。第四，一次性告知补正行政复议申请材料，便利行政复议申请人。第 31 条规定："行政复议申请材料不齐全或者表述不清楚，无法判断行政复议申请是否符合本法第三十条第一款规定的，行政复议机关应当自收到申请之日起五日内书面通知申请人补正。补正通知应当一次性载明需要补正的事项。申请人应当自收到补正通知之日起十日内提交补正材料。有正当理由不能按期补正的，行政复议机关可以延长合理的补正期限。无正当理由逾期不补正的，视为申请人放弃行政复议申请，并记录在案。行政复议机关收到补正材料后，依照本法第三十条的规定处理。"第五，新增受理行政复议申请后作出驳回申请决定。第 33 条规定："行政复议机关受理行政复议申请后，发现该行政复议申请不符合本法第三十条第一款规定的，应当决定驳回申请并说明理由。"

无论是关于行政复议申请，还是关于行政复议受理条文的修改，都是为了解决立案环节运行不畅的问题，以快速、便捷启动行政复议程序，畅通行政复议渠道，保障公民、法人或其他组织的申请复议权，推动行政复议制度的顺利运行。上述一系列机制的修改也确实体现了便民、为民原则，有利于公民、法人或其他组织及时选择行政复议渠道解决行政争议，发挥行政复议化解行政争议的主渠道作用。然而，上述各项机制能否在实际运行环节实现预期功效，还有待进一步观察。

五、优化行政复议审理程序

行政复议审理程序是指行政复议主体参与行政复议活动的步骤、方式、顺序及时限。行政复议决定的公正性很大程度上依赖于行政复议程序的正当性。“卡夫卡式的程序使参与人没有能力进行合理的安排，使参加人没有能力根据有关信息作出选择。这种程序隐含地把参加人界定为客体，使其受制于制度本身没有限度的操纵。”[①] 因而，进一步优化行政复议的审理程序是本次立法修订重点处理的问题，优化制度设计的目标落脚于在公正与效率两种价值间寻求最佳平衡点。2023 年《行政复议法》有关行政复议审理程序的修改主要体现在如下几个方面：

第一，将行政复议审理程序类型化，划分为普通程序和简易程序两种类型，分别规定在第四章第三节与第四节中。所有行政复议案件均可适用普通程序，而简易程序的适用有条件限制。《行政复议法》第 53 条明确了简易程序的适用条件，即：“行政复议机关审理下列行政复议案件，认为事实清楚、权利义务关系明确、争议不大的，可以适用简易程序：（一）被申请行政复议的行政行为是当场作出；（二）被申请行政复议的行政行为是警告或者通报批评；（三）案件涉及款额三千元以下；（四）属于政府信息公开案件。除前款规定以外的行政复议案件，当事人各方同意适用简易程序的，可以适用简易程序。”相较于普通程序，《行政复议法》缩短了简易程序的各项处理期限，以体现其内在优势。对于普通程序，《行政复议法》第 48 条规定：“行政复议机构应当自行政复议申请受理之日起七日内，将行政复议申请书副本或者行政复议申请笔录复印件发送被申请人。被申请人应当自收到行政复议申请书副本或者行政复议申请笔录复印件之日起十日内，提出书面答复，并提交作出行政行为的证据、依据和其他有关材料。”《行政复议法》第 54 条第 1 款规定：“适用简易程序审理的行政复议案件，行政复议机构应当自受理行政复议申请之日起三日内，将行政复议申请书副本或者行政复议申请笔录复印件发送被申请人。被申请人应当自收到行政复议申请书副本或者行政复议申请笔录复印件之日起五日内，提出书面答复，并提交作出行政行为的证据、依据和其他有关材料。”而且，《行政复议法》第 62 条规定：“适用普通程序审理的行政复议案件，行政复议机关应当自受理申请之日起六十日内作出行政复议决定；但是法律规定的行政复议期限少于六十日的除外。情况复杂，不能在规定期限内作出行政复议决定的，经行政复议机构的负责人批准，可以适当延长，并书面告知当事人；但是延长期限最多不得超过三十日。适用简易程序审理的行政复议案件，行政复议机关应当自受理申请之日起三十日内

---

① 马肖．行政国的正当程序［M］．沈岿，译．北京：高等教育出版社，2005：189.

作出行政复议决定。”另外，根据《行政复议法》第 55 条的规定，简易程序也可以转化为普通程序。将简易程序引入行政复议制度，有利于促进行政复议案件繁简分流，推动行政争议灵活化解，不仅降低了申请人的行政复议成本，而且节约了行政复议资源，提高了行政复议审理质效。

第二，普通程序取消书面审查原则，引入听取意见制度。《行政复议法》第 49 条明确规定：“适用普通程序审理的行政复议案件，行政复议机构应当当面或者通过互联网、电话等方式听取当事人的意见，并将听取的意见记录在案。因当事人原因不能听取意见的，可以书面审理。”但适用简易程序审理的行政复议案件，可以书面审理。听取意见制度的引入，有利于强化当事人的参与感，保障程序公正，提高行政复议结果的可接受性。值得注意的是，虽然普通程序中取消了书面审查原则，但并未采用直接言词原则，未要求听取意见时双方当事人都在场。此外，实践中还需进一步探究哪些情形属于因当事人原因不能听取意见的情形。

第三，引入司法化程度最高的行政程序制度——听证制度。《行政复议法实施条例》第 33 条规定，“对重大、复杂的案件，申请人提出要求或者行政复议机构认为必要时，可以采取听证的方式审理”。《行政复议法》第 50 条细化了应当听证与可以听证的情形，即：“审理重大、疑难、复杂的行政复议案件，行政复议机构应当组织听证。行政复议机构认为有必要听证，或者申请人请求听证的，行政复议机构可以组织听证。”第 51 条配套了部分听证机制。同时，第 61 条第 2 款明确了案卷排他原则，即：“经过听证的行政复议案件，行政复议机关应当根据听证笔录、审查认定的事实和证据，依照本法作出行政复议决定。”听证制度的引入有利于进一步加大公民的参与程度，体现程序正义，但在具体适用中，听证究竟采用何种形式、采纳哪些环节等问题还有待进一步探索。

第四，补齐中间性决定，增加行政复议中止、行政复议终止规定。《行政复议法》第 39 条明确了行政复议中止的情形，包括“（一）作为申请人的公民死亡，其近亲属尚未确定是否参加行政复议；（二）作为申请人的公民丧失参加行政复议的行为能力，尚未确定法定代理人参加行政复议；（三）作为申请人的公民下落不明；（四）作为申请人的法人或者其他组织终止，尚未确定权利义务承受人；（五）申请人、被申请人因不可抗力或者其他正当理由，不能参加行政复议；（六）依照本法规定进行调解、和解，申请人和被申请人同意中止；（七）行政复议案件涉及的法律适用问题需要有权机关作出解释或者确认；（八）行政复议案件审理需要以其他案件的审理结果为依据，而其他案件尚未审结；（九）有本法第五十六条或者第五十七条规定的情形；（十）需要中止行政复议的其他情形”。第 41 条规定了行政复议终止的情形，包括“（一）申请人撤回行政复议申请，行政复议机构准予撤回；（二）作为申请人的公民死亡，没有近亲属或者其近亲属放弃行政复议权利；（三）作为申请人的法人或者其他组织终止，没有权利义务承受人或者其权利义务承受人放弃行政复议权利；（四）申请人对行政拘留或者限制人身自由的行政强制措施不服申请行政复议后，因同一违法行为涉嫌犯罪，被采取刑事强制措施；（五）依照本法第三十九条第一款第一项、第二项、第四项的规定中止行政复议满六十日，行政复议中止的原因仍未消除”。以上关于行政复议中止与行政复议终止的规定，完善了行政复议程序体系，防止行政复议因意外陷入程序僵局中，为争议双方提供了稳定的预期。

第五，新增证据制度规定，并强化依职权查明案件事实。《行政复议法》第43条明确了行政复议证据种类，与《行政诉讼法》第33条规定完整对接。第44条明确了举证责任分配，其中被申请人对其作出的行政行为的合法性、适当性负有举证责任，申请人在以下情形中应提供证据：“（一）认为被申请人不履行法定职责的，提供曾经要求被申请人履行法定职责的证据，但是被申请人应当依职权主动履行法定职责或者申请人因正当理由不能提供的除外；（二）提出行政赔偿请求的，提供受行政行为侵害而造成损害的证据，但是因被申请人原因导致申请人无法举证的，由被申请人承担举证责任；（三）法律、法规规定需要申请人提供证据的其他情形。”同时，新增了被申请人可以补充证据的规定，即《行政复议法》第46条第2款规定：“行政复议期间，申请人或者第三人提出被申请行政复议的行政行为作出时没有提出的理由或者证据的，经行政复议机构同意，被申请人可以补充证据。”另外，第45条规定行政机关可以依职权查明案件事实，明确“行政复议机关有权向有关单位和个人调查取证”，而且相关人员也有配合义务，即：“被调查取证的单位和个人应当积极配合行政复议人员的工作，不得拒绝或者阻挠。”在具体实践过程中，值得注意的是，行政复议机关可以采取的调查取证措施是有限的，仅包括“查阅、复制、调取有关文件和资料，向有关人员进行询问”。这些措施是否足以查明案件事实还有待确认。整体上，对证据制度予以规范化，完善了行政复议审理程序的体系，有利于加强对处于弱势地位的行政复议申请人权益的保护。

第六，完善规范性文件附带审查制度。《行政复议法》第四章专设第五节“行政复议附带审查”，细化了行政复议机关附带审查规范性文件的处理程序和方式。首先，新增审查程序的相关规定，《行政复议法》第58条规定：“行政复议机关依照本法第五十六条、第五十七条的规定有权处理有关规范性文件或者依据的，行政复议机构应当自行政复议中止之日起三日内，书面通知规范性文件或者依据的制定机关就相关条款的合法性提出书面答复。制定机关应当自收到书面通知之日起十日内提交书面答复及相关材料。行政复议机构认为必要时，可以要求规范性文件或者依据的制定机关当面说明理由，制定机关应当配合。”其次，新增审查之后的处理决定，《行政复议法》第59条规定：“行政复议机关依照本法第五十六条、第五十七条的规定有权处理有关规范性文件或者依据，认为相关条款合法的，在行政复议决定书中一并告知；认为相关条款超越权限或者违反上位法的，决定停止该条款的执行，并责令制定机关予以纠正。”最后，明确接受转送机关的处理。2017年《行政复议法》第26条规定：“无权处理的，应当在七日内按照法定程序转送有权处理的行政机关依法处理，有权处理的行政机关应当在六十日内依法处理。”2023年《行政复议法》第60条将其修改为：“依照本法第五十六条、第五十七条的规定接受转送的行政机关、国家机关应当自收到转送之日起六十日内，将处理意见回复转送的行政复议机关。”相较行政诉讼过程中的附带审查而言，《行政复议法》第四章第五节所设计的附带审查制度无论在效力的普遍性程度还是审查的广度与深度上都更具优势。

程序公正是实体公正的前提和基础，实体公正是程序公正的结果和目标。优化行政复议程序设计，是提升行政复议决定公正性、充分发挥行政复议化解行政争议主渠道作用的重要保障。整体上，《行政复议法》对行政复议程序进行了较大的调整，解决了原行政复议程序过于强调行政性、内部色彩严重、司法属性不足的问题，加强了外部性、程序对抗性，有利于保证行政复议决定作出的公正性、权威性，保障行政复议申请人的权益，增强行政复议决定的公信力，切实发挥行政复议化解行政争议的主渠道作用。

六、引入行政复议委员会机制

作为来自行政系统内部的纠纷解决机制，行政复议机制天然存在中立性不足、公信力不够的缺陷。为了有效应对这一问题，《行政复议法》引入了行政复议委员会机制，具体制度设计包括三个方面的内容。第一，明确由“相关政府部门、专家、学者等”组成的行政复议委员会的性质为咨询性质，而非议决性质。行政复议委员会的工作内容有两项：一方面，为办理行政复议案件提供咨询意见；另一方面，就行政复议工作中的重大事项和共性问题研究提出意见。第二，明确行政复议委员会提供咨询意见的情形。《行政复议法》第 52 条第 2 款规定：“审理行政复议案件涉及下列情形之一的，行政复议机构应当提请行政复议委员会提出咨询意见：（一）案情重大、疑难、复杂；（二）专业性、技术性较强；（三）本法第二十四条第二款规定的行政复议案件；（四）行政复议机构认为有必要。”第三，有关行政复议委员会咨询性质的规定体现在《行政复议法》第 61 条第 3 款中，其明确规定：“提请行政复议委员会提出咨询意见的行政复议案件，行政复议机关应当将咨询意见作为作出行政复议决定的重要参考依据。”

行政复议委员会的设立有利于加强行政复议体制的外部性，保障行政复议机关的中立性，增强行政复议决定的公信力。在前期的试点探索中，出现了两种行政复议委员会模式，即议事咨询型行政复议委员会及议决型行政复议委员会[①]。《行政复议法》最终采纳了议事咨询型模式，体现了稳中求进的立法取向。仍需注意的是，对于行政复议机构认为有必要提请行政复议委员会提出咨询意见的情形还存在一定程度的模糊性，事实上赋予了行政复议机构一定程度的自由裁量权。从成本收益视角来看，提请行政复议委员会提出咨询意见无疑会产生额外的行政成本，增加行政复议工作人员负担，从而降低行政复议机构咨询行政复议委员会的积极性，存在架空行政复议委员会的道德风险。因此，在制度实际运行中，还需进一步观察是否需要细化行政复议机构主动提请行政复议委员会提出咨询意见的法定条件类型。

七、确立行政复议调解和解制度

调解和解制度是指通过双方当事人合意模式解决行政争议，但调解是在行政复

① 曹鎏，李月. 我国行政复议体制改革的发展演进、目标构成及修法回应［J］. 行政管理改革，2022（4）：44.

议机关的主持下进行的，而和解无须复议机关的介入。《行政复议法》在《行政复议法实施条例》的基础上，扩大了调解的适用范围。根据《行政复议法实施条例》第50条第1款的规定，只有在两种情形下，行政复议机关可以按照自愿、合法的原则进行调解，即："（一）公民、法人或者其他组织对行政机关行使法律、法规规定的自由裁量权作出的具体行政行为不服申请行政复议的；（二）当事人之间的行政赔偿或者行政补偿纠纷。"《行政复议法》取消了情形限制，实际上体现了"应调尽调"的立法原则，第5条明确规定："行政复议机关办理行政复议案件，可以进行调解。调解应当遵循合法、自愿的原则，不得损害国家利益、社会公共利益和他人合法权益，不得违反法律、法规的强制性规定。"调解关联着双方当事人能否调解成功、达成调解协议的问题。《行政复议法》第73条规定："当事人经调解达成协议的，行政复议机关应当制作行政复议调解书，经各方当事人签字或者签章，并加盖行政复议机关印章，即具有法律效力。调解未达成协议或者调解书生效前一方反悔的，行政复议机关应当依法审查或者及时作出行政复议决定。"行政复议调解书生效之后，若申请人、第三人逾期不起诉又不履行行政复议调解书的，根据《行政复议法》第78条规定，"行政复议调解书，由行政复议机关依法强制执行，或者申请人民法院强制执行"；但若是被申请人不履行或者无正当理由拖延履行行政复议调解书的，根据《行政复议法》第77条第2款规定，"行政复议机关或者有关上级行政机关应当责令其限期履行，并可以约谈被申请人的有关负责人或者予以通报批评"。

《行政复议法》在《行政复议法实施条例》的基础上，也扩大了和解的适用范围。根据《行政复议法实施条例》第40条规定，和解范围仅局限于行政机关行使法律、法规规定的自由裁量权作出的具体行政行为，《行政复议法》取消了这一限制，第74条第1款规定："当事人在行政复议决定作出前可以自愿达成和解，和解内容不得损害国家利益、社会公共利益和他人合法权益，不得违反法律、法规的强制性规定。"在和解的情形下，以申请人撤回行政复议申请的方式终结行政复议。《行政复议法》第74条第2款规定："当事人达成和解后，由申请人向行政复议机构撤回行政复议申请。行政复议机构准予撤回行政复议申请、行政复议机关决定终止行政复议的，申请人不得再以同一事实和理由提出行政复议申请。但是，申请人能够证明撤回行政复议申请违背其真实意愿的除外。"值得注意的是，调解和解的效力机制有所区别，相比于行政复议调解书，行政复议和解书无法强制执行。

在《行政复议法》中，引入调解和解这类合意纠纷解决机制，主要原因在于：首先，寻求实质性化解成因复杂、类型多样的行政争议的机制。近年来，土地房屋纠纷数量逐年增长，在行政纠纷中占据了较大比例，而这些纠纷不仅涉及具体个人，还关乎社会稳定，实质性化解这些纠纷非常必要。而且，行政争议类型愈发多样，大量争议属于行政民事交叉争议，私法因素显现在公法争议中，实质性化解相关争议较为困难。其次，为实践中存在的合意结案做法提供制度框架。随着警察国家向福利国家发展，法治也逐步由强调形式主义法治向强调实质主义法治转变，行政行为正当性的考量因素也不再局限于行政行为在形式上合法，行政执法资源有限、行政效能、个案裁量正义等因素开始进入行政正当性考量系统[①]，实践中逐渐出现合意终结行政争议模式。最后，由于调解和解与依法行政存在张力，为了防止调解和解对依法行政的过度侵蚀，更好地监督行政机关依法行政，有必要对调解和解制度进行规范化、制度化。从比较法的视野来看，在美国，大部分行政争议是通过行政法官解决的，这其中90%以上是通过调解、和解的方式解决的[②]。总之，将调解和解作为正式的法律制度规定在《行政复议法》中，有利于降低解决行政争议的成本，提高化解行政纠纷的效率，更好地发挥行政复议制度的独特优势。这是充分利用以和为贵的传统文化理念优势、尽可能从源头上化解社会纠纷的一种立法举措，也是新时代背景下我国法治建设的最新实践成果之一[③]。

八、完善行政复议决定类型

行政复议审查决定方式，是指行政复议机关对案件进行合法性、合理性审查后，按照法律规定的方式作出行政复议决定。行政复议审查方式的改进有助于修正原有行政复议审查过程所不及和力有不逮之处，提高行政复议决定的公正性实效，达到实质性化解行政纠纷的目的。2023 年《行政复议法》分拆 2017 年《行政复议法》第 28 条的规定，参照《行政诉讼法》，单条规定了行政复议决定类型及其适用条件，具体包括变更决定、撤销决定、确认违法决定、履职决定、维持决定、确认无效决定、驳回行政复议请求决定、行政协议决定等。

《行政复议法》第 63 条第 1 款规定："行政行为有下列情形之一的，行政复议机关决定变更该行政行为：（一）事实清楚，证据确凿，适用依据正确，程序合法，但是内容不适当；（二）事实清楚，证据确凿，程序合法，但是未正确适用依据；（三）事实不清、证据不足，经行政复议机关查清事实和证据。"该款内容将《行政复议法实施条例》第 47 条所规定的"明显不当"修改为"内容不适当"，与行政复议机关进行适当性审查的定位相符。另外，该条第 2 款确立了禁止不利变更原则，即"行政复议机关不得作出对申请人更为不利的变更决定，但是第三人提出相反请求的除外"。由行政复议机关直接对行政实体法律关系的内容进行调整，作出变更决定，不需要被申请人再行启动行政程序、作出新的行政行为，能够直接回应申请人的行政复议请求，实质性解决行政争议，避免程序空转，引发新的社会矛盾，这也是《行政复议法》将变更决定作为首要行政复议决定的缘由。但实践中，如何保障行政复议机关有足够的动力进行变更还有待检验。

根据《行政复议法》第 64 条第 1 款规定，撤销决定的适用情形包括："（一）主要事实不清、证据不足；（二）违反法定程序；（三）适用的依据不合法；（四）超越职权或者滥用职权。"另外，该条第 2 款新增了违反法定程序被撤销重作的特别规

① 王万华. 行政复议法的修改与完善：以"实质性解决行政争议"为视角［J］. 法学研究，2019（5）：103.

② 应松年. 对《行政复议法》修改的意见［J］. 行政法学研究，2019（2）：5.

③ 章志远. 新时代行政审判因应诉源治理之道［J］. 法学研究，2021（3）：192-208.

定，即："行政复议机关责令被申请人重新作出行政行为的，被申请人不得以同一事实和理由作出与被申请行政复议的行政行为相同或者基本相同的行政行为，但是行政复议机关以违反法定程序为由决定撤销或者部分撤销的除外。"

根据《行政复议法》第 65 条规定，确认违法决定适用情形如下：第一，情况决定，即"依法应予撤销，但是撤销会给国家利益、社会公共利益造成重大损害"。第二，"程序轻微违法，但是对申请人权利不产生实际影响"。第三，不需要撤销或者责令履行而确认违法，包括"（一）行政行为违法，但是不具有可撤销内容；（二）被申请人改变原违法行政行为，申请人仍要求撤销或者确认该行政行为违法；（三）被申请人不履行或者拖延履行法定职责，责令履行没有意义"。

2023 年《行政复议法》第 66 条、第 68 条均是从 2017 年《行政复议法》第 28 条拆分出的内容，分别确定了履职决定、维持决定。

《行政复议法》第 67 条新增了确认无效决定，适用情形包括：行政行为实施主体不具有行政主体资格，行政行为的作出没有依据，其他"重大且明显违法"情形。

《行政复议法》第 69 条新增了驳回行政复议请求决定："行政复议机关受理申请人认为被申请人不履行法定职责的行政复议申请后，发现被申请人没有相应法定职责或者在受理前已经履行法定职责的，决定驳回申请人的行政复议请求。"

《行政复议法》第 71 条新增了行政协议决定："被申请人不依法订立、不依法履行、未按照约定履行或者违法变更、解除行政协议的，行政复议机关决定被申请人承担依法订立、继续履行、采取补救措施或者赔偿损失等责任。被申请人变更、解除行政协议合法，但是未依法给予补偿或者补偿不合理的，行政复议机关决定被申请人依法给予合理补偿。"

《行政复议法》第 72 条规定了行政赔偿请求的处理方式，具体为：申请人在申请行政复议时一并提出行政赔偿请求，若符合《国家赔偿法》的有关规定应当予以赔偿的，行政复议机关在决定撤销或者部分撤销、变更行政行为或者确认行政行为违法、无效时，应当同时作出行政赔偿决定；确认违法的，还可以责令采取补救措施；若依照《国家赔偿法》的有关规定应当不予赔偿的，行政复议机关在作出行政复议决定时，应当同时决定驳回行政赔偿请求。对于申请行政复议时申请人没有提起赔偿请求的处理，基本保留了 2017 年《行政复议法》第 29 条第 2 款的规定。

2017 年《行政复议法》将内部监督作为行政复议的制度定位，行政复议决定类型及适用条件以行政行为合法性审查为基础，客观属性过强，缺乏对申请人行政复议请求的直接回应。而且，行政复议决定种类不完善，决定的实体处分力度不足，不能满足行政复议工作的需要，难以发挥行政复议的制度优势。为了契合主渠道定位要求，《行政复议法》作出了上述修改，提高了行政复议决定体系的科学性及有效性，加大了复议处分实体行政法律关系的力度，解决了不同复议机关的复议决定适用情形不统一的问题，有利于实质性化解行政争议，进而加强了当事人选择行政复议作为解决行政争议方式的意愿，保障行政复议这一化解行政争议的主渠道作用得以顺利发挥。

案例分析

一、案例导入

韩某等人诉江苏省人民政府不履行法定职责案[①]

徐州市东方专修学院退休教职工韩某等人于2013年11月26日向徐州市信访局提出信访事项，要求徐州市东方专修学院向韩某等人支付拖欠的住房补贴，徐州市总工会于2014年1月13日作出关于办理关某同志信访事项处理情况答复意见书。之后，徐州市东方专修学院、徐州市总工会、徐州市人民政府又分别于2014年8月18日、10月12日、12月26日，依韩某等人的信访申请、信访复查和信访复核要求，作出关于韩某等同志信访事项处理情况答复意见书（简称《答复意见书》）、关于韩某信访事项的复查意见（简称《复查意见》）、关于韩某等人信访事项的复核意见书（简称《复核意见书》）。韩某等人不服，向江苏省政府提出行政复议申请，要求撤销徐州市政府办公室徐政办发〔2004〕92号《徐州市政府办公室关于转发市体改办、市房管局〈关于徐州市市区住房分配货币化实施办法的补充意见〉通知》（简称《2004年补充意见》）第2条，立即解决相关住房补贴问题。江苏省政府于2015年3月9日作出行政复议告知函，告知韩某等人对于反映的问题徐州市政府已经作出信访复核意见，其申请不属于行政复议范围。韩某等人不服向徐州市中级人民法院提起行政诉讼，请求撤销行政复议告知函，撤销《2004年补充意见》第2条，由徐州市东方专修学院支付拖欠的住房补贴。一审法院经审理后判决驳回原告韩某等人的诉讼请求。韩某等人不服一审判决，向江苏省高级人民法院提起上诉，江苏省高级人民法院经过二审审理后判决驳回上诉，维持原判。韩某等人向最高人民法院申请再审，最高人民法院经再审后裁定驳回韩某等人的再审申请。

二、法官释法

一审法院认为，本案的争议焦点为：被告江苏省政府作出的行政告知函是否合法。首先，根据《行政复议法》（2009）第17条第1款的规定，“行政复议机关收到行政复议申请后，应当在五日内进行审查，对不符合本法规定的行政复议申请，决定不予受理，并书面告知申请人”。被告江苏省政府于2015年3月6日收到原告的复议申请后，经审查，于2015年3月9日作出行政复议告知函，认为原告的复议申请不符合《行政复议法》（2009）的相关规定，并书面告知原告，符合上述条款的规定。其次，徐州市人民政府已于2014年12月26日作出《复核意见书》，原告要求解决拖欠离退休教职工住房补贴问题已经过三级信访终结。根据《信访条例》（2005）第35条第3款规定，信访人对复核意见不服，仍然以同一事实和理由提出投诉请求的，各级人民政府信访工作机构和其他行政机关不再受理。原告再以同样

---

① 最高人民法院行政裁定书，（2017）最高法行申236号。

的事由向被告提出复议请求，被告不予受理，并无不当。最后，原告的第二、第三项请求事项因不属于本案审查范围，本院不予受理。故，被告所作的行政复议告知函，认定事实清楚，适用法律法规正确，程序符合法律规定。故判决驳回了原告韩某等人的诉讼请求。

二审法院认为，行政复议机关受理行政复议申请应当以行政行为属于行政复议的受理范围为前提。信访人对行政机关作出的信访事项处理意见不服，应当根据《信访条例》(2005) 第 34 条、第 35 条的规定进行救济。《信访条例》第 35 条第 3 款规定，信访人对复核意见不服，仍然以同一事实和理由提出投诉请求的，各级人民政府信访工作机构和其他行政机关不再受理。本案中，上诉人韩某等人主张徐州市东方专修学院拖欠其住房补贴，向被上诉人省政府申请行政复议，请求省政府撤销《2004 年补充意见》第 2 条并解决其住房补贴问题。韩某等人就其主张的徐州市东方专修学院拖欠其住房补贴问题，先后向徐州市东方专修学院、徐州市总工会进行信访，徐州市东方专修学院和徐州市总工会已分别作出答复。韩某等人不服，向徐州市政府申请复核，徐州市政府已作出《复核意见书》。韩某等人在信访终结后，就同一事实和理由以行政复议申请的方式向江苏省政府提出投诉请求，依法不属于行政复议受理范围，江苏省政府在法定期限内作出行政复议告知函，不予受理韩某等人的行政复议申请，符合《行政复议法》(2009) 第 17 条第 1 款的规定。原审法院判决驳回韩某等人的诉讼请求正确。故判决驳回上诉，维持原判。

再审法院认为，根据《行政复议法》(2009) 第 2 条规定，行政复议范围仅限于能够对公民、法人或者其他组织产生实际影响的行政行为。本案再审申请人韩某等人对多个行为不服，向被申请人江苏省政府提出行政复议申请，其中，徐州市东方专修学院、徐州市总工会、徐州市政府等作出的信访答复、复查和复核意见，均属于根据《信访条例》(2005) 规定作出的处理，对韩某等人权利义务不产生实际影响，明显不属于行政复议受理范围。根据《执行行政诉讼法若干问题的解释》(2000) 第 1 条第 2 款第 5 项规定，公民、法人或者其他组织对驳回当事人对行政行为提起申诉的重复处理行为不服提起诉讼的，不属于人民法院行政诉讼的受案范围。据此，对明显不符合行政复议范围的复议申请，行政机关可以在口头释明后作存档处理，也可以书面告知复议申请人其申请不属于行政复议的范围；当事人因此而提起行政诉讼的，不属于人民法院行政诉讼的受案范围，人民法院可径行裁定不予立案。本案中，针对韩某等人提出的复议申请，江苏省政府以书面告知函的方式，告知韩某等人对于反映的问题相关单位已作出信访处理，其申请不属于行政复议受理范围，韩某等人不服提起行政诉讼后，一、二审法院经实体审理判决驳回韩某等人的诉讼请求。虽然江苏省政府一、二审胜诉，但对本不属于行政复议受理范围事项出庭应诉，已让其支付了额外的诉讼成本，并浪费了全体纳税人的税赋，且无益于原告的权利保障。因此，对于此类明显由信访事项引发、明显不属于行政复议受理范围的事项，复议机关不予行政复议，同样亦不应当纳入行政诉讼受案范围。鉴于本案原审已经立案并经实体审理后驳回韩某等人的诉讼请求，为避免诉累，本案已无必要通过审判监督程序提起再审后再行裁定驳回起诉。故裁定驳回再审申请人韩某等人的再审申请。

三、类案练习

某建设公司不服永州市人民政府会议纪要申请行政复议案①

（一）基本案情

2007年8月，申请人某建设公司（简称申请人）中标永州市一段道路工程项目，并与第三人签订施工合同。因征地受阻等问题，项目未能按期完工。2013年12月，申请人与第三人签订补充协议，约定调整工程价款和工期，工程边拆迁边施工。由于工期拖延6年，施工环境发生重大变化，如果继续按原约定的爆破技术方案施工将严重威胁周边居民的人身和财产安全。为避免发生安全问题，第三人组织制定并报请被申请人永州市人民政府（简称被申请人）批准新的爆破技术施工方案。申请人按新施工方案完成约70%的工程量。2016年2月，第三人通知申请人暂停施工。同年9月，被申请人召开会议并作出《永州市政府专题会议纪要》（永府阅〔2016〕52号），会议纪要第1条第3项决定对该项目已完工程进行结算，剩余工程重新招投标，原施工单位在同等条件下可优先考虑。申请人对此不服，向湖南省人民政府申请行政复议。申请人认为，被申请人的上述决定于法于理无据，请求行政复议机关予以撤销，并责令被申请人督促第三人与申请人继续履行施工合同。被申请人认为，会议纪要是行政机关的内部文件，未对申请人的权利义务产生实质性影响，不是具体行政行为，不属于行政复议范围；被申请人的上述决定有充分的事实和法律依据；申请人的行政复议申请已超过法定申请期限。第三人认为，本案属于生效民事合同履行过程中产生的争议，应当按照合同约定通过诉讼途径解决；会议纪要是第三人向被申请人汇报形成的合同履行意见，具有事实和法律依据。复议机关湖南省人民政府经审理认为被申请人以行政手段强制干预解除合同关系超出其法定职权范围，根据《行政复议法》（2009）第28条第1款第3项规定，撤销了涉案《永州市政府专题会议纪要》（永府阅〔2016〕52号）第1条第3项的内容。

（二）法律问题

1. 本案是否属于行政复议受案范围？为什么？
2. 行政复议受案范围的发展趋势是什么？
3. 会议纪要等内部行政行为外部化的条件是什么？

知识拓展

一、拓展阅读

1. 曹鎏. 中国特色行政复议制度的嬗变与演进［M］. 北京：法律出版社，2020.

---

① 推进中国法治进程十大行政复议案例之一：某建设公司诉永州市人民政府会议纪要案。【法宝引证码】CLI. C. 87591355。

2. 王万华. 行政复议制度属性与行政复议法完善［J］. 法学杂志，2023（4）.

3. 章志远. 以习近平法治思想引领行政复议法修改［J］. 法学评论，2022（6）.

4. 徐运凯. 行政复议法修改对实质性解决行政争议的回应［J］. 法学，2021（6）.

5. 周佑勇. 行政复议的主渠道作用及其制度选择［J］. 法学，2021（6）.

6. 曹鎏. 作为化解行政争议主渠道的行政复议：功能反思及路径优化［J］. 中国法学，2020（2）.

7. 王万华. 行政复议法的修改与完善：以“实质性解决行政争议”为视角［J］. 法学研究，2019（5）.

二、毕业论文选题指导

1. 行政复议与行政诉讼的差异性研究

2. 行政复议决定体系研究

3. 行政复议实质性化解纠纷对策措施研究

第十二章　行政诉讼的功能与基本原则

1989年颁布的《行政诉讼法》在中国法治建设进程中具有里程碑意义，不仅开启了新中国成立以来通过诉讼途径解决公法争议的先河，同时也推动了行政立法的发展。该法在2014年进行了系统性修正，此外，在2017年又进行了小幅度修正，仅在第25条新增第4款规定了行政公益诉讼。2014年修正后的《行政诉讼法》通常被称为“新《行政诉讼法》”。行政诉讼法预设的功能和基本原则是调控行政诉讼程序和指引行政诉讼活动的基本准则。行政诉讼法的发展历程也是不断调适和优化诉讼功能和诉讼原则的过程。行政诉讼的功能和基本原则体现了行政诉讼制度的基本法律属性，因而也是区分行政诉讼制度与民事诉讼、刑事诉讼制度的基本参照点。

基础知识

一、行政诉讼的内涵

行政诉讼是公民、法人或者其他组织认为行政机关的行政行为侵犯其合法权益，向人民法院提起诉讼，由人民法院行使行政审判权予以审理并作出裁判的司法活动。行政诉讼包括以下几个方面的内涵：

第一，行政诉讼是解决行政争议的司法活动。行政争议是行政机关在行政执法活动中与行政相对人之间产生的争议。行政诉讼、行政复议、信访制度是化解行政争议的三项基本制度[①]。与其他两种制度不同的是，行政诉讼是由国家审判机关依据法定的程序终局性地解决行政争议的制度。司法救济具有中立性、程序性和终局性的特点。通过科学设计的管辖制度、审级制度、庭审制度等，可以保障人民法院公正审理行政案件。此外，禁止重复起诉制度、既判力制度、行政诉讼判决执行制度等为人民法院终局性地解决行政争议提供了保障。

第二，行政诉讼是单向性诉讼。我国的行政诉讼是单向性的诉讼，原告仅限于

① 三项制度的功能界限，参见：王万华.“化解行政争议的主渠道”定位与行政复议制度完善［J］. 法商研究，2021（5）：19－32；宋明. 行政信访救济法治化改革的困境与出路［J］. 法商研究，2019（4）：52－62.

行政行为的相对人或利害关系人。这种诉讼构造是由实体法上国家与公民之间的权力结构关系所决定的。在行政法律关系中，行政机关与相对人之间的权利义务具有不对等性。相对人不履行行政决定时，行政机关可以通过强制执行或申请人民法院强制执行的方式来实现行政决定的内容。因此，在存在隶属关系的传统行政法秩序中，没有必要设置“官告民”的反向性诉讼。但是，值得注意的是，近年来随着新公共行政的兴起，行政机关实现行政任务的手段逐渐多样化，在行政协议、行政债权保障等领域，已产生对反向性诉讼的现实需求①。如何在现有的行政诉讼体制中导入反向性诉讼，是学理研究和将来立法的任务。

第三，行政诉讼主要体现为主观诉讼。根据诉讼目的之不同，行政诉讼可以划分为主观诉讼与客观诉讼两种基本类型。主观诉讼是旨在保护行政相对人权利和合法利益的诉讼，即只有权利和合法利益受到侵害的行政相对人才能提起的诉讼。原则上，这类诉讼属于传统的“被害者诉讼”和“利害关系人诉讼”。客观诉讼是指旨在保障行政行为的合法性和公共利益，从而维护客观的法律秩序的诉讼。一般认为，我国目前的行政诉讼整体上属于主观诉讼。在李某与郑州市二七区人民政府再审审查与审判监督案中，最高人民法院指出，由《行政诉讼法》第 2 条第 1 款、第 25 条第 1 款可知，除法律明确规定的公益诉讼外，行政诉讼原则上属于主观诉讼。原告提起行政诉讼，必须是认为他自己的合法权益受到行政行为侵犯。换句话说，只有自己的合法权益受到侵犯，才具备利害关系，也才具有行政诉讼的原告资格②。从立法思路来看，我国采用了两种不同的诉讼模式：对于侵害行政相对人合法权益的诉讼，采用利害关系人诉讼模式；对于侵害公共利益的诉讼，立法排除了公民和社会组织的起诉权，只能由检察院提起行政公益诉讼。

二、行政诉讼的功能

行政诉讼功能的命题是多层面的，包括实际的功能、法定的功能和应然的功能③。从行政法律关系的角度考察，可以将行政诉讼的功能概括为平衡功能、人权保障功能和提供社会公平正义的功能④。本讲分析的是，基于《行政诉讼法》的立法目的和行政诉讼的程序结构，行政诉讼制度具有的应然功能。2014 年修正后的《行政诉讼法》第 1 条规定：“为保证人民法院公正、及时审理行政案件，解决行政争议，保护公民、法人和其他组织的合法权益，监督行政机关依法行使职权，根据

---

① 解志勇，闫映全. 反向行政诉讼：全域性控权与实质性解决争议的新思路 [J]. 比较法研究，2018 (3)：155-169；马立群. 行政诉讼反诉制度的诉讼构造与创设路径 [J]. 交大法学，2020 (4)：107-119.

② 李某与郑州市二七区人民政府再审审查与审判监督案，最高人民法院 (2018) 最高法行申 2975 号行政裁定书。相同的观点另见最高人民法院行政裁定书：(2018) 最高法行申 1127 号，(2017) 最高法行申 169 号，(2016) 最高法行申 2560 号。

③ 何海波. 行政诉讼法 [M]. 3 版. 北京：法律出版社，2022：27.

④ 姜明安. 行政法与行政诉讼法 [M]. 7 版. 北京：北京大学出版社，2019：400-401.

宪法，制定本法。”[①] 相较于1989年的《行政诉讼法》，立法目的条款中主要有两处实质性改动的内容：其一，增加规定了“解决行政争议”；其二，删除了“维护和监督行政机关依法行使行政职权”中的“维护”。行政诉讼法立法目的的修改在一定程度上反映了行政诉讼功能的变迁。新《行政诉讼法》的立法目的主要有四个方面，即保证人民法院公正、及时审理行政案件，解决行政争议，保护公民、法人和其他组织的合法权益，监督行政机关依法行使职权。因“保证人民法院公正、及时审理行政案件”是该法针对法院的程序保障功能，属于行政诉讼法的立法目的，不属于行政诉讼的目的和功能范畴，所以立法预设的行政诉讼功能主要限于其他三项功能。

(一) 解决行政争议功能

基于维护客观法律秩序和公共利益之需要，在公法领域一般禁止采用私力救济的方式解决争议。行政诉讼首要和最直接的功能是通过诉讼途径解决因官民冲突产生的行政争议。2014年《行政诉讼法》修改时将“解决行政争议”列入行政诉讼法的立法宗旨，不仅是对行政诉讼制度实践中已有功能的立法肯定，同时也为将来行政诉讼功能的拓展提供了依据和指向。增加该规定的主要立法理由是：第一，行政争议是启动诉讼程序的动因，解决争议是人民法院的根本任务，增加“解决行政争议”目的的表述，可以准确体现行政诉讼的根本任务。第二，行政诉讼在很大程度上就是公民、法人和其他组织为保护自己的权益就所形成的争议而提起的诉讼。行政诉讼首先要解决行政争议。也正是通过解决行政争议，才能达到保护公民、法人和其他组织的合法权益以及监督行政机关依法行使职权的目的。第三，增加此规定后能够更好地保障公民、法人或者其他组织的合法权益，有利于实质性解决行政争议，有利于解决程序空转问题[②]。此外，增加该规定有利于化解行政诉讼中的民事争议，为构建诉讼类型制度留有充分空间，有利于监督经过行政复议的案件等[③]。

对于“解决行政争议”入法，在法律释义和理论中存在不同的观点。在相关法律释义中认为，从逻辑上讲，人民法院公正、及时审理了行政案件，保护了当事人的合法权益，监督行政机关依法行使职权，自然就解决了行政争议[④]。也有观点认为，人民法院公正、及时审理行政案件就是在解决行政争议，增加解决行政争议之表述有可能淡化行政诉讼监督行政和保护权利之立法目的[⑤]。这些不同的观点说明行政诉讼法预设的目标功能之间具有层次性。行政诉讼制度作为定分止争的法律途径，首要的目标是解决公民与行政机关的法律争议，恢复受损的官民关系。

---

① 1989年的《行政诉讼法》第1条规定：“为保证人民法院正确、及时审理行政案件，保护公民、法人和其他组织的合法权益，维护和监督行政机关依法行使行政职权，根据宪法制定本法。”

② 江必新，邵长茂，方颉琳．行政诉讼法修改资料汇纂［M］．北京：中国法制出版社，2015：1-2.

③ 梁凤云．新行政诉讼法讲义［M］．北京：人民法院出版社，2015：7.

④ 全国人大常委会法制工作委员会行政法室．《中华人民共和国行政诉讼法》解读与适用［M］．北京：法律出版社，2015：5.

⑤ 林莉红．行政诉讼法［M］．5版．武汉：武汉大学出版社，2020：24.

（二）保障合法权益功能

行政诉讼作为司法救济制度，通过人民法院对被诉行政行为的合法性进行审查监督，来保护行政相对人的合法权益，使他们受损害的权益得到救济和恢复，这是行政诉讼法的主要立法目的①。2014 年修改的《行政诉讼法》在第 1 条中增加“解决行政争议”，删除“维护”和“行政”，只留下监督行政机关依法行使职权的规定，这使行政诉讼围绕解决行政争议而展开一系列程序，目的是为行政相对人提供行政法律救济，维护公民、法人和其他组织的合法权益，监督行政机关依法行使职权，所以说行政诉讼既是行政救济，也是行政监督，但其根本目的则是保护公民、法人和其他组织的合法权益②。

《行政诉讼法》中的“合法权益”既包括权利，也包含法律所保护的利益。行政诉讼所保护的权利具有多元性，既包括了行政实体法上的权利，也包括了行政机关不当介入所侵害的私法上的权利。同时，实体法上的权利和法律保护的利益随着社会的发展和立法的变迁不断变化。因此，基于全面保护合法权益的要求，行政诉讼的原告资格和受案范围必须保持相对开放的体系。法院在个案解释中，可以合理采用目的解释和体系解释，使行政诉讼能够回应实践中不断发展的权利保护需求。保护公民的合法权益是行政诉讼的核心功能，监督行政机关依法行政与实质性解决行政争议必须服务于这一功能。如果行政诉讼仅是借助原告的起诉而监督行政行为的合法性的话，无疑会背离原告的起诉目的，偏离主观诉讼的基本原理。若原告付出财力和时间提起行政诉讼，其合法权益却无法获得有效救济时，将会逐渐丧失对行政诉讼制度的信赖，长此以往，无疑会导致行政诉讼制度被虚置。主观诉讼的实效性要求行政诉讼为公民提供全面、有效和经济的制度保障。

（三）监督行政机关依法行使职权功能

通过司法权监督行政权是现代法治国家的一种制度安排，行政诉讼为贯彻依法行政提供了有效保障。2014 年修改《行政诉讼法》时，删除了“维护”行政机关依法行使职权这一立法目的，只保留了监督行政机关依法行使职权。从行政诉讼功能的面向来看，主要有以下几点理由：其一，行政诉讼作为司法权对行政权的监督制度，不应具有“维护”行政机关行使职权的定位；其二，行政机关作出的行政行为本身具有公定力，不需要人民法院维护；其三，在实践中，“维护”行政机关依法行使职权的判决，会让普通民众产生“官官相护”的负面印象；等等③。与此相对应，新《行政诉讼法》第 69 条用驳回诉讼请求判决代替了旧《行政诉讼法》（1989）第 54 条第 1 项规定的维持判决。

从司法审查的内容来看，依据《行政诉讼法》第 6 条，人民法院审理行政案件，

① 信春鹰. 中华人民共和国行政诉讼法释义［M］. 北京：法律出版社，2014：5.

② 马怀德. 行政诉讼法的时代价值：行政诉讼三十年：回首与前行［J］. 中国法律评论，2019（2）：23.

③ 江必新，邵长茂，方颉琳. 行政诉讼法修改资料汇纂［M］. 北京：中国法制出版社，2015：2.

对行政行为是否合法进行审查。因此，行政诉讼中人民法院对行政行为的合法性进行审查是所有行政案件的“公分母”。除了合法性审查原则外，《行政诉讼法》规定了监督行政机关依法行使职权的具体程序制度，如举证责任制度、行政公益诉讼制度、规范性文件附带审查制度、判决制度等。例如，经审查认为行政行为违法，法院可以通过撤销判决消除行政行为所创设的法律效果，从而纠正错误的执法行为，使当事人的权利义务形成性地恢复到原有的法律状态。如果行政机关不履行法定职责违法，原告的请求权成立时，法院作出履行判决责令被告履行法定职责，从而监督行政机关依法履职。但是需要注意的是，我国宪法秩序中监督行政权的主体是多元的，除了司法监督外，还有人大监督、检察监督、监察监督等。行政诉讼受不告不理原则的约束，其监督功能是被动和有限的。

三、行政诉讼基本原则

行政诉讼基本原则是指在整个行政诉讼法律体系中集中体现行政诉讼性质、功能和价值的法律准则。行政诉讼基本原则贯穿于整个行政诉讼过程之中，是制定、适用和解释行政诉讼法的基本依据。《行政诉讼法》第一章总则部分规定了行政诉讼的基本原则，除了三大诉讼法共有的一些原则外，行政诉讼法上比较有代表性的原则有行政诉权保障原则、合法性审查原则、当事人法律地位平等原则、人民检察院实施法律监督原则。

（一）行政诉权保障原则

行政诉权是行政相对人和利害关系人认为行政行为侵害其合法权益时请求司法救济的权利。行政诉权具有程序权利和实体权利的双重面向。从程序权利面向而言，行政诉权是原告的司法救济请求权，具体表现为行政起诉权；从实体权利面向而言，行政诉权的内容和目的在于主观公权利、行政诉权与保护规范理论，基于实体法的思考通过法院裁判维护和实现原告实体法上的主观权利[①]。因此，行政诉权的本质在学理上存在实体法的诉权说与诉讼法的诉权说两类观点[②]。《行政诉讼法》第 2 条第 1 款规定：“公民、法人或者其他组织认为行政机关和行政机关工作人员的行政行为侵犯其合法权益，有权依照本法向人民法院提起诉讼。”该条是行政诉权的概括性规定，与之关联的具体判断标准是《行政诉讼法》第 25 条原告资格条款。

《行政诉讼法》第 3 条第 1 款规定：“人民法院应当保障公民、法人和其他组织的起诉权利，对应当受理的行政案件依法受理。”第 2 款规定：“行政机关及其工作人员不得干预、阻碍人民法院受理行政案件。”该条是 2014 年修改《行政诉讼法》时新增加的内容，明确人民法院和行政机关应当保障当事人的起诉权利，旨在解决

---

① 赵宏. 主观公权利、行政诉权与保护规范理论：基于实体法的思考［J］. 行政法学研究，2020（2）：19.

② 梁君瑜. 行政诉权本质之辨：学术史梳理、观念重构与逻辑证成［J］. 政治与法律，2017（11）：77.

行政诉讼“立案难”问题[①]。该条是行政诉权保障原则的直接依据，其义务主体既包括人民法院，也包括行政机关。行政诉权保障原则的要求包括以下两个方面：一是法院依法受理行政案件。对此，2014 年《行政诉讼法》第 51 条规定了立案登记制度，明确规定了登记立案的条件、立案释明以及对不予立案裁定的救济途径。《行政诉讼法司法解释》(2018) 第 53 条进一步作了补充解释：“当场不能判断是否符合起诉条件的，应当在接收起诉状后七日内决定是否立案；七日内仍不能作出判断的，应当先予立案。”改立案审查制为立案登记制，被视为司法系统内部最坚决、最彻底的改革，能够更加彻底地保障诉权，能够从制度上解决“立案难”问题[②]。二是禁止行政机关干预法院受理案件。行政机关干预法院受理案件会直接影响和侵蚀行政审判权的独立性和权威性。《行政诉讼法》第 3 条第 2 款目前仅是一个宣示性规定，有待制定更明确的配套规范，从而使其能够发挥预设的作用。

(二) 合法性审查原则

《行政诉讼法》第 6 条规定：“人民法院审理行政案件，对行政行为是否合法进行审查。”该条是行政诉讼合法性审查原则的法律依据。合法性审查原则是依法行政原则在司法审查制度中的延伸，属于行政诉讼法的核心原则。行政诉讼中的审查对象、举证责任、判决形式等具体的制度基本都是围绕合法性审查原则设计的。合法性审查原则体现了司法权对行政权的监督，同时也明确了司法权与行政权之间的法律界限。合法性审查原则的基本内涵和要求主要包括以下三个层面：

一是人民法院审理行政案件，审理和裁判的焦点是被诉行政行为的合法性。根据最高人民法院判例观点，行政诉讼中的全面审查一般是指人民法院在行政案件审理中，应当对被诉行政行为的事实根据、法律依据、行政程序、职责权限等各方面进行合法性审查，不受诉讼请求和理由的拘束[③]。行政行为合法性的标准，需要根据被诉行政行为所依据的相关法律规范进行具体判断。根据《行政诉讼法》第 63 条规定，人民法院审理行政案件，以法律和行政法规、地方性法规为依据，此外，可以参照规章。概括而言，行政行为合法性标准包括实体合法与程序合法两个方面。实体合法包括行政行为具有法律依据、被告具有行政主体资格和相应的管辖权、行政行为的内容合法，程序合法包括作出行政行为应符合法定的程序和法定的形式。在学理上一般认为，判断行政行为合法性的基本标准主要有行政行为主体合法、行政行为权限合法、行政行为程序合法、行政行为内容合法、行政行为形式合法五个

---

① 信春鹰. 关于《中华人民共和国行政诉讼法修正案（草案）》的说明：2013 年 12 月 23 日在第十二届全国人民代表大会常务委员会第六次会议上 [J]. 中华人民共和国全国人民代表大会常务委员会公报，2014 (6)：688-692.

② 耿宝建. 立案登记制改革的应对和完善：兼谈诉权、诉之利益与诉讼要件审查 [J]. 人民司法（应用），2016 (25)：49.

③ 夏某与山东省威海市人民政府行政复议再审案，最高人民法院（2018）最高法行再 128 号行政裁定书。

方面，行政审判也主要从以上五个方面对行政行为是否合法进行审查[①]。结合《行政诉讼法》第 69 条、第 70 条，在具体的行政审判中，人民法院审理行政行为是否合法主要从以下几个方面予以判断：

其一，行政行为主体合法。主体合法是指作出行政行为的行政机关或组织必须具有法定的行政主体资格，能够以自己的名义独立承担法律责任。主体合法是行政行为合法有效的主体要件。在行政审判中，主体合法也是判断被告适格的法定要件，因此也是合法性审查的首要判断要件。

其二，行政行为权限合法。被告是否享有行政职权以及是否超越职权，是合法性审查最核心的标准。违反法定的权限，包括不享有职权和超越职权两种情形。超越职权是指行政机关或法律、法规授权的组织所作出的被诉行政行为超越了法律、法规和规章的规定或授权的范围。超越职权的情形包括超越事务管辖权、超越层级管辖权、超越地域管辖权三种情形。

其三，行政行为程序合法。行政程序是行政主体作出行政行为时应遵守的方式、步骤、顺序、时限。方式是指行政机关选择作出行政活动的具体措施，步骤是指行政主体作出行政行为的不同阶段，顺序是指作出行政行为的各步骤的先后次序，时限是指作出行政行为的法定期限。根据 2017 年《行政诉讼法》所规定的判决类型，可以推导出三类不同程度的程序违法类型。(1) 重大且明显的程序违法，可以适用确认无效判决。《行政诉讼法》第 75 条规定："行政行为有实施主体不具有行政主体资格或者没有依据等重大且明显违法情形，原告申请确认行政行为无效的，人民法院判决确认无效。"《行政处罚法》第 38 条第 2 款规定："违反法定程序构成重大且明显违法的，行政处罚无效。"(2) 一般程序违法，适用撤销判决。(3) 程序轻微违法，可以采用确认违法判决。依据《行政诉讼法》第 74 条规定，行政行为程序轻微违法，但对原告权利不产生实际影响的，人民法院判决确认违法，但不撤销行政行为。

其四，行政行为内容合法。行政行为内容合法指被诉行政行为具有事实根据，适用法律法规正确，创设或规制的权利义务关系合法，行政行为的内容符合立法目的、精神和原则。"主要证据不足"是指被告向人民法院提交的证据不能证实被诉行政行为所认定的基本事实成立或者主要证据欠缺法定的证据特性。行政主体在作出行政行为时，必须查清符合法律规范要件的基本事实才能作出行政决定。在行政诉讼中，被告对作出行政行为的案件事实负举证责任。被告提交的证据无法证明行政行为所依据的基本事实时，行政行为即违反了合法性原则，应被判决撤销或确认违法。适用法律法规正确是指被告在作出行政决定时准确、规范、全面地援用了法律规范。最高院在指导案例 41 号裁判要点中指出："行政机关作出具体行政行为时未引用具体法律条款，且在诉讼中不能证明该具体行政行为符合法律的具体规定，应当视为该具体行政行为没有法律依据，适用法律错误。"[②] 行政行为的具体内容包括

---

① 周某等与陕西省勉县人民政府确认征地拆迁违法纠纷案，陕西省高级人民法院（2018）陕行终 456 号行政判决书。

② 宣某等诉衢州市国土局收回国有土地使用权案，最高人民法院指导案例 41 号（2014 年）。

设定权利和义务、变更权利和义务、消灭权利和义务以及确认权利和义务。行政行为内容合法是指被诉行政行为所规制的权利义务，应当符合法律的规定和国家利益、社会公共利益。

其五，行政行为形式合法。行政行为形式合法是指行政行为的形式必须符合法律规定的形式。行政行为的形式包括明示形式和默示形式。明示形式是指行政主体通过文字或语言等方式直接向行政相对人表达法律意志的形式，包括书面形式与口头形式。书面形式是指合同书、信件以及数据电文（包括电报、电传、传真、电子数据交换和电子邮件）等可以有形地表现所载内容的形式。口头形式是行政主体通过语言向行政相对人表达法律意志的形式，如口头宣布行政决定、电话宣布行政决定等。默示形式是指行政主体间接地表示其法律意志的形式。例如，《集会游行示威法》第 9 条第 1 款规定："主管机关接到集会、游行、示威申请书后，应当在申请举行日期的二日前，将许可或者不许可的决定书面通知其负责人。不许可的，应当说明理由。逾期不通知的，视为许可。"在该条中，"逾期不通知的，视为许可"即是一种默示形式。行政机关作出行政行为，必须符合法定的法律形式，否则构成行为违法。

二是人民法院审理行政案件，原则上只审理被诉行政行为的合法性，例外的情形下审理被诉行政行为的合理性。行政行为依据受法律拘束的程度不同，可以划分为羁束行政行为与裁量行政行为。合理性审查是指法院在审理行政案件时对裁量行政行为是否符合立法目的、法律精神、法律原则进行的审查。《行政诉讼法》第 70 条中的"滥用职权""明显不当"行为，以及第 77 条"行政处罚明显不当"属于合理性审查的范畴[①]。在行政审判实践中，比例原则是合理性审查最重要的标准。滥用职权是指行政主体在法定职权范围内作出不符合立法目的、精神、原则的行政行为[②]。"明显不当"而"合理"的情形通常含正当的目的、善良的动机、正确的认定、一致的解释、合理的决定、得体的方式等[③]。

三是人民法院审理行政案件，仅对执行性行政行为的合法性进行审查，不能审查行政立法的合法性。依据《行政诉讼法》第 53 条第 1 款，公民、法人或者其他组织认为行政行为所依据的国务院部门和地方人民政府及其部门制定的规范性文件不合法，在对行政行为提起诉讼时，可以一并请求对该规范性文件进行审查。第 2 款明确规定，附带性审查的规范性文件不含规章。需要注意的是，即便原告可以请求对规章以下的规范性文件进行审查，但法院不能在判决主文中对其合法性进行裁判。依据《行政诉讼法司法解释》(2018) 第 149 条规定：经审查认为规范性文件不合法的，不作为人民法院认定行政行为合法的依据，并在裁判理由中予以阐明。作出生效裁判的人民法院应当向规范性文件的制定机关提出处理建议，并可以抄送制定机关的同级人民政府、上一级行政机关、监察机关以及规范性文件的备案机关。此外，

---

① 也有观点认为"滥用职权""明显不当"属于实质合法性审查范畴。参见：程琥. 行政诉讼合法性审查原则新探 [J]. 法律适用，2019 (19)：75.

② 周佑勇. 司法审查中的滥用职权标准：以最高人民法院公报案例为观察对象 [J]. 法学研究，2020 (1)：52.

③ 何海波. 论行政行为"明显不当" [J]. 法学研究，2016 (3)：70.

规范性文件不合法的，人民法院可以在裁判生效之日起三个月内，向规范性文件制定机关提出修改或者废止该规范性文件的司法建议。

四是合法性审查一般以行政行为作出时的事实和法律状态为裁判基准时。法院在审理撤销诉讼和确认诉讼时，对行政行为的合法性进行审查应以哪一时间点为基准，学理上存在分歧，有行政行为作出时说和判决时说等不同的观点。根据最高人民法院判例观点，行政诉讼的裁判基准时，应当以行政行为作出时的事实和法律状态为判断的基准①。采用行政行为作出时说的理由是："一般而言，行政行为是行政机关根据作出时的事实、证据和法律作出的，对行政行为合法性的评价，一般也只能以该作出时的事实、证据和法律为标准，而不能以后续变化的事实、证据或法律规范作为评价原行政行为合法性的依据。否则，将不利于法律秩序的稳定，有损行政行为的公定力和法的安定性。"② 因此，不能以行政行为作出到行政法院言词辩论终结之间出现的事实和法律状态为由而认定原行政行为违法。

（三）当事人法律地位平等原则

《行政诉讼法》第 8 条规定："当事人在行政诉讼中的法律地位平等。"其是指人民法院平等地保障双方当事人行使诉讼权利，原告和被告在适用法律上一律平等，并平等地受人民法院裁判的拘束。当事人法律地位平等原则旨在确保诉讼当事人具有平等的诉讼武器，消除行政实体法律关系中行政主体与相对人之间的权力落差对司法公正产生的影响。

与民事诉讼中的"当事人诉讼权利平等原则"不同，行政诉讼强调当事人的法律地位平等③。这是因为，在行政诉讼中，当事人的诉讼权利并不具有完全的对应性和对等性。行政行为的相对人以及其他与行政行为有利害关系的公民、法人或者其他组织享有起诉权，具有原告资格，而行政主体不享有起诉权和反诉权等。例如，《行政协议司法解释》（2019）第 6 条规定："人民法院受理行政协议案件后，被告就该协议的订立、履行、变更、终止等提起反诉的，人民法院不予准许。"司法解释的该条规定明确排除了被告的反诉权。

（四）人民检察院实施法律监督原则

《行政诉讼法》第 11 条规定："人民检察院有权对行政诉讼实行法律监督。"《宪法》第 134 条规定："中华人民共和国人民检察院是国家的法律监督机关。"依据《人民检察院组织法》第 2 条第 1 款、第 20 条，对诉讼活动实行法律监督以及对判决、裁定等生效法律文书的执行工作实行法律监督，属于人民检察院的法定职权。人民检察院作为法律监督机关，有权对行政诉讼实行法律监督。人民检察院对行政

① 最高人民法院行政裁定书，（2019）最高法行申 10680 号。

② 艾某诉北京市平谷区人民政府不履行土地权属行政处理法定职责及北京市人民政府行政复议案，最高人民法院（2018）最高法行申 809 号行政裁定书。

③ 《民事诉讼法》第 8 条："民事诉讼当事人有平等的诉讼权利。人民法院审理民事案件，应当保障和便利当事人行使诉讼权利，对当事人在适用法律上一律平等。"

诉讼进行法律监督，贯穿于立案、审理、裁判、执行等诉讼活动的整个阶段。依据《行政诉讼法》第 93 条和第 101 条规定，人民检察院实施法律监督的类型主要有对起诉和立案的监督，对行政审判活动的监督，对生效判决、裁定和调解书的监督，对生效法律文书的执行监督，对审判人员在审判程序中的违法行为的监督。2021 年，最高人民检察院公布了《人民检察院行政诉讼监督规则》（高检发释字〔2021〕3 号），为人民检察院依法履行行政诉讼监督职责确立了具体的适用规则。人民检察院实施法律监督的方式主要有以下三类：

第一，提出抗诉。依据《行政诉讼法》第 93 条第 1 款、第 2 款：最高人民检察院对各级人民法院已经发生法律效力的判决、裁定，上级人民检察院对下级人民法院已经发生法律效力的判决、裁定，发现有该法第 91 条规定情形之一，或者发现调解书损害国家利益、社会公共利益的，应当提出抗诉。地方各级人民检察院对同级人民法院已经发生法律效力的判决、裁定，发现有该法第 91 条规定情形之一，或者发现调解书损害国家利益、社会公共利益的，可以向同级人民法院提出检察建议，并报上级人民检察院备案；也可以提请上级人民检察院向同级人民法院提出抗诉。

第二，提出检察建议。根据《行政诉讼法》第 93 条，检察建议有两种类型：一是再审检察建议，地方各级人民检察院对同级人民法院已经发生法律效力的判决、裁定，发现有该法第 91 条规定情形之一，或者发现调解书损害国家利益、社会公共利益的，可以向同级人民法院提出检察建议，并报上级人民检察院备案。二是对审判人员违法行为的检察建议。根据《行政诉讼法》第 93 条第 3 款，各级人民检察院对审判监督程序以外的其他审判程序中审判人员的违法行为，有权向同级人民法院提出检察建议。

第三，准用民事诉讼法的监督方式。根据《行政诉讼法》第 101 条，人民检察院对行政案件受理、审理、裁判、执行的监督，《行政诉讼法》没有规定的，适用《民事诉讼法》（2017）的相关规定。

重点难点

一、实质性化解行政争议

作为定分止争的法律途径，行政诉讼解决行政争议的理想要求是“案结事了”，实质性化解行政争议。这一目标的实现受制于行政诉讼制度内在和外在的制约。内在的因素包括行政诉讼制度的受案范围、审查对象、审查标准、判决效力等；外在的因素主要是行政诉讼运作中现实的制约因素，包括当事人意愿的限制、法院自身能力的限制等①。外在的因素与法律文化、政策导向、司法的权威等相关，内在的因素涉及行政诉讼制度自身设计的科学性与法律适用和解释的合理性。

早在 2007 年，最高人民法院就已公布了强调实质性“化解行政争议”功能的相

① 何海波. 行政诉讼法［M］. 3 版. 北京：法律出版社，2022：35 - 46.

关文件[①]。2021年《最高人民法院关于进一步推进行政争议多元化解工作的意见》（法发〔2021〕36号）中提出了从源头上预防、化解行政争议，促进行政争议诉源治理的一些具体举措。在源头预防方面，通过助推依法行政制度体系建设、鼓励和支持行政机关建立重大决策风险评估机制、建立矛盾纠纷分析研判机制、完善人民法院内部风险防范机制等，从制度源头上预防和减少行政争议发生。在诉前化解行政争议方面，有法定非诉讼解决途径的，受诉法院可以引导起诉人选择适当的非诉讼方式解决；对于行政赔偿、补偿以及行政机关行使法律、法规规定有裁量权的案件，在登记立案前，可以引导起诉人向依法设立的调解组织，申请诉前调解。实质性化解行政争议的目标是以有效实现权利保护和权力监督为前提的。为有效实现行政诉讼预设功能，实质性化解行政争议，人民法院应根据行政诉讼的基本原则，对采用其他非诉讼机制解决争议的案件和诉前调解进行指导、协调和监督。

二、合法性审查与请求权审查的关系

行政诉讼的合法性审查与请求权判断。《行政诉讼法》第6条规定："人民法院审理行政案件，对行政行为是否合法进行审查。"对行政行为的合法性进行审查是行政诉讼的基本审查原则。在实践中，行政诉讼的合法性审查标准与原告的权利救济功能存在一定的张力，从而存在诉判不一致的现象。尤其在新《行政诉讼法》规定了行政协议诉讼，并增设了给付判决以后，传统的合法性审查标准很难有效解决相应的行政争议。法院审理行政给付案件，需要寻找和确定请求权基础。法院审理的核心是原告的给付请求权是否成立，即原告请求给付的理由是否成立[②]。这一点与民事诉讼的给付之诉相似。不同的是，给付请求权的原因和基础主要来源于公法。最高人民法院在司某诉黑龙江省鸡西市滴道区人民政府履行给付义务再审案中明确指出："给付请求权可以来自法律、法规或规章的规定，也可源自行政决定、行政协议及行政机关的承诺。"[③] 事实上，传统的履行判决的审查对象亦包括了行政机关不作为是否违法和原告的履行请求权是否成立两个方面。最高人民法院的裁判观点亦认为："当事人请求行政机关作出特定的行政行为，其基本前提是行政机关根据相关法律规定或约定具有作出特定行政行为的职责或义务、当事人对所申请的事项具有实体法上的请求权基础。"[④]

从新《行政诉讼法》的规定和行政审判现实可以发现，我国行政诉讼审查标准已由传统"合法性审查标准"的单一审查形式转向"合法性审查标准"和"请求权基础审查标准"并存的二元审查模式。这两类审查标准有时是同时适用的，如在履

---

① 《最高人民法院关于为构建社会主义和谐社会提供司法保障的若干意见》（法发〔2007〕2号），《最高人民法院关于加强和改进行政审判工作的意见》（法发〔2007〕19号）。

② 衡南佳顺化工有限责任公司诉湖南省衡南县人民政府、湖南省衡南县松江工业区重金属污染治理工作领导小组行政补偿案，最高人民法院（2020）最高法行申1145号行政裁定书。

③ 最高人民法院行政裁定书：（2018）最高法行申7900号，（2017）最高法行申3461号。

④ 最高人民法院行政裁定书：（2020）最高法行申11604号，（2020）最高法行申12488号，（2019）最高法行申12892号。

行法定职责诉讼的情形中，有时也可以单独适用，如在撤销诉讼和检察公益诉讼领域。此外，在有些诉讼情形中也表现出强弱适用关系，如在给付诉讼中侧重请求权基础的审查，而合法性审查较弱。因此，法院在审理中必须结合诉讼请求和诉讼对象，明确适用的审查标准，这样才能确立诉辩焦点，有效回应原告的诉讼请求。

三、行政规范性文件的合法性审查

《行政诉讼法》第 53 条第 1 款规定："公民、法人或者其他组织认为行政行为所依据的国务院部门和地方人民政府及其部门制定的规范性文件不合法，在对行政行为提起诉讼时，可以一并请求对该规范性文件进行审查。"第 2 款规定："前款规定的规范性文件不含规章。"该规定确立了行政规范性文件一并审查制度，其具有主观诉讼和客观诉讼的双重属性。因与传统的审理方式不同，该制度的具体适用存在较多障碍和困难。

在受案范围界定上，规范性文件的界定缺乏清晰的标准。一方面，实践中，规章并非都按《规章制定程序条例》规定的程序制定，而且有一些规章虽然形式上看起来属于规章，但性质上却近似于规范性文件。另一方面，党政联合发布的规范性文件以及政府的红头文件是否属于一并审查的范围，实践中有时很难确定[①]。

在司法审查标准上，根据《行政诉讼法司法解释》(2018) 第 148 条，人民法院对规范性文件进行一并审查时，可以从规范性文件制定机关是否超越权限或者违反法定程序、作出行政行为所依据的条款以及相关条款等方面进行。有下列情形之一的，属于《行政诉讼法》第 64 条规定的"规范性文件不合法"：(1) 超越制定机关的法定职权或者超越法律、法规、规章的授权范围的；(2) 与法律、法规、规章等上位法的规定相抵触的；(3) 没有法律、法规、规章依据，违法增加公民、法人和其他组织义务或者减损公民、法人和其他组织合法权益的；(4) 未履行法定批准程序、公开发布程序，严重违反制定程序的；(5) 其他违反法律、法规以及规章规定的情形。该司法解释为审查规范性文件的合法性提供了一个判断框架。现有司法解释确立的"规范性文件不合法"的标准，完全以法律、法规、规章的规定为依据，体现的是"有法必依、唯法是从"的形式法治逻辑[②]。如何确定行政规范性文件的实质审查标准，如合目的性审查和正当性审查等，是学理和司法实践需要共同关注和探讨的问题。

在裁判方式上，根据《行政诉讼法》第 64 条的规定，人民法院经审查认为行政规范性文件不合法的，不作为认定行政行为合法的依据，并向制定机关提出处理建议。这说明，行政规范性文件的合法性不属于判决标的，不能在判决主文中宣示具体的裁判结果。根据《行政诉讼法司法解释》(2018) 第 149 条规定，经审查认为规范性文件不合法的，不作为人民法院认定行政行为合法的依据，并在裁判理由中予以阐明。该项解释要求应在判决理由中对规范性文件的违法性作出判断，但对于其

① 河南省平顶山市中级人民法院课题组，杜伟杰. 行政规范性文件一并审查制度研究 [J]. 山东法官培训学院学报，2022 (2)：152.

② 何海波. 论法院对规范性文件的附带审查 [J]. 中国法学，2021 (3)：158.

产生的判决效力，在理论和实践上仍然存在争议。

四、行政公益诉讼程序的具体化

2017年修正的《行政诉讼法》第25条第4款规定："人民检察院在履行职责中发现生态环境和资源保护、食品药品安全、国有财产保护、国有土地使用权出让等领域负有监督管理职责的行政机关违法行使职权或者不作为，致使国家利益或者社会公共利益受到侵害的，应当向行政机关提出检察建议，督促其依法履行职责。行政机关不依法履行职责的，人民检察院依法向人民法院提起诉讼。"该款增加了与传统主观诉讼迥异的行政公益诉讼。行政公益诉讼的目的是在特定的行政管理领域，基于维护国家利益和公共利益的需要，由检察院监督行政机关纠正违法行为或不作为。从性质上讲，行政公益诉讼是一种监督诉讼，不是追责诉讼和追偿诉讼。从对象来看，行政公益诉讼的对象是行政机关行为的客观违法性，而不是当事人之间的主观权利争议。《行政诉讼法》仅规定了行政公益诉讼的原告资格，并未规定其他配套的具体制度。这意味着，行政公益诉讼制度的建构与完善应当在遵循《行政诉讼法》基本原则和制度框架的前提下，从受案范围、诉讼主体、审理程序、裁判方式、证据规则等环节进行局部的突破。如果没有一系列具体制度环节上的突破，检察公益诉讼制度的未来发展将寸步难行①。

其一，诉讼请求。《行政诉讼法》第25条第4款没有对诉讼请求作出规定。2021年最高人民检察院发布的《人民检察院公益诉讼办案规则》第83条规定："人民检察院可以根据行政机关的不同违法情形，向人民法院提出确认行政行为违法或者无效、撤销或者部分撤销违法行政行为、依法履行法定职责、变更行政行为等诉讼请求。"一方面，行政公益诉讼中"具体的诉讼请求"应以能够直接实现监督行政机关"违法行使职权或者不作为"作为判断标准。检察机关在行政公益诉讼的诉前程序和诉讼程序中，其行使职权的目的只能是监督相关行政机关依法行政，不能通过诉讼请求追求直接保护特定的公共利益。另一方面，检察公益诉讼的诉讼请求以确保法律的有效执行为目标，不能还原为具体的受害人的个人权利诉求。否则，应由权利受侵害的相对人提起主观诉讼。

其二，案件范围。《行政诉讼法》第25条第4款将检察机关提起行政公益诉讼的范围限于"生态环境和资源保护、食品药品安全、国有财产保护、国有土地使用权出让等"领域。除了列举的四类案件领域外，立法中采用未完全列举的方式为行政公益诉讼范围的拓展预留了空间。例如，2021年实施的《个人信息保护法》第70条规定："个人信息处理者违反本法规定处理个人信息，侵害众多个人的权益的，人民检察院、法律规定的消费者组织和由国家网信部门确定的组织可以依法向人民法院提起诉讼。"根据该规定，对于侵害公民个人信息、损害社会公共利益的情形，检察机关可以通过行政公益诉讼监督行政机关依法履职②。

---

① 高家伟. 检察行政公益诉讼的理论基础［J］. 国家检察官学院学报，2017（2）：26.

② 检察行政公益诉讼实践案例，参见：《检察机关个人信息保护公益诉讼典型案例》，最高人民检察院2021年4月22日公布。

其三，证明责任。《检察公益诉讼案件司法解释》(2020) 第 22 条规定了人民检察院提起行政公益诉讼时应提供相应的证明材料，包括“被告违法行使职权或者不作为，致使国家利益或者社会公共利益受到侵害的证明材料”“已经履行诉前程序，行政机关仍不依法履行职责或者纠正违法行为的证明材料”。该司法解释仅规定了检察机关在起诉阶段提供相应证据的责任，主要证明起诉符合《行政诉讼法》第 25 条第 4 款规定的条件。在诉讼的过程中，对于被诉行政行为的合法性以及依法履行职责的事实，仍应适用《行政诉讼法》第 34 条的规定，由被告承担举证责任。此外，根据《行政诉讼法》第 37 条：原告可以提供证明行政行为违法的证据。原告提供的证据不成立的，不免除被告的举证责任。但是，对于国家利益或者社会公共利益受到侵害的事实，最终由哪一方当事人承担举证责任，《行政诉讼法》和相关司法解释中缺乏明确的依据。学理上有观点主张，除涉及行政机关“不作为”或者“不依法履行职责”之外，行政公益诉讼的证明责任可以采用“谁主张、谁举证”原则来分配①。目前，行政公益诉讼的证明责任的分配规则依然处于学理讨论阶段，有待通过司法解释和指导性案例进一步明确。

其四，裁判方式。《行政诉讼法》第七章规定了行政诉讼判决的基本类型，但是这些判决类型在行政公益诉讼中并非都可以适用。《检察公益诉讼案件司法解释》(2020) 中对行政公益诉讼的裁判方式进行了具体解释。根据该司法解释第 24 条、第 25 条的规定，行政公益诉讼中可以适用《行政诉讼法》中规定的撤销判决（包括撤销并责令重作判决，第 70 条）、确认违法判决（第 74 条）、确认无效判决（第 75 条）、履行判决（第 72 条）、变更判决（第 77 条）。此外，该司法解释规定：被诉行政行为证据确凿，适用法律、法规正确，符合法定程序，未超越职权，未滥用职权，无明显不当，或者人民检察院诉请被诉行政机关履行法定职责理由不成立的，判决驳回诉讼请求。该司法解释中并未规定行政公益诉讼可以适用《行政诉讼法》第 73 条的给付判决。这是因为，给付判决是专门针对行政给付行为设置的相应判决，其以公民、法人或其他组织具有公法上的给付请求权为前提②。给付判决以财产给付为核心，与行政公益诉讼的性质并不相容。

案例分析

一、案例导入

陶某珍等诉广西壮族自治区陆川县人民政府土地登记案③

陶某坚、陶某芬、陶某梅、陶某容（简称陶某坚等 4 人）与陶某珍是同胞姐妹

① 章剑生. 论行政公益诉讼的证明责任及其分配［J］. 浙江社会科学，2020 (1)：52.

② 全国人大常委会法制工作委员会行政法室.《中华人民共和国行政诉讼法》解读与适用［M］. 北京：法律出版社，2015：162.

③ 最高人民法院行政裁定书，(2020) 最高法行再 28 号。

关系，1982 年实行家庭联产承包责任制时，父亲陶某芳、母亲陈某芳、陶某生（原家庭成员，1996 年 10 月病故）、陶某珍、陶某坚、陶某芬各分得 0.56 亩，陶某梅、陶某容各分得 0.32 亩。1998 年 12 月实行第二轮承包责任制时，陈某芳户的承包地没有调整，陶某珍以户主名义于 1998 年 12 月 30 日与长塘队签订了《陆川县农村集体土地承包合同书》，同日陆川县人民政府向陶某珍颁发《陆川县农村集体土地承包经营权证》（简称陶某珍承包证）。2015 年间，5 人因家庭承包土地的承包经营权分配问题而发生纠纷，经陆川县平乐镇人民调解委员会调解未果，陶某坚等 4 人认为陆川县人民政府颁发的陶某珍承包证登记有其 4 人享有承包权的土地，侵犯了其 4 人的合法权益，于 2017 年 1 月 3 日向广西壮族自治区玉林市中级人民法院提起行政诉讼，请求撤销陶某珍承包证，并提供承包户主为陈某芳的《陆川县农村集体土地承包经营权证》（陈某芳承包证），该承包证载明承包户主为陈某芳，登记的承包土地面积为 4 亩，登记时间为 1998 年 12 月 30 日。一审法院经审理后判决驳回了原告陶某坚等 4 人的诉讼请求。陶某坚等 4 人不服一审判决，向广西壮族自治区高级人民法院提起上诉，广西壮族自治区高级人民法院经审理后，认为一审判决认定事实错误，陶某珍承包证因一地两证、重复登记属程序违法，判决撤销一审判决和陆川县人民政府颁发的陶某珍承包证。陶某珍向最高人民法院申请再审，最高人民法院经再审后，认为陶某珍申请再审的理由成立，判决撤销二审判决，维持一审判决主文内容，即：驳回陶某坚等 4 人的诉讼请求。

二、法官释法

一审法院认为：原告诉称陶某珍承包证登记有原告承包的土地，侵犯了原告的合法权益，原告对此主张负举证责任，如果原告不能举证证明陶某珍承包证登记有原告享有承包权的土地，那么原告请求撤销陶某珍承包证的诉求无法得到支持。且原告提供的证据就原告的诉讼主张而言，其真实性无法判定，其关联性和合法性是否具备均无确实证据证明，因而不具备证明效力，原告提供的证据不足以证明其诉讼主张。而被告陆川县人民政府颁发陶某珍承包证，在事实方面有土地承包合同等证据证明，并且这些证据所证明的事实没有被确实的相反的证据推翻，在程序方面被告已遵循了颁发农村土地承包经营权证的法律各政策规定，故综合目前各方举证情况分析，特别是在负有举证责任的原告举证不能的情形下，本院不认定被告颁发陶某珍承包证的行为违法，并据此不支持及驳回原告的诉讼请求。本院认为，原告对陶某珍承包证登记的土地是否享有合法的民事权益，此涉及农村土地的发包承包问题，如原告认为在本案中自己一方的合法权益被侵犯，可通过依民事法律规定之合法途径寻求解决，本院在本案中对涉及被诉承包证登记的土地目前应由哪一方享有合法权益包括承包权益不作实质性的审查评判，仅根据举证责任归属和举证情况对本案作出裁判。故判决驳回原告陶某坚等 4 人的诉讼请求。

二审法院认为：关于原告资格问题。陶某坚等 4 人提供陈某芳承包证，主张陶某坚等 4 人承包的土地为被诉承包证所登记。陶某坚等 4 人作为陈某芳户家庭承包成员，与被诉承包证有利害关系，具有提起本案诉讼的原告资格。关于起诉期限的问题。陶某珍主张其一直耕种涉案土地而直到 2015 年陶某坚等 4 人才提出异议，

2015年8月，陆川县平乐镇人民调解委员会调解时陶某坚等4人已知道陶某珍承包证。按该主张，因陆川县政府颁发陶某珍承包证时没有告知诉权和起诉期限，应适用起诉时有效的《执行行政诉讼法若干问题解释》(2000)第41条第1款“行政机关作出具体行政行为时，未告知公民、法人或者其他组织诉权或者起诉期限的，起诉期限从公民、法人或者其他组织知道或者应当知道诉权或者起诉期限之日起计算，但从知道或者应当知道具体行政行为内容之日起最长不得超过2年”的规定，陶某坚等4人于2017年1月3日提起本案诉讼，没有超过2年起诉期限。关于被诉颁证行为合法性的问题。2009年修正的《农村土地承包法》第22条规定：“承包合同自成立之日起生效。承包方自承包合同生效时取得土地承包经营权。”该法第23条第1款规定：“县级以上地方人民政府应当向承包方颁发土地承包经营权证或者林权证等证书，并登记造册，确认土地承包经营权。”本案中，长塘队与陶某珍签订《陆川县农村集体土地承包合同书》，又与陈某芳签订《陆川县农村集体土地承包合同书》，所发包承包的土地基本相同。虽然陆川县政府颁发集体土地承包证的行为属于行政确认，并未创设承包经营权，但没有尽到审慎审查义务，对相同的承包地颁发了陶某珍承包证和陈某芳承包证，属一地两证、重复登记，违反法定程序，陶某珍承包证应予撤销。陶某坚等4人主张撤销陶某珍承包证的诉讼请求成立，本院予以支持。原一审判决认定事实错误，处理不当，陶某珍承包证因一地两证、重复登记属程序违法。故判决撤销一审判决，撤销陆川县人民政府于1998年12月30日颁发陶某珍承包证。

再审法院认为，《行政诉讼法》第6条规定，人民法院审理行政案件，对行政行为是否合法进行审查。第43条第2款规定，人民法院应当按照法定程序，全面、客观地审查核实证据。结合第70条规定，人民法院对被诉行政行为的合法性审查原则，是指人民法院应当对被诉行政行为的合法性进行全面、客观的审查，不受原告诉讼请求和理由的限制；对被告作出的行政行为审查的主要内容包括：主要证据不足，适用法律、法规错误，违反法定程序，超越职权，滥用职权，明显不当六个方面。无论原告是否对前述六个方面提出异议，人民法院都必须逐一进行合法性审查。颁发集体土地承包经营权证行为，系对村民依法享有的承包经营民事权利的确认行为。颁证的主要事实是，作为权利人的村民是否依法享有集体土地的承包经营权。人民法院全面审查颁发集体土地承包经营权证行为的合法性，首先应当对获得集体土地承包经营权证的村民是否依法享有集体土地承包经营权进行审查。本案中，一、二审均未对颁证行为的主要事实即陶某珍是否享有合法的承包经营权进行审查，都存在认定事实不清、主要证据不足的问题。2009年修正的《农村土地承包法》第15条规定，家庭承包的承包方是本集体经济组织的农户。也就是说，只有具备本集体经济组织成员资格的村民，以户为单位依法才享有承包本集体经济组织土地的权利。户籍已经迁出，不再尽本村村民义务，且在其他集体经济组织中已经享有村民待遇、履行该村村民义务的人，或者户籍迁往城镇，依法享有城镇居民权利义务的人，不再享有本村村民待遇，不具有承包本村集体土地的权利。本案中，第一轮土地承包中，陶某芳、陈某芳、陶某生、陶某珍、陶某坚、陶某芬、陶某梅、陶某容作为长塘队村民的一户，分得承包土地，各自享有承包地份额，符合法律规定。而1998年第二轮土地承包时，陶某芳去世，陶某坚等4人已外嫁随夫家生活，户籍迁往夫家所在村组，不再履行长塘队村民义务，都不再具备承包长塘队集体土地的资格。陶某珍作为长塘队村民，户籍在长塘队，生活在长塘队，一直履行长塘队村民的义务，具有承包长塘队集体土地的资格，长塘队与其签订集体土地承包合同后，由发包方长塘队提交土地承包方案、承包方及承包土地的详细情况、土地承包合同等材料，经平乐乡政府农村经营管理部门初审，报陆川县政府审核批准，核发《陆川县农村集体土地承包经营权证》，颁证行为事实清楚，证据确凿，适用法律、法规正确，符合法定程序。一审判决驳回陶某坚等4人的诉讼请求，判决结果并无不当。二审判决撤销陶某珍承包证，主要证据不足，缺乏事实根据，依法应予撤销。故判决撤销二审判决，维持一审判决主文部分，驳回陶某坚等4人的诉讼请求。

三、类案练习

成都金牌天使医疗科技有限责任公司
诉四川省成都市科学技术局科技项目资助行政许可案①

（一）基本案情

成都金牌天使医疗科技有限责任公司（简称金牌天使公司）就已获得专利授权的雾霾治理机向四川省成都市科学技术局（简称成都市科技局）申报科技项目资助。2014年6月29日，成都市科技局根据其制定的规范性文件，对金牌天使公司的申报材料进行审查后，依据《成都市科技项目立项工作规程（试行）》第五条，认为金牌天使公司的申报材料中缺少审计后的财务报表和专项研发费用报表，因此未受理金牌天使公司的申报项目，对该申报作出退回修改的决定，并通过“成都市科技项目申报系统”多次向金牌天使公司说明不予受理、退回修改的原因以及需要补正的申报材料。金牌天使公司认为，其申报项目已成功申报四川省科技厅2015年科技支撑计划重点新产品研发项目，应自然具备成都市战略新兴产品的申报和资助条件，故成都市科技局退回补充修改的理由不能成立。同时，该公司认为，成都市科技局制定的《成都市应用技术研究与开发资金管理办法》《成都市科技项目管理有关工作规程》《成都市科技项目管理办法》等规范性文件违法，成都市科技局依据违法的规范性文件作出案涉行政行为，导致金牌天使公司无法获得科技项目支持资金100万元，故诉请法院对其予以审查，并确认成都市科技局于2014年6月29日作出的退回修改行为违法。

（二）法律问题

1. 成都市科技局审核后告知金牌天使公司退回修改的行为是否具有可诉性？

2. 金牌天使公司能否对成都市科技局制定的规范性文件申请附带性审查？

3. 《行政诉讼法》第53条中的“一并请求”是指行政诉讼受案范围的条件，还

---

① 最高人民法院发布9起行政诉讼附带审查规范性文件典型案例之八，四川省高级人民法院行政裁定书，(2017) 川行申713号。

是法院审查规范性文件的条件？

知识拓展

一、拓展阅读

1. 林莉红. 行政法治的理想与现实：《行政诉讼法》实施状况实证研究报告［M］. 北京：北京大学出版社，2014.

2. 蔡小雪. 行政审判中的合法性审查［M］. 北京：人民法院出版社，1999.

3. 高家伟. 行政行为合法性审查类型化研究［M］. 北京：中国政法大学出版社，2020.

4. 何海波. 实质法治：寻求行政判决的合法性［M］. 北京：法律出版社，2020.

5. 章剑生，胡敏洁，查云飞. 行政法判例百选［M］. 北京：法律出版社，2020.

二、毕业论文选题指导

1. 行政行为明显不当的司法判断标准研究
2. 行政撤销诉讼的诉讼标的研究
3. 行政诉讼合法性审查原则的范围和界限
4. 比例原则在行政诉讼中的适用标准研究
5. 行政诉讼检察监督功能的变迁与完善
6. 行政公益诉讼的诉权与起诉要件研究

第十三章　行政诉讼受案范围和管辖

行政诉讼受案范围和管辖都涉及权限划分的问题，但二者有区别。受案范围解决的是外部主管问题，即人民法院与其他国家机关之间处理行政争议的权限和分工问题，具体指人民法院可以对行政机关的哪些行为进行审查；管辖解决的是人民法院内部事项，即人民法院之间受理第一审行政案件的分工，具体指已经纳入受案范围的争议事项由哪一级、哪一个人民法院审理。

基础知识

一、行政诉讼的受案范围

我国《行政诉讼法》对于受案范围采用“概括＋列举＋兜底”方式予以规定。《行政诉讼法》第 2 条通常被认为是概括规定，第 12 条为肯定列举和肯定性兜底条款，第 13 条和《行政诉讼法司法解释》(2018) 第 1 条第 2 款为否定列举。

(一) 行政诉讼受案范围的概括规定

尽管《行政诉讼法》第 2 条位于第一章总则部分，但通常被认为是受案范围的概括规定。第 2 条表述为：公民、法人或者其他组织认为行政机关和行政机关工作人员的行政行为侵犯其合法权益，有权依照本法向人民法院提起诉讼。前款所称行政行为，包括法律、法规、规章授权的组织作出的行政行为。

在理解和适用该法条时需要注意两点：第一，与 1989 年的法条内容相比，“行政行为”前删除了“具体”二字，即意味着行政诉讼的受案范围不限于具体行政行为；第二，将法律、法规、规章授权的组织作出的行政行为也纳入受案范围，尤其注意“规章”授权的组织所作的行政行为也在行政诉讼受案范围内。

(二) 行政诉讼受案范围的肯定列举

《行政诉讼法》第 12 条第 1 款第 1 项到第 11 项为受案范围的肯定列举。可提起诉讼的行为分别为行政处罚，行政强制，行政许可，对九大自然资源所有权或使用权作出的行政确认，行政征收、征用及其补偿决定，申请行政机关履行保护人身权、财产权等合法权益但行政机关拒绝履行或者不予答复，行政机关侵犯经营自主权或者农村土地承包经营权、土地经营权，行政机关滥用权力排除或者限制竞争，违法集资、摊派费用或者违法要求履行其他义务，行政机关未依法支付抚恤金、最低生活保障或者社会保险待遇，行政机关不依法履行、未按照约定履行或者违法变更、解除政府特许经营协议、土地房屋征收补偿协议等协议[①]。

肯定列举几乎涵盖了侵害公民、法人或者其他组织人身权、财产权的行政行为类型，但需要注意此处的列举为不完全列举，即司法实践中出现未列举在受案范围内的事项并不当然排除在外，而需要结合确定受案范围的标准、肯定性兜底条款、概括规定以及否定列举等进行判断。

（三）行政诉讼受案范围的肯定性兜底条款

《行政诉讼法》第 12 条第 1 款第 12 项及第 2 款为受案范围的肯定性兜底条款。《行政诉讼法》第 12 条第 1 款第 12 项规定：认为行政机关侵犯其他人身权、财产权等合法权益的。该条款在适用中需要注意对于“人身权、财产权等合法权益”中“等”的理解，即“人身权、财产权等合法权益”中的“等”字应当理解为“等内等”还是“等外等”[②]？

若理解为“等内等”，则侵害相对人合法权益的其他行政行为也可纳入行政诉讼受案范围，但仅限于“人身权”和“财产权”，其他合法权益受到侵害的行为是否纳入受案范围需要结合法律的其他规定或司法解释进行认定。

但若将“等”解释为“等外等”，则意味着不仅人身权、财产权受到侵害的情形可诉，侵害相对人人身权、财产权以外的其他合法权益的行为也可向法院提起诉讼。

司法实践中，对于《行政诉讼法》第 12 条第 1 款第 12 项是如何理解和运用的，可以参考田某诉北京科技大学拒绝颁发毕业证、学位证案[③]。田某一案明确了高等学校对受教育者因违反校规、校纪而拒绝颁发学历证书、学位证书，受教育者不服的，可以依法提起行政诉讼。从本案的裁判来看确定了：第一，授权组织所作行为属于受案范围，即《行政诉讼法》第 2 条第 2 款规定情形；第二，不作为行为可诉，虽然本案不属于《行政诉讼法》第 12 条第 1 款第 3、6、10、11 项的不作为情形[④]，但因第 12 条的列举为不完全列举，所以即使不在列举之列也不能因此而将该案排除

---

① 对于《行政诉讼法》及其司法解释中列举的每一行为的可诉性问题研究，参见：江必新，梁凤云. 行政诉讼法理论与实务［M］. 3 版. 北京：法律出版社，2016；何海波. 行政诉讼法［M］. 3 版. 北京：法律出版社，2022.

② 对于人身财产权益的范围，原《侵权责任法》第 2 条表述为：“本法所称民事权益，包括生命权、健康权、姓名权、名誉权、荣誉权、肖像权、隐私权、婚姻自主权、监护权、所有权、用益物权、担保物权、著作权、专利权、商标专用权、发现权、股权、继承权等人身、财产权益。”但现在已经被《民法典》第 1164 条实质性修订，《民法典》第 1164 条：本编调整因侵害民事权益产生的民事关系。现行法律删除了对民事权益的列举。

③ 田某诉北京科技大学拒绝颁发毕业证、学位证案，最高人民法院指导案例 38 号（2014 年）。

④ 当然颁发毕业证、学位证是否属于行政许可，存有争议，如果认为毕业证、学位证的颁发属于行政许可，则可认定为第 3 项的情形。

在受案范围之外；第三，学校的不作为侵犯了原告的合法权益，可适用第 12 条第 1 款第 12 项规定[①]。

行政诉讼受案范围还有一个肯定性兜底条款，即《行政诉讼法》第 12 条第 2 款，“除前款规定外，人民法院受理法律、法规规定可以提起诉讼的其他行政案件”。其他法律、法规规定可就其提起诉讼的，也纳入受案范围。如《政府信息公开条例》第 51 条规定，公民、法人或者其他组织认为行政机关在政府信息公开工作中侵犯其合法权益的，可以向上一级行政机关或者政府信息公开工作主管部门投诉、举报，也可以依法申请行政复议或者提起行政诉讼。因此，有关信息公开的案件当事人也有权向法院提起行政诉讼。

《行政诉讼法》第 12 条第 1 款第 12 项和第 2 款虽然都为受案范围的肯定性兜底条款，但是在适用时要注意二者之间的关系。潘某诉温岭市人事劳动社会保障局不予录用行政决定纠纷案[②]，体现了司法适用的思路。原告潘某报考温岭市农村能源办公室（事业单位）工作人员，笔试成绩为所报单位参考人员第一名，被告温岭市人事劳动社会保障局以原告在大学读书期间因考试作弊而受过留校察看一年的处分为理由，口头通知原告不予录用。审理该案的玉环县法院认为，原告为实现自己的就业权利向法院起诉，符合《行政诉讼法》（1989）的规定[③]。公民的劳动权在《宪法》《劳动法》《劳动合同法》《就业促进法》等法律法规中被确定为公民的合法权益，但是其就业权受侵犯是否可以向法院提起行政诉讼，法律法规并无明确规定，因此法院将本案纳入受案范围，适用的是《行政诉讼法》第 12 条第 1 款第 12 项的规定。

《行政诉讼法》第 12 条第 1 款和第 2 款之间的内在联系是，由于第 12 条第 1 款为不完全列举，所以以第 2 款为兜底，不在第 1 款列举范围之内的，其他法律、法规规定可以起诉的也纳入受案范围。

（四）行政诉讼受案范围的否定列举

行政诉讼受案范围的否定列举分别规定在《行政诉讼法》第 13 条和《行政诉讼法司法解释》（2018）第 1 条第 2 款里。《行政诉讼法》第 13 条列举了四类不属于受案范围的行为，分别是国家行为、抽象行政行为、内部行政行为和行政机关终裁行为。《行政诉讼法司法解释》（2018）第 1 条第 2 款增加了不列入受案范围的事项[④]。

《行政诉讼法司法解释》（2018）中的否定列举，有的以行为为标准，如“调解

---

① 将合法权益受到侵犯的案件都纳入诉讼受案范围已有观点支持，参见：江必新，邵长茂. 新行政诉讼法修改条文理解与适用 [M]. 北京：中国法制出版社，2015：57.

② 潘某诉温岭市人事劳动社会保障局不予录用行政决定纠纷案，浙江省玉环县人民法院（2007）玉行初字第 20 号行政判决书。

③ 陈园. 劳动就业权利应当属于法院行政案件受案范围 [N]. 人民法院报，2009-03-16（6）；何海波. 行政诉讼法 [M]. 3 版. 北京：法律出版社，2022：191.

④ 司法解释事实上扩大了不受案范围，其列举事项并非对《行政诉讼法》第 12 条的解释。受案范围是否属于《立法法》（2015）中绝对保留事项中的“诉讼”制度？如果答案是肯定的，那么可以将司法解释中排除事项通过全国人大常委会修改法律的方式写入《行政诉讼法》，类似观点参见：周海涛.《行政诉讼法解释》对受案范围设定排除事项之质疑 [J]. 中南法律评论，2020（1）：166-177.

行为以及法律规定的仲裁行为”，有的以效果为标准，如“行政机关作出的不产生外部法律效力的行为”，有的源于法律法规有特别规定的，如“公安、国家安全等机关依照刑事诉讼法的明确授权实施的行为”“行政机关针对信访事项作出的登记、受理……行为”。列举事项在实践中可能会出现重叠，例如，第 8 项中的内部层级监督行为，第 6 项中的过程性行为，从其效果来看，也可能是第 5 项的“不产生外部法律效力的行为”，同时也可能是第 10 项的“对公民、法人或者其他组织权利义务不产生实际影响的行为”。

需要注意《行政诉讼法司法解释》（2018）第 1 条第 2 款第 10 项的规定“对公民、法人或者其他组织权利义务不产生实际影响的行为”，该法条具有一定的兜底意味。是否“产生实际影响”是受案范围的界限，如何理解“实际影响”也成为确定受案范围的核心，换言之，即使形式上属于前述所列情形，如“行政机关作出的不产生外部法律效力的行为”，但如果该行为已经对相对人的权利义务产生了“实际影响”，也可能纳入受案范围。

二、行政诉讼的管辖

受案范围解决人民法院与其他国家机关之间权力划分的问题，而管辖解决的是人民法院内部之间处理第一审行政案件的权限划分问题。我国行政诉讼的管辖制度主要包括法定管辖和裁定管辖。

（一）法定管辖

法定管辖是依据法律明文规定确定管辖权的制度，包括级别管辖和地域管辖。

（1）级别管辖解决上下级法院之间审理第一审行政案件的分工，属于法定管辖。级别管辖制度规定在《行政诉讼法》第 14 条至第 17 条中。

《行政诉讼法》第 14 条规定，基层人民法院管辖第一审行政案件。除《行政诉讼法》规定的特殊情况外，一般案件均由基层人民法院管辖。

《行政诉讼法》第 15 条规定了中级人民法院管辖的行政案件，主要包括以下几类：

第一，对国务院部门①或者县级以上地方人民政府所作的行政行为提起诉讼的案件。对于这个规定需要注意两点：首先，县级以上地方人民政府作出的所有行政行为都由中级人民法院管辖②；其次，如果县级以上地方人民政府作出行政复议维持决定的，还是由原行政行为机关所在地法院管辖③。

第二，海关处理案件。公民、法人或者其他组织对海关管理机关作出的具体行

① 国务院部门主要包括国务院组成部门、国务院直属特设机构、国务院直属机构、国务院直属事业单位、国务院部委管理的国家局等。

② 2017 年的《行政诉讼法》关于中级人民法院受理对县级以上地方人民政府所作行政行为提起诉讼的规定不再有“且基层人民法院不适宜审理”的条件限制，同时以县级人民政府名义办理不动产物权登记的案件也在中级法院管辖范围内。

③ 江必新，梁凤云. 行政诉讼法理论与实务［M］. 3 版. 北京：法律出版社，2016：510.

政行为不服向法院起诉的案件。《最高人民法院关于海关行政处罚案件诉讼管辖问题的解释》(法释〔2002〕4号)明确规定:“相对人不服海关作出的行政处罚决定提起诉讼的案件,由有管辖权的地方人民法院依照《中华人民共和国行政诉讼法》的有关规定审理。相对人向海事法院提起诉讼的,海事法院不予受理。”但在《海事法院受理案件范围司法解释》(2016)中确定由海事法院受理的部分海事行政案件除外。

第三,本辖区内重大、复杂的案件。包括对社会影响重大的共同诉讼、集团诉讼案件,重大涉外或者涉及香港特别行政区、澳门特别行政区、台湾地区的案件,以及其他重大、复杂的案件。

此外,基层人民法院对其管辖的第一审行政案件,认为需要由中级人民法院审理或指定管辖的,可报请中级人民法院决定;当事人以案件重大复杂为由或者认为有管辖权的基层人民法院不宜行使管辖权,直接向中级人民法院起诉的,中级人民法院应当根据不同情况在七日内作出决定;当事人向有管辖权的基层人民法院起诉,受诉人民法院在七日内未立案也未作出裁定,当事人向中级人民法院起诉的,中级人民法院应当根据不同情况在七日内分别作出处理决定。在以上提及的情形中,中级人民法院有可能决定自己审理。

第四,其他法律规定由中级人民法院管辖的案件。如《全国人民代表大会常务委员会关于在北京、上海、广州设立知识产权法院的决定》(2014)对三个知识产权法院受理知识产权民事、行政案件的范围作了规定。最高人民法院发布了《最高人民法院关于北京、上海、广州知识产权法院案件管辖的规定》(法释〔2020〕19号),其中对中级人民法院审理相关案件进行了明确规定。

《行政诉讼法》第16条规定了高级人民法院管辖的案件,即本辖区内重大、复杂的第一审行政案件。

《行政诉讼法》第17条规定最高人民法院管辖全国范围内重大、复杂的第一审行政案件。

(2)地域管辖确定的是同级法院之间对第一审行政诉讼案件管辖的问题。地域管辖分为一般地域管辖和特殊地域管辖,一般地域管辖遵循“原告就被告”的原则。《行政诉讼法》第18条至第20条是关于地域管辖的规定。

第一,一般地域管辖。行政案件由最初作出行政行为的行政机关所在地人民法院管辖,经过复议的案件,也可以由复议机关所在地人民法院管辖。

第二,特殊地域管辖。包括专属管辖、共同管辖、经过复议的案件的管辖和跨区域管辖。专属管辖包括两种情况:一是对限制人身自由的行政强制措施不服的,除可以由被告所在地人民法院管辖外,也可由原告所在地人民法院管辖,原告所在地包括原告户籍地、经常居住地和被限制人身自由地;二是因不动产提起的行政诉讼,由不动产所在地人民法院管辖,涉及不动产的行政诉讼指的是因不动产所有权、使用权或与不动产有关的其他权益与行政主体发生争议的案件。

在经过复议的案件、限制人身自由的案件以及因不动产提起的诉讼等案件中会出现两个或两个以上人民法院对同一行政案件都有管辖权的情况,这属于共同管辖问题。对于共同管辖，原告可以选择向其中一个人民法院提起诉讼，原告向两个以上人民法院提起诉讼的，由最先立案的人民法院管辖。经过复议的案件，既可以由原行政行为作出机关所在地人民法院管辖，也可以由复议机关所在地人民法院管辖。跨区域管辖规定在《行政诉讼法》第18条第2款中，“经最高人民法院批准，高级人民法院可以根据审判工作的实际情况，确定若干人民法院跨行政区域管辖行政案件。”

（二）裁定管辖

级别管辖和地域管辖属于法定管辖，与法定管辖相对应的是裁定管辖，即该管辖权的归属依据人民法院决定或裁定为准，包括移送管辖、指定管辖和管辖权转移。其分别规定在《行政诉讼法》第22条至第24条中。

第一，移送管辖。指人民法院受理行政案件后，发现不属于本院管辖的，应当移送有管辖权的法院。

第二，指定管辖。包括几种情形：一是在移送管辖中，受移送的法院发现自己也没有管辖权的，不得再行移送，而是报请上级法院指定管辖；二是有管辖权的法院由于特殊原因不能行使管辖权的，由上级法院指定管辖；三是管辖权发生争议，法院之间又无法协商的，报请共同上级法院指定管辖。

第三，管辖权转移。指经上级法院决定或同意，将下级法院有管辖权的案件交由上级法院审理。需要注意的是，管辖权转移仅允许“下交上”，禁止“上转下”，即不允许上级法院将自己有管辖权的案件交由下级法院管辖。

（三）管辖异议

当事人对已经受理案件的人民法院可以提出管辖异议。可以提出管辖异议的是行政诉讼案件的当事人，包括原告、被告和第三人，管辖异议要以书面方式提出，被告提出管辖异议的，须在收到起诉状副本之日起15日内提出，经法院审查后异议成立的，应将案件移送给有管辖权的法院，异议不成立的，裁定驳回。对裁定不服的当事人可以在10日内上诉，上诉法院作出的裁定为最终裁定。

三、相关立法综述

我国于1989年公布《行政诉讼法》，2014年进行了一次修正，2017年进行了第二次修正。几次修改体现了法律对现实的回应，解决了一些在司法实践中存在的问题。在受案范围部分，2017修正后的《行政诉讼法》与旧法相比有很多变化，这些变化也是在运用法律时需要注意的①。

（一）概括规定的变化

从概括规定看，1989年《行政诉讼法》第2条表述为：“公民、法人或者其他

① 本部分主要以1989年和2017年发布的《行政诉讼法》进行对比说明受案范围的立法修改演进过程。

组织认为行政机关和行政机关工作人员的具体行政行为侵犯其合法权益，有权依照本法向人民法院提起诉讼。”2017年《行政诉讼法》第2条表述为：“公民、法人或者其他组织认为行政机关和行政机关工作人员的行政行为侵犯其合法权益，有权依照本法向人民法院提起诉讼。前款所称行政行为，包括法律、法规、规章授权的组织作出的行政行为。”

这两部法律的主要区别有两点：一是，新法在“行政行为”前删除了“具体”二字；二是，增加了第2款的规定。

删除“具体”二字，原因在于除具体行政行为外，其他行政行为也纳入了受案范围。2017年《行政诉讼法》第53条规定：公民、法人或者其他组织认为行政行为所依据的国务院部门和地方人民政府及其部门制定的规范性文件不合法，在对行政行为提起诉讼时，可以一并请求对该规范性文件进行审查。因此结合第53条的规定，人民法院行政诉讼受案范围不限于具体行政行为，同时包括部分抽象行政行为。

增加的第2款，主要强调可以提起行政诉讼的行为除由行政机关作出的以外，法律、法规、规章授权的组织所作的行政行为也在受案范围内。关于对授权的组织实施的行政行为可提起诉讼，1991年最高人民法院印发的《关于贯彻执行〈中华人民共和国行政诉讼法〉若干问题的意见（试行）》（法〔1991〕19号）（已废止）在对具体行政行为进行解释时已将其纳入范围，这里需要特别注意的是，2017年《行政诉讼法》明确了“规章”授权的组织作出的行为也在范围之内，当然该规定更重要的意义在于明确“规章”授权的组织具有行政诉讼被告资格，这一点与学理上仅认定“法律、法规”授权的组织具有行政主体资格存在差别。

（二）肯定列举的变化

1989年《行政诉讼法》第11条第1款列举了共8项可以提起行政诉讼的事项，分别为行政处罚，行政强制，侵犯经营自主权，行政许可，申请行政机关履行保护人身权、财产权但行政机关不作为，未依法发给抚恤金，违法要求履行义务，其他侵犯人身权、财产权的。

2017年《行政诉讼法》第12条第1款列举的可纳入行政诉讼受案范围的事项增加到了12项，新增的有对九大自然资源所有权、使用权作出的行政确认，行政征收、征用及其补偿决定，行政机关滥用权力排除或者限制竞争，行政协议。行政协议纳入受案范围是新法修正时的一个亮点，为此最高人民法院还出台了《行政协议司法解释》（2019）。其余8项在原有立法的基础上有文字或内容上的改动，表述更为全面和准确，明确了按照概括规定及司法实践惯例应当纳入受案范围的事项，解决了司法实践中长期存在的一些困惑。另外在最后一个列举项中，将“认为行政机关侵犯其他人身权、财产权的”改为了“认为行政机关侵犯其他人身权、财产权等合法权益的”，为今后将行政诉讼受案范围扩大到“人身权、财产权”以外的其他合法权益受侵害案件预留了空间。

肯定性兜底条款没有发生变化，即都为：除前款规定外，人民法院受理法律、法规规定可以提起诉讼的其他行政案件。

此外，虽然有两类行为未列举在受案范围内，但根据法律规定，也是可诉行为。一是部分抽象行政行为，即《行政诉讼法》第 53 条所述规范性文件，行政相对人在对具体行政行为提起诉讼时可以一并请求审查；二是公益诉讼，《行政诉讼法》第 25 条规定的涉及环保、食药安全、国有财产保护、国有土地使用权出让等领域，有关行政机关不作为或有违法行为，人民检察院经过诉前程序后可向人民法院提起诉讼。公益诉讼也是行政诉讼受理的新型案件，对此最高人民法院、最高人民检察院 2020 年发布了修正后的《检察公益诉讼案件司法解释》及相关专项解释。

(三) 否定列举的变化

1989 年《行政诉讼法》第 12 条对不予受理的事项进行了列举，大致归纳为国家行为、抽象行政行为、内部行政行为和行政机关终裁行为。2017 年修正的法条，除了删除“行政机关最终裁决的具体行政行为”中的“具体”二字外，无其他变化。

但注意在《行政诉讼法司法解释》(2018) 中扩大了不受理的范围，共列举了 10 项，大致归纳为刑事司法行为、调解仲裁、行政指导、重复处理行为、不产生外部效力的行为、过程性行为、执行行为、内部监督行为、有关信访事项的处理等行为、不对相对人权利义务产生实际影响的行为。其中第 10 项，“对公民、法人或者其他组织权利义务不产生实际影响的行为”可看作否定列举的兜底条款。

重点难点

一、确定受案范围的几个标准

我国《行政诉讼法》采用的是不完全肯定列举的立法模式，因此司法实践中存在大量未在列举范围内的纠纷，此时需要依靠确定受案范围的标准进行判断。行政诉讼受案范围的判断标准有很多，核心和较难把握的主要有两个，一是行政行为标准，二是实际影响标准。

行政行为标准。能列入受案范围的须为行政行为。例如“少年收容教养”是否属于“受案范围”，核心在于其是否为“行政行为”[①]。最高人民法院的答复指出：“公安机关对公民作出的‘少年收容教养’决定是具体行政行为，属于《中华人民共和国行政诉讼法》第 11 条规定的受案范围，若当事人对公安机关作出的‘少年收容教养’决定不服向人民法院起诉的，人民法院应当受理。”[②]

对于“行政行为”还可从反向进行判断，即如果不属于明确排除的事项且又系行政机关所为，则认定为“行政行为”。比较典型的是福州市中级人民法院的“IP 电话案”。1997 年，福州马尾区的陈锥、陈彦因在自己的商店经营网络电话 (IP 电话) 被电信局告发。公安机关以涉嫌“非法经营电信罪”暂扣了两人的电脑及人民

① 《最高人民法院关于“少年收容教养”是否属于行政诉讼受案范围的答复》(〔1998〕行他字第 3 号)。
② 刘德权. 最高人民法院司法观点集成：行政、国家赔偿卷 [M]. 北京：人民法院出版社，2010：41.

币 5 万元，两人不服起诉公安机关。一审法院以被告扣押款项等行为属于依法行使刑事侦查职能、不是具体行政行为为由，裁定驳回起诉。但是二审法院认为，关于公安机关暂扣两人 5 万元的行为，由于公安机关无法提供证据证明其被诉行为符合《刑事诉讼法》的规定，所以实际上是公安机关在其“刑事侦查”过程中，实施了不能被证明是刑事强制措施而明显属于行政强制措施的扣押行为，因而该行为属于行政诉讼受案范围[①]。

实际影响标准。《行政诉讼法》第 2 条规定：公民、法人或者其他组织认为行政机关和行政机关工作人员的行政行为侵犯其合法权益，有权依照本法向人民法院提起诉讼。“侵犯其合法权益”成为法院行政诉讼受案的要件，注重的是权益侵害的一般效果，这就与《行政诉讼法司法解释》(2018) 第 1 条第 2 款第 10 项中“对公民、法人或者其他组织权利义务不产生实际影响的行为”相呼应，从而确立了受案范围的另一个标准：权益实际影响标准。

受案范围的列举尤其是肯定列举对于法院来说意义不大，事实上，在 20 世纪末开始的一系列行政诉讼案件中，越是疑难案件，判决越是没有纠缠于被诉行政行为是否符合《行政诉讼法》第 11 条所列具体事项，而是直接关注其一般效果[②]。而在否定列举中，将对相对人权利义务不产生实际影响的行为排除在受案范围之外，法院认为这样的结构设置也将原本不能纳入“受案范围”的一些行政活动，如行政奖励之类，归入受案范围[③]。因此无论是肯定列举还是否定列举都围绕着“实际影响”划定自己的范围，尤其在否定列举中，有的行为因对相对人权益产生实际影响而进入受案范围。

如内部行为如果“外化”，对相对人权利义务产生了实际影响，那么也会纳入受案范围。例如在魏某、陈某诉来安县人民政府收回土地使用权批复案[④]中，原本是上级政府作出的批复，属于内部行为，但是行政机关直接适用该批复收回原告土地使用权就被认定为对相对人权利义务产生了“实际影响”而纳入受案范围。

又如程序性行为，本不具有可诉性，但是当满足一定条件，程序性行为会对当事人权利义务造成实质性影响时，其仍可纳入受案范围。在王某诉乐山市人力资源和社会保障局工伤认定案[⑤]中，行政机关作出工伤认定程度受到该程序行为的影响。程序中止的决定，从形式上属于程序性行为，但是结合案情却影响到了原告的实体权利义务，因此本案属于行政诉讼受案范围。

因此，在理解和运用受案范围的否定列举时，不宜机械理解，仅从行为的表现形式上进行判断，而要结合案件具体情况，进一步判断该行为是否对相对人的权利义务产生实际影响，如果产生了实际影响则应纳入受案范围。或者可以这么理解，

---

① 朱芒. 概括主义的行政诉讼“受案范围”：一种法解释路径的备忘录 [J]. 华东政法大学学报，2015 (6)：66.

② 同①67.

③ 蔡小雪. 行政审判与行政执法实务指引 [M]. 北京：人民法院出版社，2009：444-445.

④ 魏某、陈某诉来安县人民政府收回土地使用权批复案，最高人民法院指导案例 22 号 (2013 年)。

⑤ 王某诉乐山市人力资源和社会保障局工伤认定案，最高人民法院指导案例 69 号 (2016 年)。

在否定列举中，很多行为被排除在受案范围之外是因为一般情况下，这些行为不会对相对人的权利义务产生实际影响，但如果该条件不满足，则应进入受案范围。

此外，司法实践中在对“实际影响”的认定上还需要注意区分实体法的“实际影响”和诉讼法的“实际影响”。

《行政诉讼法》第12条第2款规定，人民法院受理法律、法规规定可以提起诉讼的其他行政案件。《政府信息公开条例》第51条规定公民、法人或者其他组织认为行政机关在政府信息公开工作中侵犯其合法权益的，也可以依法申请行政复议或者提起行政诉讼。因此信息公开案件纠纷因有法规的明确规定属于受案范围。但应同时注意，2019年修订的《政府信息公开条例》删除了原条例中申请信息公开需基于“生产、生活、科研等特殊需要”，而改为除主动公开的信息外，公民、法人或者其他组织可以申请获取相关政府信息。当相对人申请信息公开并不需要与其“生产、生活、科研”有关，仅因其具有的知情权而申请时，就很难认定公开或不公开对其财产或人身的权利义务产生实际影响。在朱晓琛诉安阳县环境保护局履行环境保护及信息公开法定职责案①中，朱晓琛通过生态环境部平台举报安阳县环境保护局辖区内某药业有限公司存在违法排放问题，生态环境部平台显示举报已受理，结论为经现场检查，未发现有环境违法问题。2018年9月7日，朱晓琛提出书面申请，要求公开前述举报案件相关环境信息等，同年9月20日，安阳县环境保护局作出答复，不予公开所申请信息。朱晓琛提起行政诉讼，请求之一为要求被告依法公开相关信息。一审法院裁判认为，安阳县环境保护局作出的答复以未提供自身生产、生活、科研等特殊需要为由，不予公开原告申请公开的信息，适用法律错误，判决支持原告申请公开相关环境信息等诉讼请求。本案中，朱晓琛的合法权益受到保护，并不是因为安阳县环境保护局作出的答复对其财产或人身的权利义务产生实际影响，而是《政府信息公开条例》所赋予的“知情权”受到影响，因此应当纳入受案范围。

以《政府信息公开条例》为例，相对人申请信息公开，由于不需要与其生产、生活、科研等特殊需要有关，降低了信息公开与相对人之间的“实际影响”程度，但是相对人有知情权，如果行政机关不予答复或答复不符合要求，则“实际影响”了知情权的行使。因此实体法与诉讼法中的实际影响不宜混同，不能以实体法中未造成实际影响而否定诉讼法中的实际影响，即本案中不能以行政机关的答复未对其权利义务造成影响而否定诉讼中对原告法定知情权所带来的实际影响，从而否定其纳入受案范围。

二、受案范围与原告资格的联系与区别

“原告资格”是一个与行政诉讼受案范围关联度较高的概念。2000年，最高人民法院在《执行行政诉讼法若干问题解释》的第12条提出原告需要具有“法律上利害关系”，对于何谓“法律上利害关系”有“实际影响说”“不利影响说”“因果关系

① 河南省林州市人民法院行政判决书，(2018)豫0581行初163号。

说”“法律上权利义务说”[①]，在确定受案范围时，“是否具有实际影响”也是考虑的核心因素之一。确定原告资格和确定受案范围都要考虑“实际影响”，二者是否具有内在统一性？在讨论受案范围时，很多学术论文都会涉及原告资格问题，但是原告资格和受案范围是两个不同的问题。受案范围是“事”，原告资格是“谁”，虽然二者有联系，但是应当进行区分。

《行政诉讼法》第49条规定了起诉条件，包括原告、被告、诉讼请求、事实根据、受案范围和管辖。原告资格和受案范围作为两个并列起诉条件出现，因此在确定受案范围时，考虑的是起诉事项是否属于法定范围，而起诉者是否具有利害关系，是确定原告资格时的问题，二者不应混同，否则可能会出现分析方向的错误[②]。

具体来说，《行政诉讼法》第49条列举了4项6个起诉条件，分别是原告、被告、诉讼请求、事实根据、受案范围和管辖。起诉条件决定案件是否能够进入司法程序进行实体审查，是相对人权益寻求司法救济的第一个门槛，门槛过高或过低都不利于纠纷的解决。从第49条来看，原告资格与受案范围并列，意味着这是法院在审查起诉条件时应当分开考虑的条件。但二者容易混同的原因在于，在确定原告资格和受案范围时会考虑同一个问题——“实际影响”：对于谁具有原告资格，需要具备利害关系，而利害关系的判断无法脱离实际影响；对于哪些争议属于行政诉讼受案范围，其中一个判断标准也是“实际影响”。于是“实际影响”勾连起了“原告资格”和“受案范围”，但是二者需要区分。起诉条件中对于原告的要求是“与行政行为有利害关系的公民、法人或者其他组织”，受案范围的标准依据的是概括规定与列举规定，原告资格解决“谁可以告”，受案范围解决“可以告什么”。

三、区分受案范围和审查范围

依据现行法律规定，行政复议对行政行为的合法性、合理性进行审查，而行政诉讼主要审查行政行为的合法性，这里所提到的合法性、合理性指的仅为审查范围，而不是受案范围，不宜混淆。

对于一个比较强调行政效率和行政专业性的国家而言，行政诉讼制度倾向于将羁束性行政行为作为主要的审查对象；对于裁量性行政行为，更倾向于尊重行政机关专业性判断和法律赋予的裁量权限。法院一般将此种情况认定为涉及行政行为的合理性或者适当性问题，对此不予审查[③]。我国《行政诉讼法》对于合理性问题的审查采取的态度是，原则上对行政行为是否合法进行审查，对于行为是否适当基本不管。所谓“基本不管”是指除了行政机关滥用自由裁量权和行政处罚显失公正之外，对于行政行为是否适当的问题，一般由行政机关通过行政复议解决[④]。

但是受案范围始终解决的问题是“哪些事项”可诉，而审查范围指的是已经纳

---

① 王克稳. 论行政诉讼中利害关系人的原告资格：以两案为例［J］. 行政法学研究，2013（1）：38－45.
② 刘某诉张家港市人民政府行政复议案，最高人民法院（2017）最高法行申169号行政裁定书。
③ 江必新，梁凤云. 行政诉讼法理论与实务［M］. 3版. 北京：法律出版社，2016：181.
④ 同③188.

入受案范围事项的“哪些方面”。如果将受案范围和审查范围混同，则可能导致因该行为仅关涉合理性，而认为其不在受案范围之列。这一做法事实上以类似兜底的方式扩大了否定列举的事项范围。行政行为是否合法合理属于实体性问题，显然不是起诉条件，因此不能以该纠纷涉及“合理性”而将案件拒之门外，不能以实体性问题限制起诉。

类似的还有诸如在对行政不作为提起诉讼时，相对人申请行政机关履行的职权是否属于其权限范围也仅为审查范围，而非起诉条件。

案例分析

一、案例导入

罗某诉吉安市物价局物价行政处理案[①]

原告罗某于2012年5月20日在江西省吉安市吉州区井冈山大道电信营业厅办理手机号码时，吉安电信公司收取了原告20元卡费并出具了发票。原告认为吉安电信公司收取原告首次办理手机号码的卡费，违反了《集成电路卡应用和收费管理办法》中不得向用户单独收费的禁止性规定，故向被告吉安市物价局申诉举报，并提出了要求被告履行法定职责进行查处和作出书面答复等诉求。被告虽然出具了书面答复，但在答复函中只写明被告调查时发现一个文件及该文件的部分内容。答复函并没有对原告申诉举报信中的请求事项作出处理，被告的行为违反了《中华人民共和国价格法》、《价格违法行为举报规定》（2004）等相关法律规定。请求法院确认被告在处理原告申诉举报事项中的行为违法，依法撤销被告的答复，判令被告依法查处原告申诉举报信所涉及的违法行为。

被告吉安市物价局辩称：原告的起诉不符合《行政诉讼法》（1989）的有关规定。被告对原告作出的答复不是一种具体行政行为，不具有可诉性。被告对原告的答复符合《价格违法行为举报规定》的程序要求，答复内容也是告知原告，经过调查后查证的情况。请求法院依法驳回原告的诉讼请求。

法院经审查查明：2012年5月28日，原告罗某向被告吉安市物价局邮寄一份申诉举报函，对吉安电信公司向原告收取首次办理手机卡卡费20元进行举报，要求被告责令吉安电信公司退还非法收取原告的手机卡卡费20元，依法查处并没收所有电信用户首次办理手机卡被收取的卡费，依法奖励原告和书面答复原告相关处理结果。2012年5月31日，被告收到原告的申诉举报函。2012年7月3日，被告作出关于对罗某2012年5月28日《申诉书》办理情况的答复，并向原告邮寄送达。答复内容为：“2012年5月31日我局收到您反映吉安电信公司新办手机卡用户收取20元手机卡卡费的申诉书后，我局非常重视，及时进行调查，经调查核实：江西省通管局和江西省发改委联合下发的《关于江西电信全业务套餐资费优化方案的批复》

---

① 罗某诉吉安市物价局物价行政处理案，最高人民法院指导案例77号（2016年）。

(赣通局〔2012〕14 号，简称《批复》）规定：UIM 卡收费上限标准：入网 50 元/张，补卡、换卡：30 元/张。我局非常感谢您对物价工作的支持和帮助。”原告收到被告的答复后，以被告的答复违法为由诉至法院。

二、法官释法

本案审查的重点是：吉安市物价局举报答复行为的可诉性问题，罗某是否具有原告资格的问题，举报答复合法性的问题。

吉安市物价局举报答复行为具有可诉性吗?

诉讼中被告辩称，原告的起诉不符合《行政诉讼法》(1989）有关规定。理由是行政诉讼是指公民、法人、其他组织对于行政机关的具体行政行为不服提起的诉讼。本案中，被告于 2012 年 7 月 3 日对原告作出的答复不是一种具体行政行为，因此不具有可诉性。具体而言，被告认为其作出的答复未对原告的权利义务产生实际影响，属于《执行行政诉讼法若干问题解释》(2000）第 1 条第 2 款第 6 项的情形，不属于人民法院行政诉讼的受案范围。

关于被告举报答复行为是否属于受案范围有两种意见：一种意见是该举报答复列明《批复》的收费标准，是一种告知行为，对罗某的权利义务不产生实际影响，不属于行政诉讼受案范围。

另一种意见是吉安市物价局依法应对罗某举报的吉安电信公司收取卡费行为是否违法进行调查认定，并告知调查结果，但吉安市物价局却简单地以告知《批复》有关内容代替，本身就是对罗某通过正当举报途径寻求救济的权利的一种侵犯，不属于《执行行政诉讼法若干问题解释》(2000）第 1 条第 2 款第 6 项规定的“对公民、法人或者其他组织权利义务不产生实际影响的行为”的范围，属于可诉行政行为。另外，要求罗某另行起诉吉安市物价局行政不作为，增加了当事人的诉累，不利于及时保护当事人合法权益①。法院生效裁判认为吉安市物价局举报答复行为具有可诉性。根据《行政诉讼法》(1989）第 11 条第 1 款第 5 项规定，申请行政机关履行保护人身权、财产权的法定职责，行政机关拒绝履行或者不予答复的，人民法院应当受理当事人对此提起的诉讼。

关于被告举报答复行为是否属于受案范围所涉及的法条主要有三个。一是《行政诉讼法》(1989）第 2 条：公民、法人或者其他组织认为行政机关和行政机关工作人员的具体行政行为侵犯其合法权益，有权依照本法提起诉讼。二是第 11 条第 1 款第 5 项：申请行政机关履行保护人身权、财产权的法定职责，行政机关拒绝履行或者不予答复的，人民法院应当受理当事人对此提起的诉讼。三是《执行行政诉讼法若干问题解释》(2000）第 1 条第 2 款第 6 项：“公民、法人或者其他组织对下列行为不服提起诉讼的，不属于人民法院行政诉讼的受案范围：……对公民、法人或者其他组织权利义务不产生实际影响的行为。”吉安市物价局的举报答复行为是否属于行政诉讼受案范围，主要症结在于如何理解“对公民、法人或者其他组织权利义务

---

① 郑红葛，石磊.《罗镕荣诉吉安市物价局物价行政处理案》的理解与参照：行政机关实施的与举报人有利害关系的举报处理行为具有可诉性［J]. 人民司法（案例），2018（23）：40.

不产生实际影响”。我国《行政诉讼法》(1989)对受案范围的规定采用“概括+列举+兜底”的模式，通常认为第一章总则第2条为受案范围的概括规定，第二章为受案范围的列举+兜底规定，其中第11条第1款为肯定列举、第2款为肯定性兜底条款，第12条为否定列举。《执行行政诉讼法若干问题解释》(2000)第1条第1款为受案范围的概括规定，第2款为否定列举[①]。

在确定某纠纷是否属于受案范围时，适用法条的逻辑一般为：否定列举→肯定列举→概括规定加兜底条款。先适用否定列举规定，无论是《行政诉讼法》还是司法解释，只要争议事项在列举的否定范围内的，均排除在受案范围外；但如果未在否定列举范围内，则需要进一步适用肯定列举进行判断，如果在肯定列举范围内，则进入受案范围，如果不在肯定列举范围内，是否一定排除在范围之外？由于我国立法受案范围的肯定列举为不完全列举，所以还需要结合概括规定以及兜底条款等最终加以确定。

本案中，吉安市物价局认为按照《执行行政诉讼法若干问题解释》(2000)第1条第2款第6项的规定，其答复的内容为向原告告知了其在调查中发现的一个文件及文件的内容，从文件的内容看，表明电信公司收取卡费的行为有文件依据。吉安市物价局认为该答复并未对原告的权利义务造成实际影响。但是原告在申诉举报中曾提出三项要求：第一，要求被告责令吉安电信公司退还非法收取原告的手机卡卡费20元；第二，依法查处并没收所有电信用户首次办理手机卡被收取的卡费；第三，依法奖励原告和书面答复原告相关处理结果。被告并未针对原告提出的请求进行处理，原告申诉举报中要求被告责令吉安电信公司退还收取其手机卡卡费20元，并要求依法奖励原告的请求明显属于“申请行政机关履行保护人身权、财产权的法定职责，行政机关拒绝履行或者不予答复”的情形。

此外，所谓“实际影响”，应当从对原告申诉举报的内容去判断被告的答复是否对其人身权、财产权造成实际影响，而不是单方面地从被告的答复去判断。在本案中，被告吉安市物价局仅仅列出了电信公司收取费用的相关文件，没有对原告要求退还手机卡卡费、查处并没收所有电信用户首次办理手机卡被收取的卡费、奖励原告的请求进行回复，对书面答复原告相关处理结果的要求予以了“间接”的答复，这一答复是否对原告的权利义务造成实际影响需要明确分析的视角。从原告的举报申诉内容的角度来看，由于其主张的事项并未得到被告的回应，所以其主张中的权利义务因被告的答复而受到了影响。但是仅从答复的内容来看，而不去关注原告的举报申诉内容的话，仅仅列举被告查找到的一个文件，的确不会对原告的任何权利义务造成影响，如果这样来认定是否造成实际影响的话，那么在面对行政相对人举报投诉等类似的请求时，行政机关的答复越“含糊其辞”，因而也不会纳入行政诉讼的受案范围，这样的逻辑显然是有问题的，也不利于行政机关依法积极履行其职责。

---

① 因以指导案例77号为例，所以在分析时以该案适用的《行政诉讼法》(1989)和《执行行政诉讼法若干问题解释》(2000)为讨论对象，但分析逻辑与理由同样适用于《行政诉讼法》(2017)和《行政诉讼法司法解释》(2018)，特此说明。

因此如果按照确定行政诉讼受案范围的顺序，本案由于不属于“对公民、法人或者其他组织权利义务不产生实际影响的行为”，所以并不当然排除在诉讼受案范围之外。在《行政诉讼法》（1989）第11条第1款第5项中规定：申请行政机关履行保护人身权、财产权的法定职责，行政机关拒绝履行或者不予答复的，属于受案范围。本案中原告的举报申诉的目的除了监督行政机关依法行政外，其直接目的在于维护其财产权，举报申诉就是要求吉安市物价局履行其保护财产权的法定职责，而吉安市物价局的答复未对原告的请求进行回应，属于拒绝履行或者不予答复，因此本案符合第11条第1款第5项的情形，应纳入行政诉讼受案范围。由于本案在肯定列举中有明确规定，所以可不再适用概括规定和兜底条款。

当然本案还有一个问题值得进一步思考，即面对行政相对人要求行政机关履行人身权、财产权的法定职责时，行政机关就该申请作出的答复是否被认定为作为或不作为的标准是以“形式”为主还是以“实质”为主。如果以“形式”为主，即只要行政机关对相对人的申请进行了回应，无论其回应的内容为何，均认定为行政机关已经“作为”，这一标准的好处在于充分尊重行政机关的自由裁量权，但弊端在于行政机关可能会避重就轻，甚至敷衍搪塞，导致相对人权益无法得到有效保护，引发复议诉讼等风险。如果以“实质”内容为主，即行政机关必须针对相对人提出的请求一一进行回应，虽然能保护相对人合法权益，但是在实践中存在有的请求基于一些特殊情况导致行政机关无法进行实质性回应的情况，如果也认定为“不作为”，可能会影响到行政机关的自由裁量权和管理效能。本案可以认定为“不作为”源于吉安市物价局可以也能够对相对人的举报申诉进行实质性答复而未进行①。

关于罗某原告资格问题。根据《行政诉讼法》（1989）第2条、第24条第1款及《执行行政诉讼法若干问题解释》（2000）第12条规定，举报人就举报处理行为提起行政诉讼，必须与该行为具有法律上的利害关系。本案中，罗某虽然要求吉安市物价局“依法查处并没收所有电信用户首次办理手机卡被收取的卡费”，但仍是基于认为吉安电信公司收取卡费行为侵害其自身合法权益而向吉安市物价局进行举报，并持有收取费用的发票作为证据。因此，罗某与举报处理行为具有法律上的利害关系，具有行政诉讼原告主体资格。

关于举报答复合法性的问题。《价格违法行为举报规定》第14条规定：“举报办理后，举报人要求答复且有联系方式的，价格主管部门应当在办结后五个工作日内将办理结果以书面或者口头方式告知举报人。”本案中吉安市物价局，作为价格主管部门，依法具有受理价格违法行为举报并对价格是否违法进行审查、提出分类处理意见的法定职责。罗某在申诉举报函中明确列举了三项举报请求，且要求吉安市物价局在查处结束后书面告知罗某处理结果，该答复未依法载明吉安市物价局对举报事项的处理结果，违反了《价格违法行为举报规定》第14条的规定，不具有合法

① 对该案还可以进一步讨论，虽然本案进入行政诉讼受案范围，但是可以想象，如果法院判决被告应当依法履行职责，而被告很可能依据其查找的《批复》作出电信局不予退还20元手机卡卡费、不予没收所有电信用户首次办理手机卡被收取的卡费、不予奖励等的答复。原告可对该答复再次提起行政诉讼，这样或许会导致讼累，但是该判例可以防止行政机关对相对人举报投诉事项不认真答复，流于形式，有利于问题的解决。

性，应予纠正[①]。

三、类案练习

王某德诉乐山市人力资源和社会保障局工伤认定案[②]

（一）基本案情

原告王某德系王某兵之父。王某兵是四川嘉宝资产管理集团有限公司峨眉山分公司职工。2013年3月18日，王某兵因交通事故死亡。由于王某兵驾驶摩托车倒地翻覆的原因无法查实，四川省峨眉山市公安局交警大队于同年4月1日依据《道路交通事故处理程序规定》（2008）第50条的规定，作出乐公交认定（2013）第00035号《道路交通事故证明》。该《道路交通事故证明》载明：2013年3月18日，王某兵驾驶无牌“卡迪王”二轮摩托车由峨眉山市大转盘至小转盘方向行驶。1时20分许，当该车行驶省道S306线29.3千米处时驶入道路右侧与隔离带边缘相擦挂，翻覆于隔离带内，造成车辆受损、王某兵当场死亡的交通事故。

2013年4月10日，第三人四川嘉宝资产管理集团有限公司峨眉山分公司就其职工王某兵因交通事故死亡，向被告乐山市人力资源和社会保障局申请工伤认定，并同时提交了峨眉山市公安局交警大队作的《道路交通事故证明》等证据。被告以公安机关交通管理部门尚未对本案事故作出交通事故认定书为由，于当日作出乐人社工时（2013）05号（峨眉山市）《工伤认定时限中止通知书》，并向原告和第三人送达。

2013年6月24日，原告通过国内特快专递邮件方式，向被告提交了《恢复工伤认定申请书》，要求被告恢复对王某兵的工伤认定。因被告未恢复对王某兵工伤认定程序，原告于同年7月30日向法院提起行政诉讼，请求法院判决撤销被告作出的《工伤认定时限中止通知书》。

（二）法律问题

1. 结合案情及有关法律法规的规定，《工伤认定时限中止通知书》的作出是否对相对人的权利义务产生实质影响，即本案是否属于人民法院行政诉讼受案范围？

2. 第三人向被告提交的《道路交通事故证明》是否属于“司法机关或者有关行政主管部门的结论”？

3. 《工伤认定时限中止通知书》是否应予撤销？

知识拓展

一、拓展阅读

1. 何海波. 行政诉讼法［M］. 3版. 北京：法律出版社，2022.

2. 叶必丰. 行政行为原理［M］. 北京：商务印书馆，2019.

---

① 罗某诉吉安市物价局物价行政处理案，最高人民法院指导案例77号（2016年）。

② 王某德诉乐山市人力资源和社会保障局工伤认定案，最高人民法院指导案例96号（2016年）。

3. 江必新，梁凤云. 行政诉讼法及司法解释关联理解与适用［M］. 北京：中国法制出版社，2018.

4. 李洪雷. 行政法释义学：行政法学理的更新［M］. 北京：中国人民大学出版社，2014.

5. 蔡小雪，甘文. 行政诉讼实务指引［M］. 北京：人民法院出版社，2014.

6. 梁凤云. 行政诉讼讲义［M］. 北京：人民法院出版社，2022.

7. 章志远. 行政法学总论［M］. 2 版. 北京：北京大学出版社，2022.

8. 周海涛.《行政诉讼法解释》对受案范围设定排除事项之质疑［J］. 中南法律评论，2020（1）.

9. 杨伟东. 新司法解释受案范围规定的思路、逻辑及未来发展［J］. 行政法学研究，2018（5）.

10. 王克稳. 论行政诉讼中利害关系人的原告资格：以两案为例［J］. 行政法学研究，2012（1）.

二、毕业论文选题指导

1. 行政诉讼受案范围确定标准研究

2. 行政诉讼管辖确定的理论与逻辑

3. 论指导性案例对行政诉讼受案范围的拓展

4. 行政诉讼受案范围中的“实际影响”

第十四章　行政诉讼当事人

行政诉讼当事人是最重要的行政诉讼法律关系主体。具体个案中，至少应当有地位相互对立的原告和被告，例外情况下，有行政诉讼第三人。除法定例外情形，如提起行政公益诉讼的人民检察院，当事人必须与行政行为有利害关系。在其他法域，破产管理人、遗嘱执行人、遗产管理人等无利害关系的第三人“为他人诉讼之诉讼担当”[①]，亦可成为适格当事人。我国《行政诉讼法》第四章规定了原告、被告、第三人及其资格要件。对其中的不确定的法律概念需要进行解释，看似明确的法律概念会有不同理解。为此，最高人民法院制定了若干司法解释对当事人资格进行解释，但仍无法完全应对纷繁复杂的生活现实和司法实践需要。为保证行政诉讼合法进行，保护公民、法人和其他组织的合法权益，监督行政机关依法行政，必须正确确定具体个案的当事人。

基础知识

一、行政诉讼当事人的概念和范围

行政诉讼当事人，简称当事人，是指因行政行为发生争议，以自己的名义进行行政诉讼，并受人民法院生效裁判拘束的诉讼参加人。当事人有狭义和广义之分。狭义的当事人仅指原告和被告，广义的当事人还包括第三人、公益诉讼起诉人、诉讼代表人。尽管诉讼理论亦将共同诉讼人纳入当事人范畴予以讨论，但共同诉讼人仅指在一个行政诉讼程序中，出现共同原告或者共同被告的情形。

在行政诉讼不同程序阶段，当事人的称谓有所不同。一审程序中，称为原告、被告、第三人；二审程序中，称为上诉人、被上诉人，上诉状中未列为上诉人、被

---

① 诉讼担当，又称诉讼信托，系指第三人以自己名义，合法行使他人权利的情形。以第三人获得当事人资格的根据为划分标准，可以分为法定的诉讼信托和意定的诉讼信托。法定的诉讼信托是指第三人根据法律规定直接享有当事人资格的情形；意定的诉讼信托是指第三人依据法律规定，根据权利义务主体的授权而享有当事人资格的情形。参见：刘宗德，赖恒盈. 台湾地区行政诉讼：制度、立法与案例［M］. 杭州：浙江大学出版社，2011：94.

上诉人的其他当事人依一审程序中的地位确定其称谓，如一审原告、一审第三人；再审程序中，称为再审申请人、被申请人，再审申请书中未列明的当事人，按原生效裁判的诉讼地位确定其称谓，如一审原告、二审上诉人；执行程序中，称为申请执行人、被执行人等。

二、当事人能力

行政诉讼的当事人能力，又称行政诉讼权利能力，是指成为行政诉讼当事人并享有诉讼权利、承担诉讼义务、承受裁判效果必须具有的一般资格。与当事人适格“就具体个案之法律关系，逐案判断”不同，当事人能力“系经由一般性标准先作抽象判断”[①]。基于当事人能力是实体法上权利能力在诉讼法上的延伸，以及诉权的基本权利属性和人权属性[②]，是否具有当事人能力，应当由法律规定，并不受他人限制或者剥夺。

从法律上讲，不仅原告应当具有当事人能力，“行政组织如具有单独法定地位，得行使公权力，作成行政处分时，自属行政机关，应有当事人能力”[③]。换言之，判断被诉人有无被告资格，不在于其是否应当具有当事人能力，而在于如何判断其是否具有当事人能力。

通常而言，当事人能力由行政诉讼法规定，如德国《行政法院法》第 61 条规定具有诉讼当事人能力的有：（1）公民和法人；（2）社团，但以其拥有权利为限；（3）行政机关，只要州法对此作出了规定。我国《行政诉讼法》对此虽无明文规定，但对其中相关规定进行了法教义学解释，仍可确定公民、法人和其他组织、行政机关以及其他行政组织具有当事人能力。基于行政诉权的权利保障和权力监督功能，有无当事人能力，除诉讼法特别规定外，原则上以实体法上有无权利能力为准。换言之，实体法上有权利能力的人，具有诉讼法上的当事人能力。例外情况下，即使实体法上没有权利能力，亦具有当事人能力，但应当以法律明文规定为限。如《行政诉讼法司法解释》（2018）第 16 条第 3 款规定，非国有企业的法定代表人对行政机关注销、强令兼并等强制终止非国有企业的行政行为不服的，具有原告资格。

行政诉讼中，基于当事人实体法上的地位和诉讼目的不同，判断其能力的依据和标准亦有所不同。其中，公民、法人和其他组织的当事人能力，应当根据权利主体原则确定，“凡具有实体法上权利能力者，均有行政诉讼法上之当事人能力”[④]。首先根据行政实体法上有关权利能力的规定判断其有无当事人能力；如果行政实体法规范没有规定，原则上准用民法规定。公权力主体的当事人能力，应当根据法定主体原则确定，并以其在行政实体法上有无行政主体资格判断作出被诉行政行为或

---

① 刘宗德，赖恒盈．台湾地区行政诉讼：制度、立法与案例［M］．杭州：浙江大学出版社，2011：83．

② 吴英姿．论诉权的人权属性：以历史演进为视角［J］．中国社会科学，2015（6）：112－130．

③ 陈清秀．行政诉讼法［M］．北京：法律出版社，2016：325．

④ 同①85．

者不履行法定职责、给付义务的法定主体。

三、行政诉讼原告

行政诉讼原告，是指认为行政行为侵犯其合法权益，以自己的名义向人民法院提起行政诉讼的公民、法人或者其他组织。“无利益者，无诉权”，除法律明确规定的公益诉讼外，行政诉讼原则上属于主观诉讼，原告诉讼须以维护自身合法权益为目的，并与被诉行政行为有利害关系。如果认为行政行为侵犯他人合法权益，只能由其他权利主体起诉；如果认为行政行为仅侵犯国家和社会公共利益，可向人民检察院提供行政公益诉讼案件线索。法定例外情形下，与被诉行政行为没有利害关系，亦具有原告资格，如为维护业主共有利益提起行政诉讼的业主委员会。

立法上，《行政诉讼法》虽经多次修改，但原告资格以“合法权益”为核心要件的规定仍延续至今，但“合法权益”的外延，却经历了人身权和财产权、法律上利害关系、利害关系三个阶段。1989 年制定的《行政诉讼法》第 41 条第 1 项规定，“原告是认为具体行政行为侵犯其合法权益的公民、法人或者其他组织”。这一阶段，行政诉讼受案范围制度将“合法权益”限定于“人身权、财产权”和其他“法律、法规规定”的范围。《执行行政诉讼法若干问题解释》（2000）第 12 条规定：“与具体行政行为有法律上利害关系的公民、法人或者其他组织对该行为不服的，可以依法提起行政诉讼。”这一阶段，“法律上利害关系”扩张了“合法权益”的范围，“合法权益”不再局限于人身权、财产权。2014 年修正的《行政诉讼法》第 25 条第 1 款规定：“行政行为的相对人以及其他与行政行为有利害关系的公民、法人或者其他组织，有权提起诉讼。”这一阶段，“合法权益”的范围进一步扩张，为值得保护的法益纳入“合法权益”范围提供了解释可能性。

理论上，学界较少关注原告的当事人能力，但重视原告适格的研究。随着立法演进，关于原告适格的学说，亦经历了从行政相对人到法律上的利害关系人、利害关系人的变迁。2014 年修正《行政诉讼法》之前，学界采用构成要件学说对原告适格的资格要件进行学理解释，并形成“二要件说”①、“三要件说”②、“四要件说”③等学说。近年来，学界运用新的理论工具如“保护规范理论”、“诉的利益”④ 等学

---

① 张树义. 寻求行政诉讼制度发展的良性循环 [M]. 北京：中国政法大学出版社，2000：81－89；李晨清. 行政诉讼原告资格的利害关系要件分析 [J]. 行政法学研究，2004 (1)：103.

② 甘文. 主张、权利和因果关系：重新界定行政诉讼的原告资格 [J]. 人民司法，2004 (12)：60－61；张旭勇. “法律上利害关系”新表述：利害关系人原告资格生成模式探析 [J]. 华东政法学院学报，2001 (6)：41.

③ 章剑生. 现代行政法总论 [M]. 2 版. 北京：法律出版社，2019：345.

④ 诉的利益有广义与狭义之分。广义的诉的利益包括：(1) 诉讼标的是否适合作为审判对象，即诉讼对象；(2) 当事人对其请求是否有正当利益，即当事人资格；(3) 是否存在足以让法院对请求作出判断的具体实际利益，即权利保护必要性。狭义的诉的利益，仅指权利保护必要性，“是指原告请求法院以裁判的方式解决纠纷、保护其权利的必要性或者实效性，无司法救济即无法有效地实现原告的合法权益”（王贵松. 论行政诉讼的权利保护必要性 [J]. 法制与社会发展，2018 (1)：131)。

说解释“利害关系”并取得诸多成果[①]。但其主要在于解释“合法权益”的边界，不能据此认为原告可以不具备当事人能力，或者认为原告的“合法权益”与被诉行政行为不相关。我们认为，运用构成要件学说解释原告适格的资格要件，运用“保护规范理论”“诉的利益”等学说解释其中“合法权益”的法保护范围，有助于准确判断利害关系人是否有原告资格。

根据《行政诉讼法》第 25 条第 1 款和相关司法解释规定，除法定例外情形，具有当事人能力并与被诉行政行为有利害关系的权利主体，具有原告资格。其中，当事人能力是任何当事人必须具备的一般资格，原告也不例外。权利主体与行政行为的利害关系，可以借助构成要件学说解释原告适格的资格要件，即以权利主张、合法权益、行政行为、因果关系为权利主体是否与行政行为有利害关系的法律要件，并运用“保护规范理论”“诉的利益”解释其中“合法权益”的范围。由此，凡主张因被诉行政行为遭受不利益的权利主体，与被诉行政行为有利害关系，具有原告资格。根据“保护规范理论”，此利益指“法保护的权利和利益”[②]，通常是指法律上的权益而非事实上的权益，一般是指公法上的权益而非私法上的权益，是行政主体作出行政行为所依据的行政实体法规范要求行政机关应予“考虑、尊重和保护”的特定个体的主观公权利[③]。

四、行政诉讼被告

行政诉讼被告，是指原告起诉认为其作出的行政行为侵犯原告的合法权益，并由人民法院通知应诉的公权力主体。基于权力监督的立法目的，行政行为是行政诉讼的审查对象，由作出行政行为的行政主体代表国家应诉并承受裁判结果，是依法行政、责任行政的要求，也是实体法上的行政主体资格延伸至救济法的必然结果。

立法上，《行政诉讼法》虽经修改，但除行政复议机关的被告资格有重大变化外，有关被告适格的规定基本未变。尽管《最高人民法院关于正确确定县级以上地方人民政府行政诉讼被告资格若干问题的规定》（法释〔2021〕5 号）有按“谁行为，谁被告”原则确定适格被告的倾向[④]，但仍未实质性改变被告应当具有行政主体资格的法定主体原则，只不过更强调行政主体资格的判断应当以行政职能为中心。

理论上，学界的争论主要围绕被告是否应当具有行政主体资格展开。部分学者认为，被告应当具有行政主体资格，代表性的观点有：“被告在行政执法阶段具有行政主体资格。”[⑤]“不是所有机构都可成为行政诉讼的被告，必须是依法成立、具有

---

① 近年来，国内学者借鉴德国公法学的保护规范理论、主观公权利等学说，对于“利害关系”进行法解释，已取得诸多理论成果。参见：章剑生. 行政诉讼原告资格中“利害关系”的判断结构 [J]. 中国法学，2019 (4)：244－264；赵宏. 保护规范理论的误解澄清与本土适用 [J]. 中国法学，2020 (4)：167－185.

② 章剑生. 现代行政法总论 [M]. 2 版. 北京：法律出版社，2019：350.

③ 最高人民法院行政裁定书，(2017) 最高法行申 169 号。

④ 人民法院新闻传媒总社. 最高法院相关负责人就《被告资格规定》与《申请再审规定》答记者问 [EB/OL]. (2021－03－26) [2022－07－10]. https://www.court.gov.cn/zixun-xiangqing-293061.html.

⑤ 关保英. 行政法教科书之总论行政法 [M]. 北京：中国政法大学出版社，2005：693.

行政主体资格的机构才能够成为被告。”[①] 另有学者认为，应当按照“谁行为，谁被告”原则确定被告，代表性的观点有：“应以行为主体为标准来认定行政诉讼被告的资格，谁实施行为，谁是被告。”[②] “需要重新审视行政主体在行政诉讼中的功能，剥离行政主体与行政诉讼和行政复议的关联性，建立‘谁行为谁被告（复议被申请人）’制度。”[③] 当然，亦有人主张，被告是行政主体、行为主体、责任主体的统一[④]。

根据《行政诉讼法》第26条及相关司法解释规定，起诉阶段的被告应当明确，但实质审理阶段，被告应当正确，并以行政主体资格为被告的资格要件之一。换言之，除法定例外情形，如作出行政行为的行政机关被撤销或者职权变更，作出被诉行政行为或者不履行法定职责、给付义务的行政主体，具有被告资格。

任何人都必须对自己的行为负责，公权力主体也一样，负责方式包括承受自己行为包括消极行为产生的实体法后果，也包括作为程序当事人参与诉讼并承受裁判效果。“作出了被诉行政行为，或者没有作出被申请的行政行为”[⑤] 的法定主体，则与被诉行政行为有利害关系，应当作为行政诉讼的适格被告。

以作出被诉行政行为的行政主体为被告，有利于实现权力监督的立法目的。至于被诉行政行为是作为或者不作为行政行为，是单方或者双方行政行为，是合法或者违法行政行为，在所不问，但被诉行政行为必须具有可诉性。否则，诉不成立，自无讨论被告资格之必要。

五、行政诉讼第三人

行政诉讼第三人，是指与被诉行政行为有利害关系但没有提起诉讼，或者与案件裁判结果有利害关系，依法参加他人提起的行政诉讼的权利主体或者公权力主体。第三人参加诉讼的方式有两种：一是自己申请参加，但须经人民法院同意；二是人民法院依职权通知参加。

司法判决具有既判力，无论生效裁判是否判决第三人或者案外人承担义务或者减损其权益，均可能对第三人的合法权益产生实际影响。“当某一第三人之权利或者法律上利益受他人诉讼之影响而有使该第三人进入诉讼并使在一定程度上受裁判结果之拘束，以解决争议时，如该第三人无法纳入作为原告或被告，即有必要于诉讼制度上使该有利害关系之第三人能参与诉讼程序，以维护其权利或法律上利益，此即诉讼参加制度之存在基础。”[⑥] 第三人地位一旦确立，无论其是否实际参加诉讼，均受本案生效裁判拘束，并不得针对同一被诉行政行为另行起诉。

立法上，2014年修正的《行政诉讼法》对第三人制度进行了重大修改，增加了

---

① 何海波. 行政诉讼法［M］. 3版. 北京：法律出版社，2022：218.
② 杨小君. 我国行政诉讼被告资格认定标准之检讨［J］. 法商研究，2007（1）：52.
③ 王敬波. 面向整体政府的改革与行政主体理论的重塑［J］. 中国社会科学，2020（7）：120.
④ 江必新，梁凤云. 行政诉讼法及司法解释关联理解与适用［M］. 北京：中国法制出版社，2018：201.
⑤ 胡芬. 行政诉讼法：第5版［M］. 莫光华，译. 北京：法律出版社，2003：200.
⑥ 刘宗德，赖恒盈. 台湾地区行政诉讼：制度、立法与案例［M］. 杭州：浙江大学出版社，2011：124.

同被诉行政行为没有利害关系但与案件处理结果有利害关系的第三人，并规定仅人民法院判决其承担义务或者减损其权益的第三人，才有权依法提起上诉。

第三人与被诉行政行为或者案件处理结果的“利害关系”，与原告、被告有所不同，但其差异何在，法律、司法解释的规定并不清晰。理论上，学界围绕行政诉讼第三人制度相关问题开展多方面研究，主要涉及第三人参加诉讼的权利基础、参加资格、确立标准等。有人认为，第三人“‘利害关系’应该与判断原告标准作同一解释”[①]。有人主张：“根据不同的‘利害关系’将诉讼第三人区分为‘必要参加诉讼第三人’和‘普通参加诉讼第三人’，并将《行政诉讼法》第 89 条中的‘遗漏当事人’修改为‘遗漏必要（须）参加诉讼当事人’。”[②]“基于正当程序原则，只有那些可能受到法院裁判直接不利影响的第三人才有必要被确定为必要参加诉讼第三人。”[③] 我们认为，有必要完善我国的行政诉讼第三人制度，并借鉴他域行政诉讼法上的诉讼参加制度，建立必要参加、普通参加以及辅助参加等第三人制度，并针对不同第三人规定不同的参加要件、程序和效果。

根据《行政诉讼法》第 29 条第 1 款和相关司法解释规定，以利害关系的类型为划分标准，第三人划分为三种类型：（1）与同一行政行为有利害关系但没有提起诉讼的第三人，（2）与案件处理结果有利害关系的第三人，（3）应当作为被告但原告不同意追加为被告的第三人。

同一行政行为有两个以上利害关系人，部分利害关系人提起诉讼，其他没有提起诉讼的，系与被诉行政行为有利害关系但没有提起诉讼的第三人。同一行政行为的两个以上利害关系人，通常利益一致但依实体法可以独立行使权利或者利益对立但行政行为内容不具有可分性，如同一行政处罚决定的被处罚人或者要求追究加害人法律责任的受害人，行政许可的被许可人或者其他利害关系人，地位相互对立的行政裁决的纠纷当事人，等等。

同一行政行为的两个以上利害关系人具有共同的利益，依法必须共同行使权利、履行义务的，则为同一行政行为的共同利害关系人。因为其权利义务需要合一确定，人民法院应当追加未起诉的利害关系人为共同原告，但其明确表示放弃实体权利的，根据处分原则，人民法院不宜强制追加其为原告。虽然如此，其仍与案件处理结果有利害关系的，可以追加为第三人。

一般来说，与被诉行政行为有利害关系，必然与裁判结果有利害关系。与裁判结果有利害关系，绝不仅仅指向人民法院判决第三人承担义务或者减损其权益的情形。

与案件处理结果有利害关系的第三人，是指与被诉行政行为虽然没有利害关系，但案件处理结果可能直接或者间接影响其合法权益的权利主体或者与被诉行政行为有牵连关系的行政主体。这类第三人，或者与被诉行政行为有事实上的牵连关系，

① 章剑生．现代行政法总论［M］．2 版．北京：法律出版社，2019：371.

② 黄学贤．行政诉讼中法院应当通知其参加诉讼的第三人［J］．辽宁大学学报（哲学社会科学版），2020（1）：120.

③ 黄先雄．我国行政诉讼中必要参加诉讼第三人制度之构建［J］．法商研究，2018（4）：113.

或者作出了与被诉行政行为有关联关系的行政行为，本不具有本案原告或者被告资格，但与本案的裁判结果有利害关系，有学者因此又称之为事实关系的第三人。如基于事实牵连关系的违法行为分别受到行政处罚的被处罚人，法定职权被其他行政主体行使的行政机关，与反补贴、反倾销行政行为具有法律上利害关系的其他国务院主管部门，分别对同一相对人作出相互矛盾的行政行为的行政主体，与行政主体作出同一行政行为但不具有行政主体资格的其他组织，同一行政征收决定的不同被征收人，同一行政处罚决定的若干被处罚人，等等，可以作为第三人。

应当作为被告但原告不同意追加为被告的第三人，是与其他行政主体共同作出同一被诉行政行为的行政主体，具有本案被告资格，但原告不以其为被告起诉，并且经人民法院通知，原告仍不同意追加其为被告的，基于尊重原告诉讼处分权的考量，人民法院不宜强制追加其为被告。但因其与被告共同作出被诉行政行为，则与被诉行政行为有利害关系，应当追加为第三人。

六、共同诉讼人

行政诉讼的共同诉讼，是指在一个行政诉讼程序中，当事人一方或者双方为二人以上的诉讼。同一诉讼程序的原告为二人以上的，称为共同原告；被告为二人以上的，称为共同被告。共同原告和共同被告，统称为共同诉讼人。

与客观的诉之合并不同，共同诉讼系为诉讼经济和裁判统一之考量而设置的主观的诉之合并制度。与原告、被告均为一人的单一诉讼不同，共同诉讼可以在起诉时因数个原告共同起诉或者原告起诉数个被告而发生，也可以在诉讼中因追加当事人从而由单一诉讼转换为共同诉讼。

根据《行政诉讼法》第 27 条规定，以诉讼对象是否是同一行政行为为标准，共同诉讼可以分为必要共同诉讼和普通共同诉讼。

必要共同诉讼，是指诉讼对象针对同一行政行为，人民法院依法必须合并审理、统一裁判的共同诉讼。必要共同诉讼的产生，或者因数个行政主体作出共同行政行为，或者因同一行政行为影响数个权利主体的利益。因多人与同一被诉行政行为有利害关系，本质上是一个诉讼，故不能分案审理，并应当针对被诉行政行为作出统一裁判。

长期以来，我国诉讼法学理论采用“两分法”将共同诉讼划分为必要共同诉讼和普通共同诉讼。近年来，不少学者对此提出质疑，认为传统的必要共同诉讼理论“单一机械”“法院追加当事人的职权过于强大”，应当借鉴其他大陆法系国家和地区的“三分法”，在必要共同诉讼和普通共同诉讼的基础上，将必要共同诉讼进一步细分为固有必要共同诉讼和类似必要共同诉讼[①]。我们对此持肯定态度。

所谓固有必要共同诉讼，又称真正的或实体法上的必要共同诉讼，是指因数人与同一行政行为有利害关系，其权利义务必须合一确定，依法必须数人一同起诉或

① 汤维建. 论类似必要共同诉讼的制度性导入 [J]. 中国政法大学学报，2022（1）：38-49；段文波. 德日必要共同诉讼“合一确定”概念的嬗变与启示 [J]. 现代法学，2016（2）：149-165.

者一同被诉，当事人才适格的共同诉讼。“如果实体法上必须数人共同行使权利，则在诉讼法上必须共同起诉或者被诉时，则属于固有必要共同诉讼。”[①] 如数个行政主体共同作出同一行政行为、共同申请人的专利申请被专利主管行政机关驳回等情形。因数人依实体法必须共同行使权利、履行义务，其权利义务必须合一确定，从而依诉讼法应当共同起诉或者被诉，当事人方可适格，除非有共同利害关系人明确声明放弃实体权利。

所谓类似必要共同诉讼，又称为不真正的或诉讼法上的必要共同诉讼，是指数人虽与同一行政行为有利害关系，但依实体法可以个别行使权利，故数人可以单独起诉或者被诉，也可以共同起诉或者被诉，如共同起诉或者被诉，人民法院必须合并审理、统一裁判的共同诉讼。类似必要共同诉讼中，诉讼对象是同一行政行为，但利害关系人依实体法“可以个别行使权利”[②]，而非必须数人共同行使权利、履行义务。如请求撤销行政处罚决定的被没收财产的共有人、对同一行政处罚决定不服的被处罚人和受害人、不服解缴税款或者滞纳金决定的纳税人和纳税保证人等。

必要共同诉讼，本质是不可分之诉，表现为其诉讼对象是同一行政行为并且数人与行政行为的利害关系不具有可分性。如行政行为及其处分、确认的权利义务具有可分性，则属普通共同诉讼范畴。

普通共同诉讼，是指诉讼对象针对同类行政行为，人民法院认为可以合并审理，经当事人同意后方可合并审理的共同诉讼。普通共同诉讼，是可分之诉，本质上是数个相互独立的诉讼，适用于行政主体依据同一事件、同一法律作出数个同类行政行为，或针对数人作出看似一个实则数个行政行为的情形，前者如行政机关基于同一事件、依据同一法律规定对数人分别实施行政处罚，后者如一个行政征收公告决定征收数人的财产、一个行政处罚决定对企业法人及其法定代表人分别实施处罚等。

七、公益诉讼起诉人

行政公益诉讼，是人民检察院对履行职责过程中发现生态环境和资源保护、食品药品安全、国有财产保护、国有土地使用权出让等领域损害国家利益和社会公共利益的违法行政行为，依法提起的行政诉讼。根据《行政诉讼法》第 25 条第 4 款和其他法律相关规定，行政公益诉讼的范围限于生态环境和资源保护、食品药品安全、国有财产保护、国有土地使用权出让等领域，以主管行政机关违法行使职权或者不作为使国家利益或者社会公共利益受到侵害，且经诉前督促程序仍不依法纠正违法行为或者履行职责为起诉条件。

根据《行政诉讼法》第 25 条第 4 款规定，行政公益诉讼起诉人只能是依法具有管辖权的人民检察院，公民、法人、公益团体等不具有公益诉讼起诉人资格。

行政公益诉讼是客观诉讼，与利害关系人为维护自身合法权益提起的主观诉讼不同，人民检察院与被诉行政行为没有利害关系，其提起行政公益诉讼，是代表国

---

① 陈清秀．行政诉讼法［M］．北京：法律出版社，2016：339.

② 同①340.

家对特定领域损害国家利益和社会公共利益的违法作为或不作为的行政行为履行法律监督职能的，以督促行政机关依法纠正违法、履行职责，“恢复被侵害的国家利益或者社会公共利益和维护客观法秩序”[①]。未来可否建立由相关公民、法人、公益团体提起行政诉讼的民间公益诉讼制度[②]，尚可探讨。在建立民间公益诉讼制度之前，如利害关系人认为损害公共利益的违法行政行为同时侵害其自身合法权益的，具有原告资格，可以提起主观诉讼。

人民检察院作为公益诉讼起诉人，除法律、司法解释另有规定的外，其诉讼地位与原告相当，享有与原告相同的诉讼权利，承担与原告相同的诉讼义务，有权调查收集证据、变更诉讼请求、提起上诉、撤回诉讼等。

重点难点

一、当事人能力、当事人适格与当事人资格的关系

行政诉讼的当事人适格，又称为正当当事人，是指具有当事人能力的人就具体个案以自己名义进行行政诉讼并承受裁判效果的法律资格。具体个案中，具备当事人适格的资格要件，为适格当事人，具有行政诉讼实施权，可以依法起诉或者应诉，进而进行其他诉讼活动。其中，适格原告，又称正当原告，具有“主动的诉讼实施权”；适格被告，又称为正当被告，具有“被动的诉讼实施权”。“在日本，正当当事人、当事人适格与诉讼实施权的内容几乎同义，只是说明的角度不同而已。”[③]

诉讼理论认为，当事人能力与当事人适格均以甄别和确定具体个案的正当当事人为目的，并据此确定诉讼法上权利义务的归属主体。其中，当事人能力是介于形式当事人与实质当事人之间的概念。形式当事人是起诉状载明的起诉和被诉之人，其有无当事人能力及其与个案诉讼标的的关系，在所不问。当事人能力是任何诉讼案件当事人应当具备的一般资格，有无当事人能力，不考虑其与个案诉讼标的实体法上的利害关系。实质当事人，又称当事人适格，通常为系争权利或法律关系的主体，“法律关系主体以外的人也可以充当正当当事人，这是对实体法上的利害关系人的范畴予以扩大解释的结果”[④]。亦有人认为：“当事人应是指对解决纠纷最恰当的程序法和实体法上的主体，即程序适格和实体适格。”[⑤] 其中，程序适格是指具有当事人能力并以自己名义进行诉讼的形式当事人，而实体适格是指对诉讼标的有利害关系的实质当事人。

---

① 薛刚凌. 行政公益诉讼类型化发展研究：以主观诉讼和客观诉讼划分为视角［J］. 国家检察官学院学报，2021（2）：86.

② 这样的民间公益诉讼制度区别于民事公益诉讼制度，而是在行政诉讼中，将公益诉讼人主体范围扩展到公民、法人、公益团体等。

③ 段文波. 论民事诉讼被告之“明确”［J］. 比较法研究，2020（5）：168.

④ 肖建华. 正当当事人理论的现代阐释［J］. 比较法研究，2000（4）：347.

⑤ 肖建华. 寻求独立的诉讼主体地位：当事人概念的再认识［J］. 现代法学，2000（2）：48.

我们认为，形式当事人的确定，仅须在起诉状中明确谁是原告、谁是被告，并以具体、可识别为标准。但案件的实质审理和裁判，不但要求当事人明确，亦要求当事人正确，以保证诉讼合法，避免讼累。正确的当事人，不但应当具备成为任何行政诉讼案件当事人应当具备的当事人资格，即当事人能力，亦应当具备本案正当当事人应当具备的当事人资格，即当事人适格。其中，形式当事人是起诉要件，欠缺形式当事人，诉不成立，人民法院应当责令限期补正，起诉人拒绝补正或者逾期不补正的，应当“退回诉状并记录在册；坚持起诉的，裁定不予立案”[①]。当事人能力和当事人适格，是诉讼要件，欠缺当事人能力或者不适格，诉不合法，人民法院不得作出实体判决，并应当裁定不予立案或者立案后裁定驳回起诉。

二、原告与行政行为的利害关系

判断原告是否适格，首先应当判断起诉人有无当事人能力。如具备当事人能力，则需进一步判断其与被诉行政行为有无利害关系。与被诉行政行为有无利害关系的判断，可以借鉴前述构成要件学说，首先判断是否存在行政行为及其可诉性，其次判断起诉人是否享有法律保护或者值得法律保护的权益，最后根据因果关系学说判断起诉人寻求司法保护的权益是否必然或可能遭受行政行为不利影响。如被诉行政行为具有可诉性，而主张因此遭受不利益的权利主体有法律保护或者值得法律保护的权益，则与被诉行政行为有利害关系，具有原告资格。

利害关系的解释，固然有多种方法。其中，“保护规范理论”具有“有效发挥链接实体法与诉讼法的工具作用”[②]。根据“保护规范理论”，判断原告是否适格，取决于客观法是否具有“私益保护”目的，以及原告诉请保护的私益是否纳入客观法的保护范围。判断客观法的“私益保护”目的，不仅在于探索立法者的主观意图，亦应顺应客观法的整体精神、发展趋势，借助基本权利、一般法律原则，经由法律解释，将法律保护以及值得法律保护的私益纳入司法保护范围[③]。客观法要求公权力主体履行义务，不仅为实现公共利益，至少有“私益保护”目的，则个体根据客观法享有的“为自身利益而向国家要求为一定行为、不为一定行为或承担一定容忍义务的权能”[④]，即为主观公权利。实体法上的主观公权利，具有通过法律救济程序得以实现的权能。将主观公权利的存立，系于客观法的“私益保护”目的，即为“保护规范理论”或者称为“保护目的理论”。

对于具体行政行为而言，基于国家负担的消极义务，权利主体的主观公权利有免受行政行为违法侵害或者不利负担的自由。一般来说，主张因被诉行政行为遭受不利益的权利主体，均与行政行为有利害关系，无论其是否为行政行为的相对人。

---

① 《行政诉讼法司法解释》（2018）第 55 条第 2 款规定。

② 赵宏. 主观公权利、行政诉权与保护规范理论：基于实体法的思考［J]. 行政法学研究，2020（2）：33.

③ 陈清秀. 行政诉讼法［M]. 北京：法律出版社，2016：257－258.

④ 赵宏. 原告资格从“不利影响”到“主观公权利”的转向与影响：刘广明诉张家港市人民政府行政复议案评析［J]. 交大法学，2019（2）：184.

对于行政不作为而言，基于国家负担的积极义务，主观公权利可以通过权利主体请求公权力主体履行法定职责或者给付义务得以实现。故此类案件的适格原告，系依法享有要求行政主体履行法定职责或者给付义务的主观公权利，并向行政主体提出权利请求的权利主体。

在刘某诉张家港市人民政府行政复议案[①]中，最高人民法院裁定“首次援引德国法上的‘主观公权利’概念和‘保护规范理论’来释解作为原告资格基准的‘利害关系’”[②]。其运用“保护规范理论”判断原告资格的分析框架和推导步骤，对于原告资格的判断具有重要的借鉴意义。本案中，对于利害关系的解释，裁定认为：“‘有利害关系的公民、法人或者其他组织’，不能扩大理解为所有直接或者间接受行政行为影响的公民、法人或者其他组织；所谓‘利害关系’仍应限于法律上的利害关系，不宜包括反射性利益受到影响的公民、法人或者其他组织。同时，行政诉讼乃公法上之诉讼，上述法律上的利害关系，一般也仅指公法上的利害关系；除特殊情形或法律另有规定，一般不包括私法上的利害关系”。“只有主观公权利，即公法领域权利和利益，受到行政行为影响，存在受到损害的可能性的当事人，才与行政行为具有法律上利害关系”。对于利害关系的判断，裁定认为：“保护规范理论或者说保护规范标准，将法律规范保护的权益与请求权基础相结合，具有较强的实践指导价值。即以行政机关作出行政行为时所依据的行政实体法和所适用的行政实体法律规范体系，是否要求行政机关考虑、尊重和保护原告诉请保护的权利或法律上的利益，作为判断是否存在公法上利害关系的重要标准。”“对行政实体法某一法条或者数个法条保护的权益范围的界定，不宜单纯以法条规定的文意为限，应坚持从整体进行判断，强调‘适用一个法条，就是在运用整部法典’。”“在依据法条判断是否具有利害关系存有歧义时，可参酌整个行政实体法律规范体系、行政实体法的立法宗旨以及作出被诉行政行为的目的、内容和性质进行判断，以便能够承认更多的值得保护且需要保护的利益，属于法律保护的利益，从而认可当事人与行政行为存在法律上的利害关系，并承认其原告主体资格。”对于法保护利益范围的解释方法，裁定认为：“将行政实体规范未明确需要保护、但又的确值得保护且需要保护的权益，扩张解释为法律上保护的权益，仍应限定于通过语义解释法、体系解释法、历史解释法、立法意图解释法和法理解释法等法律解释方法能够扩张的范围为宜。”“如果原告诉请保护的权益，并不是行政机关作出行政行为时需要考虑和保护的法律上的权益，即使法院认可其原告主体资格，因其所诉请保护的权益并不会在诉讼中得到保护和尊重，其起诉也就丧失了必要性，不具备诉的利益；因而不承认其原告主体资格，也并不会侵犯其任何权益。”

---

① 最高人民法院行政裁定书，（2017）最高法行申 169 号。

② 赵宏. 原告资格从“不利影响”到“主观公权利”的转向与影响：刘广明诉张家港市人民政府行政复议案评析［J］. 交大法学，2019（2）：180.

三、适格被告的判断

判断被告是否适格，首先应当判断有无被诉行政行为（包括不作为）。如果没有被诉行政行为或其不具有可诉性，则因诉不成立，无须进一步判断被告是否适格。如被诉行政行为具有可诉性，则应当判断谁是作出行政行为的行为主体，即所谓“谁行为，谁被告”。确定行为主体后，再行判断行为主体是否有行政主体资格，即所谓“行为者，能处分”。只有作出被诉行政行为的行政主体，才具有被告资格。

对于行政机关而言，行政机关是职权行政主体，无论是否在其职责权限范围内作出被诉行政行为，行政机关都为适格被告，其中包括集中行使其他行政机关的行政处罚权、许可权的行政机关以及依法承接县级人民政府部门行政职权的乡镇人民政府、街道办事处。但是，如果行政机关受委托行使行政职权，受托行政机关仅为被诉行政行为的行为主体而非行政主体，委托行政机关为适格被告。如果上级行政机关基于组织权要求下级行政机关作出行政行为，应当以下级行政机关为适格被告。其中，上级行政机关的行为仅具有间接法律效果，但上级行政机关的职权行为直接产生外部法律效果的，仍应当以上级行政机关为适格被告。

法律、法规、规章授权的组织是授权行政主体，其依法定职权作出被诉行政行为的，被授权的组织为适格被告；如没有依法定职权作出相关行为，应当根据其组织法地位判断其是否有被告资格。其中，行政机构在组织法上是行政机关的工作机构，其行为效果归属于设立该机构的行政机关，其越权作出被诉行政行为的，应当以设立该机构的行政机关为适格被告；联合执法机构没有行政主体资格的，以组建该机构的一个或者数个行政机关为适格被告。行政机构以外的其他社会组织没有相应职权的，则没有作出相关行政行为的行政主体资格，不具有被告资格；但被授权的其他社会组织依法定职权作出被诉行政行为却超越权限的，被授权的组织为适格被告。

四、行政复议机关的被告资格

关于行政复议机关的被告资格，1989 年制定的《行政诉讼法》第 25 条第 2 款规定实行“单被告”机制；2014 年修正的《行政诉讼法》第 26 条第 2 款规定对“单被告”机制进行重大修改，增加了“双被告”机制，即复议决定维持原行政行为的，以作出原行政行为的行政机关和行政复议机关为共同被告；2020 年司法部发布的《中华人民共和国行政复议法（修订）（征求意见稿）》（简称《行政复议法（征求意见稿）》）第 10 条规定：“公民、法人或者其他组织对行政复议决定不服的，应当就原行政行为向人民法院提起行政诉讼，但是法律规定行政复议决定为最终裁决的除外。”拟取消行政复议机关的被告资格。但 2023 年修订的《行政复议法》最终未采纳取消行政复议机关被告资格的建议。

理论上，关于行政复议机关的被告资格，有“完全肯定说”“完全否定说”“部分肯定说”等学说[①]。“完全肯定说”认为，案经复议，行政相对人对复议决定不服起诉的，均以行政复议机关为被告。“完全否定说”认为，案经复议，无论行政复议机关作出何种复议决定，均不能以行政复议机关为被告。“部分肯定说”即“折中说”认为，案经复议，只有对改变原行政行为的复议决定不服起诉，才能以行政复议机关为被告。显然，1989 年制定的《行政诉讼法》，采纳了“部分肯定说”；2014 年修正的《行政诉讼法》，则采纳了“完全肯定说”；《行政复议法（征求意见稿）》拟采纳“完全否定说”。“完全否定说”的出台，大致有两方面的现实考虑：一是“部分肯定说”“完全肯定说”的制度实践证明，现行复议制度发挥的效用不能满足人们的期待[②]；二是以行政复议机关为被告，大大增加了行政复议机关的应诉成本[③]。其根本原因在于对复议制度和复议决定性质的不同理解。“部分肯定说”“完全肯定说”认为，行政复议制度是行政体系内的层级监督制度[④]。不过，“部分肯定说”将复议决定定性为行政行为，但维持决定“从属于原行政行为，而不具有独立性”[⑤]；“完全肯定说”则将复议决定定性为“二次决定”[⑥]。“完全否定说”认为，行政复议制度应当定性为解决行政争议的第三人裁决制度，复议决定“类似法院的司法裁决”[⑦]。虽然 2023 年修订的《行政复议法》未采纳“完全否定说”，但不妨碍就该命题继续展开学术讨论。

我们认为，无论将行政复议制度定性为层级监督制度还是行政争议裁决制度，都不妨碍其发挥争议解决、权利救济、权力监督功能。但不同的定性，将影响复议决定的性质进而影响行政复议机关是否具有被告资格的制度考量。由于组织法上已建立层级监督机制，仍将行政复议作为层级监督制度，必将产生制度性内耗。应诉成本增加，也将加剧复议机关案多人少的紧张关系。将行政复议制度定性为非诉讼纠纷解决机制，“具有迅速救济以及减轻法院负担之功能，有些亦发挥专业救济功能”[⑧]，并且不妨碍人民法院“既要对行政复议决定做出评判，又要实质回应当事人的诉讼请求”[⑨]，有利于实质性化解行政争议。由此，将复议决定定性为“类似法院的司法裁判”的行政司法行为，则有否定行政复议机关被告资格的必要和可能。如何在法律上定位行政复议制度和复议决定的性质，需要立法机关从法政策学上进行权衡和考量。当然，由此带来的制度变迁，绝不仅仅涉及行政复议机关的被告资格。

---

① 熊樟林. 行政复议机关做被告的理论逻辑［J］. 法学，2021（7）：181－183.

② 曹鎏. 作为化解行政争议主渠道的行政复议：功能反思及路径优化［J］. 中国法学，2020（2）：180；王青斌. 反思行政复议机关作共同被告制度［J］. 政治与法律，2019（7）：123－124.

③ 王青斌. 反思行政复议机关作共同被告制度［J］. 政治与法律，2019（7）：124－125.

④ 杨景宇. 关于《中华人民共和国行政复议法（草案）》的说明［EB/OL］.（2013－10－11）［2022－07－10］. http://www.npc.gov.cn/zgrdw/npc/zfjc/xzfyfzfjc/2013－10/11/content_1809238.htm.

⑤ 章剑生. 关于行政复议维持决定情形下共同被告的几个问题［J］. 中国法律评论，2014（4）：145.

⑥ 余凌云. 论行政复议法的修改［J］. 清华法学，2013（4）：64.

⑦ 余凌云. 取消“双被告”之后法院对行政复议决定的评判［J］. 法学，2021（5）：64－70.

⑧ 陈清秀. 行政诉讼法［M］. 北京：法律出版社，2016：39.

⑨ 同⑦70.

五、第三人参加诉讼的资格

目前，主流学说并无诉讼第三人适格之说，但第三人参加他人诉讼仍须满足法定条件。有关第三人参加他人诉讼的法定条件，可视为第三人参加诉讼的资格要件。根据《行政诉讼法》第29条第1款和相关司法解释规定，具有当事人能力，并与被诉行政行为或者案件处理结果有利害关系的权利主体和公权力主体，没有作为本案原告或者被告的，为行政诉讼第三人。

与被诉行政行为有利害关系的权利主体，其参与资格与原告基本相同，但第三人与行政行为的利害关系，可能是有利关系，也可能是不利关系，并不以其主张不利益为参加诉讼的要件。这类第三人通常具备原告的其他资格要件，但因没有起诉从而应当参加他人诉讼。这类第三人，人民法院对其是否参加诉讼不享有司法裁量权。如果人民法院未依职权通知或者不同意其申请参加诉讼的，属于遗漏必须参加诉讼的当事人的重大程序违法，系发回重审或者提起再审的法定事由。

与被诉行政行为有利害关系并应当作为第三人的公权力主体，是指与被告共同作出被诉行政行为的行政主体，其本应追加为共同被告但原告不同意追加的，人民法院应当通知其以第三人身份参加诉讼。

与案件处理结果有利害关系，通常是指与被诉行政行为没有利害关系，但人民法院的生效裁判可能使第三人在其他法律关系中处于有利或者不利地位。这类第三人，人民法院对其是否参加诉讼享有司法裁量权。如果人民法院未依职权通知或者不同意其申请参加诉讼的，原则上不构成程序违法。但是，裁判结果可能导致权利主体承担义务、减损权益的，权利主体应当作为第三人，否则构成重大程序违法。

案例分析

一、案例导入

张某诉南宁市市场监督管理局行政处罚案①

张某在南宁市某超市购买某食品公司生产的一批有包装的食用坚果。2019年9月20日，张某认为坚果的包装上虚假标注了坚果的含量成分，不符合《预包装食品营养标签通则》（GB 28050－2011）相关规定，在广西食品药品监督管理局官方网站举报，请求主管行政机关依法对食品公司进行行政处罚并奖励举报人。广西食品药品监督管理局将案件移送南宁高新技术产业开发区管理委员会（简称高新区管委会）查处。经高新区管委会所属食品药品监督管理局调查取证，高新区管委会于2019年10月20日作出（2019）2号《行政处罚决定书》，决定对食品公司处没收违法所得1 000元、罚款8 000元的行政处罚，并于同日送达食品公司。张某获知案

① 改编自南宁铁路运输法院（2020）桂7102行初341号行政裁定书。

涉处罚决定后，认为处罚畸轻，向人民法院提起行政诉讼。

一审诉讼中，因机构改革，高新区管委会的食品安全监督管理职责划归南宁市市场监督管理局高新技术产业开发区分局承担，一审法院变更南宁市市场监督管理局为本案被告。

另查明，2017 年以来，原告张某以其购买的食品不符合相关食品安全国家标准为由，曾提起若干民事和行政诉讼。其中，因本案涉案食品提起的民事诉讼，人民法院已判决食品公司退款并支付货值 10 倍的赔偿金。

二、法官释法

一审法院认为，原告主体资格的获得应以原告与被诉行政行为具有法律上的利害关系为前提。本案中，张某起诉要求撤销案涉处罚决定，而该处罚决定的相对人是食品公司，张某不是行政处罚相对人，且行政处罚行为的处理结果与张某并无直接利害关系，故依法裁定驳回原告张某的起诉。

二审法院认为，根据《行政诉讼法司法解释》（2018）第 12 条第 5 项的规定，为维护自身合法权益向行政机关投诉，具有处理投诉职责的行政机关作出或者未作出处理的，可认定为属于《行政诉讼法》第 25 条第 1 款规定的“与行政行为有利害关系”。本案中，张某既是消费者，亦是投诉人，其以消费者身份进行投诉，要求行政机关进行查处，行政机关对食品公司的处理结果，对张某能否获得举报奖励有直接影响，因此张某与案涉处罚决定具有利害关系，故张某对案涉处罚决定不服提起诉讼，具有行政诉讼原告资格。一审裁定驳回张某起诉不当，应予纠正。

本案既涉及适格原告、适格被告的确定，也涉及被告资格的转移与承继，以及作出被诉行政行为的行政机关的被告资格转移后仍然存续的，其是否应当作为被告或者第三人参加诉讼等与当事人有关的法律问题。

《行政诉讼法》第 25 条第 1 款规定：“行政行为的相对人以及其他与行政行为有利害关系的公民、法人或者其他组织，有权提起诉讼。”《行政诉讼法司法解释》（2018）第 12 条第 5 项规定，“为维护自身合法权益向行政机关投诉”的投诉人具有原告资格。本案中，原告张某作为公民，具有原告的当事人能力，在张某并非案涉处罚决定的被处罚人的情况下，其是否为本案的适格原告，取决于其是否为维护自身权益投诉。认定其投诉是否为维护自身权益，不仅仅根据其举报是否有维护自身权益的主观意愿，还应考量其举报请求行政机关履行职责是否有法律保护或者值得法律保护的私益纳入《食品安全法》（2018）相关规范的保护范围。根据《食品安全法》（2018）第 1 条规定，《食品安全法》（2018）具有“保障公众身体健康和生命安全”的立法目的，并且该法第 148 条规定的赔偿请求权和加倍赔偿请求权属于消费者，兼具保护消费者权益的目的。被告认为张某是“职业打假人”而不是消费者，而举报人是否为职业打假人，并非肯定或者否定其原告资格的充分理由。因为我们认为，为实现《食品安全法》（2018）的立法目的，无论食品买受人是否为消费者，其购买符合安全标准食品的权利应受法律保护，并可以通过请求行政机关对食品安全违法行为履行查处职责得以实现，故认可张某与案涉处罚决定有利害关系并认定其具有本案适格原告的资格。

需要关注的是，根据2017年修订的《食品药品违法行为举报奖励办法》（食药监稽〔2017〕67号）[①] 第2条、第3条等规定，食品药品监督管理部门对社会公众举报属于其监管职责范围内的食品违法犯罪行为或者违法犯罪线索，经查证属实并立案查处的，有给予举报人相应物质奖励的义务；举报人有相应获得物质奖励的主观公权利。但是，对举报人给予相应物质奖励的规范目的，在于"严厉打击食品药品违法犯罪，推动食品药品安全社会共治"。本案中，张某能否获得举报奖励，并非行政机关对食品公司实施处罚应当予以"考虑、尊重和保护"的主观公权利，故以案涉处罚决定对张某能否获得举报奖励有直接影响为由确定张某与案涉处罚决定有利害关系并认定其为本案适格原告，难以成立。但行政机关对张某举报事项立案查处完毕后，不依法作出奖励决定或者不给付举报奖励的，张某具有原告资格。

根据《行政诉讼法》第26条、《行政诉讼法司法解释》（2018）第21条之规定以及《中共南宁高新技术产业开发区工作委员会、南宁高新技术产业开发区管理委员会主要职责、内设机构和人员编制规定》，高新区管委会并非宪法、组织法上的派出机关，但经国务院或者广西壮族自治区人民政府批准设立，高新区管委会及其所属职能部门，具有行政主体资格。本案中，案涉处罚决定由高新区管委会作出，但一审诉讼中，高新区管委会承担的食品安全监督管理职责划归南宁市市场监督管理局高新技术产业开发区分局承担，故人民法院应当根据《行政诉讼法》第26条第6款的规定，变更南宁市市场监督管理局高新技术产业开发区分局为本案被告。一、二审裁定以南宁市市场监督管理局为被告，适用法律是否正确，存疑。虽然诉讼中高新区管委会仍存续，但因高新区管委会有关食品安全监督管理的职权变更，其被告资格依法应当由继续行使其职权的南宁市市场监督管理局高新技术产业开发区分局承继，高新区管委会因此已丧失本案的诉讼主体资格，故其既不能作为本案被告，亦不能作为第三人。

三、类案练习

李某诉沈阳市浑南区人民政府房地产行政登记案[②]

（一）基本案情

李某的父母生前有一处房屋坐落于沈阳市浑南区，沈阳市原浑南新区管理委员会2002年颁发的宅（02）A0501号宅基地使用证载明的土地使用权面积为160平方米。2015年6月，李某的父母相继离世，上述房屋由其继承并办理了继承公证。2015年9月15日，李某到沈阳市浑南区国土资源和房屋管理局办理房地产变更登记时，发现涉案土地使用权已于2013年由沈阳市东陵区政府向张某颁发（13）B0501号土地使用权证。为此，沈阳市浑南区国土资源和房屋管理局对李某办理房地产变更登记的申请不予受理。2016年3月5日，李某向沈阳市中级人民法院提起行政诉讼，主要诉讼请求为：（1）确认沈阳市原浑南新区管理委员会2002年为其父

---

① 该办法于2021年由《市场监管领域重大违法行为举报奖励暂行办法》予以废止。

② 辽宁省沈阳市中级人民法院行政裁定书，（2019）辽01行初672号。

亲李某某颁发的宅（02）A0501号宅基地使用证合法有效，（2）撤销沈阳市原东陵区政府2013年为张某颁发的（13）B0501号土地使用权证。

另查明，2010年2月，中共沈阳市委、沈阳市政府作出沈委发（2010）4号《关于我市行政区划局部调整的决定》，将沈阳市浑南新区管理委员会并入沈阳市东陵区。2014年6月，民政部作出民函（2014）171号《关于辽宁省沈阳市东陵区更名为浑南区的批复》，同意将沈阳市东陵区更名为沈阳市浑南区。

（二）法律问题

1. 李某请求确认宅（02）A0501号宅基地使用证合法有效，对该诉讼请求，李某是否有诉的利益？

2. 李某起诉请求撤销（13）B0501号土地使用权证，是否有原告资格？

3. 沈阳市东陵区更名后，李某起诉请求撤销（13）B0501号土地使用权证，应当以谁为被告？

4. 李某起诉请求撤销（13）B0501号土地使用权证，李某的妻子王某是否应当作为本案的共同原告或者第三人？

5. 李某起诉请求撤销（13）B0501号土地使用权证，沈阳市浑南区国土资源和房屋管理局是否应当作为本案的第三人？

知识拓展

一、拓展阅读

1. 陈清秀. 行政诉讼法［M］. 北京：法律出版社，2016.

2. 李广宇. 如何裁判行政案件：判例体现的理念与方法［M］. 北京：法律出版社，2018.

3. 赵宏. 保护规范理论的误解澄清与本土适用［J］. 中国法学，2020（4）.

4. 王贵松. 论行政诉讼的权利保护必要性［J］. 法制与社会发展，2018（1）.

5. 喻少如，刘文凯. 党政机构合署合设与行政主体理论的发展［J］. 南京社会科学，2019（4）.

二、毕业论文选题指导

1. 行政诉讼的类似必要共同诉讼研究

2. 行政第三人的原告资格研究——兼评最高人民法院指导案例77号

3. 论行政诉讼被告的推定——最高人民法院相关案件裁判文书评析

第十五章　行政诉讼审理程序

行政诉讼审理程序是人民法院审理行政案件适用的程序，包括第一审程序、第二审程序和再审程序。根据《行政诉讼法》第 7 条规定，行政诉讼采用两审终审制度，再审程序不是必经的审判程序，其本质上属于监督程序和纠错程序。在行政诉讼审理程序中，第一审程序是人民法院审理行政案件的必经程序，因而也是其他审判程序的基础。

基础知识

一、第一审程序

（一）起诉

起诉是指原告向法院申请要求对自己提出的具体诉讼请求进行审理和裁判的诉讼行为。起诉是公民、法人和其他组织行使行政诉权的具体体现。在行政诉讼制度中，只有行政行为的相对人和利害关系人享有起诉权。根据《行政诉讼法》第 49 条，起诉必须满足以下条件：

（1）原告是符合《行政诉讼法》第 25 条规定的公民、法人或者其他组织。《行政诉讼法》第 25 条第 1 款规定："行政行为的相对人以及其他与行政行为有利害关系的公民、法人或者其他组织，有权提起诉讼。"实务观点认为，此处"原告"的真正含义是"起诉人"，是否与本案有利害关系，在审查起诉阶段并不能确定，只要起诉人的主张可能与行政行为存在法律上的利害关系即可[①]。

（2）有明确的被告。"明确"是指起诉人必须提出具体和特定的被告。明确被告的目的之一在于能够将起诉状送达被告。根据《行政诉讼法司法解释》（2018）第 67 条：原告提供被告的名称等信息足以使被告与其他行政机关相区别的，可以认定为"有明确的被告"。起诉状列写被告信息不足以认定明确的被告的，人民法院可以

① 江必新，梁凤云. 行政诉讼法理论与实务［M］. 3 版. 北京：法律出版社，2016：1055.

告知原告补正；原告补正后仍不能确定明确的被告的，人民法院裁定不予立案。因此，不能将“明确的被告”等同于“正确的被告”，后者是案件受理后审理的内容。

（3）有具体的诉讼请求和事实根据。具体的诉讼请求是原告要求法院保护的权利主张，事实根据是支持原告权利主张的具体理由。原告的诉讼请求和事实根据限定了法院审理和裁判的对象。《行政诉讼法司法解释》（2018）第68条对“有具体的诉讼请求”作了进一步解释，明确了原告起诉所要追求的法律效果，如请求判决撤销或者变更行政行为、请求判决行政机关履行特定法定职责或者给付义务、请求判决确认行政行为违法等。

（4）属于人民法院受案范围和受诉人民法院管辖。行政诉讼受案范围是指人民法院受理行政案件和裁判行政争议的范围。《行政诉讼法》第12条采用列举和兜底条款的方式对受案范围作了规定。行政诉讼管辖是人民法院系统内同级人民法院或者上下级人民法院之间受理第一审行政案件的分工和权限。原告提起的诉讼必须属于人民法院的受案范围，并且向有管辖权的法院提出。

原告向法院起诉产生诉讼系属的法律效果，具体体现为管辖权恒定和禁止原告重复起诉。《行政诉讼法司法解释》（2018）第106条规定：“当事人就已经提起诉讼的事项在诉讼过程中或者裁判生效后再次起诉，同时具有下列情形的，构成重复起诉：（一）后诉与前诉的当事人相同；（二）后诉与前诉的诉讼标的相同；（三）后诉与前诉的诉讼请求相同，或者后诉的诉讼请求被前诉裁判所包含。”该条参照了《民事诉讼法司法解释》（2015）第247条，采用“三同说”作为重复起诉的判断标准。

需要着重说明的是，原告提起行政诉讼应当在法律规定的期限内，否则，人民法院将不予受理。我国《行政诉讼法》对诉讼期限作出了明确规定：

（1）公民、法人或者其他组织不服复议决定的，可以在收到复议决定书之日起十五日内向人民法院提起诉讼。复议机关逾期不作决定的，申请人可以在复议期满之日起十五日内向人民法院提起诉讼。法律另有规定的除外。

（2）公民、法人或者其他组织直接向人民法院提起诉讼的，应当自知道或者应当知道作出行政行为之日起六个月内提出。法律另有规定的除外。

（3）因不动产提起诉讼的案件自行政行为作出之日起超过二十年，其他案件自行政行为作出之日起超过五年提起诉讼的，人民法院不予受理。

（4）公民、法人或者其他组织申请行政机关履行保护其人身权、财产权等合法权益的法定职责，行政机关在接到申请之日起两个月内不履行的，公民、法人或者其他组织可以向人民法院提起诉讼。法律、法规对行政机关履行职责的期限另有规定的，从其规定。公民、法人或者其他组织在紧急情况下请求行政机关履行保护其人身权、财产权等合法权益的法定职责，行政机关不履行的，提起诉讼不受前款规定期限的限制。

（5）公民、法人或者其他组织因不可抗力或者其他不属于其自身的原因耽误起诉期限的，被耽误的时间不计算在起诉期限内。公民、法人或者其他组织因前款规定以外的其他特殊情况耽误起诉期限的，在障碍消除后十日内，可以申请延长期限，是否准许由人民法院决定。

（二）受理

受理是指人民法院对原告的起诉进行审查，对符合起诉条件的案件决定立案审理，从而启动诉讼程序的审判行为。起诉是公民、法人和其他组织的行为，是法院受理案件的前提；受理是人民法院行使审判权对起诉条件进行审查而作出的裁判行为，是起诉的结果。行政诉讼程序的开始，是这两个诉讼行为的结合。《行政诉讼法》第51条第1、2款规定：人民法院在接到起诉状时对符合本法规定的起诉条件的，应当登记立案。对当场不能判定是否符合本法规定的起诉条件的，应当接收起诉状，出具注明收到日期的书面凭证，并在七日内决定是否立案。不符合起诉条件的，作出不予立案的裁定。裁定书应当载明不予立案的理由。原告对裁定不服的，可以提起上诉。

"立案难"问题是我国行政诉讼实践中的突出问题。2015年，中央全面深化改革领导小组第十一次会议审议通过了《关于人民法院推行立案登记制改革的意见》（简称《立案登记制改革意见》），指出改革人民法院案件受理制度，变立案审查制为立案登记制，对依法应该受理的案件，做到有案必立、有诉必理，保障当事人诉权。推行立案登记制改革，是党的十八届四中全会提出的重要举措，有利于从制度上、源头上解决行政诉讼"立案难"问题，对加快建设公正、高效、权威的社会主义司法制度具有重要意义。《立案登记制改革意见》指出：要坚持正确政治方向，坚持司法为民、公正司法，以宪法和法律为依据，依法保障当事人行使诉讼权利，方便当事人诉讼。对符合法律规定条件的案件，人民法院必须依法受理，任何单位和个人不得以任何借口阻挠法院受理案件。人民法院对符合法律规定的行政起诉案件，一律接收诉状，当场登记立案。当场不能判定的，应当在法律规定的期限内决定是否立案。在法律规定期限内无法判定的，先行立案。不符合形式要件的，人民法院应当及时释明，以书面形式一次性全面告知应当补正的材料和期限。不符合法律规定条件的，应当依法作出裁决。当事人不服的，可以提起上诉。《行政诉讼法》也明确规定了立案登记制度。我们认为，立案登记制度的出台，一方面，体现了人民法院工作方式的重大转变，对于解决行政诉讼"立案难"问题将起到立竿见影的效果；另一方面，给行政审判权提出新的要求，即人民法院如何发挥自己的职权，是一个值得研究的问题。

（三）审理

第一审程序主要是进行庭审和宣判，其中庭审是关键，庭审由预备、法庭调查、法庭辩论、合议庭评议、宣判等程序构成。

开庭审理是指人民法院在当事人和其他诉讼参与人的参加下，依照法律规定的形式和顺序，查清案件事实，分清是非责任，对案件作出处理决定所进行的诉讼活动。开庭审理具有这样几个特点：诉讼法律关系主体同时参加诉讼活动，当事人充分行使诉讼权利，全部证据受到审判核实。同时，开庭审理应当具有一定的形式和顺序。《行政诉讼法》没有具体规定开庭审理的程序，依照有关规定，行政案件开庭审理的程序可以比照《民事诉讼法》的规定，分以下几个阶段进行：

1. 预备阶段

（1）人民法院审理案件，应当在开庭三日前通知当事人和其他诉讼参与人。公开审理的案件，应当公告当事人姓名、案由、开庭时间和地点。

（2）开庭审理前，书记员应当查明当事人和其他诉讼参与人是否到庭，宣布法庭纪律。

（3）开庭审理时，由审判长核对当事人，宣布案由，宣布审判人员、书记员名单，告知当事人的诉讼权利和义务，询问当事人是否申请回避。

2. 法庭调查阶段

法庭调查是行政案件审理进入实质性阶段的活动，是开庭审理的核心。这一阶段的主要任务是，通过当事人对案件事实的全面陈述，发表意见，将所有的与本案有关的证据在法庭上进行质证、核对，以彻底查清案件的事实真相，为正确的裁判和裁定奠定基础。法庭调查的内容是：

（1）当事人作陈述。在法庭调查时，当事人可以对各自的诉讼主张和所依据的事实、理由和证据进行全面、充分的阐述和说明。原告、被告和第三人先后依次陈述。诉讼代理人可以在被代理人陈述后根据需要作补充性陈述。审判人员在必要时也可以就案件的事实进行询问。

当事人陈述过程中，审判人员应当引导当事人紧紧围绕与案件有关的事实进行陈述，对当事人与案件无关的陈述可以制止。同时，审判人员还应当充分保障各方当事人享有平等的陈述权，对作为被告的行政机关不得有任何偏袒的倾向。

（2）证人出庭作证，宣读未到庭证人的书面证言。对当庭作证的证人，应当告知其如实作证的义务和作伪证的法律责任。证人陈述完毕，审判人员可以采取提问的方式对证人进行询问，当事人及其诉讼代理人经法庭许可，可以向证人进行发问。证人未到庭的，由法院宣读书面的证人证言，并允许当事人发表意见。

（3）出示书证、物证和视听资料。对当事人提供和人民法院收集的书证、物证和视听资料应当庭出示，以查明真伪。对法庭所出示的证据，审判人员应当询问当事人对这些证据的意见，当事人可以对这些证据发表自己的看法。

（4）宣读鉴定结论。经法庭许可，当事人可以向鉴定人发问。如鉴定人未出庭的，在审判人员宣读鉴定结论后，应当询问当事人是否有意见。

（5）宣读勘验、现场笔录。对现场和物证进行勘验而制作的笔录，应当由勘验人员或审判人员宣读，如附有照片或图像的，应当一并出示。审判人员应当询问当事人对此类证据是否有意见。经法庭许可，当事人可以向勘验人员发问。

（6）当事人在法庭可以提出新的证据。当事人也可以要求法庭就某些事实和证据重新进行调查、鉴定和勘验。

根据《行政诉讼法》的规定，所有与案件有关的证据都必须在庭审过程中给予核实，否则不能作为定案的依据。如果审判人员认为案件的事实已经清楚，当事人也没有提出新的证据，即可结束法庭调查转入法庭辩论。

3. 法庭辩论阶段

法庭辩论是开庭审理的另一个重要阶段，它是在审判人员的主持下，当事人及其诉讼代理人对案件的事实认定和法律适用提出自己的看法，并对对方当事人的主张进行反驳的一种诉讼活动。法庭辩论是当事人行使辩论权的集中体现，通过辩论可以使审判人员全面、充分地听取各方当事人的主张和意见，为正确认定事实、适用法律奠定基础。

（1）法庭辩论应当按照一定的程序进行。法庭辩论必须在审判人员的主持下进行，辩论的顺序是：①原告及其诉讼代理人发言；②被告及其诉讼代理人发言；③如有第三人，则由第三人接着发言；④互相辩论。法庭辩论终结前，由审判长按原告、被告的先后顺序征询双方最后意见。

（2）法庭辩论必须以法庭调查为基础。经过法庭调查核实的事实和证据是进行法庭辩论的基础。如果当事人在辩论时提出新的事实和证据，而审判人员认为与案件有关的，可以宣布中止辩论，重新进行法庭调查。

（3）法庭辩论应当围绕案件中存在争议的事实、证据和适用法律问题展开，任何与案件无关的辩论内容，审判人员有权提示或者给予制止，否则不利于法庭对案件事实的调查。

（4）当审判人员认为诉讼当事人已经将自己的观点陈述完毕，没有新的观点时，可以在当事人最后陈述后终结法庭辩论。由于行政诉讼一般不适用调解，在法庭辩论后可进入合议庭评议。

4. 合议庭评议阶段

在法庭辩论结束后，所有的合议庭成员将退庭，对案件事实、适用法律作出评议，对当事人的争议作出处理意见。同时，合议庭成员还应就诉讼费用的负担等问题作出决议。在评议的过程中，实行少数服从多数原则。最后，应将评议情况制成笔录，由合议庭成员签名。评议中的不同意见，必须如实记入笔录。

5. 宣判阶段

宣判是指人民法院将对案件的判决结果向当事人和社会公开宣告的一种诉讼活动。宣判标志着行政诉讼第一审程序的结束。

宣告判决有当庭宣告和定期宣告两种形式。当庭宣告的一般程序是：合议庭成员在评议完毕入席重新就座后，由审判长根据评议的结果当庭宣告判决结果。根据《行政诉讼法》第 80 条的规定：人民法院对公开审理和不公开审理的案件，一律公开宣告判决。当庭宣判的，应当在十日内发送判决书；定期宣判的，宣判后立即发给判决书。宣告判决时，必须告知当事人上诉权利、上诉期限和上诉的人民法院。

二、第二审程序

对人民法院一审作出的裁判，如果当事人不服，可以提起上诉。对此，我国《行政诉讼法》规定了第二审程序，二审程序中大部分的规定与一审程序相同。但是，律师应当准确把握二审程序中的上诉的条件、提出上诉的程序、第二审的审理方式等。

（一）上诉的条件

在法定的时间内，当事人对第一审法院尚未生效的判决或者裁决不服，向上级法院提出上诉，上级人民法院进行审理的程序，称为上诉审程序。上诉是当事人的一项重要的诉讼权利，是由我国实行两审终审的审级制度决定的。是否提出上诉，只能由当事人自己决定。为了充分保障当事人合法的上诉权，法律不仅规定了原告的上诉权，还规定了被告的上诉权。也就是说，作为行政机关的被告，法律赋予它合法的上诉权。

上诉的条件既是当事人提起上诉必须具备的要件，也是人民法院受理上诉案件的法定条件。只有符合法定条件的上诉，才能启动第二审程序。上诉必须满足四个条件：一是上诉必须针对未发生法律效力的第一审判决、裁定，其中裁定只限于不予受理、驳回起诉和管辖意义的裁定。已经生效的第一审判决和法律规定不得上诉的裁定，当事人不得提起上诉。二是上诉人和被上诉人必须是一审程序中的当事人。上诉人是指不服第一审未生效的判决、裁定，请求第一审人民法院的上一级人民法院重新审理和作出裁判的一审程序中的当事人。三是必须在法定的上诉期限内提出上诉。根据《行政诉讼法》第 85 条规定：当事人不服人民法院第一审判决的，有权在判决书送达之日起十五日内向上一级人民法院提起上诉。当事人不服人民法院第一审裁定的，有权在裁定书送达之日起十日内向上一级人民法院提起上诉。逾期不提起上诉的，人民法院的第一审判决或者裁定发生法律效力。四是上诉的方式必须合法。当事人必须以书面形式提起上诉，即提交上诉状。口头表达的上诉没有法律效力。

被上诉人是在一审程序中与上诉人相对的另一方当事人。在确定上诉人和被上诉人时，应当注意两个特殊问题。一是如果第一审程序中所有当事人均提起上诉，如何确定他们的诉讼地位。对于这个问题，《行政诉讼法》未作出明确的规定，《行政诉讼法司法解释》（2018）第 107 条规定：第一审人民法院作出判决和裁定后，当事人均提起上诉的，上诉各方均为上诉人。诉讼当事人中的一部分人提出上诉，没有提出上诉的对方当事人为被上诉人，其他当事人依原审诉讼地位列明。二是如何确定共同诉讼的上诉人和被诉人。根据《行政诉讼法》第 27 条规定，共同诉讼分为必要的共同诉讼和普通的共同诉讼。在一审判决、裁定后，共同诉讼人中部分当事人提起上诉，确定被诉人应当区别对待。在必要的共同诉讼中，由于被诉的具体行政行为是“同一的”，因而实质上是一种不可分之诉，不论哪一方的哪一部分当事人提出上诉，必然会涉及其他共同诉讼人。在普通的共同诉讼中，由于被诉的具体行政行为是“同样的”，因而实质上是一种可分离之诉，部分当事人提起上诉，所涉及的只是属于这个诉的其他当事人的权益，而不会涉及属于上诉的其他诉的当事人的权益，因此，未上诉的当事人可以不列入有关的法律文书中。

（二）提出上诉的程序

上诉既可以通过原审人民法院提出，也可直接向第二审人民法院提出。当事人提出上诉，应当按照其他当事人或者诉讼代理人的人数提出上诉状副本。当事人直接向第二审人民法院提出上诉的，第二审人民法院应当在 5 日内将上诉状副本送达其他当事人。对方当事人应当在收到上诉状副本之日起 10 日内提出答辩状。被上诉人不提交答辩状的，不影响人民法院对上诉案件的审理。

原审人民法院在收到上诉状、答辩状后，应当在 5 日内连同全部案卷和证据材料报送第二审人民法院。已经预收诉讼费用的，一并报送。

（三）第二审的审理方式

人民法院对上诉案件，可以采取开庭审理和不开庭审理两种方式。《行政诉讼法》第 86 条规定：人民法院对上诉案件，应当组成合议庭，开庭审理。经过阅卷、调查和询问当事人，对没有提出新的事实、证据或者理由，合议庭认为不需要开庭审理的，也可以不开庭审理。根据《行政诉讼法》第 88 条规定，人民法院审理上诉案件，应当在收到上诉状之日起三个月内作出终审判决。

根据《行政诉讼法》第 89 条第 1 款规定，人民法院审理上诉案件，按照下列情形，分别处理：（1）原判决、裁定认定事实清楚，适用法律、法规正确的，判决或者裁定驳回上诉，维持原判决、裁定；（2）原判决、裁定认定事实错误或者适用法律、法规错误的，依法改判、撤销或者变更；（3）原判决认定基本事实不清、证据不足的，发回原审人民法院重审，或者查清事实后改判；（4）原判决遗漏当事人或者违法缺席判决等严重违反法定程序的，裁定撤销原判决，发回原审人民法院重审。

三、再审程序

根据《行政诉讼法》第 7 条的规定，行政纠纷经过了一审、二审程序的审理，获得一个生效裁判，普通诉讼程序相应就结束了。通常情况下，一旦裁判生效，就必须维护其稳定性和权威性，当事人不得再对此裁判确认的实体法律关系进行争议，法院也不得随意撤销或者变更该裁判。再审程序的提起，有严格的范围和条件限制。同时再审程序还体现了对法院审判活动的监督，所以再审程序的启动主体不限于当事人。在我国，再审程序的启动分为人民法院依职权决定、人民检察院抗诉、当事人申请三种方式。

（一）提出再审程序的主体

1. 人民法院

根据《行政诉讼法》第 92 条规定：各级人民法院院长对本院已经发生法律效力的判决、裁定，发现有该法第 91 条规定情形之一，或者发现调解违反自愿原则或者调解书内容违法，认为需要再审的，应当提交审判委员会讨论决定。最高人民法院对地方各级人民法院已经发生法律效力的判决、裁定，上级人民法院对下级人民法院已经发生法律效力的判决、裁定，发现有该法第 91 条规定情形之一，或者发现调解违反自愿原则或者调解书内容违法的，有权提审或者指令下级人民法院再审。

2. 有权提出抗诉的人民检察院

根据《行政诉讼法》第 93 条第 1 款、第 2 款的规定：最高人民检察院对各级人民法院已经发生法律效力的判决、裁定，上级人民检察院对下级人民法院已经发生法律效力的判决、裁定，发现违反法律、法规规定的，应当按照审判监督程序提出抗诉。地方各级人民检察院对同级人民法院已经发生法律效力的判决、裁定，发现违反法律、法规规定的，可以向同级人民法院提出检察建议，并报上级人民检察院备案；也可以提请上级人民检察院向同级人民法院提出抗诉。

3. 当事人

《行政诉讼法》第 90 条规定："当事人对已经发生法律效力的判决、裁定，认为确有错误的，可以向上一级人民法院申请再审，但判决、裁定不停止执行。"申请再审是当事人的一项重要权利，是宪法赋予公民的民主权利在诉讼中的体现。《最高人民法院关于行政申请再审案件立案程序的规定》（法释〔2017〕18 号）第 1 条规定："再审申请应当符合以下条件：（一）再审申请人是生效裁判文书列明的当事人，或者其他因不能归责于本人的事由未被裁判文书列为当事人，但与行政行为有利害关系的公民、法人或者其他组织；（二）受理再审申请的法院是作出生效裁判的上一级人民法院；（三）申请再审的裁判属于行政诉讼法第九十条规定的生效裁判；（四）申请再审的事由属于行政诉讼法第九十一条规定的情形。"此外，申请再审应当在法定期限内提出。根据《行政诉讼法司法解释》（2018）第 110 条规定："当事人向上一级人民法院申请再审，应当在判决、裁定或者调解书发生法律效力后六个月内提出。有下列情形之一的，自知道或者应当知道之日起六个月内提出：（一）有新的证据，足以推翻原判决、裁定的；（二）原判决、裁定认定事实的主要证据是伪造的；（三）据以作出原判决、裁定的法律文书被撤销或者变更的；（四）审判人员审理该案件时有贪污受贿、徇私舞弊、枉法裁判行为的。"

（二）再审案件的处理

根据《行政诉讼法司法解释》（2018）第 119 条第 1 款的规定，人民法院按照审判监督程序再审的案件，发生法律效力的判决、裁定是由第一审法院作出的，按照第一审程序审理，所作的判决、裁定，当事人可以上诉；发生法律效力的判决、裁定是由第二审法院作出的，按照第二审程序审理，所作的判决、裁定，是发生法律效力的判决、裁定；上级人民法院按照审判监督程序提审的，按照第二审程序审理，所作的判决、裁定是发生法律效力的判决、裁定。

根据《行政诉讼法司法解释》（2018）第 122 条、123 条的规定，再审人民法院可以根据案件的具体情况采取相应的处理措施：

（1）认为原生效判决、裁定确有错误，在撤销原生效判决或者裁定的同时，可以对生效判决、裁定的内容作出相应裁判，也可以裁定撤销生效判决或者裁定，发回作出生效判决、裁定的人民法院重新审理。

（2）第二审人民法院维持第一审人民法院不予立案裁定错误的，再审法院应当撤销第一审、第二审人民法院裁定，指令第一审人民法院受理。

（3）第二审人民法院维持第一审人民法院驳回起诉裁定错误的，再审法院应当撤销第一审、第二审人民法院裁定，指令第一审人民法院审理。

重点难点

一、行政审判一审程序中的职权主义问题

我国行政诉讼一审程序中呈现出的职权主义色彩，主要表现在三个方面：一是程序的架构与运行上的职权主义。人民法院依职权指挥整个行政诉讼的运行。如我国《行政诉讼法》明确规定，原告申请撤诉必须经过人民法院的审查认可。二是调取证据上的职权主义。我国《行政诉讼法》明确规定，人民法院有权要求当事人提供或者补充证据，人民法院有权向有关行政机关以及其他组织、公民调取证据。依据规定法院可以主动调查和收集认为有助于发现案件真实的证据[①]。三是行政判决上的职权主义。行政判决上的职权主义突出表现在重作判决、情况判决、变更判决等判决形式上，上述判决很多情况下是人民法院超越了原告诉讼请求依职权作出来的。当然有必要指出的是，我国行政诉讼的职权主义的诉讼模式也并不是完全否定当事人主义。事实上，并没有纯粹的职权主义或者当事人主义模式[②]。

世界上大多数国家和地区的民事诉讼模式一般采用当事人主义。民事诉讼采用当事人主义是以私法自治作为其立论基础的。所谓当事人主义，是指诉讼程序的运行以及事实主张与相关证据的提出由当事人主导的一种诉讼模式。民事诉讼与行政诉讼的诉讼模式差异突出表现在诉讼程序具体制度的设计上。在诉讼程序的运行方面：在民事诉讼程序中，当事人对程序的运行起主导作用，原告在程序的启动、终止方面都有处分权。而在行政诉讼中，当事人并没有主导行政诉讼程序，除了行政诉讼审判程序之发动，务必由原告提起行政诉讼外，法院对诉讼程序的运行起主导作用。原告的撤诉权受限，不能随意终止诉讼程序。在举证责任问题上：在民事诉讼中，当事人负有举证责任，遵循“谁主张、谁举证”的原则。如果其主张事实处于真伪不明状态时，就要承担举证不能带来的不利后果。当事人未提出的主要事实，法院不得作为判决的基础。而在行政诉讼中，举证责任由被告承担，但也不否定法院依职权调取证据，在特定条件下，法官可以不受当事人是否提出的限制，依职权调查。在诉判关系问题上：民事诉判关系一致是一项基本原则，除非出于国家利益的考虑或者有明确的法律规定，才可以超越原告诉请，否则就是错误判决。而行政

---

① 邓刚宏. 论我国行政诉讼功能模式及其理论价值 [J]. 中国法学，2009 (5)：53-65.

② 宋明，冯含睿. 民事诉讼调解主体的权限分配研究：以当事人主义与职权主义模式为视角 [J]. 理论学刊，2013 (8)：92-95.

判决则不一样，虽然行政诉讼与民事诉讼都遵循不告不理原则，即不得诉外裁判，但是行政诉判关系并非完全一致，如情况判决等[①]。正如日本行政法学者美浓部达吉所言，诉外不得裁判“此亦非各国行政裁判制度共通之原则也，行政诉讼惟置重于以维持行政事件法规正当适用为目的之性质，故亦有国家依行政裁判所之职权而可出于当事者请求范围外以为审理，或得变更系争之处分，与原告以不利益者。行政诉讼，非以保护个人权利为主要之目的，乃以判断宣告公益事件何为正法为其目的者也，是故不拘于当事者之声明，而从裁判所自身之见地，以宣告关于系争事件之正法，是为当然，其结果反有归于原告之不利益者，亦非得已也”[②]。

因此，“行政诉讼的进行系采职权进行主义、职权审理主义及书面审理主义的原则，其诉讼程序乃由行政法院本于职权依法推动，并依职权调查审理，不受当事人陈述及证据所拘束，且以书面审理为主，仅得必要时命令作言词辩论。而民事诉讼的程序有很大的不同，系采当事人进行主义、当事人陈述主义及言词辩论主义。其诉讼程序在原则上应依当事人的意思进行或停止，法院不作积极干预；法院在当事人陈述范围外，仅于必要时始主动积极调查审理，所作裁判均以当事人及证人口头陈述与所提证据为主要依据，对于言辞辩论极为重视”[③]。行政诉讼与民事诉讼模式上的差异给我们准确认识、把握行政诉讼制度打开了一扇窗户。对审判权与诉权、审判权与行政权在行政诉讼中的构造、各自的功能和相互关系进行研究，从而在行政诉讼的运作中形成科学合理的分权结构，是行政诉讼法学者不可回避的研究课题。

二、行政诉讼调解结案的有限性问题

2017 年修正后的《行政诉讼法》第 60 条第 1 款规定：“人民法院审理行政案件，不适用调解。但是，行政赔偿、补偿以及行政机关行使法律、法规规定的自由裁量权的案件可以调解。”此外，《行政协议司法解释》(2019) 第 23 条第 1 款规定：“人民法院审理行政协议案件，可以依法进行调解。”根据现有的立法规定，行政诉讼调解受法律的严格限制，仅在法定的领域允许调解。在实践中，行政机关为了避免败诉，也有不少案件通过非正常“协调”的方式结案。由此产生的法律问题是，如何确定行政调解的范围和界限。

传统上否定行政诉讼调解的理由包括：其一，公权力不能处分。其二，行政主体的行政裁量权不是任性或任意裁量权，法律留给行政主体以裁量的权力，旨在使行政主体针对实际情况作出最合理的决定。因此，即使在行政裁量权范围内，行政主体也不得任意处分。其三，行政诉讼的中心问题是裁断行政行为的合法性，而不仅仅是为了平息争议、解决纠纷。因而，不能为了迅速解决争议而允许行政主体处分其职权[④]。其四，如果行政诉讼可以调解，行政主体为避免败诉，可能会以公共

---

① 金成波. 行政诉讼之情况判决检视［J］. 国家检察官学院学报，2015，23（6）：85－96，170－171.
② 美浓部达吉. 行政裁判法［M］. 邓定人，译. 北京：中国政法大学出版社，2005：155.
③ 林腾鹞. 行政诉讼法［M］. 增订三版. 台北：三民书局，2009：25.
④ 刘东亮. 论行政诉讼中的调解：兼与朱新力教授商榷［J］. 行政法学研究，2006（2）：78－84.

利益为交易代价以获取行政相对人的宽宥，致使无法及时纠正其违法行为。其五，在资源、信息等方面处于强势的行政主体可能会使用威胁、恐吓等手段迫使行政相对人作出无限度的让步，导致行政相对人的合法权益得不到有效保护，有违《行政诉讼法》的初衷等[①]。

上述否定行政调解制度的观点是与消极行政、威权行政理念以及管理方式单一相适应的。但是，随着现代行政法理念向积极行政、服务行政、民主行政转变，行政管理方式也转向多元化，为了实质性化解行政争议，客观上需要建立更加灵活的行政调解制度。如何解决立法上对行政诉讼调解的严格限制与实践中行政案件协调结案比例过高的问题，仍然有待结合目前的立法和司法动态作进一步研究。

三、审理和判决受原告诉讼请求拘束问题

诉判一致是诉讼法的一项基本原则。但是必须具备一个前提，那就是诉请与审理对象具有一致性，这样才能遵循不告不理原则，做到原告起诉什么法院就审理什么。在这一前提下，依诉请择判是一项绝对原则。民事诉讼是平等的民事主体之间的民事纠纷，民事诉讼的审理对象是原告提出的诉讼请求，法院依照依诉请择判的原则就可以达到定分止争的效果，确立平等民事主体各自的法律状态。因此，在民事诉讼中诉请与审理对象具有一致性决定了依诉请择判是一项绝对原则。但在行政诉讼中审理对象是行政行为的合法性，而不是原告提出的行政诉请。如果完全依诉请择判不一定能确立行政诉讼当事人的法律状态，依诉请择判仅能确立原告的法律状态，而被告行政行为的法律状态并没有完全确立。行政主体如果有自力强制执行权的话，那么可以直接进入执行程序，如果没有自力强制执行权的话，还得申请法院执行，法院重新审查行政行为的合法性，这必然导致对司法资源的浪费。事实上，在行政诉讼审判过程中，不论行政诉请的形态，整个行政诉讼都是围绕行政行为是否合法进行的，司法权根据行政行为的合法与否以及特定情况，评判行政行为的效力状态，从而直接或间接对行政诉请作出肯定或者否定的判决。因此，在行政诉讼中，在一定情形下，法院有可能超越原告的诉讼请求径行判决[②]。

案例分析

一、案例导入

张某诉湖北省武汉市武昌区人民政府城建行政征收案[③]

张某对武汉市武昌区人民政府 2015 年 1 月 20 日作出的武昌征决字（2015）1

---

① 林莉红. 论行政诉讼中的协调：兼评诉讼调解 [J]. 法学论坛，2010，25（5）：44－50.

② 邓刚宏. 行政诉讼依诉请择判原则之局限性：依行政行为效力择判原则的可行性分析 [J]. 法学，2008（9）：114－123.

③ 最高人民法院行政裁定书，（2017）最高法行申 411 号。

号房屋征收决定（简称《房屋征收决定》）不服，向湖北省武汉市中级人民法院提起诉讼，请求确认房屋征收决定违法并予以撤销。一审法院查明，奚小弟等人亦因不服《房屋征收决定》向湖北省武汉市中级人民法院起诉，请求法院判决确认上述决定违法并予以撤销，湖北省武汉市中级人民法院于同年9月8日作出（2015）鄂武汉中行初字第00185号行政判决，驳回了奚小弟等人的诉讼请求。奚小弟等人不服，向湖北省高级人民法院提起上诉，湖北省高级人民法院于同年12月29日作出（2015）鄂行终字第00134号行政判决，驳回上诉，维持原判。一审法院经审理后裁定驳回原告张某的起诉。张某不服一审判决，以原审认定事实不清、适用法律错误为由，向湖北省高级人民法院提起上诉，湖北省高级人民法院经过二审审理后裁定驳回上诉，维持原裁定。张某以刻意构建"诉讼标的已为生效裁判所羁束的"情形，非法剥夺再审申请人举证、质证等诉讼权利为由，向最高人民法院申请再审，最高人民法院经再审后裁定驳回张某的再审申请。

二、法官释法

一审法院认为：生效裁判具有法律效力，对当事人和人民法院均具有拘束力，人民法院不能再对同一诉讼标的进行审理。原告所诉的行政行为已为一审、二审法院生效判决所羁束，本院不能再就该行为进行审理，该起诉不符合起诉条件。根据《行政诉讼法若干问题解释》（2015）第3条第1款第9项、第2款之规定，裁定驳回原告张某的起诉。

二审法院认为：奚小弟等人亦因不服被上诉人武汉市武昌区人民政府作出的《房屋征收决定》而提起了行政诉讼。本院于2015年12月29日作出（2015）鄂行终字第00134号行政判决，已发生法律效力。本案与该案被诉行为是同一行政行为，根据《行政诉讼法若干问题解释》（2015）第3条第1款第9项规定，诉讼标的已为生效裁判所羁束的，已经立案的，应当裁定驳回起诉。本案被诉行政行为，已被本院（2015）鄂行终字第00134号生效判决所羁束。原审裁定驳回上诉人张某的起诉并无不当。综上，上诉人张某的上诉理由不能成立，原审裁定认定事实清楚，适用法律正确，根据《行政诉讼法》（2014）第89条第1款第1项之规定，裁定驳回上诉，维持原裁定。

再审法院认为：本案一审法院系依据《行政诉讼法若干问题解释》（2015）第3条第1款第9项的规定，裁定驳回再审申请人的起诉。该项规定的情形是"诉讼标的已为生效裁判所羁束"。再审申请人则对一审法院适用该项规定提出质疑。因而，司法解释该项规定如何理解以及能否适用于本案，就成为争议的核心。

诉讼标的已为生效裁判所羁束的，裁定不予受理或者驳回起诉。这一规定的理论基础是既判力。所谓既判力，是指已经发生法律效力的判决、裁定对后诉的羁束力。其作用体现在消极和积极两个方面。消极作用是指，基于国家司法权的威信以及诉讼经济，在人民法院作出生效判决、裁定后，不准对同一事件再次进行诉讼。既判力的消极作用体现的是"一事不再理"，就此而言，与禁止重复起诉属于同一原理。关于重复起诉，《最高人民法院关于适用〈中华人民共和国民事诉讼法〉的解释》（法释〔2015〕5号）第247条第1款规定："当事人就已经提起诉讼的事项在诉讼过程中或者裁判生效后再次起诉，同时符合下列条件的，构成重复起诉：（一）后诉与前诉的当事人相同；（二）后诉与前诉的诉讼标的相同；（三）后诉与前诉的诉讼请求相同，或者后诉的诉讼请求实质上否定前诉裁判结果。”依此规定，所谓重复起诉，必须是当事人、诉讼标的、诉讼请求这三者同时具备“相同性”。就本案而言，生效裁判的原告是奚小弟等人，本案的原告则是张某，显然不具备“后诉与前诉的当事人相同”这一主体要件。而判决作为解决特定当事人之间具体争议的意思宣言，其既判力显然不应及于别的事件或者没有关系的第三者。

无可否认，与民事诉讼相比，行政诉讼有其自身特点，以本案而论，尽管生效裁判与本案诉讼的原告不同，但起诉的却是同一个行政行为。正因如此，一审裁定认为，生效裁判具有法律效力，对当事人和人民法院均具有约束力，人民法院不能再对同一诉讼标的进行审理。张某所诉的行政行为已为一审、二审法院生效判决所羁束，本院不能再就该行为进行审理。很显然，一审法院将“行政行为”等同于“诉讼标的”。这种观点也是主流观点，并且比较适应行政诉讼以审查行政行为的合法性为主要任务的特点。但是，审查行政行为的合法性，更突出地表现为撤销诉讼的主要任务，《行政诉讼法》（2014）在撤销诉讼之外新增了履行诉讼、给付诉讼、确认诉讼等诉讼类型，而在这些类型的诉讼中，常常并没有一个行政行为存在，因此将行政行为统一地确定为行政诉讼的诉讼标的，难以起到统领各种诉讼类型的作用。即使在撤销诉讼中，行政行为的合法性也仅只属于人民法院的审查对象，而审理对象则还包括该行政行为是否对原告合法权益构成侵犯等因行政行为而引起的行政法律关系。如果将审查对象等同于审理对象，就不能揭示诉讼的本质，不会着眼于案件的全部事实。因此，撤销诉讼的诉讼标的应当是“行政行为违法并损害原告权利这样一个原告的权利主张”。本案中，后诉与前诉起诉的虽然是同一个行政行为，但因原告不同，权利损害的主张亦有可能不同，因此不能简单地认定“后诉与前诉的诉讼标的相同”。

既判力的积极作用是指人民法院不得在其后的诉讼中作出与该判决、裁定内容相抵触的新的判决、裁定。这是法的安定性所决定的。但既判力只对与生效裁判当事人相同的后诉产生诉权的遮断效果，对于第三者而言，只是禁止作出与生效裁判内容相抵触的新的判决、裁定，而不是就此剥夺其诉权。正如《民事诉讼法》（2012）第 54 条规定：“诉讼标的是同一种类、当事人一方人数众多在起诉时人数尚未确定的，人民法院可以发出公告，说明案件情况和诉讼请求，通知权利人在一定期间向人民法院登记。”“人民法院作出的判决、裁定，对参加登记的全体权利人发生效力。未参加登记的权利人在诉讼时效期间提起诉讼的，适用该判决、裁定。”所谓“适用该判决、裁定”，是指适用该判决、裁定中人民法院认定的事实和理由以及所确定的原则，再结合后诉的具体情况作出相应裁判，而不是对于后诉不予审理和裁判。本案中，一审法院认为，张某所诉的行政行为已为一审、二审法院生效判决所羁束，本院不能再就该行为进行审理，并进而驳回再审申请人的起诉，就与前述相关法律的规定不甚相符。

在当事人一方人数众多、针对同一个行政行为分别提起撤销诉讼的情况下，分别对每一个起诉进行审理，确实不符合诉讼经济原则；人民法院对被诉行政行为的合法性进行全面审查，也决定了不可能在不同的案件中对同一个行政行为的合法性作出相反的认定。在这种情况下，比较恰当的做法是采用标准诉讼，即首先审理其中一个或数个有代表性的诉讼，并中止其他诉讼。在首先审理的诉讼中作出的裁判发生法律效力的情况下，如果其他诉讼的当事人认为其案件与首先审理的案件之间并无事实上或法律上的重要区别且案件事实清楚，人民法院可以参照《民事诉讼法》（2012）第 54 条第 4 款的规定，裁定对中止的诉讼适用已经生效的判决裁定。本案中，再审申请人提起的后诉与奚小弟等人提起的前诉在起诉时间上相差无几，一审法院确实首先审理一部分诉讼，对本案诉讼裁定中止。但在前诉裁判发生法律效力后，不是在听取本案当事人意见之后裁定本案适用生效的前诉裁判，而是以"诉讼标的已为生效裁判所羁束"为由裁定驳回再审申请人的起诉。再审申请人认为这其实是"刻意构建'诉讼标的已为生效裁判所羁束的'情形"，不无道理。根据法律规定，再审申请人的再审理由应予支持，本案也应指令原审法院依法作出实体裁判。但本院同时查明，本院已在 2016 年 11 月 30 日作出的（2016）最高法行申字 2310 号行政裁定书中，从是否符合公共利益、是否违反法定程序等方面对本案再审申请人请求撤销的《房屋征收决定》的合法性进行了比较全面的司法审查，并驳回了熊某等 140 人请求确认《房屋征收决定》违法并予以撤销的再审申请，而本案再审申请人张某与熊某等 140 人的权利主张并不存在事实上或法律上的重要区别，在此情况下，指令原审法院作出一个相同的判决，不仅于事无补，还徒然浪费有限的司法资源。因此本院认为，虽然再审申请人的再审理由有其道理，但对于案件而言并无提起再审的必要。

综上，依照《行政诉讼法》（2014）第 101 条、《民事诉讼法》（2012）第 204 条第 1 款之规定，裁定驳回再审申请人张某的再审申请。

三、类案练习

侯某诉山东省茌平县人民政府土地行政登记案[①]

（一）基本案情

侯某系山东省茌平县居民，其以茌平县人民政府为第三人牛某颁发土地使用证侵犯了其合法权益为由，于 2015 年 5 月 15 日以茌平县人民政府为被告向茌平县法院提起行政诉讼，茌平县人民法院于 2015 年 6 月 1 日开庭审理。后侯某向茌平县法院提起撤诉申请，茌平县人民法院裁定准许撤诉。2015 年 10 月 18 日，侯某向山东省聊城市中级人民法院再次以茌平县人民政府颁发土地使用证的行政行为侵犯其合法权益为由，提起行政诉讼。山东省聊城市中级人民法院一审查明：侯某曾就与本案相同的事实、相同的诉讼请求向茌平县人民法院提起行政诉讼，且自愿申请撤诉的事实。侯某在庭审中称：其确曾就此案向茌平县人民法院提起行政诉讼，因当时审理期限即将届满，其暂时无法补充相关新证据，故递交撤诉申请书申请撤诉。现

---

① 最高人民法院行政裁定书，（2016）最高法行申 2747 号。

在其调取到了与本案相关的新证据，且在平县人民法院对此案并无管辖权，其有正当理由重新起诉。

一审法院认为：根据业已生效的（2015）茌行初字第4号行政裁定书内容，侯某曾就被诉行政行为向茌平县人民法院提起行政诉讼，后申请撤诉被茌平县人民法院准许。侯某所主张的正当理由并不符合法律规定，对其主张不予采纳。侯某无正当理由就同一事实、同一诉讼请求向法院提起行政诉讼，对其起诉依法应予驳回。根据《行政诉讼法若干问题解释》（2015）第3条第1款第7项之规定，裁定驳回侯某的起诉。

（二）法律问题

1. 侯某主张茌平县人民法院对此案并无管辖权，是否正确？

2. 茌平县人民法院作出的准予撤诉裁定的法律效力如何？

3. 侯某撤回起诉后是否能够再行起诉？

知识拓展

一、拓展阅读

1. 范伟. 行政诉讼起诉期限功能定位之反思与修正［J］. 行政法学研究，2021（2）.

2. 陈海萍. 行政诉讼起诉条件的规范缺陷与修正［J］. 行政法学研究，2020（1）.

3. 刘一玮. 行政诉讼简易程序的理性反思与完善路径［J］. 行政法学研究，2019（4）.

4. 谷骞. 论行政诉讼调解的适用范围［J］. 行政法学研究，2021（3）.

5. 李成斌，谭红. 行政诉讼原告撤诉之后再行起诉的理解与适用［J］. 人民司法（案例），2018（35）.

6. 张松波. 论行政诉讼原告诉讼请求对法院的拘束力［J］. 行政法学研究，2019（1）.

7. 邓刚宏，马立群. 对行政诉讼之特质的梳理与反思：以与民事诉讼比较为视角［J］. 政治与法律，2011（6）.

二、毕业论文选题指导

1. 行政诉讼起诉条件的审查标准

2. 行政撤销诉讼的诉讼标的研究

3. 行政诉讼撤诉制度的范围和限制

4. 行政诉讼重复起诉的判断标准

5. 行政诉讼附带民事诉讼的裁判方式

第十六章　行政诉讼证据及举证责任分配

我国行政诉讼形成了以《行政诉讼法》、《行政诉讼法司法解释》（2018）、《行政诉讼证据规定》（2002）为主干的证据制度体系，主要包括：法定证据种类制度、举证责任制度、提供证据要求制度、调取和保全证据制度、质证制度、证据审核认定制度。我国行政诉讼的法定证据种类以证据资料的形式为分类标准，存在阻碍新的证据资料进入诉讼的不足。我国行政诉讼制度对客观证明责任分配的现行规定仍然存在法律空白，应当通过建构具有普适性、明确性和确定性的责任分配规则予以填补。应以行政职权为中心，规定由行使行政职权的当事人对职权形成要件承担客观证明责任；主张不行使行政职权的当事人，对职权妨碍要件、职权消灭要件、职权排除要件应承担客观证明责任。

基础知识

一、法定证据种类制度

《行政诉讼法》第 33 条规定了法定证据种类，包括书证、物证、视听资料、电子数据、证人证言、当事人的陈述、鉴定意见、勘验笔录和现场笔录，这是我国行政诉讼证据制度的逻辑起点，其他证据制度都是在这一分类基础上进行体系化展开的。法定证据种类制度具体包含法定证据种类的分类标准、法律意义两个部分。

（一）分类标准

厘清八种法定证据是按照何种标准进行的分类，对于我们正确区分不同种类的证据，以及应对层出不穷的新证据载体，以正确适用相应的证据制度，具有重要的法律意义。

根据大陆法系证据法的学理，一般所谓“证据”，可以从证据资料与证据方法两个维度来理解。证据资料，是指物品、文书、证人等包含能够证明案件事实信息的载体。但证据资料中的信息内容并非自我呈现的，而是需要运用勘验、阅读、询问等调查手段来获取，获取证据资料中信息内容的调查手段就是证据方法。

德国、日本等国家的证据法一般是以证据方法作为逻辑起点的。以德国为例，《德国刑事诉讼法》第48条以下为人证、鉴定、勘验、文书的法定证据方法，《德国民事诉讼法》第355条以下也有类似的规定，《德国行政法院法》也是如此。以证据方法作为其证据法的逻辑起点，意义在于证据法的调整对象是证明行为即采取的不同调查手段而不是证据本身。德、日等国的证据法不对受调查的证据资料本身处于何种形式提出要求，这就使得所有承载着可能与待证事实直接或间接相关的信息的证据资料，不论其载体形式如何，都可以作为证据。

我国法定证据种类是以证据资料形式的不同所进行的分类，该立法体例也被称为“封闭式的列举规定”。这就带来了一个问题，即封闭式列举规定的法定证据种类，必然落后于实践中层出不穷的证据资料形式。例如，电子数据只有等法律修订后才能成为法定证据种类。再如，日益增多的大数据证据，既包括作为基础的大量数据事实，也包括专业人员基于大数据作出的专业判断，这种复合形式的证据按现行法无法被完全归类到任何单一的法定证据种类中，如何运用和认定这些证据就存在障碍。

因此，将法定证据种类的分类标准理解为证据资料形式，存在阻碍新的证据资料进入诉讼的不足。笔者认为，可以按照大陆法系的通行做法，将证据方法作为法定证据种类规定背后的法理来理解其法律意义。现将证据种类分述如下：

1. 书证

书证是通过阅读文书记载的内容获得的证据。故书证法定证据种类的法律意义，是以文字符号作为信息载体的证据资料之法定证据方法，即阅读。

2. 物证

物证是通过展示来查明存在物本身的存在和状态而获得的证据。故物证法定证据种类的法律意义，是以存在物的客观状态作为信息载体的证据资料之法定证据方法，即展示。

3. 证人证言

证人证言是通过询问证人的经历获得的证据。证人是凭自己的经历叙述其知道事实的人。故证人证言法定证据种类的法律意义，是以证人的亲身经历作为信息载体的证据资料之法定证据方法，即询问。

书证、物证、证人证言是三种基本的证据方法，都是利用人类基于自身感官直接体会到的证据资料来证明事实的。当事人的陈述当然也属于证人证言。

4. 视听资料

视听资料是通过观看显像获得的证据。视听资料实质上与书证类似，属于广义的书证，只是视听资料所记载的内容以图像作为形式而非文字，故视听资料法定证据种类的法律意义，是以图像作为信息载体的证据资料之法定证据方法，即观看。

5. 电子数据

电子数据是通过阅读电子数据获得的证据。电子数据也与书证类似，同样属于广义的书证，只是电子数据所记载的内容以数字符号作为形式，故电子数据法定证据种类的法律意义，是以数字符号作为信息载体的证据资料之法定证据方法，即阅读。

6. 鉴定意见

鉴定意见本质上属于证人证言，通过询问具有专门知识的人，并把基于其专门知识作出的判断作为证据，与证人证言类似。故鉴定意见法定证据种类的法律意义，是以鉴定人的专门知识和判断作为信息载体的证据资料之法定证据方法，即询问。这也是鉴定人的签名之效力甚至大于鉴定机构的盖章之效力的原因，即鉴定意见的真实性保障来自鉴定人个体的专业判断。

7. 勘验笔录和现场笔录

勘验笔录是指办案人员依其职权和法定程序对与案件有关的场所、物品或者尸体进行查验、拍照、测量后制作的实况记录。它不仅包括勘验过程中发现的与案件有关的一切事实情况的文字记录，而且包括绘图、照片、录像、模型等。勘验笔录是我国三大诉讼法规定的共同的证据种类。

现场笔录是行政诉讼中特有的证据种类，是指行政机关及其工作人员在实施具体行政行为时，对有关事项的当场情况所作的书面记录，主要包括行政执法检查时询问笔录、检查中所发现问题的情况记录、实施强制扣押行为的情况记录等[①]。

（二）法律意义

首先，按照证据方法理解法定证据种类，可使证据资料进入诉讼时不受证据形式的限制。以大数据证据为例，既然其是既包括基础数据，也包括专业判断的复合型证据，那么应当对其适用多种证据方法，即对基础数据按书证进行调查，对专业判断按鉴定意见进行调查，无须以将大数据证据归入某种法定证据作为前提。至于法律明确规定的勘验笔录、现场笔录等笔录类证据，究竟归属何种证据方法，相对复杂，需要根据笔录的内容来进行区别判断，可留作读者在学习上述法理后自行练习运用的素材。

其次，决定一个证据材料属于何种法定证据的，是采用何种证据方法获取该证据材料，而与该证据材料形式上是文书还是物品没有必然的联系。如果是以展示文书的客观存在状态作为证据的，则该文书是物证；如果是以文书记载的内容本身作为证据的，则该文书才是书证；如果物品上刻有文字，以该文字的内容作为证据的，则该物品是书证；而如果以人本身，即人体的存在或状态作为证据的，则人是物证而并非证人证言。

最后，法定证据方法要求选择最接近该证据材料真实情况的证据方法，不得选择其他证据方法来代替。按照证据方法的理解，法定证据种类分类的法律意义当然是为不同形态的证据资料分配相应的证据方法，以有利于发现真实。但这些分类隐含着另外一层更为重要的法律意义：既然书证、物证、证人证言等证据方法，都是利用人类基于自身的感官直接体会到的证据资料来证明事实的，那么针对一个证据

---

① 李明. 证据法学［M］. 厦门：厦门大学出版社，2014：115.

资料选择证据方法时，应当选择最接近该证据材料真实情况的证据方法，而不得选择其他证据方法来代替，此即大陆法系证据法上所称的“证据替代品”之禁止。例如，不得用书面证词来代替证人出庭作证、不得用物证的照片来代替原物、不得用书证的复印件来代替原件，因为证人出庭作证、物证原物、书证原件相较“证据替代品”更加接近证据材料的真实情况。

二、举证责任制度

举证责任是指当事人根据法律规定对特定的事实提供相关的证据加以证明，说服法官形成内心确信的责任，若不能说服法官形成内心确信，将在诉讼中承担不利的法律后果[①]。《行政诉讼法》第 34 条规定，被告对作出的行政行为负有举证责任；第 38 条规定，在起诉被告不履行法定职责的案件中，原告应当提供其向被告提出申请的证据，在行政赔偿、补偿的案件中，原告应当对行政行为造成的损害提供证据。这是目前行政诉讼举证责任的基本规定。

（一）客观证明责任与主观证明责任的区分

大陆法系普遍采用客观证明责任与主观证明责任的学理区分。客观证明责任，是指法官最终对争议事实的心证处于真伪不明时，由一方当事人承担败诉后果[②]。主观证明责任，是指当事人对特定待证事实提供相关证据加以证明的责任，若不能提供证据，将在诉讼中承担不利的法律后果[③]。客观证明责任的目的在于解决真伪不明时法官如何裁判的问题。大陆法系认为，法院依自由心证原则进行事实认定有三种结果：确信待证事实存在；确信待证事实不存在；待证事实是否存在真伪不明，即无法形成内心确信，既无法确信存在，也无法确信不存在。当真伪不明时，法官裁判由承担客观证明责任的一方来承担败诉的风险，从而摆脱真伪不明给法院带来的困境。主观证明责任的目的则在于解决哪方当事人被迫必须举证，否则承担败诉结果的问题。故主观证明责任也被称作行为责任，而客观证明责任则被称作结果责任。

（二）《行政诉讼法》第 34 条的“举证责任”应当是客观证明责任

我国行政诉讼中“举证责任”的含义历来存在争议。笔者认为，我国《行政诉讼法》第 34 条规定的“举证责任”应当是客观证明责任，因为客观证明责任是一项诉讼制度举证责任体系的根本，主观证明责任是由客观证明责任决定的，也即提供证据的行为责任是由为了避免真伪不明的结果责任所引发和决定的。如果认为我国

---

① 徐庭祥．“政府信息不存在”证明困境的解决路径：指导案例 101 号评释［J］．法律适用，2020（22）：129.

② 已经有学者将客观证明责任应用于行政诉讼研究。参见：朱新力．行政诉讼客观证明责任的分配研究［J］．中国法学，2005（2）：66；吕立秋．行政诉讼举证责任［M］．北京：中国政法大学出版社，2001：10.

③ 同①.

《行政诉讼法》中的“举证责任”只是作为行为责任的主观证明责任，则我国行政诉讼将无法解决真伪不明问题。值得注意的是，由于主观证明责任由客观证明责任引发和决定，故在日常表达中，我们往往用主观证明责任来表达客观证明责任。我国《行政诉讼法》第 34 条第 1 款后半句为“应当提供作出该行政行为的证据和所依据的规范性文件”，虽然从文义看该规定将第 34 条的举证责任理解为提供证据的主观证明责任，但实质是在用抽象的主观证明责任表达客观证明责任，因此该条款规定的“举证责任”仍应当是客观证明责任。故我国《行政诉讼法》中“举证责任”的含义是客观证明责任，本书使用“举证责任”时也意指客观证明责任。

三、提供证据要求制度

《行政诉讼证据规定》(2002) 第 10～19 条规定了当事人向法院提供证据应当符合的形式要求。提供书证的，应当提供原件，提供原件确有困难的，才可以提供与原件核对无误的复印件、照片、节录本；提供由有关部门保管的书证原件的复制件、影印件或者抄录件的，应当注明出处，经该部门核对无异后加盖其印章。提供物证的，应当提供原物，提供原物确有困难的，才可以提供与原物核对无误的复制件或者证明该物证的照片、录像等其他证据。提供计算机数据或者录音、录像等视听资料的，应当提供有关资料的原始载体，提供原始载体确有困难的，才可以提供复制件。提供证人证言的，应当有证人的签名，不能签名的，应当以盖章等方式证明。提供鉴定意见的，应当有鉴定人的签名和鉴定部门的盖章。提供现场笔录的，应当载明时间、地点和事件等内容，并由执法人员和当事人签名；当事人拒绝签名或者不能签名的，应当注明原因；有其他人在现场的，可由其他人签名。这些对提供证据提出的形式要求，是为了从形式上尽量保障证据的真实性与合法性。

四、调取和保全证据制度

《行政诉讼法》和《行政诉讼证据规定》(2002) 规定，涉及国家利益、公共利益或者他人合法权益的事实认定以及程序性事项的，人民法院有权向有关行政机关以及其他组织、公民调取证据。《行政诉讼法》还规定：但是，不得为证明行政行为的合法性调取被告作出行政行为时未收集的证据。对部分原告或者第三人不能自行收集的证据，也可以申请人民法院调取。证据可能灭失或者以后难以取得的，可以向人民法院申请保全证据，人民法院也可以主动采取保全措施。以上调取和保全证据制度，是为了保障发现真实，一定程度上允许法院采职权调查主义。但是，为了体现行政诉讼监督行政机关依法行政的制度目的，法律特别强调不得为证明行政行为的合法性调取被告作出行政行为时未收集的证据。

五、质证制度

《行政诉讼证据规定》(2002) 第 35 条以下规定了涉密证据不公开质证、法院调取证据质证、实物证据质证、证人出庭作证、行政执法人员出庭作证、鉴定人出庭接受询问、专业人员出庭进行说明、二审再审中新的证据质证等质证制度。要求质证的内容应当围绕证据的关联性、合法性和真实性，针对证据有无证明效力以及证明效力大小进行质证。其还规定了质证的法律效果，即未经庭审质证的证据，不能作为定案的依据。质证制度的实质是法庭调查取证的法定程序，这些程序以保障发现真实、保护当事人正当程序权利等为目的。

六、证据审核认定制度

《行政诉讼法》规定，人民法院应当按照法定程序，全面、客观地审查核实证据，对未采纳的证据应当在裁判文书中说明理由，以非法手段取得的证据，不得作为认定案件事实的根据。为落实全面、客观、公正审核证据的要求，《行政诉讼证据规定》（2002）进一步规定了证据审核的具体内容、非法证据排除规则、优势证据规则、自认规则、司法认知和推定规则、证据妨碍规则、补强证据规则等，并出于监督行政机关依法行政的目的，规定被告在作出行政行为后或者在诉讼程序中自行收集的证据，在行政程序中非法剥夺行政相对人依法享有的陈述、申辩或者听证权利所采用的证据，在行政程序中未作为具体行政行为依据的证据等，不能作为认定行政行为合法的依据。

以上规定充分体现了我国行政诉讼对证据裁判原则的落实。证据裁判主义是人类走出神明裁判的成果，不仅要求法院只能以证据证明的事实作为裁判依据，还对证据提出了若干规范性的要求，如应当符合法律规定的形式约束，不得使用非法证据，运用证据证明事实应当受到举证责任的调整，等等，以保证人类以理性的方式去追求真相，实现个案正义。因此，只有学习理解行政诉讼证据制度，才能将行政诉讼中对个案正义的追求建立在理性追寻真相的基石上。

重点难点

一、我国传统行政诉讼举证责任分配理论的反思

我国行政法学界长期以来将多种标准共同作为行政诉讼客观证明责任分配的根据，主要有：有利于监督依法行政，有利于保障行政相对人合法权益，有利于发挥行政机关的举证优势[①]。这些标准虽然在形式上符合基本规则一般抽象的要求，但仍存在缺陷。

（一）我国传统分配理论不具有普适性

普适性是举证责任分配理论的必然结果，一项诉讼制度中除特殊的客观证明责任倒置外，分配理论应当能够解释所有的一般客观证明责任分配规定，这样才能证

---

① 姜明安. 行政法与行政诉讼法［M］. 7版. 北京：北京大学出版社，2019：464-465.

立该理论。而我国传统分配理论，与现行制度中对客观证明责任的分配并不完全相符。比如，有利于监督依法行政的分配标准与《行政诉讼法》第 38 条第 1 款不符，行政相对人是否提出申请由行政机关承担客观证明责任显然更有利于监督依法行政[①]，但现行制度并没有作这样的规定，说明《行政诉讼法》第 38 条第 1 款并非以有利于监督依法行政作为其分配客观证明责任的根据；又如，有利于保障行政相对人合法权益的分配标准，同样与《行政诉讼法》第 38 条第 1 款不符，显然由行政机关对原告是否提出申请承担客观证明责任更有利于保障相对人的合法权益。

因此，有利于监督依法行政、有利于保障行政相对人合法权益等标准，不能解释《行政诉讼法》第 38 条第 1 款对客观证明责任的分配，这些传统分配理论并非行政诉讼客观证明责任的基本规则，而仅能解释部分客观证明责任分配条款。基本规则需要具备普适性，才能具有规范性，要让这些原则能够直接帮助法官进行判决，亦即主张它们具有法律效力，而不是拿这些所谓的原则来对现有的法定证明责任分配的立法目的进行解释[②]。因此，有利于监督依法行政等传统标准无法作为我国行政诉讼客观证明责任分配的基本规则。

（二）我国传统分配理论存在缺陷的原因

我国传统分配理论存在缺陷的根本原因，是其试图从实质目的角度去抽象把握各个分配规定的共性。这显然是难以实现的，因为不同的客观证明责任分配规定必然包含不同的目的考量。行政诉讼案件种类纷繁复杂，归属于不同的行政领域和不同类型的行政法律关系，在分配客观证明责任时更是有千差万别的利益考虑，对于由原告还是被告承担真伪不明的风险不可能有完全相同的目的考量。而我国传统分配理论从目的角度把握分配规则，试图用单一目的作为客观证明责任分配的基本规则，是其理论存在的固有缺陷。

二、应当以规范说作为行政诉讼举证责任分配的基本规则

（一）规范说的基本主张及其规范性来源

德国法学家罗森贝克提出了客观证明责任分配的规范说："每一方当事人均必须主张和证明对自己有利的法规范（法律效力对自己有利的法规范）的条件。"[③] 当事人对有利于自己的法规范的要件事实承担客观证明责任，这是规范说对客观证明责任分配的基本主张。

规范说何以正确有效？其规范性来源于法律适用的基本方式：只有法规范的要件事实在真实的事件中得以实现，法规范才会适用于该事件而产生法律效果。故而，要想有利于自己的法规范得到适用，要想有利于自己的法律效果得以产生，当事人

---

① 马怀德. 行政诉讼原理［M］. 2 版. 北京：法律出版社，2009：243.

② 普维庭. 现代证明责任问题［M］. 吴越，译. 北京：法律出版社，2006：344.

③ 罗森贝克. 证明责任论［M］. 庄敬华，译. 北京：中国法制出版社，2002：104.

必须证明该对其有利的法规范之要件事实在真实的事件中得以实现，否则将因该法规范不能适用而承担不利的后果。这一不利后果的承担，不仅发生在要件事实被证明为不存在时，也发生在要件事实真伪不明时。因此，当法规范要件事实真伪不明时，由主张适用该对其有利的法规范之当事人承担不利后果。可见，规范说的这一基本主张是法律适用基本方式的必然结果，故规范说基于法律适用的基本方式，对所有拟适用的法规范之要件事实的客观证明责任分配具有规范性。

（二）规范说的民事诉讼表述及其规范性来源

规范说的基本主张要能够用以规范具体案件的客观证明责任分配，还需要阐明何等法规范属于有利于原告，何等法规范属于有利于被告，从而形成具备足够明确性和确定性的基本规则①。

罗森贝克提出，何等法规范对哪方当事人有利的界定，应当以法体系的普遍结构为基础。同时强调，所有的法体系都以基本规范和相对规范之间的对抗关系作为基本结构。基本规范规定一般通常情况下的法律效果，相对规范则在一般通常情况的基础上规定若干例外情况，并使这些例外情况的法律效果与基本规范的法律效果相对抗，要么不允许基本规范的法律效果产生，要么使基本规范的法律效果在持续一段时间后消灭，要么将基本规范的法律效果予以排除。

基于这一判断，罗森贝克为了进一步明确民事诉讼中的客观证明责任分配，提出了以权利形成规范作为基本规范，以权利妨碍规范、权利消灭规范与权利排除规范作为相对规范的分类，进而提出了规范说的民事诉讼表述，“原告必须对权利形成的事实加以证明，而被告必须对权利妨碍的事实、权利消灭的事实、权利排除的事实加以证明”②。罗森贝克的这一表述被他的学生普维庭承继，成为规范说的经典表述：如果法官对一个权利形成要件真伪不明，那么请求权人承担不利后果。如果法官对一个权利妨碍要件、权利阻碍要件或者权利消灭要件的事实真伪不明，那么由请求权人的对方当事人承担不利后果③。

（三）规范说对行政诉讼的规范性

规范说基于法律适用的基本方式与法体系普遍的对抗结构对客观证明责任的分配，对行政法领域同样具有规范性。行政法适用的基本方式与其他法律领域是相同的，当行政法的要件事实真伪不明时，同样应当由要求适用该行政法规范的当事人承担不利后果，这同样是行政法适用基本方式的必然结果。因此，规范说提出的“对法规范要件事实的真伪不明，由适用该法规范对其有利的当事人承担不利后果”，也应当是行政法领域客观证明责任分配的基本规则。

我国行政法同样以基本规范与相对规范的对抗关系作为行政法体系的基本结构。

---

① 罗森贝克. 证明责任论［M］. 庄敬华，译. 北京：中国法制出版社，2002：105.

② 同①113.

③ 普维庭. 现代证明责任问题［M］. 吴越，译. 北京：法律出版社，2006：235－236.

在一个行政诉讼案件中，一项诉讼请求必定也是以一个行政法规范作为依据的，我们同样可以把这个行政法规范等同于基本规范；而针对该诉讼请求的一项抗辩，必定也是以与该基本规范相对抗的另一个行政法规范作为依据的，我们同样可以把这个行政法规范等同于相对规范。故我们同样可以依据基本规范和相对规范的对抗关系，来分配行政诉讼的客观证明责任。因此，规范说对行政诉讼的客观证明责任分配同样具有规范性。

三、规范说的行政法重述：以行政职权为中心

规范说应用于民事诉讼时，是依据民事实体法对抗结构的特性进行的民事诉讼表述。因此，将规范说应用于行政诉讼时，应当根据行政法体系对抗结构的特性，重新进行何等行政法规范对哪方当事人有利的界定。

应当以行政职权为中心对规范说进行重述。规范说应用于民事诉讼时以原告的民事权利为中心进行表述并分配客观证明责任，是因为民事实体法以民事权利的形成、妨碍、消灭或排除作为其法律效果，并规定产生这些法律效果的构成要件事实。但行政实体法并非以行政诉讼原告的权利作为其法律效果，稍加观察就会得出一个不争的结论，行政实体法以行政职权的形成、妨碍、消灭、排除作为其法律效果，并规定产生这些法律效果的构成要件事实。因此，将规范说应用于行政诉讼的客观证明责任分配时，应当以行政职权为中心，对规范说进行重述。

（一）规范说视角下行政法规范的分类

规范说的民事诉讼表述，是建立在对民事法规范的分类基础上的。罗森贝克在民事法领域将法规范分为基本规范与相对规范，将权利形成规范作为基本规范，并将相对规范与基本规范的对抗关系分作三种类型：妨碍、消灭与排除。所谓妨碍，是指从一开始就阻止权利形成规范的效力产生，以使权利形成规范根本不能发挥效力；所谓消灭，是指在权利形成规范生效后，将权利形成规范的效力归于消灭；所谓排除，是指虽然权利形成规范有效，但排除其效力的适用①。通过分析我们发现，在行政法领域，应当以行政职权的形成规范作为基本规范，而相对规范与基本规范的对抗关系，同样可以分作妨碍、消灭与排除三种类型。

1. 职权形成规范

职权形成规范规定在何等条件下一项行政职权或行政法律关系应当产生。例如，《治安管理处罚法》第 43 条与第 49 条即为典型的职权形成规范，其规定当“殴打他人”或“故意损毁公私财物”的构成要件在真实事件中得到满足时，产生行政处罚职权。

2. 职权妨碍规范

职权妨碍规范的特征是其与将要形成的职权之法律效果相对抗，在职权尚未形

① 罗森贝克. 证明责任论［M］. 庄敬华，译. 北京：中国法制出版社，2002：15 - 107.

成之前，即妨碍其生成。例如，《取水许可和水资源费征收管理条例》（简称《取水条例》）第 4 条即为典型的职权妨碍规范，行政机关依据《取水条例》第 2 条普遍行使的取水许可职权，因存在《取水条例》第 4 条规定的例外情形而被妨碍，取水许可职权不得行使。职权妨碍规范以在职权行使前即对其职权形成规范产生对抗效果为其特征。

3. 职权消灭规范

职权消灭规范是以一个已经产生的职权为前提的，产生将已经生效的职权予以消灭的法律效果。《行政许可法》第 8 条第 2 款关于“客观情况发生重大变化的，为了公共利益的需要，行政机关可以依法变更或者撤回已经生效的行政许可”的规定，就是典型的许可职权消灭规范。职权消灭规范以在职权行使后才对其职权形成规范产生对抗效果为其特征。

4. 职权排除规范

排除规范赋予主张者形成权，以排除对其职权行使。由于行政行为具有公定力，因此在行政法领域，只有少数法律属于职权排除规范，行政相对人可以据此拒绝对他的职权行使。典型的有《农业法》第 67 条第 1 款。

（二）行政诉讼客观证明责任分配基本规则的提出

基于应当以行政职权为中心对规范说进行重述的判断，以及前述规范说视角下对行政法规范的分类，我们提出规范说的行政法重述作为行政诉讼客观证明责任分配的基本规则：主张行使行政职权的当事人，对职权形成要件承担客观证明责任，主张不行使行政职权的当事人，对职权妨碍要件、职权消灭要件、职权排除要件承担客观证明责任。

1. 以行政职权为中心，正确界定行政诉讼中法规范对哪方当事人有利

以行政职权为中心表述规范说，才能够正确地界定行政诉讼中法规范对哪方当事人有利。在民事诉讼中，由于只有权利形成要件对请求权人有利，所有相对规范都对请求权人不利，因此规范说的民事诉讼表述可以直接明确由请求权人对权利形成要件承担客观证明责任，由请求权人的对方当事人对相对规范承担客观证明责任。但在行政诉讼中，并非只有职权形成要件对行政机关有利，也并非只有相对规范对行政相对人有利。由于行政机关代表的是公共利益，故当行使行政职权对公共利益有利时，职权形成要件即对行政机关有利，而当不行使行政职权对公共利益有利时，职权形成要件就对行政机关不利，相对规范就对行政机关有利。因此，行政机关既可能主张职权形成要件存在，也可能否认职权形成要件的存在，例如认为不存在违法行为而作出不予处罚决定；行政机关还可能主张相对规范的要件事实存在，例如行政机关主张存在“主动消除或者减轻违法后果，并取得被侵害人谅解”情形，进而作出不予处罚决定时，即在主张治安管理处罚职权形成规范的相对规范之要件事实存在。而行政相对人也可能主张职权形成要件存在，例如受害人起诉行政机关拒不履行处罚职权时，受害人即在主张职权形成要件存在；行政相对人当然也可能否认职权形成要件存在，还可

能主张相对规范的要件事实存在，绝大多数的撤销之诉即是例证。

因此，我们提出的基本规则，并没有像民事诉讼基本规则那样，限定哪一方当事人对哪一类要件事实承担客观证明责任，只是明确由要件事实的主张者承担。但这并没有降低基本规则的明确性和确定性，反而能够适应行政诉讼相较民事诉讼的特殊之处。

2. 以行政职权为中心，正确指引各种行政诉讼案件的客观证明责任分配

基本规则需要具有普适性，能够正确指引各种行政诉讼案件的客观证明责任分配。

当行政机关作出单方行为时，行政机关是职权形成要件的主张者，由行政机关对职权形成要件承担客观证明责任，由行政相对人对相对规范承担客观证明责任。在此种情况下，区分依职权与依申请的行政行为对分配客观证明责任是没有实益的。以行政机关行使行政许可职权作出行政许可为例，此时利害关系人不服起诉撤销行政许可决定的，行政机关是许可职权行使的主张者，由行政机关对许可职权形成要件负客观证明责任，与起诉撤销依职权作出的行政处罚之客观证明责任分配是相同的。

当行政机关拒绝作出单方行为时，如果行政机关的理由是职权形成要件不存在，而行政相对人认为职权形成要件存在，则行政相对人是职权形成要件的主张者，由行政相对人对职权形成要件承担客观证明责任，典型的如行政机关以不符合许可条件为由作出不予许可决定。如果行政机关拒绝作出单方行为的理由是相对规范的要件事实存在，则行政机关是相对规范的主张者，由行政机关对相对规范负客观证明责任，典型的如行政机关因存在免予处罚的情形而决定不予处罚。

当行政机关不作为时，行政相对人是职权形成要件的主张者，由行政相对人对职权形成要件承担客观证明责任。

四、现行制度与基本规则的关系

(一)《行政诉讼法》第 34 条第 1 款与基本规则的关系

上文所提出的基本规则与《行政诉讼法》第 34 条第 1 款并无矛盾。按照上文提出的基本规则，行政机关本来就应当对其作出行政行为所依据的法规范之要件事实承担客观证明责任：当行政机关行使职权时，行政机关对职权形成要件负客观证明责任；当行政机关依据相对规范而不行使职权时，行政机关对相对规范的要件事实负客观证明责任。值得说明的是，《行政诉讼法》第 34 条第 1 款的规定并非属于举证责任倒置。“倒置必须有一个‘正置’的前提，只有知道‘正置’的举证责任分配，才能对其称为倒置。”① 我们提出的基本规则是行政诉讼客观证明责任一般分配的依据，也即“正置”的情形。诚如前述，按照基本规则，行政机关本应就其作出行政行为所依据的法规范之要件事实承担客观证明责任，故第 34 条第 1 款的规定属于客观证明责任的“正置”，不属于“倒置”。

除了与第 34 条第 1 款并无矛盾外，上文提出的基本规则的进步意义在于，填补

---

① 蔡小雪. 行政诉讼证据规则及运用［M］. 北京：人民法院出版社，2006：6.

第 34 条第 1 款未规定若干行政相对人负客观证明责任情形的制度空白。根据前述分析：第一，当行政相对人依据相对规范主张行政机关不应当行使职权时，行政相对人对相对规范的要件事实负客观证明责任。第二，当行政相对人依据职权形成规范主张行政机关应当行使职权时，行政相对人对职权形成规范的要件事实负客观证明责任。例如，在行政相对人不服行政机关拒不作出行政许可的纠纷中，应当由行政相对人对职权形成要件负客观证明责任，而法定许可条件显然是许可职权的职权形成要件，故当行政相对人是否达到法定许可条件真伪不明时，应当由行政相对人承担败诉的结果。这一按照我们提出的基本规则所得出的客观证明责任分配结果，也是符合实体正义的，例如当药品的有效性、安全性真伪不明时，显然应当由药品注册申请人承担不利后果，法院应当按伪作出判决。

(二)《行政诉讼法》第 38 条第 1 款与基本规则的关系

《行政诉讼法》第 38 条第 1 款与上文提出的基本规则也是相符的。如前所述，在起诉被告不履行法定职责的案件中，原告本就是适用法规范的主张者，是职权形成要件的主张者，而原告向被告提出申请的事实属于职权形成要件，本就应当由原告负客观证明责任，故《行政诉讼法》第 38 条第 1 款也不属于客观证明责任倒置。

(三)《行政诉讼法》第 38 条第 2 款与基本规则的关系

需要特别指出的是，规范说的行政诉讼表述不能适用于《行政诉讼法》第 38 条第 2 款。第 38 条第 2 款规定了行政赔偿诉讼的客观证明责任分配。行政赔偿诉讼所依据的实体法是《国家赔偿法》，显见的是，《国家赔偿法》是以公民、法人和其他组织的赔偿请求权为中心的[①]，其规定的法律效果，是赔偿请求权的形成、妨碍与消灭。这与行政实体法以行政职权为中心、法律效果围绕行政职权设定存在明显不同。因此，就像规范说的民事诉讼表述不能适应于行政诉讼一样，我们提出的规范说的行政诉讼表述也同样不能适用于行政赔偿诉讼。

但这显然不是对规范说行政诉讼表述普适性的反驳，毋宁是对其的旁证。《行政诉讼法》第 38 条第 2 款的规定，同样是符合规范说的。以赔偿请求权为中心分配行政赔偿诉讼的客观证明责任，自然应当由请求权人对请求权形成要件负客观证明责任。存在损害以及侵害行为与损害间有因果关系，是赔偿请求权的形成要件。第 38 条第 2 款规定由原告对行政行为造成的损害负客观证明责任，即规定由赔偿请求权人对形成要件承担客观证明责任，是符合规范说的。可见，《行政诉讼法》第 38 条第 2 款再次说明了客观证明责任分配的基本规则应当与实体法对抗结构的特性相一致。由于《国家赔偿法》与行政实体法在对抗结构上存在差异，所以依据行政实体法提出的基本规则不能适用于《行政诉讼法》第 38 条第 2 款，而需要依据《国家赔偿法》提出规范说的行政赔偿诉讼表述，这实际上从旁证的角度证明了依据行政实体法的特性提出规范说的行政诉讼表述作为基本规则是正确的。

---

① 参见《国家赔偿法》第 2、3、4 条。

案例分析

一、案例导入

广东众生药业股份有限公司与国家知识产权局、扬州中惠制药有限公司发明专利无效纠纷案[①]

扬州中惠制药有限公司（简称中惠公司）向国家知识产权局申请宣告名称为“一种复方血栓通中药制剂及其制备方法”的发明专利无效（专利权人为广东众生药业股份有限公司，简称众生公司），国家知识产权局作出第32038号无效宣告决定，宣告涉案专利无效。众生公司不服，依法提起行政诉讼，请求撤销第32038号无效宣告决定。

一审中，国家知识产权局向法院提供了其作出无效宣告决定的证据，其中第7项证据为：盖有“专利检索咨询中心检索专用章”的标准号为“WS-211（Z-030）-96”的复方血栓通胶囊的质量标准，复印件共2页（简称证据7）。国家知识产权局称，证据7记载于《国家新药注册数据库（1985—2000）年版》光盘（简称涉案光盘），被诉无效宣告决定认定涉案专利相对于证据7不具有突出的实质性特点和显著进步，进而认定涉案专利不具有创造性。

众生公司对于证据7的内容是否来源于涉案光盘表示异议，并要求对涉案光盘进行勘验。国家知识产权局称证据7为专利检索咨询中心出具，其无法通知专利检索咨询中心就勘验证据7到庭作证，据其向专利检索咨询中心了解，涉案光盘已经遗失。

一审法院认为：证据7为专利检索咨询中心出具的证人证言，系由专利检索咨询中心以加盖印章的形式证明证据7所载的技术方案和公开时间，但是该证人证言并未充分说明其认定依据，也未到庭针对上述内容进行说明。在众生公司要求勘验的情况下，国家知识产权局明确表示无法出示涉案光盘。综合上述情况，被诉无效宣告决定关于证据7可以作为涉案专利的现有技术使用的认定不当，一审法院予以纠正，判决撤销第32038号无效宣告决定。

国家知识产权局不服，向最高人民法院上诉称，证据7是以书面记载内容来证明相关事实的，应当认定为书证，而非证人证言，不属于应当到庭说明情况的情形，其根据证据7作出第32038号无效宣告决定正确，请求最高人民法院撤销一审判决。

中惠公司在二审中认为，证据7所载内容的最原始来源是在涉案光盘安装至一台电脑后运行后生成的新药注册数据库，故证据7属于电子数据，应当勘验的是新药注册数据库，而非光盘。

二、法官释法

本案争议焦点为证据7属于哪种证据，是证人证言、书证，还是电子数据，专利检索咨询中心未到庭进行说明是否影响证据7的证据能力。最高人民法院经二审

① 最高人民法院行政判决书，（2019）最高法知行终143号。

认为：八种法定证据，是按照证据载体的形式和证据内容的来源进行的分类，证据7的内容来源于相关电子信息数据库，应当被认定为电子数据。一审法院将被诉决定中的证据7定性为证人证言，有所不当，二审予以纠正。

二审认为：对电子证据真实性的审查，应当考虑电子数据在生成、存储、传送、收集等多个环节中是否存在被篡改的可能性。如果电子数据是复制文件，或者是从另一电子文件安装而来的，当另一方当事人提出合理怀疑时，则需要对电子数据的原始载体或者原始安装文件进行核验。本案中，国家知识产权局应提交证据7内容来源的原始载体或者原始安装文件以证明证据7内容的真实性，但国家知识产权局在二审庭审过程中明确表示光盘已遗失，无法提供光盘对证据7内容进行核实。因此，在案证据无法证明证据7内容的真实性，证据7不能作为评价涉案专利创造性的对比文件。

本案正好涉及前文讲的两个法理，即如何判断证据资料的法定证据种类，以及如何为证据资料选择正确的证据方法。本案证据7是国家知识产权局向法院提交的案涉质量标准复印件2页，也即形式是书证，但实质内容是涉案光盘所载数据库中的电子数据。

国家知识产权局对电子数据证据没有按照电子数据的证明方法，即展示原始载体中的数据内容来进行调查，而是将电子数据打印成文书，通过展示文书的方式来进行调查，就存在前文提到的“证据替代品”问题，即用书证来代替了电子证据，这明显是不利于发现真实的，因为通过展示原始载体中的电子数据内容这一证据方法，当然比打印后的书证更接近电子数据的真实状况。因此，国家知识产权局用证据7这一打印件来代替电子数据，是不可取的。

一审法院敏锐地察觉到证据7的书证只是形式，其实质并非书证，其试图将证据7界定为证人证言，而对证据7适用证人证言的证据方法，即要求证人出庭接受询问。但这一分类脱离了证据7实质为电子数据的形式本质，故也是不可取的。

最后，最高人民法院基于证据7实质为电子数据，对其适用电子数据的证据方法，认为证据7违反出示原始载体的规定，认定证据7不能作为评价涉案专利创造性的对比文件，无疑是正确的。本案显示，最高人民法院在认定证据7的证据种类时，也不是按照证据7表面的书证形式，而是探究其实质，最终根据何种证据方法最有利于以最接近真实的方式调查该份证据，将证据7界定为电子数据，从而对其适用电子证据的证据规则，以有利于该份证据的辨识。因此，按照本书主张，将我国法定证据种类的法律意义理解为法定证据方法而非证据资料形式的分类，具有正面意义。

三、类案练习

罗某诉重庆市彭水苗族土家族自治县地方海事处政府信息公开案[①]

（一）基本案情

原告罗某是兴运2号船的船主，在乌江流域从事航运、采砂等业务。2014年11

① 罗某诉重庆市彭水苗族土家族自治县地方海事处政府信息公开案，最高人民法院指导案例101号(2018年)。

月 17 日，罗某因诉重庆大唐国际彭水水电开发有限公司财产损害赔偿纠纷案需要，通过邮政特快专递向被告重庆市彭水苗族土家族自治县地方海事处（简称彭水县地方海事处）邮寄书面政府信息公开申请书，请求公开涉及兴运 2 号船等船舶发生事故的海事调查报告等所有事故材料的信息。2015 年 1 月 23 日，彭水县地方海事处作出第 006 号《政府信息告知书》，载明：对申请公开的海事调查报告等所有事故材料经查该政府信息不存在。2015 年 4 月 22 日，罗某以彭水县地方海事处作出的第 006 号《政府信息告知书》不符合法律规定且与事实不符为由，提起行政诉讼，请求撤销彭水县地方海事处作出的第 006 号《政府信息告知书》。

（二）法律问题

在政府信息公开诉讼中，针对“政府信息不存在”产生了大量的行政争议，准确认定事实对这类纠纷的解决至关重要。然而在这类纠纷中，普遍认为存在证明困境：一方面，被告难以举出直接证据来证明政府信息不存在这一消极事实；另一方面，原告也难以举出直接证据来证明由被告掌握的政府信息存在。不论是由被上诉人来证明一个事物的不存在，还是由上诉人来证明其不知道的事物的存在，都被认为是不可能实现的命题。

最高人民法院发布指导案例 101 号，将实践与理论已经普遍认可的被告检索义务引入上述证明困境的解决中，然而与这一做法相关的证明法疑义并未得到充分揭示。其一，该案发布前即广泛争论的举证责任分配问题并未得到指导案例的直接回应。其二，该案裁判要点中出现了新的规范意旨：（1）要求法院先审查原告提交的证据，再审查被告是否能提供相反证据，这一证据审查顺序的法律依据是什么，背后的法理考量是什么，这一顺序是否能够颠倒？（2）明确原告仅需提交“初步证据”，这一规定有什么法律依据，将产生什么法律效果？

上述问题的存在，表明当前理论与实践仅注意到指导案例 101 号对被告科以检索义务，并未能充分认识和理解该案约束法院证明活动的规范意旨及法理。对这些问题予以阐明，对于充分发挥指导案例 101 号的指导作用及正确参照适用具有重要意义。读者可以尝试用从本章学到的行政诉讼举证责任分配的基本规则，对上述问题进行分析回答。

知识拓展

一、拓展阅读

1. 江必新. 适用《关于行政诉讼证据若干问题的规定》应当注意的问题 [J]. 法律适用，2003 (10).

2. 江必新，徐庭祥. 行政诉讼客观证明责任分配的基本规则 [J]. 中外法学，2019 (4).

3. 马立群. 德国行政诉讼证据调查与客观证明责任的分配规则：兼评对我国的借鉴价值 [J]. 比较法研究，2020 (5).

4. 罗森贝克. 证明责任论 [M]. 庄敬华，译. 北京：中国法制出版社，2002.

5. 普维庭. 现代证明责任问题［M］. 吴越，译. 北京：法律出版社，2006.

6. 徐庭祥. 论建构我国行政诉讼的一般证明标准［J］. 政治与法律，2019（12）.

7. 徐庭祥.“政府信息不存在”证明困境的解决路径：指导案例101号评释［J］. 法律适用，2020（22）.

二、毕业论文选题指导

1. 论行政诉讼中情况说明的证据种类与证据能力
2. 论行政诉讼客观证明责任分配的再完善
3. 论行政公益诉讼的举证责任分配
4. 论行政裁决案件的举证责任分配

第十七章　行政诉讼的法律适用与裁判

行政诉讼的过程，很大程度上就是法律适用的过程。在案件的司法裁判中，裁判者通过解释法律条文，将制定法的抽象规定转变为个案的具体适用，从而解决案件中的法律问题。实践中，制定法的含义和适用范围常引发争议，需要法院作出相应的解释；法规、规章和其他规范性文件本身的合法性可能受到质疑，需要法院适用时依法作出处理。本章主要讨论行政诉讼法律适用的一般问题以及行政判决的主要方式。

基础知识

一、行政诉讼的法律适用

行政诉讼的法律适用，是指人民法院按照法定程序，将法律、法规（或参照规章的规定）具体运用于各种行政案件，从而对被诉行政行为的合法性进行审查的专门活动[①]。在此基础之上，又分为广义与狭义的行政诉讼法律适用，前者贯穿于案件受理、事实认定、法律选择、裁判作出等行政诉讼全过程，后者则仅限于法院在案件审理阶段选择法律规范判断具体行为的特定过程。行政审判的法律依据是指人民法院在解决行政争议时，判断被诉行政行为合法性的法律标准和尺度。

（一）以法律、法规为依据

《行政诉讼法》第 63 条[②]规定，人民法院审理行政案件的依据包括法律、行政法规、地方性法规、自治条例和单行条例。但要注意的是，地方性法规只能适用于本行政区域内发生的行政案件。自治条例和单行条例作为依据只能适用于人民法院

---

① 《行政法与行政诉讼法学》编写组．行政法与行政诉讼法学［M］．2 版．北京：高等教育出版社，2018：410．

② 《行政诉讼法》第 63 条："人民法院审理行政案件，以法律和行政法规、地方性法规为依据。地方性法规适用于本行政区域内发生的行政案件。人民法院审理民族自治地方的行政案件，并以该民族自治地方的自治条例和单行条例为依据。人民法院审理行政案件，参照规章。"

审理民族自治地方的行政案件。

(二) 参照规章

人民法院在审理行政案件时，除了以法律、行政法规、地方性法规、自治条例和单行条例为依据外，还可以“参照”规章。规章包括国务院部门制定的规章和地方政府制定的规章。需要注意的是，“参照”的法律地位区别于“依据”。总体而言，规章对法院不具有绝对拘束力。具体而言，依据最高人民法院《关于审理行政案件适用法律规范问题的座谈会纪要》(法〔2004〕96号)(简称《最高法座谈会纪要》)可知，规章在行政诉讼中的适用效力如下：

(1) 参照规章实际上是法律赋予法院在审理行政案件时对规章的选择适用权。法院对于不合法的规章，有权拒绝适用。

(2) 法院参照规章的前提是审查规章，通过审查确定规章的合法性，从而决定是否参照与适用。法院通过审查如认定相应规章合法，该规章即与法律、法规一样具有法律效力，法院在审理案件时应当适用。

(3) 法院经过审查，如认定规章不合法，可拒绝适用，但不能宣布相应规章无效。所谓规章不合法，主要包括以下情形：

其一，规章超越立法权限。

规章超越立法权限，既包括规章违反法律保留原则，设定了应当制定法律的事项；也包括规章制定机关超越其事务管辖范围，规定了应由其他行政机关规定的事项。例如，根据《行政处罚法》第13、14条之规定，规章只能设定警告、通报批评或者一定数量罚款的行政处罚。超出前述种类或者限额设定处罚，即是越权。

其二，规章违反上位法规定。

规章违反上位法规定，是指规章未在法律、行政法规、地方性法规等上位规范的种类、幅度、范围内作出细化规定。例如，在任某诉山西省吕梁行政公署劳动教养管理委员会案①中，吕梁地区两级法院认为，有关法律、行政法规对劳动教养的适用对象已有明确规定，《山西省人民政府关于保护企业厂长、经理依法执行职务的规定》扩大了劳动教养的适用范围，相关条款不予适用。此外，最高人民法院曾在批复②中指出，辽宁省政府发布的《关于加强公路养路费征收稽查工作的通告》规定，对拖缴、逃缴公路规费的单位和个人“可以采取扣留驾驶证、行车证、车辆等强制措施”，其中扣留车辆的措施超出了国务院《公路管理条例》规定的范围，法院不应适用。

(三) 适用司法解释、国际条约及其他国际法规范

人民法院作出行政裁判可适用司法解释。《最高人民法院关于裁判文书引用法

---

① 《最高人民法院公报》1993年第3期。

② 《最高人民法院关于人民法院审理行政案件对缺乏法律和法规依据的规章的规定应如何参照问题的答复》(已失效)，法行复字(1993)第5号。

律、法规等规范性法律文件的规定》（法释〔2009〕14 号）第 5 条指出："行政裁判文书应当引用法律、法律解释、行政法规或者司法解释。对于应当适用的地方性法规、自治条例和单行条例、国务院或者国务院授权的部门公布的行政法规解释或者行政规章，可以直接引用。"最高人民法院于 1991 年、2000 年、2015 年、2018 年发布过较为全面的司法解释①，其中 2018 年发布的《行政诉讼法司法解释》是目前行政诉讼最主要的司法解释。针对行政诉讼证据、撤诉、管辖等诉讼程序问题，行政许可、房屋登记、信息公开等特定领域的实体问题，最高法院亦制定了多个专门规定。此外，针对行政审判中涉及的一些具体问题，最高法院作出了诸多批复与答复，这些司法解释成为行政诉讼的适用规范。

国际条约，有时称"条约"，是指两个及其以上国家或其他国际法主体按照国际法所缔结的确定相互间权力（利）义务关系的书面协议。宪法并未就国际条约的法律地位作出明确规定，一般而言，国际条约的适用应以国内法的转化为前提。中国加入世界贸易组织（WTO）后，《国际贸易行政案件司法解释》（2002）中并未明确规定国际条约应当优先适用，只规定国际条约可以作为解释国内法的基准②。国际条约在过去直接、优先适用的原则可能面临调整。

（四）引用合法有效的其他规范性文件

其他规范性文件是指除了前述法律、法规、规章、司法解释、国际条约及其他国际法规范以外，有权机关制定的规范性法律文件，俗称"红头文件"。主要包括：无法律或地方性法规制定权的国家权力机关制定的规范性文件，无行政法规或规章制定权的行政机关制定的具有普遍约束力的决定、命令，军事机关、审判机关、检察机关的规范性文件，执政党的党内法规等③。

根据《行政诉讼法司法解释》（2018）第 100 条第 2 款之规定："人民法院审理行政案件，可以在裁判文书中引用合法有效的规章及其他规范性文件。"我国已在立法和司法实践上承认了其他规范性文件可在行政诉讼案件中予以适用的法律地位。与规章的适用一样，法院在行政诉讼中适用其他规范性文件以其合法性判断为前提，合法有效的其他规范性文件可予以适用，违法的则不予适用。

二、审判规范之间的冲突及处理

立法权限的划分不明晰、不同立法主体的立法能力存在差异等，导致不同法律

① 最高人民法院印发的《关于贯彻执行〈中华人民共和国行政诉讼法〉若干问题的意见（试行）》（已失效），法〔1991〕19 号；《最高人民法院关于执行〈中华人民共和国行政诉讼法〉若干问题的解释》（已失效），法释〔2000〕8 号；《最高人民法院关于适用〈中华人民共和国行政诉讼法〉若干问题的解释》（已失效），法释〔2015〕9 号；《最高人民法院关于适用〈中华人民共和国行政诉讼法〉的解释》，法释〔2018〕1 号。

② 《国际贸易行政案件司法解释》（2002）第 9 条规定："人民法院审理国际贸易行政案件所适用的法律、行政法规的具体条文存在两种以上的合理解释，其中有一种解释与中华人民共和国缔结或者参加的国际条约的有关规定相一致的，应当选择与国际条约的有关规定相一致的解释，但中华人民共和国声明保留的条款除外。"

③ 姜明安. 行政法与行政诉讼法［M］. 7 版. 北京：北京大学出版社，2019：514.

规范之间的冲突。人民法院在审理行政案件的过程中，必须就多个冲突的规范选择其一进行适用。

（一）审判规范之间冲突的类型

1. 层级冲突

层级冲突，又称法律规范的纵向冲突，指不同位阶法律规范之间的冲突。层级冲突的表现形式主要体现为：下级规范超越上级规范的规定或者内容与上级规范相抵触。常见的情形有：下位法缩小上位法规定的权利主体范围，限制或者剥夺上位法规定的权利，超出上位法规定的强制措施的适用范围、种类和方式，以及增设或者限缩其适用条件等。

2. 同级冲突

同级冲突，又称法律规范的横向冲突，指相同位阶法律规范之间的冲突。其表现形式包括：其一，效力等级相同的同种法律渊源之间的冲突，例如法律之间、行政法规之间、部门规章之间的冲突；其二，效力等级相同的不同法律渊源之间的冲突，例如部门规章与地方政府规章之间的冲突。

3. 新旧冲突和种属冲突

新旧冲突，又称时际冲突，指相同效力等级的新旧规范之间的冲突。一般而言，当新旧法律规范由同一立法主体制定时，旧法与新法冲突的规定默示失效，但当两个规范由不同的立法主体制定时，并不必然产生旧法默示失效的效果。种属冲突，又称总分冲突，指同一立法主体在某一领域制定的一般性立法与特殊性立法的冲突。

4. 地域冲突

地域冲突，又称区际冲突，指不同地域范围内的法律规范之间就相关内容规定发生的冲突。主要表现为同属国内法的不同地区的法律规范之间的冲突，就我国来讲，主要包括三种情形，即港澳台地区与内地、经济特区与其他地区、国内不同行政区域之间的冲突。

（二）法院选择适用规范的规则

为了解决法律规范间的冲突，我国建立了法规、规章、其他规范性文件备案审查制度。《立法法》虽规定了有权改变或者撤销法规、规章的机关，但并未提及法院，法院审查法规合法性的权力并不明确。人民法院有权审查并不予适用违法的规章。《最高人民法院关于裁判文书引用法律、法规等规范性法律文件的规定》（法释〔2009〕14号）第7条指出："人民法院制作裁判文书确需引用的规范性法律文件之间存在冲突，根据立法法等有关法律规定无法选择适用的，应当依法提请有决定权的机关做出裁决，不得自行在裁判文书中认定相关规范性法律文件的效力。"具体而言，法院选择适用规范的规则包括以下几种情形：

1. 下位法不符合上位法的判断适用

《最高法座谈会纪要》规定：下位法的规定不符合上位法的，人民法院原则上应当适用上位法。行政机关的具体行政行为是依据下位法作出的，并未援引和适用上位法。在这种情况下，为维护法制统一，人民法院审查具体行政行为的合法性时，应当对下位法是否符合上位法一并进行判断。经判断下位法与上位法相抵触的，应当依据上位法认定被诉具体行政行为的合法性。

《行政诉讼法》规定法律和行政法规、地方性法规以及民族自治地方的自治条例和单行条例，是法院审理行政案件的“依据”，但当其抵触上位法时，法院可以直接依据上位法认定被诉具体行政行为的合法性。在苏州市爱利电器有限公司诉苏州市工商局沧浪分局行政处罚案件中，法院面临是否适用1987年《投机倒把行政处罚暂行条例》中投机倒把情形的兜底条款“其他扰乱社会主义经济秩序的投机倒把行为”的问题，最高人民法院在给江苏省高院的答复中认为，该项规定不符合《立法法》（2000）和《行政处罚法》（1996）的相关规定，不应予适用①。同时，《行政诉讼法》规定，法院审理行政案件，参照规章，这意味着法院有权对规章进行合法性审查，规章只有在合法的前提下才能成为认定被诉行政行为合法性的依据。在鲁潍（福建）盐业进出口有限公司苏州分公司诉江苏省苏州市盐务管理局盐业行政处罚案中，在盐业管理领域的法律、行政法规没有设定工业盐准运证的行政许可的情况下，地方性法规或者地方政府规章不能设定工业盐准运证这一新的行政许可；盐业管理领域的法律、行政法规对盐业公司之外的其他企业经营盐的批发业务没有设定行政处罚的，地方政府规章不能对该行为设定行政处罚；地方政府规章违反法律规定设定许可、处罚的，人民法院在行政审判中不予适用②。

2. 地方性法规与部门规章冲突的选择适用

根据《立法法》的规定，地方性法规与部门规章没有效力高下之分，二者发生冲突并不意味着规章当然违法，但法院在审理案件过程中必须择一适用。根据《最高法座谈会纪要》的规定，地方性法规与部门规章之间对同一事项的规定不一致的，人民法院一般可以按照下列情形适用：（1）法律或者行政法规授权部门规章作出实施性规定的，其规定优先适用；（2）尚未制定法律、行政法规的，部门规章对于国务院决定、命令授权的事项，或者对于中央宏观调控的事项、需要全国统一的市场活动规则及对外贸易和外商投资等需要全国统一规定的事项作出的规定，应当优先适用；（3）地方性法规根据法律或者行政法规的授权，根据本行政区域的实际情况作出的具体规定，应当优先适用；（4）地方性法规对属于地方性事务的事项作出的规定，应当优先适用；（5）尚未制定法律、行政法规的，地方性法规根据本行政区域的具体情况，对需要全国统一规定以外的事项作出的规定，应当优先适用；（6）能够直接适用的其他情形。不能确定如何适用的，应当依据《立法法》第106条第1款第2项的规定，“由国务院提出意见，国务院认为应当适用地方性法规的，应当决定在该地方适用地方性法规的规定；认为应当适用部门规章的，应当提请全国人民代表大会常务委员

① 梁凤云. 最高人民法院行政诉讼批复答复释解与应用：法律适用卷［M］. 北京：中国法制出版社，2011：139-148.

② 江苏省苏州市金阊区人民法院行政判决书，（2009）金行初字第0027号。

会裁决”。在《最高人民法院关于道路运输市场管理的地方性法规与部门规章规定不一致的法律适用问题的答复》(〔2003〕行他字第4号，已失效)中，最高人民法院肯定了江苏省高级人民法院认为地方条例不涉及中央统一管理的事项，而且符合江苏省的实际需要，应当优先适用《江苏省道路运输市场管理条例》(2003)设定的最高罚款幅度2万元，而不适用交通部《道路运输行政处罚规定》(2001)设定的最高1万元的罚款幅度。

3. 规章冲突的选择适用

《立法法》第102条规定：“部门规章之间、部门规章与地方政府规章之间具有同等效力，在各自的权限范围内施行。”

当部门规章与地方政府规章之间对相同事项的规定不一致的，人民法院应当按照以下情形分别适用：(1)法律或者行政法规授权部门规章作出实施性规定的，其规定优先适用；(2)尚未制定法律、行政法规的，部门规章对于国务院决定、命令授权的事项，或者对属于中央宏观调控的事项、需要全国统一的市场活动规则及对外贸易和外商投资等事项作出的规定，应当优先适用；(3)地方政府规章根据法律或者行政法规的授权，根据本行政区域的实际情况作出的具体规定，应当优先适用；(4)地方政府规章对属于本行政区域的具体行政管理事项作出的规定，应当优先适用；(5)能够直接适用的其他情形。不能确定如何适用的，应当中止行政案件的审理，逐级上报最高人民法院送请国务院裁决①。

部门规章之间对同一事项的规定不一致的，人民法院一般可以按照下列情形选择适用：(1)适用与上位法不相抵触的部门规章规定；(2)与上位法均不抵触的，优先适用根据专属职权制定的规章规定；(3)两个以上的国务院部门就涉及其职权范围的事项联合制定的规章规定，优先于其中一个部门单独作出的规定；(4)能够选择适用的其他情形。不能确定如何适用的，应当中止行政案件的审理，逐级上报最高人民法院送请国务院裁决②。

4. 新旧法律规范的适用规则

根据《最高法座谈会纪要》规定，行政相对人的行为发生在新法施行以前，具体行政行为作出在新法施行以后，人民法院审查具体行政行为的合法性时，实体问题适用旧法规定，程序问题适用新法规定，但下列情形除外：(1)法律、法规或规章另有规定的，(2)适用新法对保护行政相对人的合法权益更为有利的，(3)按照具体行政行为的性质应当适用新法的实体规定的。

5. 特别规定与一般规定的适用关系

根据《最高法座谈会纪要》规定，人民法院审理行政案件适用法律规范时，同一法律、行政法规、地方性法规、自治条例和单行条例、规章内的不同条文对相同事项有一般规定和特别规定的，优先适用特别规定。

法律之间、行政法规之间或者地方性法规之间对同一事项的新的一般规定与旧

①② 《立法法》第106条第1款第3项规定：“部门规章之间、部门规章与地方政府规章之间对同一事项的规定不一致时，由国务院裁决。”

的特别规定不一致的，人民法院原则上应按照新的一般规定。新的一般规定允许旧的特别规定继续适用的，适用旧的特别规定；新的一般规定废止旧的特别规定的，适用新的一般规定。不能确定新的一般规定是否允许旧的规定继续适用的，人民法院应当中止行政案件的审理，属于法律的，逐级上报最高人民法院送请全国人大常委会裁决；属于行政法规的，逐级上报最高人民法院送请国务院裁决；属于地方性法规的，由高级人民法院送请制定机关裁决。《立法法》第 103 条、第 105 条再次确认了此项适用规则。

6. 其他规范性文件的附带审查与选择适用

《行政诉讼法》第 53 条第 1 款规定，公民、法人或者其他组织认为行政行为所依据的规范性文件不合法，在对行政行为提起诉讼时，可以一并请求对该规范性文件进行审查。值得注意的是，区别于《行政诉讼法》其他地方的“一并解决（审理、裁判）”[①]，法院对规范性文件的“一并审查”只是附带审查，不构成一种独立的诉讼类型[②]。《行政诉讼法司法解释》（2018）第 148 条明确了“规范性文件不合法”的认定标准[③]，同时第 149 条规定，法院经审查认为行政行为所依据的规范性文件合法的，应当作为认定行政行为合法的依据，反之不合法的则不作为认定依据，并在裁判理由中予以阐明。

三、行政诉讼判决

行政诉讼判决，简称行政判决，是指人民法院审理行政案件终结时，根据审理所查清的事实，依据法律规定对行政案件实体问题作出的结论性处理决定。行政诉讼判决是人民法院行使国家行政审判权对行政机关进行监督的集中体现，是人民法院处理解决争议的基本手段，也是人民法院审理行政案件和当事人参加诉讼的结果的表现形式。

关于行政诉讼判决的划分，按照审级标准可将判决分为一审判决、二审判决和再审判决，按照判决是否发生法律效力可将判决分为生效判决和未生效判决，等等。现就一审判决的类型及适用条件进行分析。

（一）驳回诉讼请求判决

依据《行政诉讼法》第 69 条的规定：在被诉行政行为系作为时，若被诉行政行

---

① 例如《行政诉讼法》第 79 条之规定：“复议机关与作出原行政行为的行政机关为共同被告的案件，人民法院应当对复议决定和原行政行为一并作出裁判。”

② 何海波. 行政诉讼法［M］. 3 版. 北京：法律出版社，2022：561.

③ 《行政诉讼法司法解释》（2018）第 148 条规定：“人民法院对规范性文件进行一并审查时，可以从规范性文件制定机关是否超越权限或者违反法定程序、作出行政行为所依据的条款以及相关条款等方面进行。有下列情形之一的，属于行政诉讼法第六十四条规定的‘规范性文件不合法’：（一）超越制定机关的法定职权或者超越法律、法规、规章的授权范围的；（二）与法律、法规、规章等上位法的规定相抵触的；（三）没有法律、法规、规章依据，违法增加公民、法人和其他组织义务或者减损公民、法人和其他组织合法权益的；（四）未履行法定批准程序、公开发布程序，严重违反制定程序的；（五）其他违反法律、法规以及规章规定的情形。”

为完全符合合法要件（证据确凿，适用法律、法规正确，符合法定程序），法院应判决驳回原告诉讼请求。在被诉行政行为系被告未依法履行法定职责或给付义务时，若原告申请被告履行法定职责或者给付义务的理由不成立，法院应当判决驳回原告诉讼请求。

通说认为，因行政诉讼以审查被诉行政行为的合法性为中心，法院可以不受原告诉讼请求的拘束，而以被诉行政行为本身的合法状况或违法状况作出相应判决。只有在被诉行政行为完全不存在违法情形的情况下，法院才能判决驳回原告诉讼请求，而不能仅以原告诉讼请求不成立为由判决驳回原告诉讼请求。只要被诉行政行为存在违法情形，法院便应当作出其他类型的相应判决。

《行政诉讼法司法解释》(2018) 第 94 条规定：若原告仅起诉请求撤销被诉行政行为，而被诉行政行为存在无效情形的，法院应当判决确认被诉行政行为无效。若原告起诉请求确认被诉行政行为无效而被诉行政行为不存在无效情形的，经法院释明，在原告变更诉讼请求为撤销行政行为的情况下，法院应当根据案情作出相应判决；在原告请求撤销被诉行政行为已超过法定起诉期限的情况下，法院应当裁定驳回起诉；在原告拒绝变更诉讼请求的情况下，法院应当判决驳回诉讼请求。由此来看，最高院认为行政诉讼判决应在一定程度上受原告诉讼请求的拘束。

（二）撤销判决

撤销判决是法院监督行政机关依法行政的主要判决方式之一。只有在无法通过撤销判决纠正违法行政行为、弥补造成的损失的情况下，才考虑作出其他形式的判决。依据《行政诉讼法》第 70 条的规定，被诉行政行为存在以下任一违法情形的，人民法院可以判决撤销被诉行政行为：

(1) 主要证据不足。合法的行政行为必须满足认定事实清楚这一条件。行政行为的主要证据不足，意味着该行为并不满足认定事实清楚的条件，构成违法。

(2) 法律适用错误。法律适用错误包括适用的法律规范错误，例如应当适用《食品安全法》却适用了《消费者权益保护法》；适用法律文本的具体条款错误，例如应当适用《食品安全法》第 122 条却适用了《食品安全法》第 123 条；适用了已经失效或者尚未生效的法律规范；上位法与下位法冲突的情况下未适用上位法；等等。

(3) 违反法定程序。在法律规范明确规定了行政行为应遵循的具体程序的情况下，行政机关作出行政行为未遵循法定程序即构成违法。在法律规范未明确规定行政行为应遵循的具体程序的情况下，基于程序正当的行政法原则，行政机关也应遵循最基本的程序正义，例如听取陈述、申辩等，否则亦构成违法。

(4) 超越职权。超越职权包括超越了地域管辖权、级别管辖权、事项管辖权，即行政行为处理了应由其他行政机关处理的事项。一般情况下，法院应以撤销判决纠正超越职权的被诉行政行为。在行政行为明显超越职权的情况下，例如公安机关对于违章建筑作出责令拆除通知书，法院应当依法判决确认该被诉行政行为无效。

（5）滥用职权。滥用职权主要从主观上进行考量。行政行为应当符合法律规范所设定的特定公共目的，若行政行为出于执法人员私人目的或者行政行为所追求的公共目的并非其依据的法律规范所设定的特定公共目的，则该行政行为构成滥用职权。

（6）明显不当。明显不当主要从客观上进行考量。在行政行为未超越法律、法规、规章设定的幅度的情况下，可以通过参照行政裁量基准、既有的行政案例判断行政行为是否存在明显不当。在行政行为超越了法律、法规、规章设定的幅度的情况下，应当以适用法律错误为由作出撤销判决，而不应以明显不当为由作出撤销判决。

需注意的是，在行政行为部分违法，且违法部分与行政行为其他部分可分的情况下，法院可以仅判决撤销违法部分；若行政行为的违法部分与其他部分不可分，撤销违法部分将导致整个行政行为失去存续基础，则法院应判决撤销行政行为的全部内容。

根据《行政诉讼法》第70条的规定，法院在判决撤销被诉行政行为的同时，可以一并判决被告重新作出行政行为。因此，重作判决是撤销判决的附随判决。现行法律、司法解释并未明确规定法院一并判决被告重新作出行政行为的条件，有学者认为法院作出重作判决应满足可行性与必要性的要求。其一，可行性。只有被告在法律上有相应的职权，并在事实上能够重新作出相应行政行为，法院判决被告重新作出行政行为才有实际意义。否则，判决将在客观上无法得到执行，有损司法威严。其二，必要性。一般而言，被告是否重新作出行政行为属于行政裁量的范围，基于司法对行政权的尊重，法院应避免滥用重作判决。因此，只有在被告不重新作出行政行为会损害国家利益、社会公共利益、当事人合法权益的情况下，法院才有必要作出重作判决。

在法院作出重作判决的情况下，除了被诉行政行为系因违反法定程序而被撤销，被告不得以同一事实和理由作出与原行政行为基本相同的行政行为，否则法院可以按被告不履行生效判决进行相应处理。在被告适用了新的法律规范或补充了新证据足以认定违法事实的情况下，一般不应认为系以同一事实和理由作出与原行政行为基本相同的行政行为。

（三）履行判决

履行判决针对被告存在不履行法定职责（行政不作为）的情形。《行政诉讼法》第72条规定："人民法院经过审理，查明被告不履行法定职责的，判决被告在一定期限内履行。"履行判决适用条件包括：（1）被告依法有职责作出一定行政行为。基于依法行政的子原则——职权法定，被告在法律上存在一定的作为义务是法院作出履行判决的前提。（2）被告客观上能够履行该职责，并且仍有必要由被告履行，否则履行判决将失去实际意义。（3）被告拒绝履行或拖延履行该职责。被告未履行法定职责的形式包括以书面、口头形式明确拒绝履行或者虽未明确拒绝履行但并未在法定时限内履行法定职责。对于被告应依申请履行法定职责而未履行的，只有原告举证证明其曾经依法向被告申请履行法定职责，而被告不能证明其在法定时限内依法履行了该职责，法院才能作出履行判决；对于被告依法应依职权履行法定职责的，原告则无须证明其曾经向被告提起过申请。

法院在作出履行判决时，可以明确规定被告应履行法定职责的具体内容，也可以仅笼统地规定被告应履行相应法定职责而不明确规定具体的履行内容。若案件事实清楚，证据足以证明客观情况符合履行法定职责的前提条件，且被诉行政行为是羁束行政行为，从实质性化解行政纠纷的角度出发，履行判决应尽可能明确规定被告应履行法定职责的具体内容；若案件事实尚待被告进一步调查，或者被诉行政行为是裁量行政行为，则履行判决仅规定被告须针对原告的请求重新作出处理而无须明确履行的具体内容。

(四) 给付判决

在大陆法系国家，给付判决可以用于各种非课予义务的行政诉讼，尤其是对于事实行为也可以作出给付判决。我国《行政诉讼法》第 73 条仅笼统规定，“人民法院经过审理，查明被告依法负有给付义务的，判决被告履行给付义务”，并未限制给付判决的具体适用范围。《行政诉讼法司法解释》(2018) 第 92 条仅明确列举履行支付“抚恤金”“最低生活保障待遇”“社会保险待遇”这三类给付义务适用给付判决，其适用必须满足以下条件：(1) 被告应履行支付抚恤金、最低生活保障待遇或者社会保险待遇等给付义务，这种给付义务不仅可以来源于法律、法规、规章的规定，还可以来源于规范性文件的规定、行政协议的约定以及行政允诺。(2) 被告拒绝履行、拖延履行给付义务。

就我国当前的立法和司法实践而言，可以将给付判决视为一种特殊类型的履行判决。具体而言，履行判决主要适用于一般情形下被告未履行法定职责的案件，给付判决主要适用于被告未履行给付各类款额义务（如支付抚恤金、退休金等）的案件。法院作出给付判决时原则上应明确被告应给付的具体金额。只有在给付金额确有必要由被告再行调查、裁量进行确定的情况下，给付判决才能笼统规定被告应履行相应给付义务而不规定被告应支付的具体金额。

(五) 变更判决

依据《行政诉讼法》第 77 条的规定，仅在行政处罚明显不当或者其他行政行为涉及对款额的确定、认定确有错误的情况下，人民法院才可以判决变更被诉行政行为。基于行政事务的专业性以及《宪法》对司法权与行政权的配置，《行政诉讼法》严格限制变更判决的适用条件。基于同样的理由，法院也应对变更判决的适用采取较为审慎的态度。在通过撤销判决足以维护原告或第三人合法权益及国家利益、社会公共利益的情况下，应避免采用变更判决。同时应注意变更判决不得加重原告的义务或者减损原告的权益，但利害关系人同为原告，且诉讼请求相反的除外。

（六）确认违法判决

当存在以下任一情形，法院应判决确认被诉行政行为违法，不撤销该行政行为：（1）撤销该被诉行政行为将给国家利益、社会公共利益造成重大损害，例如在大量消费者已支付购房款的情况下，撤销商品房开发商的违法土地使用权证或其他违法不动产登记将导致大量消费者的利益受损，在此情形下应适用确认违法判决；（2）行政行为程序轻微违法但对原告权利不产生实际影响，例如处理期限轻微违法，通知、送达等程序轻微违法；（3）被诉行政行为违法但不具有可撤销内容，例如被告作出的行政拘留处罚决定违法，但因该拘留决定已执行完毕，该行政拘留处罚决定便不具有可撤销内容；（4）被告已改变原被诉违法行政行为，但原告仍要求确认原行政行为违法；（5）被告不履行或者拖延履行法定职责，判决履行没有意义，例如当事人在紧急情况下请求被告公安机关保障其人身安全而公安机关未履行相应的人身安全保障职责，若当事人已经遭受第三人不法侵害，此时判决被告公安机关履行保障人身安全的职责便没有意义。

有法官认为撤销被诉行政行为将损害善意第三人利益的，也可以“被诉行政行为将给国家利益、社会公共利益造成重大损害”为由作出确认违法判决。亦有部分学者支持此种观点。

实践中也存在滥用“行政行为程序轻微违法但对原告权利不产生实际影响”的情形。依据《行政诉讼法司法解释》（2018）第 96 条的规定，被诉行政行为违反法定程序侵害当事人陈述、申辩等重要程序性权利的，法院不得以“行政行为程序轻微违法但对原告权利不产生实际影响”为由作出确认违法判决。考虑到申请听证、复议与听取陈述、申辩一样属于救济性程序权利，且相较于陈述、申辩，听证、复议为当事人合法权益提供了更为完备的程序保障，应当将申请听证与复议的权利视为重要程序性权利，任何违反法定程序损害当事人听证、复议的，都不应视为程序轻微违法。

（七）确认无效判决

依据《行政诉讼法》第 75 条的规定，当被诉行政行为存在重大且明显违法情形，如实施主体不具有行政主体资格、减损权利或者增加义务的行政行为没有法律规范依据、行政行为的内容客观上不可能实施等，法院应当判决确认被诉行政行为无效。

应当注意的是，依据《行政诉讼法司法解释》（2018）第 94 条的规定：若原告仅起诉请求撤销被诉行政行为，而被诉行政行为存在无效情形的，法院应当判决确认被诉行政行为无效。若原告起诉请求确认被诉行政行为无效而被诉行政行为不存在无效情形的，经法院释明，在原告变更诉讼请求为撤销行政行为的情况下，法院应当根据案情作出相应判决；在原告请求撤销被诉行政行为已超过法定起诉期限的情况下，法院应当裁定驳回起诉；在原告拒绝变更诉讼请求的情况下，法院应当判决驳回诉讼请求。

需注意，依据《行政诉讼法》第 76 条的规定，法院判决确认违法或无效的，可同时责令被告采取补救措施。法院在判决责令被告采取补救措施时，可以根据案情明确规定被告应采取补救措施的具体内容，或者仅笼统规定被告应采取相应补救措施而不规定补救措施的具体内容。在具体案件中作出补救判决时，应当综合考虑维护当事人合法权益及尊重行政自由裁量，从实质性化解行政纠纷的角度出发决定是否明确规定补救措施的具体内容。

（八）赔偿判决

若原告在提起行政诉讼时一并提出了赔偿请求，且违法或无效行政行为给原告造成实际损失的，法院应当判决被告承担赔偿责任。依据《行政诉讼法》及其司法解释、《国家赔偿法》的相关规定，法院在行政诉讼中作出赔偿判决需要满足以下条件：(1) 被诉行政行为违法，(2) 原告合法权益遭受实际损失，(3) 被诉违法行政行为与原告实际损失之间存在因果关系。若存在第三人侵害行为一并致使原告合法权益遭受损失，法院还应考量被诉违法行政行为与第三人侵害行为分别对损害结果的作用力来决定被告的赔偿数额。

在讨论上述判决类型时还要考虑两种特殊情形。

一是经过行政复议的案件。依据《行政诉讼法司法解释》(2018) 第 89 条的规定："复议决定改变原行政行为错误，人民法院判决撤销复议决定时，可以一并责令复议机关重新作出复议决定或者判决恢复原行政行为的法律效力。"在查明案件事实、能够确认原行政行为具备合法性的情况下，法院可以径行判决恢复原行政行为的效力，从而避免行政程序再度运行，以防止浪费行政管理资源，亦减少当事人重新参与行政程序的成本。若因证据不足而判决撤销复议决定且法院尚未查明案件事实或者法院无法确认原行政行为具备合法性，则应当一并责令复议机关重新作出复议决定。在复议决定维持原行政行为的情况下，法院需要分别审查原行政行为的合法性与复议决定的合法性，法院在对原行政行为作出判决的同时还应当一并对复议决定作出相应判决。法院判决撤销原行政行为和复议决定的，可以判决作出原行政行为的行政机关重新作出行政行为。法院判决作出原行政行为的行政机关履行法定职责或者给付义务的，应当同时判决撤销复议决定。原行政行为合法、复议决定违法的，人民法院可以判决撤销复议决定或者确认复议决定违法，同时判决驳回原告针对原行政行为的诉讼请求。

二是关于行政协议的案件。依据《行政诉讼法》第 78 条的规定，被告不依法履行、未按照约定履行或者违法变更、解除行政协议的，法院应判决被告承担继续履行、采取补救措施或者赔偿损失等责任。据此，行政协议案件的判决形式通常与一般行政诉讼案件的判决形式相同。依据《行政协议司法解释》(2019)，在行政协议案件中亦存在一些特殊的判决形式，例如撤销、解除行政协议判决和违约责任判决等，这些判决形式源于民事法律规范关于合同的规定。

重点难点

一、行政审判中法律规范具体应用的解释方法

在裁判案件中解释法律规范，是人民法院适用法律的重要组成部分[①]。人民法院解决法律规范冲突，确定适用的条款后，需要对抽象的规范条文进行解释。法律解释的方法多种多样，本部分仅从人民法院解释和适用法律的法律效果与社会效果出发，介绍文义解释和社会学解释两种常用的解释方法。

（一）文义解释

文义解释，是指按照法律条文的字面含义以及通常使用方式以阐释该法律条文的内容和意义的解释方法。“文义解释是法律解释的出发点和基点，在各种法律解释方法中具有优先性地位。”[②]《最高法座谈会纪要》指出：“人民法院对于所适用的法律规范，一般按照其通常语义进行解释；有专业上的特殊涵义的，该涵义优先；语义不清楚或者有歧义的，可以根据上下文和立法宗旨、目的和原则等确定其涵义。”确定了文义解释的优先地位。

在杨某诉无锡市劳动和社会保障局工伤认定案中，案件争议焦点为工伤事故发生时伤害后果尚未发生，伤害后果发生后经医生诊断证明系工伤事故导致的，应当如何确定工伤认定申请时效的起算时间。无锡市中级人民法院二审判决指出：文义解释是正确理解法律条文的首选方法，《工伤保险条例》（2003）第 17 条第 2 款规定的“事故伤害发生之日”，从字面含义上看，“事故”是对于“伤害”的修饰和限制，强调的是伤害结果与工伤事故之间存在因果关系。据此理解，“事故伤害发生之日”就是指伤害结果发生之日，而不是事故发生之日[③]。

（二）社会学解释

社会学解释，是指将社会学方法运用于法律解释，通过社会效果预测和社会目的衡量，在法律条文可能文义范围内，阐释法律条文具体内容的一种法律解释方法[④]。《最高法座谈会纪要》同样指出，“人民法院在解释和适用法律时，应当妥善处理法律效果与社会效果的关系，……注意办案的社会效果”。

在中国财政经济出版社诉北京市工商局海淀分局行政处罚案[⑤]中，被告海淀分局以原告在其网站发布“奥运加油、中国加油”标题，违反《奥林匹克标志保护条

---

① 《最高人民法院关于审理行政案件适用法律规范问题的座谈会纪要》（法〔2004〕96 号）。

② 付子堂. 法理学进阶［M］. 6 版. 北京：法律出版社，2022：170.

③ 《最高人民法院公报》2008 年第 1 期。

④ 同②169.

⑤ 王亦君. 网站打出迎奥运口号被判违法［N/OL］. 中国青年报，2009－06－03［2022－08－22］. http://zqb.cyol.com/content/2009-06/03/content_2692476.htm.

例》（2002）第2条、第4条、第10条[①]为由给予原告1万元行政处罚，原告不服向海淀区法院提起诉讼。一审法院认为被告处罚事实清楚、处罚依据合法，判决原告败诉，原告向北京市第一中级人民法院提起上诉，引起社会公众激烈讨论。同时，大批学者向二审法院提出联名意见书指出：中国财政经济出版社于去年奥运会开幕前夕在其网站主页打出“奥运加油、中国加油”的字样，属于一种爱国热情的正常表达，难以认定具有潜在商业目的，工商行政机关对此进行行政处罚，属于理解和适用法律错误，行使自由裁量权不当。在巨大的社会反响下，二审中被告承诺不再执行原处罚决定，后以原告撤诉告终。此案在一审审理过程中法院虽严格适用法律，确保了法律适用确定性，但未考虑社会效果。

二、宪法在行政诉讼中能否直接适用

宪法是国家的根本大法，规定了一国基本的法律秩序及价值判断标准。在齐某案中，最高人民法院首次提出“依据宪法规定所享有的受教育的基本权利”[②]以论证齐某被侵权的事实，该案因此被称为中国“宪法司法化第一案”。作为最高法院援引宪法的尝试，此举曾一度引发理论界对宪法适用的讨论。然而不久，该司法解释便被废止。《人民法院民事裁判文书制作规范》（法〔2016〕221号）第三部分第七项第4条规定，裁判文书不得引用宪法作为裁判依据，但是其体现的原则和精神可以在说理部分予以阐述。例如，在杨某诉某市场监督管理局食品安全监管案[③]中，为解决法律适用冲突问题，法院在裁判理由中援引了《宪法》第89条，旨在说明地方各级行政机关应当遵从国务院及其各部门发布的决定、命令，地方各级政府制定的规范性文件不得与国务院及其各部门制定的规范性文件相抵触，但该案还需结合《立法法》（2015）第91条、第95条第3款的具体规定才能形成最终判决。在这种意义上，法院援引宪法是为了论证逻辑的自洽，从而体现裁判依据的正当性与裁判文书的权威性，并不涉及宪法解释，仅是对现有法律规定所蕴含的宪法价值进行重述，有利于树立宪法的权威[④]。

目前，对于宪法是否可以进行司法适用，学界仍众说纷纭。但肯定的是，法院无法援引宪法宣布最高立法机关制定的法律无效，否则将违背我国根本政治制度——人民代表大会制度；法院也无法直接援引宪法作为定罪依据，否则会使刑法丧失可预测性，从而有悖罪刑法定原则。至于其他情形，根据依宪治国与依法治国理论，在当下强调宪法实施的法治环境中，法院在必要时援引宪法进行说理应当为

---

① 《奥利匹克标志保护条例》2018年已被修订。

② 《最高人民法院关于以侵犯姓名权的手段侵犯宪法保护的公民受教育的基本权利是否应承担民事责任的批复》（法释〔2001〕25号）：“根据本案事实，陈晓琪等以侵犯姓名权的手段，侵犯了齐玉苓依据宪法规定所享有的受教育的基本权利，并造成了具体的损害后果，应承担相应的民事责任。”

③ 南昌铁路运输法院行政判决书，（2020）赣7101行初215号。

④ 更多案例可参见：魏健馨，田圣文. 宪法实施视域中司法裁判宪法援引的实证分析［J］. 北京行政学院学报，2022（1）；张卓明. 裁判文书援引宪法的“能”与“不能”：“裁判说理”与“裁判依据”二分政策的法理解读［J］. 法学，2021（6）.

目前的司法政策所鼓励。

案例分析

一、案例导入

中山市某房地产发展有限公司诉广东省中山市自然资源局要求解除行政协议案①

2015 年 9 月 30 日，广东省中山市国土资源局（简称中山市国土局）认定中山市某房地产发展有限公司（简称某房地产公司）使用的涉案土地为闲置地，但系政府方原因造成闲置。2016 年 7 月 19 日，中山市国土局与某房地产公司订立一份《国有土地使用权出让合同补充协议》（简称《补充协议》），约定涉案土地的动工开发日期为 2015 年 9 月 30 日，竣工期限为 2 年，还约定了动工开发的标准等其他内容。某房地产公司认为《补充协议》约定的动工开发日期早于合同订立日期，以及中山市国土局存在违约、导致合同目的不能实现等行为，遂提起诉讼，请求判令解除《补充协议》。另中山市闲置土地处置工作领导小组办公室（简称中山市闲置办）已同意对涉案土地在 2016 年 9 月 30 日前可以办理规划报建、施工许可手续，但是中山市国土局没有及时告知某房地产公司。某房地产公司曾就涉案土地上的两期商业住宅工程申请办理建设工程规划许可，规划管理部门仍先后两次作出不予行政许可通知，理由为"项目情况与市总规不符"。此案争议焦点是：合同目的能否实现？基于国家利益、社会公共利益和他人合法权益的平衡，法院如何判决？是支持继续履行协议还是支持解除协议？

二、法官释法

广东省中山市第一人民法院一审认为：《补充协议》于 2016 年 7 月 19 日订立，却约定动工开发日期为 2015 年 9 月 30 日、竣工期限为两年（2017 年 9 月 30 日），且同时约定工程建设进度等限制条件，即某房地产公司实际上须于协议订立后的两个多月内在面积达 100 754.2 平方米的涉案土地上完成办理规划和施工许可、基坑开挖、打入所有基础桩、地基施工完成三分之一等系列工作，且须于 2017 年 9 月 30 日前竣工，显然有悖常理。同时，中山市国土局在中山市闲置办已同意对涉案土地在 2016 年 9 月 30 日前可以申请办理规划报建、施工许可的情况下，没有及时告知某房地产公司该情况，致使某房地产公司随后未能获得规划部门的规划建设许可、无法及时按照《补充协议》的约定履行土地出让合同的开发建设义务，导致合同目的实际不能实现，《补充协议》已符合法律规定的解除条件。但解除《补充协议》将不利于土地管理部门对闲置土地行使管理、监督的职权，也不利于国有土地的合理配置和利用，从而有损国家利益、社会公共利益和他人的合法权益。一审法院遂判

---

① 最高人民法院发布第二批 10 起行政协议诉讼典型案例之七：中山市某房地产发展有限公司诉广东省中山市自然资源局要求解除行政协议案。【法宝引证码】CLI. C. 411147676。

决驳回某房地产公司的诉讼请求。某房地产公司不服，提起上诉。

广东省中山市中级人民法院二审认为：一审法院认定《补充协议》已实际满足法定解除条件，事实依据充分，定性准确。就解除《补充协议》是否会损害国家利益、社会公共利益和他人合法权益的问题，《补充协议》订立的目的是结束涉案土地的闲置状态，尽快开发利用涉案土地，涉及的是土地高效、合规合理利用的“土地管理国家利益和社会公共利益”，但已因原中山市国土局的过错明显无法实现，让双方继续困于合同目的已无法实现的协议关系中，已不符合国家利益和社会公共利益。相反，确认涉案《补充协议》的解除效力，使协议当事人重归解决涉案土地闲置问题的原点，避免土地资源的继续闲置浪费，才更符合土地管理的国家利益、社会公共利益。二审法院遂判决撤销一审判决，确认涉案《补充协议》自 2019 年 4 月 29 日（一审法院向原中山市国土局送达本案诉状及应诉通知书之日）起解除。

因行政协议具有协议性特征，协议相对人与民事合同当事人相同，在符合法定条件情形下，可以依法解除行政协议。但行政协议的订立系基于行政管理或者公共服务目标，行政协议的解除将导致订立目的无法实现，可能损害社会公共利益或其他合法权益。因此，行政协议所具有的行政性特征，决定了协议相对人不能通过其单方行为使有效的行政协议失去法律效力。与民事合同当事人不同，协议相对人在符合法定解除情形下，通常也不能直接通过单方通知行政机关方式解除行政协议，而需要进一步寻求法定救济路径，《行政协议司法解释》（2019）第 17 条规定对此予以明确。人民法院在审理诉请解除行政协议案件时，应当重点审查行政协议是否符合法定的解除条件，以及行政协议解除后是否对其他合法权益尤其是社会公共利益造成损害。对法定解除条件的认定，可以参照适用有关民事合同的法律规范。对国家利益、社会公共利益的认定，应当参照适用《行政诉讼法》第 74 条第 1 款第 1 项规定中“国家利益、社会公共利益”的认定标准，不能简单将行政机关的利益与之等同。行政协议的解除将依法产生相应的法律后果，解除的时间对行政协议当事人的权利义务具有直接影响。因体量篇幅所限，《行政协议司法解释》（2019）并未对行政协议解除的时间进一步作出规定。本案对此进行了有益探索，即参照民事合同解除诉讼的法律精神，确定自一审法院向行政机关送达诉状及应诉通知书之日起解除。

三、类案练习

黄某、陈某等诉钦州市钦南区卫生和计划生育局计划生育行政管理案[①]

（一）基本案情

2004 年 6 月 8 日，原告黄某、陈某夫妇违反计划生育政策生育第三个孩子。被告卫生和计划生育局于 2016 年 5 月 21 日依照《社会抚养费征收管理办法》（现已失效）第 3 条、《广西壮族自治区人口与计划生育条例》（现已失效）第 44 条第 1 项，

① 改编自广西壮族自治区钦州市钦南区人民法院（2017）桂 0702 行初 1 号行政判决书。

以及《广西壮族自治区人口与计划生育管理办法》(现已失效)第 32 条第 1 款第 2 项、第 34 条的规定，分别对原告黄某、陈某夫妇征收社会抚养费 19 446 元和 55 454 元。原告黄某、陈某夫妇认为，被告以往均以结扎代替处罚的方式执行计划生育政策，原告已按被告要求进行结扎手术，现在被告又对原告进行征收社会抚养费构成重复处罚；被告对原告征收社会抚养费的行为已经超过了《行政处罚法》(2009) 规定的两年的时效，属于违法处罚；被告征收社会抚养费的金额明显不当。

原告基于以上理由请求法院判决撤销被告征收社会抚养费的决定。法院经审理认为，征收社会抚养费的行为并非行政处罚，不受两年时效的限制；原告结扎的行为不能免除其缴纳社会抚养费的义务；被告对原告以最高额度的 7 倍征收社会抚养费明显不当。因此，法院判决驳回原告关于撤销被诉行政行为的请求，判决变更社会抚养费征收数额为 13 890 元和 39 610 元。

(二) 法律问题

本案中，原告起诉请求法院撤销被诉行政行为，法院认为原告的诉讼请求不能成立，在原告没有起诉请求变更被诉行政行为的情况下作出了变更判决。你如何看待该判决?

知识拓展

一、拓展阅读

1. 梁慧星. 裁判的方法 [M]. 北京：法律出版社，2003.

2. 江必新，邵长茂. 新行政诉讼法修改条文理解与适用 [M]. 北京：中国法制出版社，2015.

3. 信春鹰. 中华人民共和国行政诉讼法释义 [M]. 北京：法律出版社，2014.

4. 应松年.《中华人民共和国行政诉讼法》修改条文释义与点评 [M]. 北京：人民法院出版社，2015.

5. 最高人民法院行政审判庭. 行政诉讼法司法解释理解与适用 [M]. 北京：人民法院出版社，2018.

6. 贺小荣. 最高人民法院第二巡回法庭法官会议纪要：第 1 辑 [M]. 北京：人民法院出版社，2019.

7. 梁凤云. 不断迈向类型化的行政诉讼判决 [J]. 中国法律评论，2014 (4).

8. 余凌云. 行政诉讼上的显失公正与变更判决：对《中华人民共和国行政诉讼法》第 54 条第 (4) 项的批判性思考 [J]. 法商研究，2005 (5).

二、毕业论文选题指导

1. 行政诉讼法律适用冲突实证考察——以中国裁判文书网××份判决书为样本
2. 行政诉讼判决类型的反思与重构
3. 行政诉讼判决的附属判决研究

4. 行政诉讼撤销判决适用的分析与规范——以中国裁判文书网××份判决书为样本

5. 行政诉讼责令履行判决适用的分析与规范——以中国裁判文书网××份判决书为样本

6. 行政诉讼确认违法判决适用的分析与规范——以中国裁判文书网××份判决书为样本

7. 行政诉讼确认无效判决适用的分析与规范——以中国裁判文书网××份判决书为样本

第十八章 行政赔偿与行政补偿制度

行政赔偿与行政补偿制度是继行政复议、行政诉讼制度之后的又一种行政救济制度，旨在弥补因公共行政权的行使所导致的公民、法人和其他组织合法权益的损失。行政赔偿与行政补偿也是两种相互对应的行政法上的责任制度，如果说行政赔偿以行政违法为前提，那么行政补偿则以行政合法为前提。"因行政赔偿或补偿争议发生的诉讼，就是行政赔偿诉讼和补偿诉讼。它们也是行政诉讼的特别类型。"[①] 本章在对行政赔偿与行政补偿基本知识进行梳理的基础上，对行政赔偿的司法程序、行政追偿制度的发展等内容展开论述。

基础知识

一、行政赔偿制度概述

（一）行政赔偿的构成要件

行政赔偿是指国家对行政主体因行使职权的行为侵犯公民、法人或其他组织的合法权益所造成的损害，依法给予赔偿的法律制度[②]。判断是否能获得行政赔偿可从其构成要件上进行分析，即主体要件、行为要件、损害结果要件和因果关系要件。第一，主体要件。构成行政赔偿，侵权行为主体必须是行政主体，即行政侵权行为由国家行政机关或者法律、法规授权的组织作出，或者由国家行政机关工作人员或受行政机关委托的组织的工作人员作出，但由委托的行政机关承担赔偿责任。第二，行为要件。构成行政赔偿，侵权行为应与行使行政职权有关，且该行为是违法行为[③]。行政赔偿中的行使职权和行政诉讼中的行使职权并不能完全画等号，行政赔偿制度中行使职权的概念范围相对较窄，仅包括公权力行政[④]，该行为可能是违法

---

① 胡建淼．行政诉讼法学［M］．北京：法律出版社，2019：571．

② 杨寅．我国行政赔偿制度的演变与新近发展［J］．法学评论，2013，31（1）：107－112．

③ 姜明安．行政法与行政诉讼法［M］．7版．北京：北京大学出版社，2019：566．

④ 杜仪方．行政赔偿中的"行使职权"概念：以日本法为参照［J］．法商研究，2018，35（2）：183－192．

履行职责的公务行为，或是没有履行法定职责的不作为。第三，损害结果要件。行政主体及其工作人员违法行使职权的行为已经对行政相对人的合法权益造成了损害，这种损害是现实存在的，而且行政赔偿只赔偿直接损失，间接损失一般不计算在内。事实上，无论是现有财产还是可得利益，只要损失的发生具有必然性，就是必然可得利益，就属于直接损失。对于不确定发生的利益，就不属于直接损失。在张某诉虞城县人民政府行政赔偿一案中，最高人民法院经审理认为，经营利益需要多种条件的具备方能成就，并不是不依赖其他外在条件成就的必然发生的利益，故张某对果园违法拆除提出的 40 万元经营损失不是直接损失[①]。第四，因果关系要件。行政主体及其工作人员的违法行为与行政相对人所受损害之间必须存在因果关系，才可能构成行政赔偿。但在实际的案例中，这两者之间是否存在因果关系有时却很难判断[②]。

（二）行政赔偿的范围

从文献来看，理论界在肯定行政赔偿给予民众救济自己合法权益的积极价值之时，从不同角度探讨了行政赔偿范围的不足以及完善的措施。其一，行政主体不履行职责的行为[③]或者不作为导致的损害还未纳入行政赔偿范围[④]；其二，公共设施致害未纳入国家赔偿范围，仅能利用民事侵权法寻求救济，对受害人而言显然是不利的[⑤]，必须对公有公共设施的范围进行厘定，并明确此种情形下国家赔偿的归责原则[⑥]；其三，行政主体滥用行政裁量权致人损害也应纳入行政赔偿范围[⑦]；其四，从行政赔偿的归责原则上看，违法归责原则存在不足，对于行政赔偿的范围有影响，应当将对受害人权益是否尽到合理注意义务作为判断是否违法的标准[⑧]，或者构建违法归责原则和结果归责原则并存的多元归责体系[⑨]；其五，行政赔偿的权益保护范围有限，只限定于人身权和财产权，但自然人除了人身权和财产权，还有政治权利、社会经济权利、文化教育权等[⑩]。在理论争议如火如荼开展的同时，2022 年，最高人民法院发布了《行政赔偿司法解释》（2022），这在一定程度上弥补了《国家赔偿法》规定的不足，回应了理论界的研究成果。依《国家赔偿法》以及《行政赔偿司法解释》（2022）可知，当前我国行政赔偿的范围如下：

---

① 最高人民法院行政裁定书，（2018）最高法行赔申 108 号。

② 陈红．国家赔偿法学［M］．厦门：厦门大学出版社，2015：71.

③ 应松年，杨小君．国家赔偿若干理论与实践问题［J］．中国法学，2005（1）：3-11.

④ 沈岿．论怠于履行职责致害的国家赔偿［J］．中外法学，2011，23（1）：81-95.

⑤ 沈岿．国家赔偿法：原理与案例［M］．北京：北京大学出版社，2017：290-295.

⑥ 吕宁．论公有公共设施致害的国家赔偿［J］．政治与法律，2014（7）：77-86.

⑦ 杨寅．我国行政赔偿制度的演变与新近发展［J］．法学评论，2013，31（1）：107-112.

⑧ 陈国栋．论行政赔偿诉讼中的“违法”［J］．政治与法律，2010（8）：104-112.

⑨ 马怀德，孔祥稳．我国国家赔偿制度的发展历程、现状与未来［J］．北京行政学院学报，2018（6）：1-12.

⑩ 同③.

1. 予以行政赔偿的情形

第一，行政主体在行使职权时侵犯公民人身权，受害人有取得赔偿的权利。侵犯人身权包括以下情形：违法拘留或者违法采取限制公民人身自由的行政强制措施的（限制人身自由的行政处罚或行政强制措施违法的），非法拘禁或者以其他方法非法剥夺公民人身自由的（非法限制人身自由的），以殴打、虐待等行为或者唆使、放纵他人以殴打、虐待等行为造成公民身体伤害或者死亡的（侵害或者唆使、放纵他人侵害公民健康权或生命权的），违法使用武器、警械造成公民身体伤害或者死亡的（违法使用武器、警械侵害公民健康权或生命权的），造成公民身体伤害或者死亡的其他违法行为。第二，行政主体在行使职权时侵犯相对人财产权，受害人有取得赔偿的权利。侵犯财产权包括以下情形：违法实施罚款、吊销许可证和执照、责令停产停业、没收财物等行政处罚的，违法对财产采取查封、扣押、冻结等行政强制措施的，违法征收、征用财产的，造成财产损害的其他违法行为。需要注意的是，依据《行政赔偿司法解释》（2022），前文所述的"其他违法行为"包括"不履行法定职责行为"（不作为）以及"行政机关及其工作人员在履行行政职责过程中作出的不产生法律效果，但事实上损害公民、法人或者其他组织人身权、财产权等合法权益的行为"（行政事实行为）。另外，我国的行政赔偿以支付赔偿金为主要方式。侵犯公民人身权的，绝大部分以支付赔偿金为赔偿方式；侵犯名誉权、荣誉权、姓名权等的，则除了支付赔偿金外，还可能用到消除影响、赔礼道歉等方式；侵犯财产权的，能够返还财产或者恢复原状的，予以返还财产或者恢复原状，不能返还财产或者恢复原状的，才支付赔偿金。

2. 不予行政赔偿的情形

根据法律规定，国家不承担赔偿责任的几种情形主要有：行政机关工作人员与行使职权无关的个人行为（个人行为），因公民、法人和其他组织自己的行为致使损害发生（自伤自害），法律规定的其他情形。此外，《行政赔偿司法解释》（2022）第5条明确规定，国家行为、抽象行政行为不属于行政赔偿诉讼受案范围，即公民、法人或者其他组织认为国防、外交等国家行为或者行政机关制定发布行政法规、规章或者具有普遍约束力的决定、命令侵犯其合法权益造成损害，向人民法院提起行政赔偿诉讼的，不属于人民法院行政赔偿诉讼的受案范围。

（三）行政赔偿申请人与赔偿义务机关

1. 行政赔偿申请人

行政赔偿申请人一般是受害的公民、法人和其他组织，如果受害的公民死亡，则赔偿请求权发生转移，此时赔偿请求人为其继承人和其他有扶养关系的亲属，如果受害的法人或者其他组织终止的，则赔偿请求权转移给其权利承受人。行政赔偿程序有两种，即一并赔偿程序和单独赔偿程序，一并赔偿程序本身是司法程序，而单独赔偿程序则是行政程序与司法程序的结合。赔偿申请人主要是在行政程序中的称呼，在司法程序中，赔偿申请人如果提起行政赔偿诉讼，则一般称为原告。例如，

《行政赔偿司法解释》（2022）规定了一并赔偿程序中赔偿申请人的称呼，即“公民、法人或者其他组织一并提起行政赔偿诉讼中的当事人地位，按照其在行政诉讼中的地位确定，行政诉讼与行政赔偿诉讼当事人不一致的除外”。在一并赔偿程序中，行政赔偿具有附带性，所以行政赔偿诉讼中的当事人地位原则上和行政诉讼中的一致，一般是原告。当然，行政诉讼与行政赔偿诉讼的当事人也会有不一致的时候，例如，受害的公民死亡，在行政诉讼中，由其近亲属作原告，而在行政赔偿诉讼中，则由其继承人或其他有扶养关系的亲属作原告。在实践中，这两种诉讼的权利承受人会有所差别，例如兄弟姐妹，在行政诉讼中能承受受害人的原告资格，但在行政赔偿诉讼中，则没有原告资格。受害的公民死亡，其继承人和其他有扶养关系的人不仅可以申请行政赔偿，也可以提起行政赔偿诉讼，但是在诉讼中需要提供该公民的死亡证明以及赔偿请求人与死亡公民之间的关系证明。为了充分保障合法权利人行使诉讼权利，且与《民法典》侵权责任赔偿的请求权人保持一致，《行政赔偿司法解释》（2022）还作了一条特殊的规定，即受害的公民死亡，支付受害公民医疗费、丧葬费等合理费用的人可以依法提起行政赔偿诉讼。这条规定赋予了医疗费、丧葬费等合理费用支付人请求行政赔偿的权利，而这些费用的支付人有可能并不是已死亡公民的继承人或其他有扶养关系的人。有权提起行政赔偿诉讼的法人或者其他组织分立、合并、终止的，承受其权利的法人或者其他组织不仅可以申请行政赔偿，也可以依法提起行政赔偿诉讼。

2. 赔偿义务机关

一般情况下，赔偿义务机关即是实施具体行政行为的行政主体。具体而言，第一，行政机关及其工作人员行使行政职权侵犯公民、法人和其他组织的合法权益造成损害的，该行政机关为赔偿义务机关；第二，两个以上行政机关共同行使行政职权时侵犯公民、法人和其他组织的合法权益造成损害的，共同行使行政职权的行政机关为共同赔偿义务机关；第三，法律、法规授权的组织在行使授予的行政权力时侵犯公民、法人和其他组织的合法权益造成损害的，被授权的组织为赔偿义务机关；第四，受行政机关委托的组织或者个人在行使受委托的行政权力时侵犯公民、法人和其他组织的合法权益造成损害的，委托的行政机关为赔偿义务机关；第五，赔偿义务机关被撤销的，继续行使其职权的行政机关为赔偿义务机关，没有继续行使其职权的行政机关的，撤销该赔偿义务机关的行政机关为赔偿义务机关；第六，经复议机关复议的，最初造成侵权行为的行政机关为赔偿义务机关，但复议机关的复议决定加重损害的，复议机关对加重的部分履行赔偿义务。

在行政程序中，行使公共行政权并侵害公民、法人或其他组织的合法权益的机关或组织为赔偿义务机关，但在司法程序中，其称呼则会发生变化，可能会成为被告或第三人。例如，《行政赔偿司法解释》（2022）第 8 条规定，两个以上行政机关共同实施侵权行政行为造成损害的，共同侵权行政机关为共同被告。赔偿请求人坚持对其中一个或者几个侵权机关提起行政赔偿诉讼，以被起诉的机关为被告，未被起诉的机关追加为第三人。另外，《行政赔偿司法解释》（2022）第 9 条也规定了赔偿义务机关在行政赔偿诉讼中作为被告或者第三人的情形，即原行政行为造成赔偿请求人损害，复议决定加重损害的，复议机关与原行政行为机关为共同被告。赔偿请求人坚持对作出原行政行为机关或者复议机关提起行政赔偿诉讼，以被起诉的机关为被告，未被起诉的机关追加为第三人。前述两条规定，平衡了行政诉讼的合法性全面审查原则与尊重当事人的诉权问题，将未被起诉的行政机关作为第三人参加诉讼，既能够保证案件的全面审查，又充分尊重了起诉人的权利，也能更好地解决行政赔偿争议①。第 9 条有关被告资格的规定与行政诉讼中的被告资格有所不同，如果复议机关维持了原行政行为，相对人不服提起行政诉讼，则必须将复议机关与原行政行为机关作为共同被告，而不能将其中任何一个作为第三人，此举意在充分发挥复议制度的作用，但有忽略当事人诉权之嫌。而在行政赔偿诉讼中，因为不存在激励复议的问题，所以第 9 条的规定充分尊重了行政赔偿诉讼原告的诉权。

在非诉执行案件中，人民法院依据行政机关的申请，对行政相对人进行了强制执行，如果据以强制执行的行政行为违法，导致公民、法人或其他组织提起行政赔偿诉讼的，以申请强制执行的行政机关为被告和赔偿义务机关，而不以人民法院为赔偿义务机关。虽然强制执行行为是法院作出的，但主要错误不在法院，而是作为执行依据的行政行为发生错误，而这个责任主要在于申请法院强制执行的行政机关，所以这种情况下的赔偿属于行政赔偿而非司法赔偿。

（四）行政赔偿的程序

我国行政赔偿主要有两种程序，第一是一并提出行政赔偿，第二是单独提出行政赔偿。

1. 一并提出行政赔偿

一并提出行政赔偿，是指赔偿请求人在申请行政复议或者提出行政诉讼时一并提出行政赔偿请求。一并赔偿程序可能存在几种情形：

第一，赔偿请求人在行政复议或行政诉讼时明确提出行政赔偿请求。赔偿请求人在行政复议时一并提出行政赔偿请求的，适用《行政复议法》有关复议期限的规定，也即公民、法人或者其他组织自知道该具体行政行为之日起六十日内提出行政复议申请，但是法律规定申请期限超过六十日的除外。公民、法人或者其他组织提起行政诉讼时一并请求行政赔偿的，适用《行政诉讼法》有关起诉期限的规定，也即公民、法人或者其他组织直接向人民法院提起诉讼的，应当自知道或者应当知道作出行政行为之日起六个月内提出，法律另有规定的除外。

第二，赔偿请求人提出行政赔偿诉讼，但被法院视为行政诉讼附带行政赔偿诉讼。行政行为未被确认为违法时，即使公民、法人或者其他组织提起的是行政赔偿诉讼（单独程序），人民法院也应当视为提起行政诉讼时一并提起行政赔偿诉讼（视为一并程序）。此项规定表明，如果要通过行政赔偿诉讼得到赔偿，必须有一项前

---

① 于厚森，郭修江，杨科雄，等.《最高人民法院关于审理行政赔偿案件若干问题的规定》的理解与适用［J］. 法律适用，2022（4）：25-30.

提，即行政行为先被确认为违法，否则此诉讼将被法院当作行政诉讼来对待。

第三，案件涉及行政赔偿，但民众提起行政诉讼时未一并提起行政赔偿诉讼，法院有义务告知其可以一并提起行政赔偿诉讼。在一并赔偿程序中，原告应当在什么时间内提起行政赔偿诉讼？原则上，原告应当在行政诉讼第一审庭审终结前提起行政赔偿诉讼，只要符合起诉条件的，人民法院应当依法受理。如果原告在第一审庭审终结后、宣判前提起行政赔偿诉讼的，是否准许由人民法院决定？如果原告在第二审程序或者再审程序中才提出行政赔偿请求的，人民法院可以组织各方调解；调解不成的，告知其另行起诉。在一并赔偿程序中，行政赔偿诉讼具有依附性，其依附于行政诉讼，如果公民、法人或者其他组织一并提起行政赔偿诉讼，人民法院经审查认为行政诉讼不符合起诉条件的，对一并提起的行政赔偿诉讼，裁定不予立案；已经立案的，裁定驳回起诉。

2. 单独提出行政赔偿

单独提出行政赔偿是指赔偿请求人没有在提起行政复议或行政诉讼时一并提出行政赔偿，而是单独地申请行政赔偿。单独程序是行政程序和司法程序的结合，赔偿请求人要求赔偿应当先向赔偿义务机关提出，这是行政程序，如果赔偿义务机关在法定的期限内没有作出赔偿决定，或者作出不予赔偿决定，或者赔偿申请人对赔偿决定的项目、数额等不服，赔偿请求人则可以向法院提起行政赔偿诉讼，这是司法程序。赔偿请求人必须先向赔偿义务机关申请赔偿，行政程序是司法程序的前置程序。

赔偿请求人应当自知道或者应当知道行政行为侵犯其合法权益之日起两年内，向赔偿义务机关申请行政赔偿。赔偿请求人在赔偿请求时效的最后六个月内，因不可抗力或者其他障碍不能行使请求权的，时效中止。从中止时效的原因消除之日起，赔偿请求时效期间继续计算。如果赔偿义务机关不止一个，则赔偿请求人可以向共同赔偿义务机关中的任何一个赔偿义务机关要求赔偿，该赔偿义务机关应当先予赔偿。赔偿申请人向赔偿义务机关申请赔偿时应当递交赔偿申请书，赔偿义务机关应当自收到申请之日起两个月内，作出是否赔偿的决定。赔偿义务机关作出赔偿决定，应当充分听取赔偿请求人的意见，并可以与赔偿请求人就赔偿方式、赔偿项目和赔偿数额进行协商。赔偿义务机关决定赔偿的，应当制作赔偿决定书，并自作出决定之日起十日内送达赔偿请求人。赔偿义务机关决定不予赔偿的，应当自作出决定之日起十日内书面通知赔偿请求人，并说明不予赔偿的理由。赔偿义务机关作出赔偿决定后，如果赔偿请求人心服，则行政赔偿纠纷终结；如果赔偿请求人对赔偿决定所确定的赔偿方式、项目、数额不服，或者赔偿义务机关在法定的期限内未作出是否赔偿的决定，或者赔偿义务机关作出了不予赔偿的决定，赔偿请求人可以向法院提起行政赔偿诉讼，从而进入司法程序。

（五）行政赔偿的计算标准

1. 侵犯人身权的赔偿计算标准

依据我国现有的制度规定，侵犯公民人身自由的，每日赔偿金按照国家上年度职工日平均工资计算。

侵犯公民生命健康权的，赔偿金按照下列方式计算：第一，造成身体伤害的，应当支付医疗费、护理费，以及赔偿因误工减少的收入。减少的收入每日的赔偿金按照国家上年度职工日平均工资计算，最高额为国家上年度职工年平均工资的五倍。第二，造成部分或者全部丧失劳动能力的，应当支付医疗费、护理费、残疾生活辅助具费、康复费等因残疾而增加的必要支出和继续治疗所必需的费用，以及残疾赔偿金。残疾赔偿金根据丧失劳动能力的程度，按照国家规定的伤残等级确定，最高不超过国家上年度职工年平均工资的二十倍。造成全部丧失劳动能力的，对其扶养的无劳动能力的人，还应当支付生活费。第三，造成死亡的，应当支付死亡赔偿金、丧葬费，总额为国家上年度职工年平均工资的二十倍。对死者生前扶养的无劳动能力的人，还应当支付生活费。生活费的发放标准，参照当地最低生活保障标准执行。被扶养的人是未成年人的，生活费给付至十八周岁止；其他无劳动能力的人，生活费给付至死亡时止。

侵犯人身自由权、生命健康权或者其他人身权，致人精神损害的，应当在侵权行为影响的范围内，为受害人消除影响、恢复名誉、赔礼道歉，消除影响、恢复名誉、赔礼道歉的履行方式，可以双方协商，协商不成的，人民法院应当责令被告以适当的方式履行；造成严重后果的，应当支付相应的精神损害抚慰金。《行政赔偿司法解释》（2022）对"造成严重后果"的情形进行了细化："（一）受害人被非法限制人身自由超过六个月；（二）受害人经鉴定为轻伤以上或者残疾；（三）受害人经诊断、鉴定为精神障碍或者精神残疾，且与违法行政行为存在关联；（四）受害人名誉、荣誉、家庭、职业、教育等方面遭受严重损害，且与违法行政行为存在关联。"《行政赔偿司法解释》（2022）还对造成特别严重后果的情形进行了规定："（一）受害人被限制人身自由十年以上；（二）受害人死亡；（三）受害人经鉴定为重伤或者残疾一至四级，且生活不能自理；（四）受害人经诊断、鉴定为严重精神障碍或者精神残疾一至二级，生活不能自理，且与违法行政行为存在关联。"

此外，《精神损害赔偿解释》（2021）对精神损害赔偿的方式和标准作出了明确规定。精神损害赔偿的方式可以是消除影响、恢复名誉、赔礼道歉，也可以是支付精神损害抚慰金，这些方式可以单独适用，也可以合并适用，但是应当与侵权行为的具体方式和造成的影响范围相当。消除影响、恢复名誉、赔礼道歉的具体方式由赔偿请求人与赔偿义务机关协商，协商不成的，应当采用下列方式：第一，在受害人住所地或者所在单位发布相关信息；第二，在侵权行为直接影响范围内的媒体上予以报道；第三，赔偿义务机关有关负责人向赔偿请求人赔礼道歉。

精神损害赔偿的标准具体如下：精神损害抚慰金的数额一般不少于一千元；数额在一千元以上的，以千为计数单位。赔偿请求人请求的精神损害抚慰金少于一千元，且其请求事由符合造成严重后果情形，经释明不予变更的，按照其请求数额支付。行政主体的行政行为致人精神损害，造成严重后果的，精神损害抚慰金一般应当在人身自由赔偿金、生命健康赔偿金总额的百分之五十以下（包括本数）酌定；后果特别严重，或者虽然不属于已经列举的后果特别严重的情形，但是确有证据证明前述标准不足以抚慰的，可以在百分之五十以上酌定。精神损害抚慰金的具体数额，应当在兼顾社会发展整体水平的同时，参考下列因素合理确定：第一，精神受到损害以及造成严重后果的情况；第二，侵权行为的目的、手段、方式等具体情节；第三，侵权机关及其工作人员的违法、过错程度、原因力比例；第四，原错判罪名、刑罪轻重、羁押时间；第五，受害人的职业、影响范围；第六，纠错的事由以及过程；第七，其他应当考虑的因素。

2. 侵犯财产权的赔偿计算标准

侵犯公民、法人和其他组织的财产权造成损害的，按照下列方式处理：第一，处罚款、罚金、追缴、没收财产或者违法征收、征用财产的，返还财产。第二，查封、扣押、冻结财产的，解除对财产的查封、扣押、冻结。第三，应当返还的财产损坏的，能够恢复原状的恢复原状，不能恢复原状的，按照损害程度给付相应的赔偿金。第四，应当返还的财产灭失的，给付相应的赔偿金。第五，财产已经拍卖或者变卖的，给付拍卖或者变卖所得的价款；变卖的价款明显低于财产价值的，应当支付相应的赔偿金。第六，吊销许可证和执照、责令停产停业的，赔偿停产停业期间必要的经常性费用开支；停产停业期间必要的经常性费用开支包括（1）必要留守职工的工资，（2）必须缴纳的税款、社会保险费，（3）应当缴纳的水电费、保管费、仓储费、承包费，（4）合理的房屋场地租金、设备租金、设备折旧费，（5）维系停产停业期间运营所需的其他基本开支。第七，返还执行的罚款或者罚金、追缴或者没收的金钱，解除冻结的存款或者汇款的，应当支付银行同期存款利息。第八，对财产权造成其他损害的，按照直接损失给予赔偿。

《行政赔偿司法解释》（2022）进一步明确了直接损失的范围，即“（一）存款利息、贷款利息、现金利息；（二）机动车停运期间的营运损失；（三）通过行政补偿程序依法应当获得的奖励、补贴等；（四）对财产造成的其他实际损失”。这条规定在参照司法赔偿案件中司法解释相关规定、借鉴民事侵权赔偿的相关规定的基础上，适度扩大了直接损失的范围，最大限度地保护了当事人的合法权益①。

《行政赔偿司法解释》（2022）第27条对财产损失的计算标准进行了细化，即：违法行政行为造成公民、法人或者其他组织财产损害，不能返还财产或者恢复原状的，按照损害发生时该财产的市场价格计算损失。市场价格无法确定，或者该价格不足以弥补公民、法人或者其他组织损失的，可以采用其他合理方式计算。违法征收征用土地、房屋，人民法院判决给予被征收人的行政赔偿，不得少于被征收人依法应当获得的安置补偿权益。

在相关案例中，法院从保护行政相对人利益的角度，判定被违法强拆的房屋的市场价格不是拆除房屋时的市场价格，而是赔偿决定作出时的市场价格②。

在计算财产损失时，以损害发生时的市场价格为基准时点，与民事侵权损害赔

① 于厚森，郭修江，杨科雄，等.《最高人民法院关于审理行政赔偿案件若干问题的规定》重点条文理解与适用［J］. 中国应用法学，2022（2）：27.

② 最高人民法院（2015）行监字第634号行政裁定书。

偿的规定保持一致。在实践中，可选择有利于行政相对人的时点，最大限度体现对其合法财产权的保护。此外，在市场价格无法确定或者市场价格不足以弥补受害人损失的情况下，还可以采取评估、鉴定等其他合理方式[①]。

二、行政补偿制度概述

（一）行政补偿的概念与特征

一般而言，行政补偿是国家行政机关等行政主体对特定公民、组织因配合行政行为的实施或者为维护公共利益所受之损失以金钱或其他形式予以弥补的行为[②]，有狭义行政补偿和广义行政补偿的区别。狭义的行政补偿是指行政主体合法行使职权的行为造成行政相对人合法权益的损失，国家依法弥补相对人损失的一种法律救济制度；广义的行政补偿还包括了民众为了社会公共利益而受到损失时应由国家给予的补偿[③]。行政补偿具有以下特征：第一，行政补偿的前提是行政主体依法行使职权导致行政相对人的合法权益受到损失，或者是民众为维护和增进国家和社会公共利益而使自己的合法利益受到损失。第二，行政补偿的主体是国家，而具体进行补偿的是补偿义务机关，即具体的、法定的行政主体，行政补偿不产生行政追偿的问题。第三，行政补偿的依据具有多样性，我国目前没有统一的行政补偿法，行政补偿可以依据相关的法律、行政法规、地方性法规、规章等立法以及其他各种规范性文件。第四，行政补偿发生的时间既可以在实际损失发生之前，也可以在实际损失发生之后。与行政赔偿不同的是，在很多领域，行政补偿多发生在实际损失之前。第五，行政补偿的损失数额以直接损失为限，这一点与行政赔偿无异。而补偿的标准大多遵循“公正”“适当”等原则。第六，行政补偿的费用一般不单独在国家财政中列支，也不进行集中管理，而由具体的补偿义务机关分散管理。

（二）行政补偿的范围与方式

1. 行政补偿的范围

依广义的行政补偿概念而言，行政补偿分为行政主体合法行使职权导致相对人合法权益受损的补偿，以及民众因维护公共利益而使自己合法利益受损的补偿。具体而言，主要有以下情形：第一，行政征收或行政征用产生的补偿。国家强制征收或征用行政相对人的财产或劳务，都要给予相对人适当的经济补偿。第二，因撤销或变更授益行政行为致信赖利益受损产生的补偿。行政主体对行政相对人作出授益行政行为，行政相对人将直接获得某些利益或者将据此作出生产和生活上的安排，如果行政主体再撤销或变更此授益行政行为，很可能对相对人的合法利益造成损害，

---

① 于厚森，郭修江，杨科雄，等.《最高人民法院关于审理行政赔偿案件若干问题的规定》重点条文理解与适用［J］. 中国应用法学，2022（2）：27.

② 冯军. 论我国行政补偿制度的健全与完善［J］. 人民论坛，2012（11）：66－67，192.

③ 张成福，吴鹏. 法治政府新理念［M］. 北京：国家行政学院出版社，2015：394.

所以行政主体不能随意撤销或变更授意行政行为，如果因公共利益需要，确需撤销或变更，应补偿行政相对人因信赖行政行为而受到的直接损失。第三，因紧急行政征用致损产生的补偿。在防旱抗汛、特殊军事、紧急状态或戒严、紧急治安公务时期，国家可以征用行政相对人的房屋、场所、物资、设备、工程机械、交通运输工具等，取土占地、砍伐林木，并对相对人直接经济损失给予适当补偿。第四，其他合法行使行政职权的行为致损产生的补偿。理论上，行政行为的类型很多，而实践中还存在大量没有类型化却能影响行政相对人权利义务的行政行为，行政主体在作出这些行政行为时，都有可能出现补偿的问题，例如行政主体因公共利益的需要，合法变更或终止行政合同，最终造成相对人的损失，也需要国家予以补偿。第五，民众因维护公共利益而使自己合法利益受损所产生的补偿。例如，民众见义勇为，参加扑救火灾、应急救援而受伤、致残或者死亡，民众协助行政机关执行公务而致其人身或财产遭受损失，公众为保护法定的野生动物而致人身伤亡、农作物或其他财产损失等，国家应当依法给予补偿。

2. 行政补偿的方式

行政补偿的方式有直接补偿和间接补偿。直接补偿是指以金钱或实物的方式直接弥补受损人的损失，包括给予金钱、返还财产、恢复原状等。金钱补偿是我国目前比较常用的补偿方式。间接补偿是指以某种特殊权利或利益间接弥补受损人的损失。间接补偿的方式多种多样，常见的有：在人、财、物的调配上给予优惠；减、免税费；在晋级晋职、增加工资、安排就业、分配住房和解决户口问题上给予照顾；实物补偿，如调换土地、调换产权、开发荒地滩涂、外迁等；给予医疗、抚恤等。

（三）行政补偿的原则与计算标准

1. 行政补偿的原则

就行政补偿的原则而言，我国单行法律法规中规定了适当补偿、合理补偿、相应补偿、一定补偿、公平补偿等多种原则①，实践中需要注意：第一，公平补偿并不排斥完全补偿。在确定补偿数额时，应当依据受损人的损失并充分考虑其生存和发展的需要。第二，受损人有过错并不排除其得到补偿。受损人自身的过错和行政行为或公共利益的需要共同导致了受损人的损失，则在考虑受损人的过错在造成损失中的比重后，仍应给予受损人适当补偿，而不能因此完全排除受损人受到补偿的资格。

2. 行政补偿的计算标准

目前，我国行政补偿没有形成统一的补偿标准。一方面，发生行政补偿的领域众多，难以形成统一的计算标准；另一方面，我国行政补偿标准上的法治化程度以及理论研究还有待加强。在某些领域，例如土地征收、房屋拆迁等，行政补偿的标准比较明确，法律、法规、规章对这些领域的补偿有明确规定或者授权，可以依据

---

① 郑全新. 论我国实定法行政补偿的基本原则［J］. 国家行政学院学报，2014（2）：72-76.

土地区片综合地价或者市场评估价的标准来计算补偿数额，但在其他很多领域，行政补偿并没有明确标准，只能按照行政机关单方面的决定进行适当补偿。

（四）行政补偿的程序

目前，我国在行政补偿程序上没有统一的规定，在土地征收等少量领域，法律、法规有一些简单规定。具体而言，一般存在如下步骤：第一，发出补偿通知。行政机关通过公告等方式发出补偿通知，将补偿的事由、依据、方式、具体计算标准告知被补偿人，同时要告知被补偿人陈述意见的权利和时限。第二，进行补偿登记并听取被补偿人的意见。被补偿人根据通知，认为自己符合条件的，依据通知规定的期限和方式向补偿义务机关提出补偿请求，补偿义务机关进行补偿登记。第三，答复被补偿人提出的意见。补偿义务机关答复被补偿人的意见，并向其说明补偿理由。第四，协商并签订补偿协议。补偿义务机关就补偿范围、方式、标准与被补偿人进行协商，如果达成一致意见，即可签订补偿协议，如果达不成一致意见，则补偿义务机关可以单方面依法作出补偿决定。补偿协议或补偿决定应写明补偿事由、补偿方式、补偿标准和补偿期限，并告知不服补偿决定的救济途径和期限[①]。

重点难点

一、行政赔偿的司法程序

第一，行政赔偿诉讼的证据规则。在行政赔偿诉讼中，原告对行政行为造成的损害提供证据；因被告的原因导致原告无法举证的，由被告承担举证责任。从这条规定来看，行政赔偿诉讼证据规则与行政诉讼证据规则存在差异，原告与被告的主要举证责任不同，相对于行政诉讼而言，行政赔偿诉讼中原告的举证责任更重，其更类似于民事赔偿诉讼中的举证责任，即“谁主张、谁举证”，赔偿请求人和赔偿义务机关对自己提出的主张，应当提供证据。但是，如果原告主张其在被限制人身自由期间受到身体伤害，被告否认相关损害事实或者否认损害与违法行政行为存在因果关系的，被告应当提供相应的证据证明。这条规定类似于民事诉讼中的举证责任倒置。自然人被限制人身自由，本身处于一种不利于收集证据的劣势环境中，让其对损害事实和损害与违法行政行为存在因果关系进行举证存在事实不可能性和法律上的不公平性，所以需要举证责任倒置。

在行政赔偿诉讼中，对于原告主张的损失如何认定？是否需要原告提供证据证明？如果原告主张的是生产和生活所必需物品的合理损失，则法院应当予以支持；如果原告主张的是超出生产和生活所必需的其他贵重物品或现金损失，则法院需要结合案件相关证据予以认定。这一规定主要规范了法院确认赔偿金额的酌定标准，即在原、被告均无法举证或举证不充分、相关损失无法鉴定的情况下，如果原告主

① 杨思留. 宪法学与行政法学［M］. 徐州：中国矿业大学出版社，2017：257－264.

张的是生产和生活所必需物品的合理损失，法院可以运用逻辑推理和生活经验、生活常识等，酌情确定赔偿数额[①]，而如果涉及其他贵重物品或现金损失，则需要原告提供证据证明。在赵某诉济南市长清区人民政府行政强制及行政赔偿一案中，最高人民法院经审理认为，强拆主体如对被拆迁人所主张的合理的日常生活用品损失不予认可，应承担举证责任。另外要求赔偿的300万元珍宝龙珠、观世音画像损失，属于非日常生活用品的大宗财物，赵某应当提供有说服力的证据证明这些大宗财物在拆除现场客观存在以及各自具体价值，否则人民法院亦无酌定之基础依据，相关大宗财物的损失与被诉强拆行为之间的因果关系更无从谈起[②]。

第二，行政赔偿诉讼的责任划分。《行政赔偿司法解释》（2022）第21条至第25条对行政赔偿责任的划分进行了详细规定，通过行政赔偿责任的合理划分，实现了对行政机关赔偿责任分担的精准化，有利于从微观上保证依法行政原则的实施落地。《行政赔偿司法解释》（2022）明确了行政共同侵权的连带赔偿责任、行政分别侵权的连带赔偿责任和按份赔偿责任，确定了因第三人提供虚假材料导致行政行为违法的行政赔偿责任分担，规范了因第三人侵权但行政机关又不作为的行政赔偿责任分担，界定了因客观原因造成损害而行政机关又不作为的行政赔偿责任分担[③]。

第三，行政赔偿诉讼的判决。《行政赔偿司法解释》（2022）对于判决形式有明确规定，主要看法院支持原告还是被告：支持被告的话，一般判决驳回原告行政赔偿请求[④]；支持原告的话，法院一般作出给付或变更判决[⑤]。

二、行政追偿制度的发展

行政追偿，也叫国家对公务员的求偿权，指的是行政赔偿义务机关代表国家向赔偿请求人履行了行政赔偿责任以后，依法责令具有故意或者重大过失的行政主体的工作人员或受委托的组织或个人承担部分或全部赔偿费用的制度。行政追偿制度可以促进公务人员依法履行职责，遏制权力的滥用，同时也能减轻国家财政的负担。行政追偿责任既不同于行政处分，也不同于民事责任，是一种独立的责任形式。被追偿的执法人员存在故意或者重大过失的，有可能既要承担行政追偿责任，也要承担行政处分责任，严重的甚至要承担刑事责任。《国家赔偿法》第16条规定：赔偿义务机关赔偿损失后，应当责令有故意或者重大过失的工作人员或者受委托的组织

---

① 于厚森，郭修江，杨科雄，等.《最高人民法院关于审理行政赔偿案件若干问题的规定》的理解与适用［J］.法律适用，2022（4）：25-30.

② 最高人民法院行政裁定书，（2017）最高法行申3860号。

③ 于厚森，郭修江，杨科雄，等.《最高人民法院关于审理行政赔偿案件若干问题的规定》的理解与适用［J］.法律适用，2022（4）：25-30.

④ 《行政赔偿司法解释》（2022）第32条规定："有下列情形之一的，人民法院判决驳回原告的行政赔偿请求：（一）原告主张的损害没有事实根据的；（二）原告主张的损害与违法行政行为没有因果关系的；（三）原告的损失已经通过行政补偿等其他途径获得充分救济的；（四）原告请求行政赔偿的理由不能成立的其他情形。"

⑤ 《行政赔偿司法解释》（2022）第31第2款条规定："人民法院审理行政赔偿案件，可以对行政机关赔偿的方式、项目、标准等予以明确，赔偿内容确定的，应当作出具有赔偿金额等给付内容的判决；行政赔偿决定对赔偿数额的确定确有错误的，人民法院判决予以变更。"

或者个人承担部分或者全部赔偿费用。对有故意或者重大过失的责任人员，有关机关应当依法给予处分；构成犯罪的，应当依法追究刑事责任。

行政追偿责任类似于民事追偿责任，但又有所差别。在追偿人与被追偿人的关系上，前者是赔偿义务机关和公务人员之间的关系，是一种不对等的特别权力关系，追偿权不能随意放弃；后者是一种平等民事主体之间的关系，追偿人可以自愿放弃追偿权利。

一般而言，行政追偿应当遵循以下原则：第一，过错与责任相当；第二，追偿数额与被追偿人的实际承受力相适应；第三，追偿数额以赔偿义务机关实际支付的赔偿金额为限。我国现行行政追偿制度规定相对简陋和原则化，实操性较差，警示及惩戒作用发挥有限。有研究认为：我国行政追偿实施效果不好的原因在于行政追偿的理论基础和程序不足。不应当将行政追偿作为一种行政惩戒手段，而要打破特别权力关系的影响，将国家与公务人员之间的关系定性为行政契约关系，当作为受托人的公务人员因侵权行为违反了契约的授权时，国家在承担了赔偿责任后享有向其追偿的权利①。在此理论基础上，有必要通过行政追偿的准备程序、实施程序和监督程序三个方面构建行政追偿正当程序②。为降低人情因素对追偿的不利影响，应该充分发挥检察机关的监督作用，条件成熟时检察机关可以作为追偿权的主体行使追偿权，另外，应当赋予被追偿人通过司法程序救济自己权益的权利③。也有学者认为，要由权力机关、监察机关、司法机关等多种国家机关监督追偿权的行使，尤其要畅通受害者向权力机关的诉求渠道④。有人则认为要从追偿主体专门化、追责程序多元化、追偿比例灵活化等方面进行改革以解决行政追偿的实施问题⑤。总之，我国应尽快建立起科学、全面、具体的行政追偿制度，更好地发挥制度效能。

案例分析

一、案例导入

李某与云南省勐海县人民政府林业许可纠纷再审案⑥

李某与袁某系夫妻，婚后，李某与云南省勐海县西定乡帕龙村委会（简称西定乡帕龙村委会）景亨新寨村小组村民干某签订《土地承包合同》，承包了干某等人和景亨新寨小组集体的山地共82亩，仅由李某与干某签订《土地承包合同》，办理了公证。随后李某与袁某在此承包土地上种植了杉树。

---

① 张春莉. 论行政追偿的正当程序［J］. 江苏社会科学，2004（6）：167－171.

② 汪应明，李清伟. 行政追偿正当程序：缺失与构建［J］. 理论探索，2011（1）：132－134.

③ 吴光升. 论国家赔偿费用追偿程序之完善［J］. 政治与法律，2014（3）：90－99.

④ 张杰. 我国行政追偿制度的困境与出路［J］. 法学杂志，2017，38（10）：73－80.

⑤ 曲三强，李沙沙. 论国家赔偿中的行政追责追偿［J］. 中共浙江省委党校学报，2017，33（1）：122－128.

⑥ 最高人民法院行政裁定书，（2018）最高法行申3812号。

之后，李某与袁某协议离婚，82亩杉树归李某所有，李某需一次性支付袁某补偿款12万元（已付3万元）。之后，李某与袁某变更协议中9万元的支付方式，即9万元待李某出售杉树后一次性付清。

因李某尚有9万元未支付给袁某，2010年6月，袁某将其夫妻关系存续期间承包的82亩杉树出售给范某和黄某。

2010年7月，范某以干某等8人名义提交砍伐申请，勐海县林业局获取了以下材料：

(1) 经西定乡帕龙村委会核实同意的干某等8人的采伐申请书；

(2) 云南省勐海县西定乡林业站出具的杉木采伐现场核实报告；

(3) 干某等3人的农村土地承包经营权证，采伐申请加盖村委会公章加以确认；

(4)《西双版纳州林业局关于对2010年勐海县人工商品林采伐作业设计的批复》；

(5) 公示期满7天的采伐公示。

之后，勐海县林业局发放了（2010）海林采字第81号《林木采伐许可证》（采伐方式：间伐；采伐强度：20%；简称81号《林木采伐许可证》），随后范某组织对杉树进行采伐。

2010年12月，李某以其承包的杉树林地被砍伐为由向云南省勐海县森林公安局（简称勐海县森林公安局）报案，经勐海县森林公安局调查核实后，认为范某和黄某持有合法的采伐许可手续，且其采伐行为未违反81号《林木采伐许可证》规定的时间、地点、采伐方式及强度，所以勐海县森林公安局对范某、黄某盗伐林木一案不予立案。

2011年5月，李某与范某在勐海县林业局会议室签订关于李某杉木处理协议书约定，李某被砍伐的杉木按每棵26元处理给范某，由范某先将2 000棵杉木款转到勐海县林业局，待拉运完1 500棵后，范某再将下一批2 000棵的杉木款转入勐海县林业局，以此类推。待杉木拉运完后，双方到勐海县林业局按实际拉运数量一次性结账支付给李某。

2011年11月，李某以勐海县林业局未经合法审查程序将其在所承包土地上种植的82亩杉木准许他人采伐，进而作出颁发林木采伐许可证的违法行政行为为由，向勐海县政府提交《国家赔偿违法确认申请书》，请求撤销勐海县林业局于2010年7月26日核发的81号《林木采伐许可证》，并确认该行政许可违法，同时要求勐海县林业局承担误工费、交通费、鉴定费以及其他损失共计120万元的补偿。

勐海县政府经审查认为，该81号《林木采伐许可证》系他人采取欺骗方式办理的，依法应予撤销；李某并非农村集体土地承包人，其与村民签订的合同实为土地承包经营权租赁合同，且未进行备案或办理林权登记手续，林业管理部门无法确认其为杉树实际所有人，故林业部门依据土地承包人申请，按法定程序审核、办理林木采伐许可证并未违反法律规定，行政许可行为不违法，不应承担法律责任。勐海县政府于2012年8月根据《行政许可法》（2003）第69条第2款的规定，作出海府行处字（2012）1号《勐海县人民政府行政处理决定书》，决定：

一、撤销81号《林木采伐许可证》；

二、林业部门办理林木采伐许可证手续齐全、程序合法，未违反法律法规的规定，行政许可行为不违法。

李某不服，于2014年12月向云南省西双版纳傣族自治州人民政府（简称西双版纳傣族自治州政府）申请复议。西双版纳傣族自治州政府认为，李某因不服勐海县林业局作出的行政许可行为向勐海县政府提交确认申请书，勐海县政府经审查，已经作出行政处理决定（实际就是行政复议决定）。依据《行政复议法》（2009）规定，申请人对勐海县政府行政复议决定不服的，只能向人民法院提起行政诉讼。故西双版纳傣族自治州政府根据《行政复议法》（2009）第17条的规定，作出西政行复不决字（2014）18号《不予受理行政复议申请决定书》（简称18号《不予受理行政复议申请决定书》）。

李某不服，诉至云南省西双版纳傣族自治州中级人民法院。云南省西双版纳傣族自治州中级人民法院于2016年4月作出（2015）西行初字第32号行政判决，判决：

一、撤销西双版纳傣族自治州政府作出的18号《不予受理行政复议申请决定书》。

二、责令西双版纳傣族自治州政府在判决生效之日起60日内对李某的行政复议申请重新作出处理决定。

2016年5月，西双版纳傣族自治州人民政府法制办公室作出《西双版纳傣族自治州人民政府法制办公室关于撤销勐海县人民政府行政处理决定书的决定》，要求勐海县政府按照《行政复议法》（2009）的规范要求，在30日内重新作出行政复议决定。

2016年6月，勐海县政府向西双版纳傣族自治州政府提交《勐海县人民政府关于延期答复李某行政复议决定的请示》，认为该案件时间久远、案情复杂，不能在规定期限内作出行政复议决定，特向西双版纳傣族自治州人民政府法制办公室申请对李某延期作出行政复议决定。西双版纳傣族自治州人民政府法制办公室随后作出《西双版纳傣族自治州人民政府法制办公室关于延期答复李某行政复议决定的批复》，同意给予延期。2016年7月，勐海县政府作出海政行复决字（2016）3号《勐海县人民政府行政复议决定书》（简称3号《行政复议决定书》），勐海县政府认为：

1. 袁某在隐瞒与李某离婚的情况下，出售杉树给范某和黄某，存在隐瞒的故意。范某冒用干某等7人名义，以欺骗手段办理81号《林木采伐许可证》，违反了《行政许可法》（2003）第669条第5款第1项之规定，被许可人以欺骗、贿赂等不正当手段取得行政许可的，应当予以撤销。

2. 勐海县林业局发放81号《林木采伐许可证》，许可采伐人为干某等8人，范某未经8人的授权，私自进行砍伐，属于个人行为。

根据《行政许可法》（2003）第69条之规定，作出如下决定：

一、撤销勐海县林业局81号《林木采伐许可证》；

二、范某未经干某等8人的授权，私自进行砍伐，属于个人行为，不属于国家赔偿范畴。

2016年8月3日，李某签收了该决定书，并于2016年9月26日诉至法院要求确认勐海县政府3号《行政复议决定书》第二项决定违法，依法撤销第二项决定；确认勐海县林业局颁发81号《林木采伐许可证》的行政行为违法。

二、法官释法

云南省西双版纳傣族自治州中级人民法院一审作出（2016）云28行初22号行政判决认为，《行政复议法》（2009）对行政机关的复议期限和延长期限作了明确的规定，本案中西双版纳傣族自治州人民政府法制办公室批准勐海县政府延长行政复议期限，勐海县政府在法定期限内作出复议决定。勐海县林业局是颁发林木采伐许可证的法定机关，依据《中华人民共和国森林法实施条例》（2011）第30条之规定，申请林木采伐许可证，应当提交申请采伐林木的所有权证书和使用权证书。本案所涉及林木未核发林木所有权证书，勐海县林业局依据采伐林木所属农地承包人的申请书，经过林木现场核实、采伐公示等法定程序，颁发了81号《林木采伐许可证》，而后因查明系范某、黄某冒用林木权利人的名义，采用欺骗方式取得该采伐许可证而被勐海县政府依法撤销。勐海县林业局在颁证审查中存在瑕疵，但未违反法定程序，不属于行政违法；而导致该采伐许可证被撤销的根本原因系范某、黄某的欺骗行为。故李某的两项诉讼请求，依法均不能得到支持。一审法院据此判决驳回李某的诉讼请求。

李某提起上诉，云南省高级人民法院二审作出（2017）云行终211号行政判决认为：根据《中华人民共和国森林法实施条例》（2011）第30条之规定，申请林木采伐许可证，应当提交申请采伐林木的所有权证书和使用权证书。本案所涉林木未核发林木所有权证书，勐海县林业局作为颁发林木采伐许可证的法定机关，在受理申请后，依据经西定乡帕龙村委会核实同意的干某等8人的采伐申请书、云南省勐海县西定乡林业站出具的杉木采伐现场核实报告、干某等3人的农村土地承包经营权证等材料，并经采伐公示后，颁发81号《林木采伐许可证》的行为符合法律规定，履行了必要的审查义务，该行政行为并无不妥。虽然该采伐许可证后被勐海县政府撤销，但撤销的原因系范某、黄某冒用权利人名义申请所为，而非勐海县林业局违法审查所致。故李某要求确认勐海县林业局颁证行为违法及勐海县政府3号《行政复议决定书》第二项违法的请求不能成立，一审法院据此判决驳回李某的两项诉讼请求并无不当。故判决驳回李某的上诉，维持原判。李某向最高法院申请再审，请求撤销原审判决，依法提审本案或指令再审。

最高人民法院经审理认为，本案的争议焦点为：勐海县林业局的颁证行为是否已经依照法定程序履行审慎合理的审查职责；勐海县政府3号《行政复议决定书》第二项是否正确。并指出：尽管本案中存在范某提供虚假材料申请办理林木采伐许可的情形，但勐海县林业局在申请人本人未到场，又无申请人本人身份证明及授权委托且林木所有权或使用权证明材料不齐全的情况下，颁发涉诉林木采伐许可，事实不清，证据不足，未依照法定程序尽到审慎合理的审查义务，颁证行为违法。另外，勐海县政府3号《行政复议决定书》虽然撤销了勐海县林业局颁发的81号《林木采伐许可证》，但未对勐海县林业局颁证行为本身是否违法进行分析和认定，认定事实不清。复议决定以范某私自砍伐林木属于个人行为驳回李某对勐海县林业局的赔偿请求，法律适用错误。原审判决认为勐海县林业局尽到了审查义务，并据此驳回李某的全部诉讼请求，亦属于认定事实错误，适用法律错误。最终，最高人民法院裁定：本案指令云南省高级人民法院再审；再审期间，中止原判决的执行。

三、类案练习

再审申请人马某等六人与被申请人四川省某市某区人民政府及一审原告、二审上诉人徐某等行政赔偿一案①

（一）基本案情

2015 年 3 月 23 日，中国国际酒业博览会在四川省某市举行开幕仪式，由某区政府群众工作局、某街道办和某派出所等部门共同参与博览会的治安管控，上述机关在检查中发现马某等六人存在涉稳问题，遂将马某等六人从公交车上带离至某区政府信访大楼。马某等六人认为上述机关实施的行为属于非法拘禁，侵犯了其合法权益并造成损害，于 2015 年 9 月 14 日向某区政府提交行政赔偿申请书。某区政府法制办公室（简称某区政府法制办）于 2015 年 10 月 20 日作出告知书，告知马某等六人，其所提供的材料并未证明某区政府存在非法剥夺其人身自由的违法行为，故某区政府不是行政赔偿义务机关。2015 年 12 月 3 日，马某等六人及徐某等三人向四川省某市中级人民法院提起本案诉讼。

一审法院以本案未经确认违法即要求赔偿不符合法定起诉条件为由裁定驳回起诉，二审法院则以不予作出赔偿决定行为系程序性行为，不对马某权利义务产生实际影响为由裁定维持一审裁定。马某不服，向最高人民法院申请再审。

（二）法律问题

1. 马某等六人的起诉是否属于行政诉讼受案范围？

2. 该区政府是否为本案行政赔偿义务机关？

3. 不予作出赔偿决定的行为是否是程序性行为，对马某权利义务是否产生实际影响？

4. 马某等有没有义务提供证据证明该区人民政府存在限制其人身自由的违法行为？

5. 马某等六人能否直接申请行政赔偿？

知识拓展

一、拓展阅读

1. 最高人民法院行政审判庭. 最高人民法院关于审理行政赔偿案件若干问题的

① 最高人民法院行政裁定书，（2018）最高法行再 114 号。

规定理解与适用［M］. 北京：人民法院出版社，2022.

2. 蒋成旭. 国家赔偿违法要件的基本构造［J］. 法学家，2021（5）.

3. 罗智敏. 行政赔偿案件中原被告举证责任辨析［J］. 中国法学，2019（6）.

4. 马怀德，孔祥稳. 我国国家赔偿制度的发展历程、现状与未来［J］. 北京行政学院学报，2018（6）.

5. 杨寅. 我国行政赔偿制度的演变与新近发展［J］. 法学评论，2013（1）.

二、毕业论文选题指导

1. 行政赔偿的构成要件研究
2. 行政赔偿范围研究
3. 行政赔偿因果关系实证研究
4. 行政赔偿程序研究
5. 我国行政补偿制度的不足与完善

图书在版编目（CIP）数据

行政法与行政诉讼法学/喻少如主编. -- 北京：中国人民大学出版社，2023.11
法律硕士精品系列教材
ISBN 978-7-300-32361-9

Ⅰ.①行… Ⅱ.①喻… Ⅲ.①行政法学-中国-研究生-教材 ②行政诉讼法-法的理论-中国-研究生-教材 Ⅳ.①D922.101 ②D925.301

中国国家版本馆 CIP 数据核字（2023）第 233476 号

法律硕士精品系列教材
行政法与行政诉讼法学
主　编　喻少如
副主编　马立群　张向东

出版发行	中国人民大学出版社		
社　　址	北京中关村大街 31 号	邮政编码	100080
电　　话	010－62511242（总编室）		010－62511770（质管部）
	010－82501766（邮购部）		010－62514148（门市部）
	010－62515195（发行公司）		010－62515275（盗版举报）
网　　址	http://www.crup.com.cn		
经　　销	新华书店		
印　　刷	天津鑫丰华印务有限公司		
开　　本	787 mm×1092 mm　1/16	版　　次	2023 年 11 月第 1 版
印　　张	22.75 插页 1	印　　次	2023 年 11 月第 1 次印刷
字　　数	490 000	定　　价	69.00 元

《　　　　　　》※任课教师调查问卷

为了能更好地为您提供优秀的教材及良好的服务，也为了进一步提高我社法学教材出版的质量，希望您能协助我们完成本次小问卷，完成后您可以在我社网站中选择与您教学相关的 1 本教材作为今后的备选教材，我们会及时为您邮寄送达！如果您不方便邮寄，也可以申请加入我社的**法学教师 QQ 群：436438859（申请时请注明法学教师）**，然后下载本问卷填写，并发往我们指定的邮箱（cruplaw@163.com）。

邮寄地址：北京市海淀区中关村大街 31 号中国人民大学出版社 806 室收

邮　　编：100080

再次感谢您在百忙中抽出时间为我们填写这份调查问卷，您的举手之劳，将使我们获益匪浅！

基本信息及联系方式：※

姓名：＿＿＿＿＿＿　性别：＿＿＿＿＿＿　课程：＿＿＿＿＿＿＿＿＿＿

任教学校：＿＿＿＿＿＿＿＿＿＿＿＿＿＿　院系（所）：＿＿＿＿＿＿＿＿

邮寄地址：＿＿＿＿＿＿＿＿＿＿＿＿＿＿　邮编：＿＿＿＿＿＿＿＿＿＿

电话（办公）：＿＿＿＿＿＿　手机：＿＿＿＿＿＿　电子邮件：＿＿＿＿＿

调查问卷：※

1. 您认为图书的哪类特性对您选用教材最有影响力？（　　）（可多选，按重要性排序）

   A. 各级规划教材、获奖教材　　B. 知名作者教材

   C. 完善的配套资源　　D. 自编教材

   E. 行政命令

2. 在教材配套资源中，您最需要哪些？（　　）（可多选，按重要性排序）

   A. 电子教案　　B. 教学案例

   C. 教学视频　　D. 配套习题、模拟试卷

3. 您对于本书的评价如何？（　　）

   A. 该书目前仍符合教学要求，表现不错将继续采用

   B. 该书的配套资源需要改进，才会继续使用

   C. 该书需要在内容或实例更新再版后才能满足我的教学，才会继续使用

   D. 该书与同类教材差距很大，不准备继续采用了

4. 从您的教学出发，谈谈对本书的改进建议：＿＿＿＿＿＿＿＿＿＿＿＿

＿＿＿＿＿＿＿＿＿＿＿＿＿＿＿＿＿＿＿＿＿＿＿＿＿＿＿＿＿＿＿＿＿＿

＿＿＿＿＿＿＿＿＿＿＿＿＿＿＿＿＿＿＿＿＿＿＿＿＿＿＿＿＿＿＿＿＿＿

选题征集：如果您有好的选题或出版需求，欢迎您联系我们：

联系人：黄　强　联系电话：010-62515955

索取样书：书名：＿＿＿＿＿＿＿＿＿＿＿＿＿＿＿＿＿＿＿＿＿＿＿＿

书号：＿＿＿＿＿＿＿＿＿＿＿＿＿＿＿＿＿＿＿＿＿＿＿＿＿＿＿＿＿＿

备注：※ 为必填项。